中国视听传媒研究系列论丛

Chinese

Audiovisual

Media

Studies

批评之维

Criticism Dimension

智媒时代视听艺术新图景

New Landscape of Audiovisual Art in the Era of Intelligent Media

顾亚奇 著

中国国际广播出版社

序
文艺的“人民性”与新时代视听艺术实践*

文艺事业是党和人民的重要事业，文艺战线是党和人民的重要战线。毛泽东同志和习近平同志分别在中国特色社会主义文艺事业发展的关键时期，对文艺工作作出重要讲话：毛泽东同志1942年的“在延安文艺座谈会上的讲话”和习近平总书记2014年的“在文艺工作座谈会上的讲话”。时隔72年的两个讲话，历史背景不同，但在“文艺为谁服务”的问题上却有着跨越时空的统一性。两次讲话中反复出现的一个高频词是“人民”：1942年的讲话中出现94次，2014年的讲话中出现112次。毛泽东同志指出，“我们的文学艺术都是为人民大众的”①，习近平总书记强调“社会主义文艺，从本质上讲，就是人民的文艺”②。对文艺“人民性”的强调是两次讲话的核心，也是中国化马克思主义文艺理论的根本要求。习近平总书记提出的“以人民为中心的创作导向”的文艺观，把文艺的“人民性”提升到新的理论高度，为繁荣发展中国特色社会主义文艺指明了新方向。

---

* 该文首次发表于《当代电视》2022年第5期，原题为《文艺的“人民性”：延安回望、新时代展望与视听艺术实践》，入选中国电视艺术家协会编《〈当代电视〉精选集（2013—2023）》第576—583页，此处略有删改。

① 毛泽东. 在延安文艺座谈会上的讲话［M］// 毛泽东选集：第3卷. 2版. 北京：人民出版社，1991：863.

② 中共中央宣传部. 习近平总书记在文艺工作座谈会上的重要讲话学习读本［M］. 北京：学习出版社，2015：13.

一、人民性：两次文艺座谈会讲话的核心命题

毛泽东同志指出："人民这个概念在不同的国家和各个国家的不同的历史时期，有着不同的内容。"[①]习近平总书记在中国文联十大、中国作协九大开幕式上的讲话中指出，人民不是抽象的符号，而是一个一个具体的人的集合。在文化艺术领域，"人民"在不同历史时期尽管范畴不一，但作为"具体的人的集合"，主要是指广大劳动群众。那么，何为文艺的"人民性"呢？在马克思主义文艺理论史上，学术界对"人民性"概念的思考从未停歇，它与党性、阶级性、民族性、人性等概念一直存在纠缠与论争。本文的重心不在于辨析"人民性"概念本身，主要从文艺与人民的关系角度予以把握，因此，"人民性"主要是"衡量文艺与人民之间相关联倾向性的尺度，是一种情感和价值的投射及其共享共鸣的概念，是文艺与人民之间互为主体的相互生成与相互成全，是对文艺与人民之间艺术关系的一种阐释。"[②]基于这一视角，我们可以回溯两次讲话中"人民性"的阐发及其发展。

延安文艺座谈会在中国革命取得阶段性胜利之时召开，毛泽东结合新民主主义革命以来马克思主义文艺思想在中国传播和发展的情况，具体分析和解决了文艺为什么人服务、怎么服务等一系列重要问题。文艺"为什么人的问题，是一个根本的问题，原则的问题"，即"工作对象问题，就是文艺作品给谁看的问题"[③]，这些观点直接指明社会主义文艺的本质属性。《在延安文艺座谈会上的讲话》旗帜鲜明地确立了文艺的"人民性"，成为

① 毛泽东. 关于正确处理人民内部矛盾的问题［M］// 中共中央文献研究室. 毛泽东文集：第 7 卷. 北京：人民出版社，1999：205.

② 范玉刚. 文艺的"人民性"内涵阐释［J］. 长江文艺评论，2021（5）：4-13.

③ 毛泽东. 在延安文艺座谈会上的讲话［M］// 毛泽东选集：第 3 卷. 2 版. 北京：人民出版社，1991：849-857.

此后数十年中国文艺发展的重要指引。在全国第一次中华全国文学艺术工作者代表大会上，毛泽东称呼与会文艺代表为“人民的艺术家”，他指出：“进一步联系人民群众，广泛地发展为人民服务的文艺工作，使人民的文艺运动大大发展起来，借以配合人民的其他文化工作和人民的教育工作，借以配合人民的经济建设工作。”[①]随着社会主义三大改造完成和经济建设取得巨大成就，为了充分调动一切有利于国家发展和人民进步的积极因素，毛泽东创造性地提出“百花齐放，百家争鸣”的指导方针。“双百”方针是“人民性”文艺思想的进一步发展。

习近平总书记2014年在北京主持召开的文艺工作座谈会，从中华民族伟大复兴的战略高度深刻阐释了社会主义文艺的地位和作用，创造性地回答了事关文艺繁荣发展的一系列重大问题。“人民需要文艺”“文艺需要人民”“文艺要热爱人民”[②]，这些论断与毛泽东提出的“我们的文学艺术都是为人民大众的”、邓小平提出的“我们的文艺属于人民”一脉相承。习近平总书记全面阐述了“以人民为中心”的文艺创作思想，进一步凸显了人民在新时代文艺事业中的核心地位。在此后关于文艺工作的重要讲话中，习近平总书记贯通中华优秀传统文化、革命文化和社会主义先进文化，将以爱国主义为核心的民族精神和以改革创新为核心的时代精神灌注其中，连接历史、现实与未来，使“人民性”文艺思想不断实现新飞跃。

可以看出，尽管延安时期与新时代在文艺创作的内容、手段、形态、载体上存在很大不同，但文艺的“人民性”都是两次文艺座谈会的核心命题，其内涵外延的丰富与发展既适时而变、与时俱进，也标志着马克思主义文艺思想与中国文艺实践不断结合。

---

① 毛泽东. 中共中央委员会电贺文代大会开幕，相信人民文艺运动能大大发展［N］. 人民日报，1949-07-02（1）.

② 中共中央宣传部. 习近平总书记在文艺工作座谈会上的重要讲话学习读本［M］. 北京：学习出版社，2015：14-18.

二、统一性：两次文艺座谈会讲话的赓续与发展

两次文艺座谈会召开的历史背景不同，时代对文艺的要求有所区别，但两次讲话都准确把握了当时文艺事业的发展形势。“人民性”文艺思想的确立与发展，揭示了文艺事业的发展规律，锚定了文艺事业的前进方向。从“文艺为人民服务”到“坚持以人民为中心的创作导向”，是继承基础上的赓续与发展，两次讲话在诸多关键问题上有着内在统一性。

（一）文艺时代性与“人民”的范畴

文艺的时代性既是对艺术家的一种呼吁，更是一种期待，文艺工作者如何回应时代主题取决于对社会性质的判断上。[①] 1942年的中国正处于抗战时期，毛泽东对当时社会主要矛盾的判断体现在《新民主主义论》中，即代表半殖民地半封建力量的帝国主义和国民党与以工农为代表的无产阶级之间的矛盾。正是基于此，毛泽东强调，文艺应当为当时最大的政治——抗战服务，就是要使文艺很好地成为整个革命机器的一个组成部分，作为团结人民、教育人民、打击敌人、消灭敌人的有力的武器。在当时的历史背景下，文艺的服务对象“人民”有着特定范畴，主要包括四种人：领导革命的工人阶级、革命同盟军农民阶级、革命主力军武装工农和革命同盟者城市小资产阶级。毛泽东的论断符合当时的革命形势，其目的就是团结一切可以团结的力量进行抗日斗争，文艺工作者当然也应该围绕这一目标进行文艺创作。

当前，中国已经进入中国特色社会主义发展的新时代，社会主要矛盾已经转化为人民日益增长的美好生活需要和不平衡不充分的发展之间的矛盾。这意味着中国社会发展面临的主要问题、时代主题发生了重大变化。

① 牟利锋. 从《在延安文艺座谈会上的讲话》的“经”与“权”看文艺的时代性［J］. 艺术评论，2020（7）：8-18.

文艺的服务对象成为“拥护祖国统一和致力于中华民族伟大复兴的爱国者”，文艺工作者回应时代要求就要“深刻把握民族复兴的时代主题，把人生追求、艺术生命同国家前途、民族命运、人民愿望紧密结合起来，以文弘业、以文培元，以文立心、以文铸魂，把文艺创造写到民族复兴的历史上、写在人民奋斗的征程中”①。

（二）文艺与生活的关系问题

毛泽东用唯物史观对文艺与生活的关系进行了鞭辟入里的分析，在文艺本源问题上提出了“深入生活说”，“人民生活中本来存在着文学艺术原料的矿藏，这是自然形态的东西，是粗糙的东西，但也是最生动、最丰富、最基本的东西……它们是一切文学艺术的取之不尽、用之不竭的唯一的源泉……有出息的文学家艺术家，必须到群众中去，必须长期地无条件地全心全意地到工农兵群众中去，到火热的斗争中去，到唯一的最广大最丰富的源泉中去”②。毛泽东不仅认同现实对于艺术的先在性和决定性，而且认同艺术在反映现实过程中的能动性，以及艺术劳动成果对于现实的影响和反作用。毛泽东认为，文艺作品中反映出来的生活却可以而且应该比普通的实际生活更高、更强烈、更有集中性、更典型、更理想，因此就更具普遍性。

习近平总书记对文艺创作源泉的阐释，与毛泽东的文艺思想遥相呼应，同样体现了马克思主义的实践唯物论。习近平总书记指出：“人民生活是一切文学艺术取之不尽、用之不竭的创作源泉。”③这就是说，只有走进生活、扎根群众，才能真正走近创作源头。习近平总书记关于“生活就是人民，

---

① 习近平. 在中国文联十一大、中国作协十大开幕式上的讲话［N］. 光明日报，2021-12-15（2）.

② 毛泽东. 在延安文艺座谈会上的讲话［M］// 毛泽东选集：第 3 卷. 2 版. 北京：人民出版社，1991：861.

③ 中共中央宣传部. 习近平总书记在文艺工作座谈会上的重要讲话学习读本［M］. 北京：学习出版社，2015：16.

人民就是生活”的论述，进一步将文艺的“人民性”体现到创作环节，深刻揭示了艺术创作的内在规律，“广大文艺工作者只有深入人民群众、了解人民的辛勤劳动、感知人民的喜怒哀乐，才能洞悉生活本质，才能把握时代脉动，才能领悟人民心声，才能使文艺创作具有深沉的力量和隽永的魅力”①。在新时代的语境下，“深入人民群众”要求广大文艺工作者更多地深入底层群众生活，这是因为不同群体有不同的特点、诉求，但任何时候占人口绝大多数的群众都是文艺的服务对象，这正是对新时代我国社会发展“不平衡不充分”矛盾的回应。

（三）坚持问题导向的方法论

从实际出发，坚持实事求是，抓住主要问题，是两次谈话方法论上的同一性。延安文艺座谈会的召开，主要是解决解放区文艺界思想认识上不统一的问题。毛泽东对此有非常清醒的认识：“抗日战争爆发以后，革命的文艺工作者来到延安和各个抗日根据地的多起来了，这是很好的事。但是到了根据地，并不是说就已经和根据地的人民群众完全结合了。”②毛泽东的讲话从马克思主义理论高度，系统回答了当时文艺运动中有争论的问题，强调党的文艺工作者必须从根本上解决立场、态度问题，对后来党的文艺政策的制定和文艺工作的健康发展产生了深远的影响。在新的历史条件下，面对国际国内形势变化，文艺事业出现了诸多不同以往的新问题，因此，习近平总书记在文艺工作座谈会上的讲话，涉及艺术生产与市场机制、继承与创新、培根铸魂、讲好中国故事等一系列与民族复兴伟大梦想密切相关的重大战略问题，丰富和发展了“人民性”文艺思想。

---

① 习近平. 在中国文联十一大、中国作协十大开幕式上的讲话［N］. 光明日报，2021-12-15（2）.

② 毛泽东. 在延安文艺座谈会上的讲话［M］// 毛泽东选集：第 3 卷. 2 版. 北京：人民出版社，1991：848.

三、视听艺术实践：“人民性”文艺观的践行与探索

视听文化是当前主导性文化，视听艺术文本是公众文化消费中最具影响力的产品形态。从央视、省级主流视听媒体到各类网络平台、移动终端，广大视听艺术工作者把握媒体深度融合趋势，在内容供给侧推动综艺、纪录片、电视剧等各类节目迭代升级，在分发端针对用户特点实行跨平台矩阵式传播。视听行业对“人民性”文艺观的践行与探索，不仅满足了人民的精神文化需求，也推动了行业自身的高质量发展。

（一）秉持人民立场，凸显人民的主体地位

视听文化的形成离不开人民群众实践的“源头活水”，凝结着人民的劳动和智慧，是“人们通过电视传播所产生的精神价值和物质价值的总和”①。从本质上看，视听艺术既是人民群众生产实践的抽象、生命经验的显现，又构成了人民群众新的文化体验。“人民是文艺创作的源头活水，一旦离开人民，文艺就会变成无根的浮萍、无病的呻吟、无魂的躯壳。”②人民群众是社会生产的主体，视听艺术作为一种创作表达和文化呈现，无疑应当凸显人民群众的主体地位。

人民群众是伟大斗争的英雄、伟大工程的劳动者、伟大事业的建设者、伟大梦想的追梦人，理应成为视听艺术抒情、抒怀、书写的主角。一方面，主流视听媒体以纪实语言反映和讲述老百姓自己的故事，“抒写中国人民奋斗之志、创造之力、发展之果”③。中央广播电视总台推出的《大国工匠》

---

① 梁婷婷，欧阳宏生. 电视文化：一种大众的消费文化［J］. 西南民族大学学报（人文社科版），2007（3）：100-104.

② 中共中央宣传部. 习近平总书记在文艺工作座谈会上的重要讲话学习读本［M］. 北京：学习出版社，2015：15.

③ 习近平. 在中国文联十一大、中国作协十大开幕式上的讲话［N］. 光明日报，2021-12-15（2）.

《抗战家书》等代表性纪实节目，记录百姓的日常生活，关注个体的悲欢离合，关注平凡英雄的奋斗成长，引发了公众的集体共鸣。另一方面，融媒体环境创设了新平台，给公众提供了内容生产与传播空间。短视频、直播文化的兴起成为移动互联时代日常表达的新常态，社交媒体全面激发了网络大众的表达欲，人们通过视频展示自我、连接社会。当代人独有的文化情感在日常化、个体性、扁平化的视听景观中得以传递。技术赋能让人民获得了在公共领域表达与展现的舞台，真正让“人民”成为“剧中人”。

（二）厚植人民情怀，饱含对人民的深厚情感

“有没有感情，对谁有感情，决定着文艺创作的命运。”[①]文艺工作者只有与人民情感交融、忧乐同享，才能够使艺术作品与人民群众同呼吸、共命运。“关在象牙塔里不会有持久的文艺灵感和创作激情”[②]，强化与人民的情感联系、深化对人民的认识，方能激发创作激情，才能避免出现“为艺术而艺术”、只抒一己情感的文艺作品，才能实现作品的真挚化、真诚化、真实化。

文艺工作者要爱人民，爱得真挚、爱得彻底、爱得持久，才能真正尊重历史的创造者——人民，才能真正俯下身子向人民学习、向生活学习。认同人民的情感、感同身受地体验人民的冷暖，才能创作出有态度、有温度、经得起时间检验的优秀作品。进一步说，是否内蕴对人民的情感认同，是创作者是否具有人民立场的试金石。

（三）创作精品力作，满足人民精神文化需求

随着物质生活水平的提高，人们的精神文化需求越来越迫切。对视听

① 中共中央宣传部. 习近平总书记在文艺工作座谈会上的重要讲话学习读本［M］. 北京：学习出版社，2015：18.

② 中共中央宣传部. 习近平总书记在文艺工作座谈会上的重要讲话学习读本［M］. 北京：学习出版社，2015：19.

艺术工作者而言，“热爱人民不是一句口号，要有深刻的理性认识和具体的实践行动”[①]。就“具体的实践行动”而言，文艺的“人民性”最终要体现在为公众提供高质量的视听文化产品上。

新时代的视听艺术创作应当扎根中国大地，用作品反映时代之变、中国之进、人民之呼，体现中国精神、中国价值、中国力量。一方面，公众的精神文化需求是丰富多样的，视听传媒的内容生产应当与此相适应，在节目品类、题材、风格、形态上不断创新迭代。以提供娱乐的综艺节目为例，各类媒体对原有的搞笑类、竞技类、服务类、真人秀类、慢综艺等进行适配用户特点的改造，以满足不同层次观众的需求。另一方面，内容生产在满足公众娱乐需求的同时，尤其要注重弘扬先进文化，传播主流价值观，发挥凝心聚力的功能。以传统文化类综艺节目为例，河南卫视推出《唐宫夜宴》等“中国节日”系列节目，中央广播电视总台推出《中国诗词大会》《经典咏流传》《典籍里的中国》《中国考古大会》等，融合音乐、舞蹈、戏曲等多种艺术元素，以数字技术手段连接历史与当下，让优秀传统文化接轨当下语境与时代精神内核，既接地气又通人心，在古今对话中实现与观众的交流和共鸣。此外，充分满足人民的精神文化需求，还需革新视听产品的传播方式和消费样态。人工智能、大数据、5G等技术催生的智能时代正重塑视听艺术内容、形式和传播的模式。2022年北京冬季奥运会期间推出的大型融媒体产品《人民冰雪》就是一个生动案例，它以科普专题、短视频等系列产品充分满足了广大人民奥运期间的收视需求。

（四）坚持社会效益优先，让人民成为艺术评判主体

好作品应把社会效益放在首位，追求社会效益和经济效益的统一，这就要求把人民满意不满意作为检验艺术的最高标准。让人民满意、以人民

① 中共中央宣传部. 习近平总书记在文艺工作座谈会上的重要讲话学习读本［M］. 北京：学习出版社，2015：19.

的喜爱为评价标准，不是一句口号，需要政策引导和制度保障。近年来，国家广播电视总局主管部门针对视听行业出台了一系列管理办法。例如，2021年9月2日，国家广播电视总局办公厅发布《关于进一步加强文艺节目及其人员管理的通知》，旗帜鲜明地倡导爱党爱国、崇德尚艺的行业风气，从严整治艺人违法失德、“饭圈”乱象等问题，坚决反对唯流量论等。2021年8月，中宣部、文化和旅游部、国家广播电视总局、中国文联、中国作协等五部门联合印发了《关于加强新时代文艺评论工作的指导意见》，意见的目标之一就是健全文艺评论标准，把政治性、艺术性、社会反映、市场认可统一起来。

让人民成为艺术评判主体，尚需建立和拓宽渠道，将观众的评价反馈到视听艺术创作的生产和传播环节中，推动视听艺术的再创造、再循环和再扩大。从早期的观众来信、热线电话、短信投票到如今的弹幕评论、用户评分等，近年的视听节目能够通过社交软件与观众实时互动，新技术正为视听艺术评价体系构建提供新路径。毋庸置疑，人民群众的评价必须成为视听艺术生产传播不可或缺的一环。只有把人民作为文艺审美的鉴赏家和评判者，才能共同营造健康、良性的视听艺术新生态。

习近平总书记指出：“人民既是历史的创造者、也是历史的见证者，既是历史的‘剧中人’、也是历史的‘剧作者’。”[①]中国文艺事业的延安回望与新时代展望表明：“人民性”是中国特色文艺事业始终如一的准则，它贯穿在两次讲话中文艺工作出发点、立足点、目的、评价标准及来源等各个方面。贯彻文艺的“人民性”，就是要在实际创作中凸显人民主体地位，秉持人民立场，深入人民生活，认同人民情感，表达人民心声，尊重人民评价。唯有如此，才能铸就新时代的文艺高峰，文艺的百花园方能因人民、为人民绽放。

① 中共中央宣传部. 习近平总书记在文艺工作座谈会上的重要讲话学习读本［M］. 北京：学习出版社，2015：13.

目 录
CONTENTS

绪　论

媒体正经历又一场由技术推动的大转型，既有媒体形态不断进行自我革新进化，与此同时，媒介的迭代进程日益引人注目，新的媒介形态在技术、经济、文化等共同作用下，逐渐进入并改变着人们的日常生活。国外学者较早提出“智媒时代”这一概念，“智媒”在全球视野下呈现出差异化发展与共性聚焦特点。关于智媒的研究主要集中在“技术路径”和“实践应用”，以具体案例探讨基础层、技术层和产业层的实施方案。

从门户媒体、社交媒体到当下的智媒场景，互联网业态的发展促使媒体深度融合的进展加速。技术迭代推动着传媒业一轮又一轮的变革，现实与虚拟共生所构成的智媒景观，不仅更新了传播媒介本身，更重塑着传播的社会功能。面对“万物皆媒”、人机共生、自我进化的智媒时代，学界、业界多关注技术驱动下的资源要素、形态演进、行业机制等，“内容新业态”触发的文化影响与价值重塑的研究亟待加强。

一、述评：智媒时代引发的多重变革和影响

视听传播视域内，智能技术在全方位融入，在信息搜集、处理汇总、核实评估及协同创作等多个环节产生了深远的影响，同时，视听内容生产体系也亟待重构。

（一）关于“智媒体”的理论研究

关于“智媒体”的理论研究，重点把握智能媒体的技术要素、用户匹

配、场景具象化、服务精准化等属性。一些学者结合计算机科学、信息科学、人类学、社会学等跨界理论，从媒介、市场及社会等角度关注未来传播业态的变革与前景。

学界对智能媒体的研究，主要考察媒体的智能化趋势和技术形态，大多从智能内容生产和算法伦理角度研究智媒如何作为社会机构的信息传播渠道及其发展现状，侧重对智能媒体内容属性和规范要求的研究，较少从智媒独特的技术属性，以及不同社会情境下智能媒体对社会和公共生活的影响方面进行考察。[①]实际上，智能媒体不仅在于技术辅助性或算法公共性提高等方面发挥作用，更在于其搭建了社会（公共）与用户（个体）间交互体认、深入的桥梁渠道。包括算法在内的智能媒体技术，嵌入了人们生活的方方面面，技术与人形成了新的交互范式。智媒技术显然早已超越了媒体内部信息处理，真切交融于用户与信息关系的全方位、全过程。

（二）智媒时代视听传媒业的变革

智媒时代视听传媒业的变革突出体现在三大方面：在运营模式方面，从融媒时代的线上线下联动到智媒时代的线上线下共融；在内容生产方面，虚拟现实和人工智能的应用拓宽题材范畴与视听呈现方式；在行业发展方面，伴随智媒发展衍生出新的市场动向、产业模式等。

互联网平台在传统媒体智能化转型升级的过程中发挥了关键作用。互联网平台的诞生、发展始终离不开数字技术，同时其作为智能时代的基础设施，又反过来影响了技术发展的（潜在）走向。针对当前时代的信息交流甚至社会规范，大数据算法的成熟与广泛应用，使得传统媒体的许多功能让渡至社交媒体，媒体平台成为真正具有传播力、影响力（甚至控制力）的关键驱动。

智媒时代，全媒体化、平台化趋势日益显著，人类生活的方方面面被

① 宫承波. 媒介融合概论［M］.3 版. 北京：中国广播影视出版社，2021.

互联网平台完全掌握，且各大平台已不知不觉间发展为社会正常运作的结构性支撑。在此语境下，互联网平台理应肩负起信息环境生态的保护职责，充当互联网治理的主体力量。当然，由于互联网平台本质上的商业属性，其信息的筛选、处理机制间或导致“信息茧房”，造成一定程度上的负面影响。必须时刻保持数据的公开透明，实现动态的数据共享，将公共机构、政府官方也纳入信息生态域。打通平台生态系统间的节点阻隔，才能为塑造符合时代需求的视听传媒奠定基础。

（三）视听文本与用户体验的关系

移动媒体，特别是智能手机，已广泛渗透至人类生活的各个角落，“场景”成为考察、审视互联网不可忽视的关键性概念。从技术维度而言，通过场景设计、功能细化、在线调整等多元手段，智能算法能扩充主流议题的影响力。并且这种颠覆传统“场景”的传播方法，对主流价值的渗透性传播大有裨益。

技术与社会的互动和形塑已逐渐成为智媒研究的趋势。[①]通过智能技术与社会的深度融合，智媒系统正扮演着社会交互桥梁与稳固基石的角色，以“万物皆媒”的新面貌，使人与人、人与物、物与物在高度智能化的时代迈入前所未有的生存形态。“智媒”概念已不再局限于“专业”或“职业”的范畴，而是展现出鲜明的系统性特质。不可否认，智媒时代下的传播秩序正遭受着虚假信息、有偿新闻等传统问题的严峻挑战，同时还面临着“信息茧房”、群体极化、无感伤害等新型难题。故而，我们必须意识到，智能时代传媒生态的底层逻辑是由技术驱动的社会信息流动，对于传播伦理的探讨，不应仅仅拘泥于新闻领域的传统议题，而应拓宽视野，深入剖析智媒变革所带来的多维度困境。

---

① 陈昌凤，师文. 人脸分析算法审美观的规训与偏向：基于计算机视觉技术的智能价值观实证研究［J］. 国际新闻界，2022，44（3）：6-33.

（四）关于“价值”问题的研究

步入一个人与人、人与物、物与物广泛互联的智能时代，我们正经历着由智能化传播形态所带来的生存方式的深刻变革。在这样的时代背景之下，曾经的新闻与信息场域纷纷借助智能技术加入新一轮的传播革命中，并在全新的传播生态中经历着数据伦理、算法伦理和传播效果伦理等多重困境。①从理解智媒的传播生态和伦理变革开始，研究智媒时代视听内容生产与价值体系建构需要“思维转向”“对象转向”“理念转向”，以此回应在新的时代背景下应如何构建新的生产与传播生态。

智能媒体建构的传播新环境在价值生态建设上既可能造成“人”的异化，也可能凝聚社会共识。因此，有研究者提出，智能技术将数据和符码进行人性化、情感化聚合，重建智能时代价值话语体系、话语方式。智能媒体的突破性在于跨身体、大众传播、数字技术媒介形态的熔铸与重塑，实现技术、用户、信息的有机整合。主流价值传播日渐趋向于自下而上的“嵌入式认同”，这一历程离不开多方的共同参与以及场景化技术的支撑，共同形塑了全新的传播机制。②

二、焦点：智媒语境下视听传播的价值再造

鉴于技术带来的深刻现实变革，主流话语的传播正遭遇前所未有的挑战，唯有摒弃僵化、封闭的旧逻辑，转而采取开放策略，充分利用当下多元丰富的网络传播平台，方能探寻到主流话语传播的正确路径。主流话语传播应建立在“用户本位”的价值逻辑之上，并以“可感知”的形态和方

① 顾理平，俞立根. 具体困境与整体困境：智媒时代的传播伦理变革与研究转向［J］. 传媒观察，2022（2）：40-47.

② 王润，南子健. 嵌入式认同：智媒时代主流价值传播的新机制与未来展望［J］. 中国编辑，2022（4）：46-50，56.

式与用户需求及选择行为发生交集，通过构建魅力、营造流行，成为吸聚海量用户的、以内容作为载体的大媒体平台，使主流话语影响力的落地有实实在在的依托。[①]

（一）为主流价值体系保持支配性地位提供精准对策

新型主流媒体以“新型”和“主流”为关键词并区别于其他媒体。也就是说，新型主流媒体同时占据“前沿”和“主导”的重要位置，也就要求其吸引更多受众，以他们的认同与支持来稳固地位。通过搭建系统分析框架，开拓视听生产链接用户的新路径，构建良性循环和持续发展的价值生态体系。

步入智能媒体时代，传统主流媒体，那些昔日稳固于社会结构中的核心力量，正面临身份认同的严峻考验。在此转型之际，新型主流媒体正处于一个亟待重塑自我的关键阶段。传统的群体、价值观念在今天面临严峻的挑战，在原子化的社会中寻找共识是相当困难的。在此语境下，新型主流媒体要作出表率，充分发挥其在价值引领方面的主导作用。在众声嘈杂的舆论场中，新型主流媒体需要直面社会问题，设置身份认同议题，尝试联结个体，并形成圈层建立信任，在达成共识的基础上进一步强化自身作用。

（二）确立“智慧互联”内容生产的标准、方法、策略

研究丰富智能媒体内容建设的数据、样本与本土案例，为智媒实践与整体发展提供有价值的思考。首要任务是朝向智慧化方向迈进，利用智媒技术构建生产与消费融合的内容生态系统。智能媒介在建立协同合作的视听内容创作体系、打造用户定制化内容需求时，应依托算法分析与云端计算的技术优势，服务于现代化治理体系。同时需遵循数字化趋势，构建智

① 喻国明. 再造主流话语形态的关键：用户本位、构建魅力、营造流行［J］. 新闻与写作，2019（9）：54-57.

能传播矩阵。主流机构需整合采编团队、技术专家、运营主体及社会组织等多元节点，形成协同创新机制以激活产业链资源。此外，应构建复合型媒体平台生态系统，基于生态视角重构媒介机构与社会结构的互动模式：对外实施多平台战略协同，对内优化传播矩阵的生态承载力与功能延展性。

另外，需紧抓国际传播格局重塑的历史契机，建立覆盖全球、精准分众、多语适配、全媒体融合的国际传播矩阵。通过“他平台”的表述范式与逻辑框架，立足实际讲述中国故事，从国际认知维度阐释中国价值、中国精神，推动跨文明共识构建与价值共振。

（三）实现“科技赋能+人本逻辑”的融合互通

在技术日新月异的当下，主流话语传播面临的核心挑战在于渠道的丰富、多元及随之而来的海量信息与碎片化趋势。昔日电视节目能够吸引六七亿观众同时观看的辉煌景象已成为过往云烟。传播市场的“碎片化”现状，使我们难以精准把握当下的用户究竟在何时、何地、通过何种渠道、消费着何种内容。

在媒介融合进程中，需实现主流媒介与市场媒介的双向整合协同。前者应建立制度性衔接与弹性协作框架；后者需推进传播范式的结构性转型，包括符号表征系统的重组、意义生产机制的调适以及话语传播路径的革新，从而完成传播体系在技术环境与价值维度上的双重适配，实现传统传播模式向数字传播生态的深度互嵌与价值增值。这种转型既涉及媒介组织架构的生态重构，也包含传播本体论层面的范式演进。简单来说，就是要引导公众认识移动化、社交化、智能化，参与价值再创造，以健康的价值取向与精神内涵共建文化新景观。

三、观点：价值观引领视听传媒的未来发展

“智能化”与“共享化”的趋势相辅相成，媒体需要顺应共享趋势。随

着互联网的不断普及与演进，其固有的开放性赋予每个人成为网络主宰者的权利，共享这一开放的内容生态，技术的进步正引领媒体向更高层次的智能化迈进，未来的媒体将凭借个性化和多样化的服务，精准对接内容生态和平台渠道引入的用户。未来，视听内容产业向智能化演进将呈现四大结构性特征。

其一，数据驱动核心。当前影视机构依赖收视率、人口统计特征等传统抽样统计指标，已难以适配全媒体传播环境。虽然内容吸引力是基础，但缺乏基于用户行为数据的预测建模与需求构建，必将导致传播效能衰减。而通过构建用户数字画像与行为模型，深度激活数据资产的场景化应用价值，方能实现内容与需求的精准匹配及价值转化。这标志着媒体价值评估体系正从内容本位转向数据本位的战略性升级。

其二，多形态服务矩阵。智能传播时代，传统视听产品交互升级后需模块化数字服务。这种范式转型要求建立“创意—开发—分发”的全链路协同机制，以实现IP资源的多模态转化与跨渠道传播。产业运作须突破线性生产逻辑，构建多种角色的跨职能协同网络，形成“需求感知—智能创作—精准触达”的闭环服务体系。该转型本质上是对媒介产品论的价值重构，推动视听内容从单向传播载体向智能服务介质的根本性转化。

其三，跨屏生态中枢。全媒体传播环境下，用户行为呈现时空碎片化特征，智能手机、可穿戴设备、车载终端等多模态接口构成分布式触达网络。媒体智能化转型需构建终端间的认知协同机制，通过实现跨屏内容流与场景流的动态适配，整合跨终端数据流与交互行为，其本质是将终端矩阵转化为具有认知计算能力的“环境媒介”，使传播效能在人机共生界面中实现指数级增强。

其四，业态范式重构。视听产业创新需突破传统广电线性生产范式，在三个维度实现结构性跃迁：一是组织形态向“技术+内容”双螺旋架构转型，建立AI驱动的内容认知工坊；二是生产流程重构为“数据感知—智能生成—动态优化”的认知闭环；三是商业模式转向基于用户数字孪生的价值共创体系。这种变革要求深度解构媒介业态边界，实现传播系统与互联网经济生态的基因级融合，形成“技术渗透—场景激活—生态反哺”的协同演进机制。[①]

因此，在场域融合、人机融合、内容融合中深化对人机关系的理解与把握，确立“智慧互联”内容生产的标准、方法、策略，研判智媒风险防控原则、完善管控架构、优化治理模式，是对新业态下智媒体与新时代文明发展调谐协同的时代命题的解答。

重新界定“内容”本身，内容即“媒介”。“万物皆媒”说明内容所蕴含的吸引人、汇聚人与启发人的强大力量。换言之，一个“内容”可以成为下一个“内容”的载体或媒介。[②]从“万众皆媒”的融媒时代进入“万物皆媒”的智媒时代，给新型主流媒体提出了新要求和新期望。在人类书写的文明历史中，故事是文化延续、传播的根本载体，人类因而能铭记自身的生活轨迹、延续自古以来的文明。中华文明千载绵延、中国共产党百年奋斗、新中国峥嵘历程，凝结成了中国叙事体系。置身智媒时代，我们应借助数字技术与媒体技术的力量，作为中国故事走向世界舞台的桥梁与技术支撑，促进中国故事的精准化生产与国际化传播，让全球观众对中国故事产生兴趣、乐于倾听，并从中获得深刻启示。

创新话语方式和叙事体系，实现智能化精准传播。在智媒时代环境中，要提高中国故事话语的普适性、针对性、可读性，需要从宏大叙事向日常叙事转向，传播主体需要从单一走向多元，传播逻辑也需从模糊迈向精准。采用多元、互动、直观、可感知的传播手段，让中国故事更加生动鲜活。在此过程中，我们应充分利用数字技术工具，在传播领域发挥精准效能。此外，充分利用跨文化研究、叙事学、传播学等理论资源，对中国故事国

① 胡正荣. 智能化：未来媒体的发展方向［J］. 现代传播（中国传媒大学学报），2017，39（6）：1-4.

② 喻国明. 再造主流话语形态的关键：用户本位、构建魅力、营造流行［J］. 新闻与写作，2019（9）：54-57.

际传播对象进行再度校准、内容定制与高效推送。传播主体应积极运用智能手机等各色新型工具，打造真实可感、触手可及的故事传播场景，让中国故事“伴随”海外用户左右。

深化理解人机关系，走向人机价值共创。深化人机协作与对话，亟待搭建一个全方位智能化生产与传播体系。此外，智能技术的赋能使视听内容生产与传播的多环节发生智能升级和流程再造，为视听产业价值体系重塑和升维发展提供新机遇。视听业价值生态的重塑，首先体现在价值主体关系的重构上——从以往人为中心的价值逻辑走向人类与机器协同共生的价值共创。步入智能媒体时代，人与机器之间的相互碰撞将会引领传媒业的新一轮变革，其中，具身化趋势日益显著。这种人机协同的模式正逐步成为一种新的视听业务形态，广泛应用于视听内容生产流程与反馈机制中。在未来，人类的“智力”将以指令的形式持续输进机器之中，机器也将进一步延展人的智力边界，形成人与机器双方的优势互补、和谐共生的良好局面。

重视智媒风险防控，注重传媒生态建设。新技术改变了传统的传受关系，“传受复合”的全新身份导致伦理风险的产生概率、发生机制、影响边界进一步扩大化。一方面，个体在内容生产和传播中的角色愈发重要，也导致内容质量下降或信息冗余；另一方面，个体在舆论生态中的冲突和矛盾也会对公共利益和社会稳定造成潜在风险。“公私交叠”模糊了公、私领域的边界，使得舆论环境变得更加复杂和难以控制，也使得网络监管和风险治理难度进一步加大。新技术潜在的风险和隐患也为传播秩序和社会伦理带来不可忽视的挑战。例如，人工智能技术在内容审核方面的误判或滥用可能导致不公正的审查；云计算技术引发的数据安全问题，导致用户数据泄露或被篡改；5G技术的高速传输特性，可能加剧网络攻击的风险。此外，技术迭代正重塑视听内容生产的全产业链，在推动科技发展紧跟时代前沿步伐的同时，亟待政府、社会个体、企业多方共同开展治理路径探讨。未来的智媒生态治理应通过多方协同，实现风险预判与治理，为智能媒体的发展保驾护航。

如何使技术不只是沦为工具，而是成为视听行业高质量发展的新动力？如何应对技术给视听传播研究带来的新挑战？如何将视听技术与文化创意产业更好地结合？这些都是我们需要思考和探索的问题。归根结底，人是技术的尺度，智媒时代的内容生产亟待体系化的价值规范，价值观引领视听传媒未来发展。

第一章 媒介的迭代演进与智媒体时代

过去，媒介发展的底层逻辑是社会需求，即在技术的基础上，解决社会需求，产生商业价值。随着媒体的迭代演进，一个全新的媒介传播时代已然到来，技术不再滞后于社会需求，而是直接与媒体结合，反向激发社会需求，推动了媒介形态变革。

智能媒体是以大数据为基础，以人类智能和机器智能为核心，借助物联网技术全场景的数据采集、5G技术高速率和低延时的信息传播、云计算技术强大的算力和区块链技术独有的信任机制等，逐渐形成的具有强连通性和强交互性的智能化媒体系统。[①]在其兴起和发展过程中，技术发挥着关键作用。同时，智能媒体不再由某种单一技术支持，而是一个互联互通的技术体系。

第一节　通向智媒时代的媒介演进

媒介，正经历又一场由技术推动的大转型，已有媒体形态不断进行自我革新进化，与此同时，媒介的迭代进程日益引人注目，新的媒介形态在技术、经济、文化等共同作用下，正在逐渐进入并改变着人们的生活。媒介形态正经历了一系列的演进和转变，从传统的纸质媒介到数字媒介，再到指引未来的智能媒介，媒介的迭代进程仿佛一部波澜壮阔的史诗，记录

① 程明，程阳. 论智能媒体的演进逻辑及未来发展：基于补偿性媒介理论视角［J］. 现代传播（中国传媒大学学报），2020，42（9）：1-5.

着人类对信息传播的不懈追求。

一、既有媒介类型概述

智能媒介的出现根植于媒介的不断迭代与更新，媒介的发展经历了以下几个重要阶段：口语媒介时代、文字印刷媒介时代、电子媒介时代、数字媒介时代，最终伴随着数字化的不断演进，逐渐趋向于智能媒介的不断成熟。

智能媒介的发展以人工智能、大数据、增强现实、虚拟现实、物联网等技术的媒介化为基础，离不开社会化媒体的铺垫。因此，探讨媒介迭代的进程、逻辑、技术驱动力以及媒介的功能定位的变化对于探究智能媒体在当下的传播发展图谱有着极为重大的意义。

“媒介”从口语时代、印刷时代、电子时代步入智能时代，作为符号的“载体”与主客体间的“桥梁”起到负载、传递特定信息的作用。媒介学家雷吉斯·德布雷（Régis Debray）认为：“文明与承载它的媒介技术相互观照。媒介对文明的影响通过推进思想的实践和传承来达成，思想在传递装置内生产，储存于传递装置之中，并借助传递装置迁移。”[①]媒介迭代的进程从早期的传统媒体到现代的数字媒介可以分为以下几个主要阶段，每个阶段反映着技术进步和社会需求的变化。

（一）口语媒介

口语媒介是最初始的媒介，是唯一不依赖工具只依靠人本身就可以达成的传播方式。口头传播即时发生且转瞬即逝，要求同一时空环境，传播者与接受者有共同的语言背景，亲身参与到整个传播过程。并且口头传播对于传播者的表达能力、接受者的听觉能力和接收能力、双方的记忆力都有着一定的要求。因此，口语媒介同时受时间、空间以及人类本身传播能

① 徐轶瑛，那宇奇.智能媒介视域下传播学研究的范式流变［J］.现代传播（中国传媒大学学报），2023，45（8）：141-152.

力的桎梏，在信息传播的广度、深度方面都非常受限。

（二）文字印刷媒介

文字书写媒介的诞生，改善了口语媒介只能口耳相传的局限性，实现了跨区域传达，但信息传播的速度与广度依然受到局限。

印刷技术诞生于中国，并在此后于世界各地被广泛运用。15世纪德国人古登堡发明了新的活字印刷术，标志着机械化、分工化、批量化的书籍生产方式的出现，具有划时代的意义。“古登堡活字印刷术”大大推动了欧洲的文艺复兴、宗教改革和工业革命的进程，建构了印刷媒介，使人类进入印刷文明。[①]印刷术的出现使得文字的大规模印刷和传播成为可能，对于传统口语与书写媒介在时间和空间上存在的限制性问题起到了极大的改善作用，自此信息传播的速度和距离已经完成了质的跨越，甚至实现了跨时代的传播。

文字与印刷媒介相较于口语媒介在传播形式与传播手段上呈现出趋于理性化的特点。一方面，文字因其记录性与客观性，可以纠正口语传播中容易出现的漏传、误传的现象。此外，文字表述能不断修改与完善，较口语而言更加严肃简练、清晰准确，更便于传播信息。另一方面，在口语媒介当中作为传播主体的人，在传播信息的过程中常常很难摆脱主体主观情绪的束缚，并且在口口相传的过程中，传播主体转变后先前的信息也会再被新的主体的主观意识所裹挟，逐渐背离其原始的客观表述。而印刷媒介依赖文字的准确性、精炼性以及印刷术本身的机械化流程，大大保障了内容在传播过程的准确性。印刷机的操作依靠原始的输入和程序的设定，在传播过程中不会轻易被改变，其产物也更为理性。

（三）电子媒介

随着通信技术与信息网络技术的不断进步，电子媒介如电报、电话、

---

① 张耀铭. 数字时代印刷媒介的危机与变革：基于传媒历史的视角［J］. 理论与改革，2022（4）：12-29.

广播和电视等应运而生，极大地加快了信息传播的速度，并拓宽了其覆盖的范围。这些媒介以电子信号为技术支撑，实现了远程传输和广播，进一步拓宽了信息传播的渠道。

电报作为“第一个使信息的传播速度超越人体速度的传播媒介”，不仅消除了传播中时间和空间带来的阻碍，大大增强了传播能力，并且为信息的传播赋予了同时性和瞬间性的优势。

此后，随着科技的持续进步，照相机、电话、留声机、电影、广播、电视、计算机等电子媒介相继问世。其中，电视这一媒介形态，是电报技术和摄影技术结合的产物，并将这两种技术在传播速度和表现手段上的特性高度融合。电视媒介的发展经历了从黑白到彩色再到数字化的阶段，互联网技术的发展也使得电视可以与其他媒体进行融合，提供了更多的内容和服务。电视媒介在不断探索和创新的过程中，其功能和服务也不断更新和完善，成为现代社会中不可或缺的一种媒体形式，以电视为代表的电子媒介也逐渐成为主导时代信息传播的主要方式。

电子媒介的快速传播对社会生活各个领域产生了深远影响。电视主要以图像为表现形式，而这种区别于文字的传播方式在此后逐渐改变了人们的思维模式。印刷媒介所需要的“读”与电子媒介需要的“看”是不同的两种信息获取方式：“读”需要大众识字，追求思想的超越，还需要具备一定的文化底蕴；相较而言，“看”的门槛以及对思维的要求更低。快速的传播速度使人们获取了大量的图片信息，但人类大脑的信息处理能力却难以跟上信息获取的速度。快速变换的图像抑制了大脑中用于思考的“延迟神经”的工作，在一定程度上导致人的主动性、积极性与创造性的降低。[①]

---

① 黄金艳，王学俭. 媒介技术的发展演变及其启示［J］. 电子科技大学学报（社科版），2016，18（3）：70-74.

（四）数字媒介时代

随着计算机技术、互联网和移动设备的发展，信息被数字化并在网络上进行传播。数字媒介实现了全球范围内的信息传播，通过互联网和移动网络将世界各地的人们紧密联系在一起，打破了传统媒介的时空限制，具有高效、便捷、互动性强的特点。数字媒介提供了文本、图像、视频、音频等丰富多样的内容形式，增强了传播内容的吸引力和感染力，满足了人们对各种类型信息的需求。但带来便捷的同时，数字媒介相较之前几种媒介形式，其包含的信息集中爆发。接受者获取信息的场地不再受到限制，信息传递的过程中常会面临被打断的风险，因而人们接受信息时的专注度会大大降低。数字媒介时代，信息的接受逐渐走向碎片化，信息自身也逐渐趋向碎片化。

网络媒体的进化可以分为门户时代、Web2.0时代、众媒时代和智媒时代四个阶段。需要指出的是，门户时代虽也是新媒体，但本质上的传播模式、传播者构成，可视为传统媒体的延续，到了Web2.0时代，用户参与是主要特征，也是众媒出现的基本前提。众媒阶段是多种媒体形态、多种传播主体的共生。众媒阶段下，媒体表现形态、内容生产主体、传播结构、媒体平台都趋向于多元化。新媒体发展呈现出“智能化”的动向，以人为主导的媒体逐渐走向人机融合协作，未来将发展到“万物皆媒”的时代。①

作为营销传播场景中的热词，“智能媒介”即“媒体智能化”，是新闻传播领域所开展的一系列模拟、延伸和拓展类人智能的理论、方法、技术和应用等工作的统称。但其概念很难用几句话来定义，它绝非纯粹的静态概念，也不是单维的动态概念，而是具有多维意义的发展性概念。“‘智能+媒体’可拆解成两大层面：狭义特指由机器人写作的新闻，强调‘以数据

---

① 彭兰. 泛传播时代的传媒业及传媒生态［J］. 新闻论坛，2017（3）：24-26.

为中心’‘没有人为干预’‘自然语言生成’等特性，广义则指代囊括生产、传播、写作、报道、从业人员、伦理道德规范等在内具备形成专业媒体和特定学科条件与演进趋势的人工智能新闻系统。英文语境下的‘smart media’指代的是一种连接智能服务和智能交互的方式或机制，扩展了人机交互过程中现有的媒体形式。”①

媒介迭代伴随着技术进步，从印刷技术到数字技术，每一次技术革新都推动了媒介形态的变化。在媒介迭代的每个阶段，技术进步都是推动媒介发展的关键因素，不仅改变了信息的传播方式，还影响了社会沟通的模式和公众的信息消费习惯。

传统媒体的迭代与技术的发展和革新有着极为密切的关系。15世纪中期，古登堡印刷机的发明标志着西欧近代印刷技术的开始，使书籍和文档的大规模复制成为可能。印刷技术的普及促进了知识和信息的更广泛传播，对教育和文化产生了深远影响。19世纪，电报和电话的发明极大地加快了远距离通信的速度，信息的传递不再受到时间与空间的局限。20世纪初，无线电和电视的出现进一步扩大了信息传播的范围和速度。

进入早期数字媒介时代，互联网和移动通信技术的发展是媒介迭代的重要驱动力，使媒介内容更加丰富，传播更加快速和广泛。20世纪70年代至80年代，个人计算机的普及开始改变人们的工作和生活方式。互联网技术的发展，特别是万维网的诞生，标志着数字媒介时代的到来。

21世纪初，智能手机的普及和移动互联网的发展，使得信息传播和接入更加方便快捷，媒介内容可以随时随地被访问和分享。随着技术的不断发展，媒介逐渐走向个性化、定制化的趋势。应用程序（APP）和社交媒体的兴起，极大地丰富了人们的沟通方式，改变了人们的信息消费习惯。社交网络平台的出现标志着媒介的社会化和互动性。

---

① 纪佩吉，王卫明. 智能媒体的媒介社会学考察及其理论意义［J］. 青年记者，2023（6）：40-42.

互联网的广泛应用产生了海量数据，大数据技术的应用使得个性化内容推荐和精准营销成为可能。算法开始在内容的筛选、推荐和排序中发挥关键作用，基于用户数据和算法的个性化推荐成为媒介发展的主流。人工智能技术，尤其是机器学习和自然语言处理，在内容创作、用户行为分析和智能推荐系统中发挥着重要作用。

在未来，虚拟现实、增强现实和区块链技术的探索，预示着媒介迭代的新趋势。新技术如AR和VR为媒介提供了新的表现形式和体验方式，预示着未来媒介可能提供更沉浸式和交互式的体验。区块链的应用，确保内容的真实性和版权保护的有效性，可能对媒介产业产生影响。

媒介迭代的过程中，从媒介平台到自身的内容形式都逐渐走向多元。媒介平台从传统的报纸、杂志发展到网络新闻、社交媒体、博客、播客等多种形态。智能媒体不再局限于单一的媒介形态，通过多媒体技术和互联网的便利性，实现在不同平台和设备上的内容传播和使用，逐渐形成一种多平台共生的传媒生态。用户能靠手机、电脑等智能设备随时随地获取信息。依托于不同的载体，媒介内容的呈现方式从纯文本到图文并茂，再到音视频等多媒体形式，逐渐走向多样化。

随着技术的不断发展，媒介逐渐走向个性化、定制化的趋势。借助大数据和算法，智能媒体能够深入洞察用户兴趣及其行为模式，从而为用户提供量身定做的内容推荐与服务，精准满足其个性化需求。

在此过程中，用户的参与度也得到了大大提升，实现了媒介从单向传播到互动交流的革新。早期媒介时期，以报纸、广播、电视为代表，特点是单向传播，观众是被动接受的角色。而伴随着互动媒介的兴起，互联网和数字技术的发展促成了双向交流，用户从被动接收者转变为能够互动和反馈的参与者。用户可以根据自己的需求和偏好，获取定制的信息和娱乐内容。用户不仅是内容消费者，还可以成为内容的创造者和扩散者。

随着互联网的发展，媒介的传播范围得到了极大的扩展。信息可以迅速跨越社会、国家，在全球范围内传播。通过互联网和社交媒体平台，全球化的传播打破了地理的局限，人们可以轻松地接触到来自世界各地的信息和文化，极大地促进了全球化和跨文化交流。

然而，随着数字媒介的发展，伦理和安全问题也成了媒介迭代中的重要议题。例如，虚假信息的传播、版权问题、隐私保护等问题成为数字媒介时代需要解决的重要问题。这些问题不仅影响了媒介的声誉和公信力，也威胁到了用户的信息安全和权益。因此，在媒介迭代的过程中，需要重视并解决这些伦理与安全问题，以确保媒介的健康、有序发展。

随着科技的持续发展和社会需求的变化，媒介迭代还将继续面临新的机遇和挑战。例如，人工智能技术的进一步应用将提高媒介的智能化水平；虚拟现实（VR）和增强现实（AR）技术的发展将改变人们的媒介体验；区块链技术将为媒介传播提供更加安全、可信的平台。同时，随着数字化和网络化的加速发展，媒介将面临更加复杂的信息安全和隐私保护问题。因此，在未来的媒介迭代过程中，需要不断探索新的技术应用和发展方向，以适应社会的需求并确保信息的真实性和安全性。

媒介迭代的过程中，媒介的功能定位也发生了变化，实现了从单一信息传递到多元互动和个性化服务的转变。在早期的语言和文字时代，媒介主要是用来传递信息和知识的工具。随着印刷术的发明，媒介成为大规模传播信息和知识的重要手段。在电子媒介时代，电视、广播和电影等媒介形式逐渐普及，主要起到信息传递和新闻报道的功能，并且逐渐扩展到了娱乐、教育、商业广告等方面。媒介在推广消费文化和娱乐生活方式方面发挥了重要作用。

传统媒体在信息传播中扮演着权威角色，是公众获取信息的主要渠道，这些媒介提供了一个相对单向的沟通渠道。随着互联网和移动互联网的发展，媒介的形式和功能进一步扩展，出现了许多新的媒介形态，如社交媒体、博客、视频直播等。这些新媒介不仅具备了传统媒介传递信息的功能，还具有更强的互动性、个性化和社群化等特点。互联网的出现使得媒介不再局限于单向信息传递，用户可以通过电子邮件、论坛、评论等方式参与互动。社交媒体的兴起进一步增强了媒介的互动性，使其成为人际沟通和社交网络构建的重要工具。利用大数据和算法，数字媒介能够根据用户的喜好和行为提供个性化的内容推荐。用户不再是被动接收者，而是可以通过博客、视频平台等渠道参与内容创造和分享。

除此之外，网络媒介还可以作为在线教育与信息平台，起到教育和知识普及的功能。网络课程、在线研讨会等形式使得媒介成为重要的教育和知识普及工具。教学者可以将视频上传至学习网站，学习者可以在网站自行搜索观看。互联网整合了各类学习资源，为个体提供了技能发展和自我提升的学习平台。

总之，媒介迭代的演进逻辑是由技术进步和人类对信息传播的需求变化所驱动的。每一次媒介的变革都反映了社会需求的变化和技术发展的成果。未来，随着技术的不断进步和社会的不断发展，媒介的形式和功能还将继续拓展。智能家居、智能穿戴设备等新兴领域的发展也将为媒介提供新的发展机会和功能定位。媒介功能的这一转变反映了技术进步和社会需求的动态演进。从传统媒介的信息传播，到数字媒介的个性化互动，再到智能化媒介的数据驱动，媒介功能定位将更加多元化、个性化和智能化，媒介传播已经成为社会生活的一个不可或缺的环节。

二、智媒时代的传播图谱

数字技术的应用，催生了一个全新的数智时代。现在，数字技术的整体框架已搭建成形，在技术不断驱动、技术创新沉淀的作用下，自动化迈向信息化，到如今飞速发展于互联网、人工智能基础上的数字化。数字技术革命给社会带来了天翻地覆的大变革，并催生不同行业的数字化转型。数智时代下，智媒时代的传播图谱是一个复杂而动态的网络，它由多个关键维度构成，这些维度在不断地演变和适应着技术的进步和社会需求。

（一）技术驱动与信息扩散

数智时代，技术是媒介演变的重要驱动力。人工智能、大数据算法、物联网等新兴领域的科技成果为媒介创建了新的生态领域。目前，人工智能技术已在自然语言处理、图像处理、语音识别等应用领域发挥作用，并且正在进入传媒行业的核心境地。人工智能与大数据算法、物联网的融合，在内容分发、内容生产的各个环节引发了变革，也对智能时代的媒体生态带来了极大的挑战。

技术的快速进步推动着信息流动的加速与扩散。借助5G、AI和云计算等智能技术，信息的传播速度得到了极大的提升，信息可以在全球范围内迅速传播。而移动互联网的普及和社交媒体的应用则加速了信息的扩散，使得信息能够迅速触及更广泛的受众。这种快速的信息流动使人们能够更及时地获取和分享信息，也使媒体能够更快速地回应社会热点和事件。

在智能时代，大数据占据了核心地位，而物联网与智能技术的融合，为大数据应用提供了海量的数据源以及更为先进的分析工具和方法。人工智能和大数据的融合，以及传播交互性、用户参与性的增强，使得媒介平台可以利用海量的用户数据，进行深入的数据挖掘和分析。通过这些数据，媒介平台可以了解用户的兴趣爱好、阅读习惯等，进而进行精准的内容推荐。

同时，媒介内容也呈现出多样化与定制化的特点。通过技术手段，媒介可以提供更加丰富多样的内容，满足不同用户群体的需求。利用用户数据，媒介也能提供更加个性化的内容推荐和服务。实时数据分析使得媒体可以快速响应用户反馈，及时调整内容。通过收集和分析用户的浏览数据、评论、购买记录等，媒体可以了解用户的兴趣爱好和需求，进而进行精准的内容推荐和调整，打造个性化的内容和服务。

（二）传播主体与传播渠道多元化

在传统媒体时代，媒体是信息传播的主体，而在智媒时代，用户和机器也成了信息的生产者和传播者。用户生成内容（UGC）和机器生产内容（MGC）的兴起使得信息的来源更加广泛，也使得信息的数量和质量得到了极大的提升。多元化的传播主体使得信息更加丰富，用户需求的重要性进一步提升。

在智媒时代，传播方式也得到了创新和扩展。传统媒体与新兴媒体的融合、跨界合作等都使得传播方式更加多元化和创新化。首先，传统媒体与新兴媒体的融合使得传播方式更加多元化。电视、报纸等传统媒体通过与互联网企业的合作或自建网络平台等方式，实现了线上线下的融合发展。这种融合不仅拓宽了传播渠道和范围，也提高了信息传播的效率和影响力。其次，跨界合作也创新和扩展了传播方式。媒体与其他行业的融合，带来了跨领域的创新内容和服务的涌现。跨界合作拓宽了传播方式和途径，增强了用户体验效果，增加了用户黏性，同时也促进了相关行业的发展和进步，从而形成了一种良性循环的发展模式，为未来的发展奠定了坚实的基础和发展空间。

（三）泛智媒化的传播业态

大数据和分析工具的应用使媒体能够更精确地测量和理解内容的传播效果，以便更好地满足用户需求，改善传播效果。同时，对用户反馈信息的即时获取也能够使媒体快速调整传播策略，提高市场竞争力。这种精准测量和即时反馈的获取不仅提高了媒体的运营效率，也使得媒体能够更好地适应市场变化和社会需求。

智媒时代的传播图谱是一个复杂动态的网络，它由多个关键维度构成并不断地演变和适应着技术的进步和社会需求。这些维度的相互作用使得信息的传播更加快速、多样、个性化和精准，同时也促进了媒体的创新和发展。

智媒体广泛运用下，未来即将迎来一个泛传播时代。智能化对于整个传媒业的影响会深入内容生产、分发的各个环节当中，智能写作、机器化写作助力内容的产出，精细化的用户分析环节带来场景化的分析和精准判断，传播平台在物联网技术推动下，走向人、物体、环境三者融合的平台。

放眼未来的新闻生产系统，专业媒体、自媒体以及其他机构将共同参与到传播者行列。近年来，传媒业迎来了智能化内容处理技术的革新，从文字到多媒体领域，智能化生产线的边界在持续拓展。在此过程中，智能技术的角色已从独立的创作主体转变为媒体工作者不可或缺的创作伙伴。

早期的人工智能技术涉足内容生产领域，以机器写作为表现形式，它依赖于数据自动化采集与模板生成，通过软件实现文章的自动化创作。机器写作凭借其高效的生产力和快速的传播速度，在特定领域内实现了全范围、全时化的内容生产。尽管机器写作的创意水平在逐步提升，但它始终缺乏人类对于新闻现场的直观感知与描绘的能力，难以传达复杂的人类情感与进行深入的分析讨论。因此，机器写作正在逐渐走向人机合一的融合式生产方式。

近年来，除了文字，视频、图像或音频的生产和处理领域也见证了智能化技术的迅猛发展。在视频处理方面，当前主要解决的应用包括图片的短视频化、同主题视频集锦生成、视频封面的智能化生成、智能编目等。在图像领域，则已实践应用了智能拍摄、合成及优化等技术。同时，音频的智能化技术也日益成熟，包括音频生成、编辑、识别等方面，这些技术均展现出强劲的市场潜力。

人工智能、大数据与算法应用的融合，让媒介的内容分发转向需求化，媒介平台可以更加精准地推荐内容、个性化定制，以及预测用户行为。这种融合既提高了媒介平台的智能化水平，也极大地改善了用户体验。

“在实践中，越来越多的用户意识到了算法的存在，部分用户开始用自己的方式解读算法，由此也形成了算法的‘民间理论’，即人们凭借日常媒介实践中的线索来推理和猜测算法逻辑。算法的民间理论是用户能动性的体现。”[①]因此，在算法应用中可以利用用户的多重关系、用户在特定场景中的行为特征作为内容分发的参考依据，进而进行细化分析。用户的社交关系、社群归属、社会归属等多重“关系”不仅能够作为内容分发的参考依据，还能借助内容本身来促进人际关系的联结与整合。个体在面对一个特定场景时会体现出不同的行为特征需求，在分发算法中，这些需求都是场景分析算法需要解决的问题。

物联网技术的快速发展，也深刻地影响了媒介的演变。过去，以社交平台为代表的用户平台都是“人的平台”，但在物联网技术推动下，未来的用户平台，是人、物体、环境三者融合的平台。物联网、5G等技术将推动“万物互联”，物联网技术将实物与网络连接，使得非传统媒体设备（如智能家居、可穿戴设备）也成为信息传播的载体。而从传媒业角度看，万物互联也意味着“万物皆媒”，带来的是信息采集和分发的全新方式。智能化物体，凭借所搭载的智能设备与传感器，无疑将担当起信息采集与传递的主力角色，并且在不远的将来，它们还将成为内容的加工者。

总体而言，一方面，智能设备与传感器不仅将作为人类器官的延伸，还能触及远超人类感官所能及的信息领域；另一方面，智能设备、传感器等也适用于人行为与需求的数据观测，故而能实现个人信息的数据化，帮助理解人的行为、状态以及所处的社会环境等。在物联网等技术的协同下，媒介最终要实现的是人与物、物与物、人与环境之间的更复杂的连接关系。

第二节 “万物皆媒”的传播新场域

在互联网Web1.0、Web2.0、Web3.0的时代划分中，划分Web2.0与

① 彭兰. 智能素养：智能传播时代媒介素养的升级方向［J］. 山西大学学报（哲学社会科学版），2023，46（5）：101-109.

Web3.0的关键标志就是智能化。互联网技术日益智能化驱使视听内容的生产与传播不断向新的台阶迈进，智媒技术对于视听内容的介入越来越深，智能化程度也越来越高，视听文本也逐渐出现智能化趋向，形成“万物皆媒”的视听新场域。

一、智能媒体的结构与层级

近年来，“人工智能”（Artificial Intelligence）成为行业革命的重要驱动力，进而成为产业转型升级的重要标志，其背后是大数据、算法、虚拟现实及机器学习等一系列技术的不断涌现。在传媒领域，“AI+媒体”大行其道，形成“智能媒体”等传播新样态，对于视听文本的生产和传播产生巨大影响。

从结构上看，智媒生态结构可划分为基础层、技术层和应用层。其中基础层和技术层为智媒发展提供算据、算法、算力等基础支撑，是人工智能发展的通用基础。应用层面向传媒行业需求和应用场景，提供智能软硬件产品及解决方案，提升媒体智能化程度，集中体现了人工智能对传媒业的赋能影响（见图1-1）。

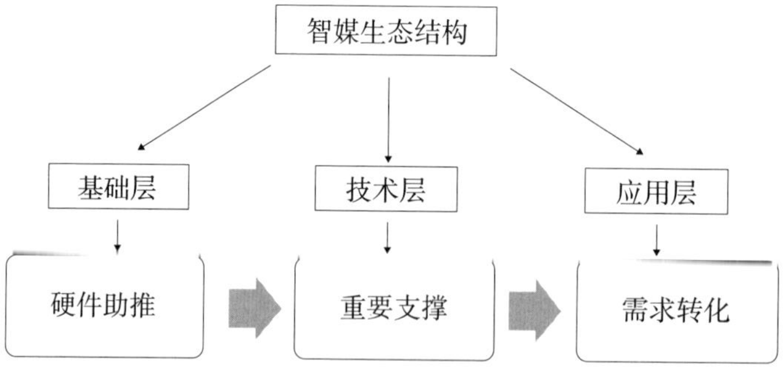

图1-1　智媒生态结构

（一）基础层：硬件助推

基础层包括智能芯片、智能传感器、开源框架、大数据资源、云计算平台等，主要为智媒发展提供硬件、数据和算力支撑。其中，智能芯片是人工智能的核心硬件，提供高性能并行计算能力；智能传感器将传统传感器、微处理器及相关电路一体化，形成具有初级感知和处理能力且相对独立的智能处理单元，以实现高精度信息采集及有效信息反馈；开源框架为开发者提供机器学习开发框架及基础功能，是人工智能基础算法的底层架构和接口；大数据资源则通过采集、分析等环节对海量数据进行处理，为人工智能算法提供数据基础，是人工智能发展的基石和助推剂；而云计算平台为人工智能提供算力支撑，可在短时间内完成海量数据处理，实现强大的网络服务水平。

（二）技术层：重要支撑

技术层主要依托基础层的运算平台和数据资源，以模拟人的智能相关特征为出发点进行海量识别训练和机器学习建模，从而开发出面向不同领域需要人脑解决某类问题的一系列应用技术及解决方案。现阶段人工智能的关键技术包括机器学习、计算机视觉、知识工程、自然语言处理、语音识别、计算机图形、多媒体技术、人机交互技术、机器人、数据库技术、可视化技术、数据挖掘、信息检索与推荐等重点领域，对人工智能技术的综合运用为智能媒体在应用领域的创新提供了重要支撑。

（三）应用层：需求转化

在媒体应用层，人工智能技术深入传媒行业，与媒体场景融合碰撞，结合传媒业具体需求和应用场景提供智能化软硬件产品及解决方案，目前已在传媒行业价值链全链有所应用。具体方向主要包括信息采集、内容生产、内容分发、媒资管理、内容风控、效果监测、媒体经营、舆情监测、版权保护等。[①]

① 徐琦，赵子忠. 中国智能媒体生态结构、应用创新与关键趋势［J］. 新闻与写作，2020（8）：51-58.

传媒领域的人工智能应用集中体现了媒体智能化的竞争优势，人工智能和其他科技协同发展：一方面可以处理庞大的信息资源，从中获取数据洞察以指导传媒业决策制定，提升用户体验，优化传播效果；另一方面可通过赋能生态，吸引多方资源参与生态共建，拓展传媒商业版图，提高传媒经济增长质量。

二、智媒化视听的主要特征

“智媒”是一个具有多维意义的发展性概念，就其内涵而言，是指依托高速移动互联网、大数据、云计算、传感器等人工智能技术的支持，能够自主感知用户需求、针对特定的时空和场景，动态向用户推送所需信息，从而实现技术驱动、人机协同、智能传播、精准高效的媒体形态。[①]智媒化视听具有以下三个特征。

（一）算法推动，精准高效

算法是人工智能的核心技术。视听文本的生产和传播中使用算法技术，可以实现信息数据的自动采集、视听文本的机器制作、视听产品的定向分发、平台与用户之间的自动交流等功能，达到机器部分替代人类“脑力”的效果。算法是工具，数据是材料，数据越多，算法越精准，就越能掌握用户需求。在算法技术支持下的智能媒体改变了传统媒体冗余烦琐的弱点，为信息归类和分析提供了方便快捷的方式，使得视听文本的生产和传播都更加高效精准。

（二）人机协同，深度互联

算法技术提高了视听生产的效率和精准度，多维的连接与协作趋势得

① 罗自文，熊庾彤，马娅萌. 智能媒体的概念、特征、发展阶段与未来走向：一种媒介分析的视角［J］. 新闻与传播研究，2021，28（S1）：59-75，127.

益于人工智能技术的应用。机器也能够“洞察人心”，智媒呈现出高度的类人性。[①]传统视听生产的各阶段相互独立，各岗位互不联通，视听制作耗费大量人力物力成本。但在智能媒体时代，人机协作代替传统人力逐渐成为视听生产的主要方式。正如麦克卢汉所说：“媒介即人的延伸。”智能媒体时代，机器借助技术成为与人一样的传播端中心角色，二者共同构建出深度互联的视听新形态。

（三）智能互动，具身体验

智能化的媒体还同时带来了具有高度互动感、临场感的视听场景。首先，智媒技术将更好洞察个体用户在特定场景下的行为与需求，不仅可以为用户智能推荐其所需要的信息与服务，还可以通过实时传播、机器反馈等方式，为用户提供及时的反馈和互动，带来深度参与的体验感。甚至用户在消费视听产品过程中所产生的生理、物理反应，也可以通过传感器直接呈现，智能互动将进入实在层面。其次，智媒搭建起了实体和虚拟交互的视听场景，从情境全景化与感官综合化两个层面开创了视听的具身真实，用户观看视听产品时的沉浸度、交互性也随之增强。

三、视听场域的再造与重构

移动网络与新媒体平台的蓬勃发展，打破了视听内容生产在时空和技术上的限制，使得个体能够崛起为视听内容生产与传播中的独立力量，媒体的主阵地已从传统电视端转移到以移动端为主导的新领域。其中，抖音、微博、B站等移动端平台成为自媒体活动的主场域。与此同时，传统媒体紧抓技术变革的机遇，敏锐捕捉用户的个性化需求，迅速转型，视听内容的生产呈现出显著的“视频化趋势”和“社交化倾向”。由电视电脑横向屏

① 李戈，郑旭军. 智能媒体特征分析与设计思维重构［J］. 中国出版，2018（2）：52-55.

幕扩展至手机移动终端的竖向屏幕，竖屏的意义绝不仅仅是把屏幕翻转90度，它所带来的是一种全新的视觉体验和叙事模式。① 主流媒体入驻竖屏APP，创新性地采用竖屏视频，利用直播和短视频等多种渠道，达成了多维度、多屏联动的广泛传播效果。以下将从场域融合与内容融合两个方面分析智媒生态语境下视听文本的多维融合。

皮埃尔·布尔迪厄（Pierre Bourdieu）曾提出过著名的场域理论体系，他认为场域是一个内含力量、有生气的存在。② 在布尔迪厄的理论视域下，场域并非封闭的空间，其边界是动态存在的，而如“电视场”“媒介场”等也依循着各自的逻辑规则。伴随着智能技术的下沉式发展，内嵌于互联网络的公共场域逐渐演变为具备典型特征的范畴空间，表现出“智能媒体公共场域”生存的可能性③，即智媒技术将传统媒介场域解放为信息自由流通的开放场域。

（一）智媒时代下的视听新场域

传统的人类“视知觉”感知正在被数字技术所建构的虚拟世界所拓展并超越，这要求视听制作不断提高视听质量与观影体验，从而满足新时代受众的感官需求。当前国内视听产品的拍摄制作水平、视效水准、视听品质、科技含量、国际传播力与影响力已经居于世界领先地位。基于图像高分辨率（HR）、高帧率（HFR）、高动态范围（HDR）、广色域（WCG）、沉浸式音频（IA）等新兴视听技术④，并处于不断完善的技术升级过程中。

---

① 史安斌，王沛楠. 2019全球新闻传播新趋势：基于五大热点话题的全球访谈［J］. 新闻记者，2019（2）：37-45.

② 布尔迪厄. 文化资本与社会炼金术：布尔迪厄访谈录［M］. 包亚明，译. 上海：上海人民出版社，1997：147.

③ 沈鲁，乔羽. 场域的逻辑：智能媒体时代信息传播的关系性重塑［J］. 现代出版，2023（3）：96-103.

④ 影视搭上“算力快车”，加速产业数字化转型［J］. 大数据时代，2022（6）：6-29.

在拍摄技术上，虚拟拍摄水平的提高扩展了数字化视听中空间及角色调度的容纳度，可以摆脱传统拍摄手法、拍摄角度背后物理摄影机的限制。在视效技术上，运用实时成像的虚幻引擎搭配带有变形驱动的绑定，能够同时接收骨骼数据并驱动关节完成变形，这是虚实结合镜头、CG镜头、ANI数据修复技术共同完成的结果。而在主要场景的虚拟制作中，虚幻引擎UE5（Unreal Engine 5.0）完善高精度场景模型的细节转换，为场景结构提供高质、高效、高灵活度的渲染。虚幻引擎与传统制作在流程上的融合，是当前国内视听数字化制作的重要趋势。

清华大学新闻与传播学院新媒体研究中心发布的《2020—2021年元宇宙发展研究报告》中，将"元宇宙"定义为"整合多种新技术而产生的新型虚实相融的互联网应用和社会形态，它基于扩展现实技术提供沉浸式体验，基于数字孪生技术生成现实世界的镜像"。元宇宙技术的构建源于外部硬件与内部应用软件的资源融合，它广泛涉及信息技术（5G/6G）、互联网技术（Web3.0）、人工智能技术以及XR（Extended Reality）/AR/VR/MR等，还包括基于区块链技术的De-Fi、NFT等。通信技术构成了元宇宙得以实现的基础框架，凭借低延迟、高速度的通信网络确保了信息的即时性流通，为元宇宙中的交互体验提供了可能。XR/AR/VR/MR等技术不仅能够打造脑机接口，成为人们进入元宇宙的桥梁，更是元宇宙内部世界构建不可或缺的关键技术。当前这些技术主要聚焦于视觉呈现方面。

其中，AR技术扮演着举足轻重的角色。AR物体在虚拟世界中是三维存在、有体积的，同时还包含了虚拟场景中的坐标。这种特性使其能在虚拟与真实间实现交互，并将两者巧妙融合，使得观众在现实环境中体验由AR物体带来的"增强"效果。AR技术在虚拟空间重塑了观众和银幕之间的互动空间，从而带来超真实的交互效果。基于视频平台打造的线上直播、基于5G、远程制播、媒体AI等技术建构的智慧剧院以及基于元宇宙打造的数字虚拟演唱会，都实现了演绎产业链的升级与重构，为文化产业发展带来新动能。

在元宇宙这一更高维度的数字化新空间中，媒体信息传播从单向平面到双向互动，再到多向沉浸，极大程度地减少了信息损耗。不同行业领域能够利用媒体在叙事、技术、内容制作上的优势，成功链接进入元宇宙。通过时空伴随、数字具身、体验复制过程，虚拟演唱会、AR在线教育、虚拟文旅等体验都能在元宇宙中实现。

当前，我国数字经济发展取得众多成果，数字基础设施实现跨越式发展、数字产业创新能力加快提升、产业数字化转型提挡加速、公共服务数字化深入推进、网络安全保障和数字经济治理水平持续提升、数字经济国际合作行稳致远，但当前还存在大而不强、快而不优等问题，如关键领域创新不足、传统产业数字化发展缓慢、数字鸿沟有待弥合，除此之外，数字经济治理体系还需完善。[①]在数字化转型过程中，国家深入推进企业“上云用数赋智能”，促进产业全方位、全链条转型升级。

视听产品的完整产业链由制片、发行、放映及相关技术工业构成，在数字化转型升级过程中，打造影视全产业链是增强行业竞争力的必然要求。当前国内各领头影视企业都开始针对数字化转型，重塑智能化产业链。横店影视拍摄基地建成影视文化产业大脑，实现5G全覆盖，利用国内较为先进的LED虚拟数字技术、VR云勘景平台“横影通”等数智化支撑，支持影视作品从剧本创作、剧组筹备、影视拍摄、后期制作、宣传发行、版权交易、衍生品开发及交易等影视全产业链的数字化、标准化、工业化。[②]国内中影集团也着力研究高新技术格式电影，并计划以此为基础形成一条新型电影技术格式产业链。其研发的CINITY放映系统，综合应用了3D、高亮度、高分辨率、高帧率、高对比度、广色域、沉浸式声音等技术[③]，为构

① 蒲晓磊. 我国数字经济取得举世瞩目发展成就［N］. 法治日报，2022-10-31（3）.

② 魏其濛，张均斌，孙庆玲. “产业大脑”为高质量发展注入新动能［N］. 中国青年报，2023-06-02（1）.

③ 影视搭上“算力快车”，加速产业数字化转型［J］. 大数据时代，2022（6）: 6-29.

建高新技术格式电影产业链奠定基础。

（二）智媒场域融合的路径

整体而言，当前我国智媒视听的场域融合主要有以下三种路径。

1. 技术

技术是媒介融合的重要驱动力之一。在大数据时代，传统媒体基于自身优势，在人工智能、大数据、智能分发、VR、AR、区块链等创新技术领域捷足先登，率先实现了在技术应用上的突破，依托于传统媒体母体打造出“新型媒体”与传统媒体联动的“技术模式”，不但渗入了融媒体产品的内容打造中，也在融媒体产品的智能审核、渠道分发、终端接收等方面产生关键影响。

2. 重新整合渠道

随着传统媒体“渠道红利”的逐步丧失和新媒体用户的结构性增长，重新整合渠道已成为场域融合的重要步骤。从“两微一端”到“三微一端”再到“立体传播矩阵”，在移动优先的策略指引下，广电业务与移动互联网的嵌合也更加紧密，传统媒体的人、财、物等核心优势和战略资源都转移到移动平台的“主战场”。以移动客户端的广拓性为依托点，以移动短视频的消闲性为黏合点，以微信公众平台的推发内容为创新点，以微信、微博的社交属性为连接点，“渠道模式”用立体化的传播渠道助力打造相通相融的立体传播矩阵。

3. 媒体资源整合

整合模式的本质是媒体资源的整合，通过重组传统媒体资源与新媒体资源组建新媒体集团，并通过整合地方媒体资源和跨界资源，以集团的形式聚拢各方资源优势，成为地域性的头部媒体集团。整合模式在场域融合的环境中有着传统媒体和新媒体独立运作不可比拟的优势，在节省集团内部人力物力，提升更加符合传播规律的内容质量，为头部媒体集团的统一造势和吸附广告，实现“台网联动”或者“多渠道分发”等方面都凸显出显著优势和组合效应。[①]

（三）视听文本的融合实践

党的十八大以来，推进媒体融合作为视听改革发展重要而紧迫的任务，贯穿始终，成效显著。传统视听媒体守正创新、改革图强，媒体融合发展从零起步、从无到有，从最初转观念、做产品、建平台，到由表及里、由点到面逐步铺开，现在已进入全面发力、构建体系新阶段。主流媒体传播力、影响力不断提升，整体呈现出在深度融合中向大视听事业产业发展的良好态势与格局。

“网台互动”是指电视台与互联网凭借各自的优势资源，进行双向互补与协同合作，涵盖内容制作、推广传播、媒体发展、品牌建设以及资本运营等多个领域的联动合作。在智能媒体迅速崛起的过程中，网络视听增速远高于传统视听媒体，网民收视习惯向互联网转移，使得网台互动成为传统视听保持活力的重要选择。在网台互动中，两大媒体优势天然互补：一是受众年龄层互补，传统视听受众年龄偏大，网络视听受众则集中在Z世代等年轻化群体；二是传播周期互补，网络视听的长尾效应可以拉长传统视听的持续曝光，有效弥补传统传播的不足；三是媒介特性互补，智媒的高互动性、高便捷性、高体验性与传统媒体的权威性、优质性互补，取长补短实现媒介共生。网台“两微一端”百花齐放，尤其是在改革开放40周年、新中国成立70周年、中国共产党成立100周年、北京冬季奥林匹克运动会等宣传中，“大屏带小屏、小屏回大屏、多屏联受众”，打造出一系列融媒体互动传播产品与项目，建立起一体化内容生产主体。[②]传统视听较以往更加深化拓展，网上传播力引导力影响力显著提升。

---

① 史慧琴，黄鹂，丁韬文. 融合的进阶：媒体融合发展模式探析［J］. 中国广播电视学刊，2021（5）：9-12.

② 李秋红，高星，王小溪. 广电媒体融合成效斐然［J］. 中国广播电视学刊，2022（11）：9-11，43.

智媒时代，移动小屏成为信息消费主终端，全员、全程、全息、全传播成为常态，传统的“电视大屏”与“移动小屏”融合传播势不可当，“多屏互动、全球传播”的新型传播体系初步形成。“多屏”涵盖电脑屏、手机屏、智能电视屏、户外电视屏等多种显示终端。其背后的技术支撑为分布于全球各地的网络分发节点。这意味着同一视听节目能够同时经由网络电视、IP电视、移动客户端、互联网电视、手机电视等新媒体播控平台以及网络视频分发体系进行传播，使得任何用户在任何时间、以任何方式、借助任何终端，皆可收看自己心仪的视听产品。大屏+小屏纵深发力，极大丰富了节目和观众之间的互动手段，甚至让用户也可以主动参与到内容生产过程当中。多屏融合的传播模式成功贯通了电视观众与新媒体用户这两大用户群体。与此同时，它能够为大数据分析提供用户的偏好信息与需求情况，进而推动发展更为个性化的观看服务以及更多元化的媒体服务。

破圈作为一种文化现象，主要是指艺术形式和文化内容在不同的接受群体间的流通与共享。它标志着对既有事物的全新认知的构建，赋予其新的诠释与应用价值，通过革新内容的创作与表现形式，破圈促进了与更多主体及客体的新联结、新关系的建立，并催生出新的文化产品，进而丰富价值网络，拓宽用户范围与规模。智媒时代的媒体生态是开放共生的，合作共赢才是真正的“生存法则”。视听媒体依托自身资源和品牌价值，与产业上下游、社会各界深入合作，在政务服务、媒体电商、版权开发、产业拓展等领域积极探索，努力打破行业壁垒、实现共融互通。[①]就广大受众来说，媒体间的跨界协作能够提供更为丰富的内容产物和更为优良的信息服务。这种合作模式打破了以往用户被动接收信息输入的传统格局。

① 姜希伦. 全媒体时代，主流媒体如何“破圈”升级：中央广播电视总台深化媒体融合创新的观察与思考［J］. 传媒评论，2020（8）：14-16.

第三节　智媒内容架构的新体系

智媒技术对视听产业带来的冲击展现出整体性、系统性、革命性的特质，促使视听传媒领域步入新一轮的转型与重塑阶段。智能传媒整合了社会、市场等诸要素间的关联。这种整合性不仅使传统媒体时期的传播边界，因新技术造就的场景交叉而走向模糊，传者与受者、真实与虚拟、公域与私域、生产与消费，甚至人与机器之间的各类边界也开始渐次消融。①传媒领域所经历的颠覆性变革源于边界的消融，典型表现为行业格局的重塑，具体体现在内部视听行业的生产与组织结构的革新以及外部传播生态环境的转向等方面。

一、供给侧：数字化重塑产业链

内容融合的本质要求依然遵循“内容为王”，供给侧结构性改革就是从生产端打造优良产品。在视听媒体领域，核心竞争力依然聚焦优质内容的打造。行业已普遍认同，要摒弃“流量至上”与“唯收视率论”，转而深耕内容本质，通过提升原创力来掌握竞争的主导权。步入智媒时代，视听媒体回归理性，致力于增强内容生产的创新性，并真诚地与受众建立“对话”，唯有如此，方能实现真正意义上的高质量发展。

在数智时代背景下，个性化定制内容强化了用户与平台的黏性，而沉浸式服务则不断促进用户体验的升级，视听媒体如何实现从满足用户功能需求向触动情感需求的转变，让机器智能蕴含更多人文关怀，将成为推动视听产

① 苏涛，彭兰.“智媒”时代的消融与重塑：2017 年新媒体研究综述［J］. 国际新闻界，2018，40（1）：38-58.

品创新的关键所在。视听节目不仅要迎合公众的视听感官需求，更要时刻关注人的价值，通过内容沉淀与互动式交流，激发受众内心深处的情感共鸣。在互联网社会中，情感不再是纯粹个体化的情绪体验，而是一种具有流动性的包含了诸多社会、文化、符号元素的社会行为，甚至可以说是一种社会化的内隐或外显的集体情感。[①]各大视听平台正逐渐摆脱乌托邦式的构想和泛娱乐化的倾向，转而聚焦紧贴时下热点和社会现实的题材，如职场社交、老龄化问题、婚恋关系、亲子教育等富有人文关怀的综艺节目。在智媒时代，产出具备深刻现实表现与人文关怀的高质量内容，无疑是满足人们多元化情感需求的必由之路。面对长视频领域三足鼎立、短视频两超多强、音频与直播奋勇直追的网络视听的新格局，视听节目需坚守品质为先的原则，借助互动剧、Vlog等新兴形式，丰富平台内容，推动视听行业的多元化繁荣。

语言、语态在视听传播中位于中心。生活化、网感化的语言传播，能使抽象枯燥的内容变得生动活泼、具体可感，抑或是融合多种叙事方式，不同角色也能发挥各自的叙述优势，都是实现电视内容多维立体呈现的路径。首先，将多种语体融合，实现视听内容的生动化呈现。以短视频《主播说联播》为例，该节目尝试对严肃新闻进行大众化处理，使用非正式化、口语化的语体，融入方言和网络用语，提升了短视频的语境适配性。其次，将多种元素叠加，达成视听内容的网感式表达。网感是指对市场、年轻人的思维和欣赏习惯的敏锐跟踪或适应。[②]对于电视媒体而言，使内容充满网感意味着要洞察当前互联网上的社交行为偏好，采用更加年轻、更具感染力的表达方式，生产为用户所喜闻乐见的视听产品。一方面，可以在视听内容的画面、声音、字幕等制作手段的基础上融入更加多元的包装手段。例如，在短视频制作上，根据作品内容、语腔语调来实时调整字幕字体、颜色大小，或呈现出高亮、模糊、闪烁等视觉效果，或辅以静态题图、动

① 黄雨水，赵小波. 论AI时代电影的情感营销［J］. 当代电影，2020（12）：146-150.

② 杨骁. 网络剧抓住“网感”［N］. 中国新闻出版广电报，2016-04-06.

态视窗、表情包、动漫、网络流行BGM等包装手段，能够有效调动观众的情绪，增强音视频的趣味性和感染力。[①]另一方面，将“网生一代”年轻人的审美旨趣纳入内容生产中，赋予电视节目更强的网感。

智能技术的飞跃为增强视听艺术体验感提供了有力支撑，促使3D、4D、VR、AR等先进技术打破了传统二维平面的局限，拓展至三维立体空间，实现了虚拟空间与现实空间的双向叠合。在这些技术中，3D、4D技术在日常生活中的应用尤为广泛，它们通过特殊技术或设备，创造出栩栩如生的立体影像，诸如3D电影、裸眼3D影像、4D影院等。类似地，VR技术利用计算机技术模拟出虚拟环境，而AR技术则基于人机交互，实现增强现实的效果，两者都注重技术与影像再现的融合，彰显出视听画面全景式、沉浸感、交互性的特点。

二、内容层：生产模式的多样化

互联网技术赋权正在重塑传媒生态的全貌，“万物皆媒”的理念预示着视听领域的竞争超越了媒介的简单叠加与融合，而聚焦推动供给侧结构性改革，促使视听行业重新回归内容这一核心。视频收看终端设备的多样化发展与个性化服务，令人工智能超越人类既有社会规则和行为模式的限制，寻求人们意料范围之外的更加高效、“优化”的方式，智媒技术的动态跟进与接纳能力，激发着视听行业内容体系的再造。[②]

（一）UGC：用户生成内容

用户生成内容（User Generated Content，UGC，又称User Created Content，

① 陈虹，杨启飞. 破圈融合：中国电视深度融合中的内容创新［J］. 中国电视，2021（2）：79-83.

② 龙耘，袁肖琨. 智媒时代的主流价值引领：内涵、挑战及策略［J］. 新闻与写作，2020（12）：40-46.

UCC或Consumer Generated Media），泛指用户生成、发布在网络的各种内容，包括但不限于文字、图片、音视频等。UGC代表Web2.0时代的创作与整合模式。早期用户创作的内容主要发布于博客、论坛、贴吧、微博等媒体上。UGC的实质是一种面向业余用户的内容生产，强调内容生产的去权威性、去专业性，且伴随着以提倡个性化为主要特点的内容生产，是一种内容创作大众化的传播模式，用户不用遵循专业创作规律，以自身兴趣和特点进行创作。例如，UGC纪实类短视频，这类短视频的生产者一般都直接记录自己的生活，内容与自我高度相关。技术的便捷给予了内容生产者最充分接触现实、记录现实、表达现实的条件和可能性，生产者往往就置身于影像所呈现的世界，可以随时随地进行深入观察和记录，最大限度地发挥纪实作品的主体在场性、事实亲历性和情感共鸣性。

（二）PGC：专业生产内容

专业生产内容（Professional Generated Content，PGC，又称Professionally-produced Content，PPC），指由专业个人或团队有针对性输出的较为权威、制作精良的内容，如电视节目、报纸刊物、媒体资讯等。许多视频网站在开拓初期都采用的是UGC模式，这种模式的优点在于方便用户自由上传内容，网站内容更加多元，劣势则是内容质量没有保证。现在的专业视频网站普遍使用PGC模式，能系统的搭建内容生态，保证生产的内容品质；现在的电商媒体（尤其高端媒体）也大多倾向于使用PGC模式，能提供相当专业的内容设置及产品编辑，远超UGC模式的平均水平。国内的优酷土豆网最早开始涉及PGC，“合力成就、快乐分享”是其提倡的精神。也就是让PGC内容合伙人参与到网站的内容建设中，建立起一个更加完善PGC生态。在内容层面，PGC生态系统是从内容的生产、推广，然后到品牌形成、粉丝汇聚，最终使品牌内容被粉丝反哺，自行进行推广的整套生态闭环。在商业逻辑上，让优质内容形成较为坚实的品牌价值，后续通过价值变现能保障创作者更专注于高质量的内容创作。

（三）OGC：职业生产内容

职业生产内容（Occupationally-generated Content，OGC），即以内容提供为职业的人所生产的内容，这一内容的制作人又比PGC的制作人更加官方。OGC和PGC的划分，以是否有报酬作为边界。PGC群体往往出于爱好进行内容生产，而OGC群体是以职业为前提，创作内容属于职务行为。例如，媒体平台的记者、编辑等具备一定知识和专业背景的从业人员。因为职业特征，OGC群体生产的内容也更代表主流意识形态。

（四）PUGC：专业用户生产内容

专业用户生产内容（Professional user-generated Content，PUGC）是以UGC形式产出的专业内容，既满足了用户对专业性、高品质内容的需求，又有个性化的效果，符合智媒时代用户的多样需求。一方面，PUGC通过UGC内容提升参与度，例如"喜马拉雅FM"设置了"主播工作台"功能和录音、直播入口，提供各类文档和背景音乐，用户可以用最简单的设备随时随地参与内容生产。普通用户生产的内容也可开通收费服务，大大激发了创作热情。另一方面，PUGC通过PGC内容提升平台知名度和实现变现，如"喜马拉雅FM"同时也签约了众多演员、主持人、文化名人和其他内容创作者，设置了诸多品牌栏目。这些PGC内容成为实施知识付费的基础和入口，将庞大的用户真正转化为变现能力。①

（五）TGC：分布式协作

分布式协作（Team-generated Content，TGC），强调跨地域跨时空的内容协同生产。在日常办公环境中，团队成员经常因为沟通不畅等导致工作量重复和大量的时间浪费，基于协作工具的团队内容生产则可以大大提升

① 黄楚新，王丹丹. 产消融合中的内容生产新机制［J］. 新闻与写作，2018（10）：13-18.

团队战斗力。以谷歌文档为例，这是一款辅助团队协作编辑的文档应用，具有实时保存、端口同步、多人编辑、多方标注等功能，能够帮助身处不同地理位置的团队成员共同完成内容产出。同时，TGC的协作模式中还蕴含着社区协作和知识众包的力量。例如，短视频共享网站Mix Bit，将所有上传的素材及作品分开储存，供用户在制作需要时调取和下载。TGC促进了知识的人际流动，让学习者能够得到多方面的学习经验，个体拥有的知识经验能够借助社交媒体、网络社区等平台进行传承和积累，从而成为全社会的知识财富。

（六）MGC：机器生产内容

机器生产内容（Machine-generated Content，MGC），指依靠人工智能技术，由机器充当主要的内容生产者。其生产过程是：首先通过摄像头、传感器、无人机等方式获取新的视听、数据信息，然后通过图像识别、视频识别等技术让机器进行内容理解和价值判断。依托大数据的“媒体大脑”将新理解的内容与已有数据进行关联，对语义进行检索和重排，以智能生产视听内容。同时，人工智能还将基于文字稿件和采集的多媒体素材，经过视频编辑、语音合成、数据可视化等一系列过程，最终生成富媒体视听产品。2017年末，新华社在成都发布了中国第一个媒体人工智能平台——“媒体大脑”（mp.shuwen.com），向海内外媒体提供服务，探索大数据时代媒介形态和传播方式的未来。与此同时，新华社还发布了首条MGC视频新闻，这条时长2分8秒的视频由“媒体大脑”中的“2410（智能媒体生产平台）”系统制作，计算耗时只有10.3秒。[①] MGC生产迅速，信息精准：依托数据，后台强大。MGC能够做到在生产的同时进行数据检测和保护，是智媒时代技术交叉与媒介深度融合下的一种全新内容生产模式。

---

① 新华社发布国内首条MGC视频新闻，媒体大脑来了！［EB/OL］.（2017-12-26）［2025-03-19］. https://mp.weixin.qq.com/s/2IR4URU4BbXMshXDz_80hw.

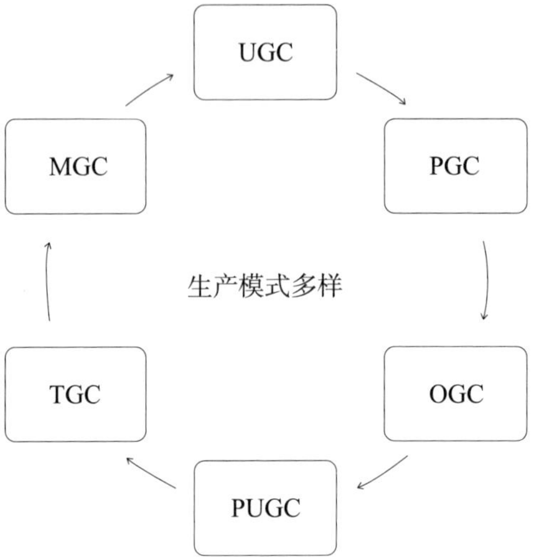

图1-2　智媒技术带来的多样生产模式

三、分发端：传播渠道跨屏融合

从内容创制来看，5G技术背景下的裂变式发展，一定程度上也倒逼着传统视听必须顺应技术革命的发展，打破形态和语态边界，提升内容创新力。

随着智能终端技术的日渐普及，“人人皆有摄像机”的时代已经来临，视听制作愈发智能快捷。与此同时，各种视频编辑软件提供了大量的道具模板，使影像制作愈发大众化；抖音、小红书、快手等平台搭建的影像发布与交流渠道也逐渐成熟，这一切都使视听内容生产、编辑、发布的门槛极大下沉，集体式创制成为主流。因此，增强与受众的互动沟通，强化与受众的交流反馈，凸显“影像赋权”效应，是视听媒体拥抱用户、契合并引导用户审美旨趣的重要举措。除了集体式创制，对电视节目进行定制式产销也是另一层面上的权力下放。定制式内容生产，是将用户对内容的需求、意见，从顶层设计开始就纳入媒体创制节目的整体流程中，如定制剧、定制综艺、定制纪录片等，打造更具针对性和独特审美品质的作品，充分凸显用户本位的意识和理念。

面对日趋虚拟化、个性化和移动化的传播场景与日趋联动化、多屏化和互动化的观众行为，视听媒体跨时空交互、跨屏幕联动的新形态正在出现，视听内容的场景也在形态升级中不断扩展。首先，AI、VR、AR、MR、全息投影、LED屏幕360度无死角包裹等，为呈现更加丰富的影像和更加广阔的场景提供了支撑。虚拟演播厅、360度全息幻影成像系统、沙盒投影、透视冰屏等，将多维视觉场景融为一体，极大扩容了视听内容的表现力。其次，随着观众日渐习惯在大屏和小屏、横屏和竖屏之间自如切换，电视媒体也在不断突破自身局限，着力打造各种移动化、生活化的场景空间。[①]一方面，布局短视频+网络直播业务，融合多种影像形态。另一方面，打通横屏竖屏，融合大屏小屏，让小屏成为大屏的精练，大屏成为小屏的延展，大小屏双向互动、互相引流，让传统电视的“客厅文化”拓展到各类移动空间。

① 陈虹，杨启飞. 破圈融合：中国电视深度融合中的内容创新［J］. 中国电视，2021（2）：79-83.

第二章

数智赋能视听艺术实践新变革

人工智能、5G、大数据、云计算、物联网等技术在传媒领域的嵌入驱动、交互应用与深度融合，开启了全新的智媒时代。“数”指大数据重建联系，以算法技术为核心的大数据技术在智能媒体平台的广泛使用，精准建立用户与媒体产品之间的强联系。①“智”指以人工智能为代表的新兴智能技术对媒体革新浪潮的引领，伴随智能化进入现代传媒内容生产、信息分发与互动反馈的各个环节，在OGC、UGC、PGC、MGC等不同主体生成的形态各异的视听文本（如网络综艺、短视频、直播秀等）中，价值传播的拟态环境也在潜移默化中重建。

视听文本形态不断转变，既涵盖专业媒体生产的综艺节目、纪录片、影视剧，也包括移动端及机器智能生成的数据文本。“数智化”与“全媒体”布局引发视听行业技术应用、内容生产及价值体系等多方位的变革。在智媒时代的全新语境下，智能技术赋能传统媒体，催生新兴媒体业态，呈现由“数字化”向“数智化”转变的时代新特征。

第一节 “数智化”视听媒体的内容再造

对于视听产业而言，技术带来的冲击呈现整体性、系统性、革命性特征，视听传媒领域面临新一轮的再造与重构。当今的传媒领域绝不是传统

① 郑伟. 媒体融合的“数”与“智”［J］. 传媒评论，2020（10）：16-17.

媒体价值链天平上的简单延伸和补充，更不是一种发展到介质融合为止的形式或平台，而是对一切社会要素、市场要素的关联进行的整合。[①]这种整合性不仅使传统媒体时期的传播边界，因新技术造就的场景交叉而走向模糊，传者与受者、真实与虚拟、公域与私域、生产与消费，甚至人与机器之间的各类边界也开始渐次消融。[②]

边界消融对传媒领域所产生的颠覆性变革是深刻的，行业格局的重塑以内部视听行业生产与组织革新、外部传播生态转向双重变革为典型表征。

一、视听行业走向数智化新平台

传统视听行业的内容生产主要遵循“采编—审核—分发”的运作模式，注重以生产端为导向的视听内容的制作传播，对用户端的需求分析不够，与之匹配的组织架构的灵活性、智能化程度也明显不足。

智能时代的来临，倒逼传统视听行业的内容生产组织架构主动革新。在新的视听内容生产方面，出现了以MGC为代表的媒体生产新机制，数据算法精准抓取内容，人工智能机器人参与素材采编、录入，人机交互完成用户画像数字化分析，为受众提供个性化的体验与服务，5G+视听云服务、5G+云游戏、AI+视频应用等使视听节目多样化呈现。平台构建方面，传统视听媒体适应新媒体发展趋势，积极搭建融媒体平台，采取一体化策采编发机制，组织架构扁平化，更显灵活性与智能性，积极呼应智媒时代的“数智化”发展。

当前，传播业态转向移动化、视频化、社交化全媒体布局。得益于移

① 范以锦，李丽贤. 智媒时代内容生产对媒体商业模式构建研究［J］. 中国编辑，2020（11）：35-38，62.

② 苏涛，彭兰. “智媒”时代的消融与重塑：2017 年新媒体研究综述［J］. 国际新闻界，2018，40（1）：38-58.

动网络与新媒体平台的发展，视听内容的生产不再受制于时空与技术，个体一跃成为视听内容生产与传播的独立力量，媒体的主阵地由传统的电视端转向移动端为主的新空间。以移动端为载体的抖音、微博、B站等平台成为自媒体的主场域。传统媒体则借助技术东风，捕捉用户的个性化需求，迅速转型发展，视听生产呈现明显的“视频转向”和“社交转向”。由电视电脑横向屏幕扩展至手机移动终端的竖向屏幕，竖屏的意义绝不仅仅是把屏幕翻转90度，它所带来的是一种全新的视觉体验和叙事模式。[①]主流媒体入驻竖屏APP，开创性应用竖向视频，通过直播和短视频等渠道，实现多维度、多屏互动的传播效果。

二、供给侧结构性改革：再造内容生产新体系

互联网技术赋权重塑整个传媒生态，“万物皆媒”意味着视听领域的竞争博弈不再是媒介的简单相加融合，而是推动供给侧结构性改革，让视听行业重新回归内容这一核心。视频收看终端设备的多样化发展与个性化服务，令人工智能超越人类既有社会规则和行为模式的限制，寻求人们意料范围之外更加高效、“优化”的方式，智媒技术的动态跟进与接纳能力，激发着视听行业内容体系的再造。[②]

（一）原创力：从追求“流量”回归优质内容

在长视频三足鼎立、短视频两超多强、音频与直播奋勇直追的网络视听新格局下，视听节目需坚持以质为先，通过互动剧、Vlog等形态，提升平台内容的丰富度，助力视听行业多元化发展。优质内容依旧是视听媒体

① 史安斌，王沛楠.2019 全球新闻传播新趋势：基于五大热点话题的全球访谈［J］.新闻记者，2019（2）：37-45.

② 龙耘，袁肖琨.智媒时代的主流价值引领：内涵、挑战及策略［J］.新闻与写作，2020（12）：40-46.

的核心竞争力，摆脱“流量”与“唯收视率”，回归对内容本身的打磨和推敲，以原创力赢得竞争主动权，已经成为视听行业的共识。

纵观我国视听行业发展，从过去海外版权引进改造到自制节目的“野蛮生长”，再到原创节目口碑效益并进反向输出海外，背后彰显的是中国视听行业原创力的不断提升。在原创综艺方面，文化教育类节目如《国家宝藏》《中国诗词大会》等以中国元素与传统文化底蕴，掀起了全民文化热潮。电视剧市场量降质升，精品剧成主流，《隐秘的角落》《大江大河》《棋魂》《三十而已》等剧市场反应良好。《如果国宝会说话》等纪录片以优质的原创内容、独树一帜的美学风格与丰富的文化意蕴，吸引了越来越多的受众。

智媒时代的视听媒体要回归理性，强化内容生产的创新性，真诚地与受众“对话”，才能实现真正意义上的高质量发展。

（二）圈层化：以垂直深耕探索破圈破壁

大数据和云计算为视听产业精准把握用户需求提供了强大的技术支撑。随着受众诉求的精专化与动态化，针对不同垂直人群的细分市场应运而生。此外，垂直深耕类视听节目强势崛起，圈层裂变效应也随之显现，成为视听领域新的产业增长点。网络视听媒体不断拓宽选题领域和视野，以优质内容构建立体式圈层，实现精细化运营。

一方面，面对年轻用户，各大视听头部平台聚焦青年亚文化。如偶像养成类节目《青春有你》、音乐竞演类节目《乐队的夏天》、恋爱观察类节目《心动的信号》、明星带货类节目《潮流合伙人》、治愈系综艺《朋友请听好》等。另一方面，各大卫视在音乐、美食、传统文化、慢生活等领域全方位布局，为受众提供个性化服务，用年轻化的话语方式与观众建立联系。此外，像综艺节目《这！就是灌篮》《声入人心》，电视剧《长安十二时辰》《无证之罪》，纪录片《探世界》等优质内容版权发行并登陆多个海外平台，在破圈破壁的同时实现了文化出海。

（三）情感性：从个体情绪走向人文关怀

数智时代，个性化定制内容增强了用户与平台的黏性，沉浸式的内容服务推动着用户体验的优化，视听媒体如何从用户功能需求向情感需求进化，让机器智能更有温度，将成为视听产品创新的重要着力点。视听节目不仅满足公众的视听感官需求，更要关注人的价值，通过内容沉淀和互动式交流，激发受众情感共鸣。互联网社会中，情感不再是纯粹个体化的情绪体验，而是一种具有流动性的包含了诸多社会、文化、符号的元素的社会行为，甚至可以说是一种社会化的内隐或外显的集体情感。①

各大视听平台从乌托邦式构想和泛娱乐化向贴近时下热点和现实的方向转变，如职场社交、老龄化问题、婚恋关系、亲子教育等具有人文关怀的综艺题材。腾讯视频推出的观察类综艺节目《忘不了餐厅》，聚焦老年人认知障碍这一严肃话题，用轻松、温馨、治愈的方式感动和启示着受众。电影《送你一朵小红花》给予现实观照，生活即使不尽如人意，我们依然要怀揣勇气与希望迎接挫折、病痛、死亡。网生纪录片《中国医生》《早餐中国》《人生一串》等都通过强共情的叙事方式，记录人间百态。具有现实表现深度和人文关怀的优质内容，依然是智媒时代满足人们多元化情感需求的必然选择。

（四）体验感：虚拟空间与现实空间的交互叠合

智能技术发展为视听艺术体验感的提升提供了支持，3D、4D、VR、AR等技术使视听艺术突破传统的二维界面向三维立体空间延伸，实现了虚拟空间与现实空间的双向叠合。3D、4D技术在生活中的应用最为广泛，主要借助特殊的技术或设备获得逼真立体影像，如3D电影、裸眼3D影像、

① 黄雨水，赵小波. 论AI时代电影的情感营销［J］. 当代电影，2020（12）：146-150.

4D影院等。与其类似，VR以计算机技术生成虚拟环境，AR则以人机交互为基础达到增强现实的效果，两者都强调技术与影像再现的融合，突出视听画面全景式、沉浸感、交互性的特点。

例如，《国家宝藏》多次采用3D全息投影的技术，获得3D幻影的立体效果，具有强烈的纵深感，实现虚拟与现实的融合。VR影像的作品《不思异：重叠空间》，在分辨率、后期、声音处理等方面采取了特殊技术，开创性地将传统影视IP带入全新VR领域，以虚拟现实技术打造360度沉浸式空间，带领观众走入影像世界。

三、视听新环境的技术反思与价值重建

传播技术的每一次重大革新都为意识形态与社会价值的塑造创造了便利条件，科技与艺术的结合为新意识形态的形成提供了强大推动力量。[①]我们应当认识到，智能媒体建构的视听传播新环境在价值生态建设方面具有两面性，既可能成为凝聚社会共识的场域，也可能带来伦理失范等问题。

（一）新技术的隐忧与现实挑战

传媒活动的本质是蕴含着复杂意识形态的社会活动，任何具有变革性的新技术都必然带来深刻的社会影响。智媒发展不可避免地存在人与技术之争，在技术变革改写传媒格局的同时，伦理价值也面临被解构的风险。

媒介强调人与社会的相互作用，塑造着人及其外部环境。智能技术运用选择的背后蕴含着主体价值判断，智媒化引申而来的人的数字化、符号化，可能导致社会角色一定程度的紊乱以及身份危机，由此带来个人利益与公共价值冲突，用户的隐私安全与信息保护等道德规范与法律问题，因此，推进人机协同理念、提高受众的媒介素养成为当前需要解决的难题。

---

① 方正，叶海涛. 智媒时代凝聚社会价值共识的三点思索［J］. 理论探索，2020（2）：43-48.

数字技术带来新奇感官体验的同时，也可能导致价值标准面临失衡、失范的问题。如沉浸式视觉文化消费影响了理性认知与价值判断能力，“致瘾”机制影响了用户的主体意识与思维能力，“流量经济”加剧了网络视听平台的泛娱乐化倾向，而算法推荐虽实现了用户的精准对接，但可能导致“信息孤岛”的形成，引发“信息茧房”和回音室效应等。

泛媒介化对主流价值传播形成了冲击，网络视听安全涉及国家安全和社会稳定。社交网络化的“虫洞效应”，多元碎片化的信息内容，网络舆情的泛娱乐化都可能导致公众滑向价值个体主义、虚无主义的陷阱。面对新一轮的行业发展困境，传统媒体和新兴媒体需要找准各自发力点，重塑对数字社会的信任。

（二）从平台竞争走向价值融合

媒介迭代伴随着价值再生，传统媒体与新兴媒体从平台之争走向内容和服务的竞争，但这种竞争的实质在于传统媒体的强化凝聚力与互联网的去中心化之间的冲突。[①]网络视听媒体为大众提供了多元化与个性化的选择，受众通过评论和分享功能介入文本创作，成为接受美学意义上的创造者。传统主流媒体唯有不断创新话语方式与传播语态，用有效的叙事方式和互动模式赢得公众。

近年来，央视频推出的一系列创新举措富有成效。《主播说联播》采用竖屏短视频的形式、接地气的语言解读时事，传递主流声音；文化类节目《一起上书房》聚焦贫困地区教育问题，以直播和短视频的形式与网友互动，通过Vlog记录助学过程。

网络视听平台凭借强社交属性成为大众参与度最高的新空间，但在实际运营中，片面追求快餐式消费和爆米花休闲的短时效应难以长久维系，只有将与受众的关系从“迎合”转变为“引导”，将内容生产建立在社会责

① 李跃森. 2019 年电视剧、网络剧发展趋势探析［J］. 当代电视，2020（2）：18-19.

任之上，才能确立健康发展的根本。网络传播平台虽然带有先天的商业属性，但只有寻找到“国家主流意识”和“个体亚文化取向”的契合点，坚守主流价值取向才能实现更长足的发展。①

目前，各大头部平台自制网剧和综艺在价值取向方面与电视媒体逐渐趋于一致，从野蛮生长走向“精耕细作”。平台融合最终要在价值生产上实现融合，文化的力量和现实的温度是媒体健康发展的不二路径。

智媒时代的视听艺术生产与传播仍应以内容建设为根本，用带有时代符号的现实主义作品和富有价值内涵的内容精品呼应大众需求。智能技术“为我所用”，传播平台实现“工具理性与价值理性”的平衡发展，为主流价值链的构建奠定坚实基础，才能实现“科技赋能+人本逻辑”的协同互通，迈入移动化、社交化、智能化的新传播时代，参与价值体系再生产、再创造，以健康的价值取向与精神内涵共同营建文化新景观。

四、新型主流媒体传播能力现代化建设

建设新型主流媒体不仅涉及新闻媒体的自身转型，更关系到国家安全。要赢得与我国国际地位相适应的话语权和影响力，新型主流媒体建设问题必须上升到国家传播能力现代化的高度加以认识，并纳入全球媒体格局重组、重建全球传播秩序的轨道上进行战略规划。

（一）打造以传播效能为核心的“全景式”媒体集群

新型主流媒体的建设任务日渐明晰，即打造“全程媒体、全息媒体、全员媒体、全效媒体”。“四全”是对传统主流媒体转型升级的要求，四个“全”既有各自内涵又密不可分。“全程”着眼于信息发布的即时性和全流程；“全息”强调新技术的充分应用，以丰富多样的信息呈现提升用户体

① 杨雪，刘娜，陆地. 破圈与破壁：中国网络视频精品发展新动向［J］. 传媒，2020（22）：33-36.

验；“全员”则要求信息生产与传播的多主体介入，从一对多的传播转变为多对多；“全效”则是对传播效果的检验，从过去粗放的收视率、点击率、流量等量的监测转向可追踪的用户画像式的精准传播。显然，对于每一家新型主流媒体而言，“四全”的落脚点在于“全效”，即传播效能。近年来，新华社、人民日报、中央广播电视总台等国家级主流媒体通过技术升级、资源整合、流程改造、平台搭建等一系列坚实有力的措施，建设了新旧覆盖、全面升级的媒体矩阵。全媒体“中央厨房”、智慧“媒体大脑”等的发展与成熟，标志着我国多个国家级主流媒体基本完成全天候延展、全方位覆盖、多领域拓展的融合迭代。

然而，从国家传播能力现代化的角度看，初步达到“四全”要求的国家级主流媒体，在应对全球传播新挑战时，单个媒体的升级转型远远不够，还应当集合为覆盖国内、辐射国际的“全景式”媒体集群。也就是说，当前的新型主流媒体建设不仅要求每一家媒体拥有自己的媒体矩阵，更应强调国家级主流媒体之间更加系统化地集合成拥有国际竞争力的生态级聚合平台。那么，如何描述“全景式”媒体集群？简言之，它应当是中国最具规模与实力的新型主流媒体，既各自独立发展，又能实时联动、系统集合的整体性、综合性信息生产与传播平台。从内容上看，“全景式”媒体集群既有大众传媒擅长的“远景”“全景”“中景”，也有社交媒体的“近景”“特写”；从辐射范围来看，既有对国内传播的“内景”，也有赢取国际用户关注的“外景”。从这一角度看，打造全景式媒体集群有必要摆脱以国内传播为主的路径依赖，更多吸纳国际信息内容、主导国际媒体竞争，这不仅是为了让国内用户更好地了解世界，更意味着不断提升中国主流媒体在国际用户中的影响力。

因此，各个国家级主流媒体的集合、联动、系统化的协同传播，打造全球传播格局下的“全景式”媒体集群，才能显著增强中国在世界范围内发声的能力与能量。在国际重大突发事件发生时，唯有“全景式”媒体集群才能动态式追踪和把控国内国际舆论反馈，多家主流媒体既分工又合作，各有侧重，协同推进，以国内国际一体化凝聚强大合力，与国际强势媒体展开对话与交锋，方能“全景式”地讲述中国与世界的故事。

（二）筑牢以引导力为检验标准的主导型舆论阵地

2016年2月19日，习近平总书记考察人民日报社、新华社、中央电视台，主持召开党的新闻舆论工作座谈会并发表重要讲话，在此前提出的“传播力”、“影响力”和“公信力”三大概念之外，重点提出“引导力”这一概念。[①]“四力”之中，“引导力”无疑是检验国家级主流媒体的金标准，这是“主流”二字的内在规定性。如果说传播力是基础，公信力是保障，影响力是效应，那么引导力是上述几种能力的综合以及最终的检验标准。没有主流舆论“引导力”的媒体，传播力、影响力、公信力再强，只能称为新型媒体，不是新型主流媒体。

对于国家级主流媒体而言，把传播力、公信力、影响力转化为“引导力”，首先在于构建移动互联时代的舆论引导新模型，尊重公众的媒介接触偏好，把握网络用户年轻化的特点，在媒体姿态与语态上取得突破。所谓“语态”，就是推进信息内容生产的供给侧结构性改革，转变旧有的话语习惯与传播方式，构建适合新媒体时代的话语体系。所谓“姿态”，就是重建主流媒体与公众的关系，转变权威教导与沟通交流，在公众“愿意听”的基础上走向“传得开”，使主流宣传融入社会舆论。

其次，新型主流媒体不仅要提升面向公众的“引导力”，更要构筑主导性舆论阵地。当前社会舆论的形成机制深刻变化，主流媒体的声音在多元意见中成为“主调”，才能在众声喧哗中“引导”公众。从自身的“引导力”走向对其他非主流媒体的“主导”，核心在于如何处理与其他非主流媒体的关系。毋庸讳言，主流媒体与商业媒体必然存在一定竞争，但竞争

① 习近平：坚持正确方向创新方法手段 提高新闻舆论传播力引导力［EB/OL］.（2016-02-19）［2025-03-31］. http://politics.people.com.cn/n1/2016/0219/c1024-28136159.html.

不是对抗，更不是割裂。尽管主流媒体也拓展了自己的新媒体渠道，但这并不意味它可以替代其他社交媒体。在智能革命不断催生新兴商业媒体的背景下，国家级新型主流媒体要确保“主导性”舆论阵地的地位，与其他媒体的合作远大于竞争，二者之间应当建立资源分享、共融互通、吸纳竞合的关系，才能筑牢社会舆论生成演化的中枢平台。近年来，人民日报、新华社、中央广播电视总台等入驻抖音、快手等平台，就是一种积极有益的探索，这本身也是对新形势下传播规律的一种把握，也是一种“姿态”的转换。

第三，新型主流媒体“引导力”的提升体现在全时段和全方位的舆论参与之中，全面覆盖重大事件和危机处理，只有以沟通、协商、平等的姿态促进信息传播和公共意识凝聚，协调好与其他媒体平台的关系，才能求取最大公约数，画出最大同心圆。唯有一以贯之、日常坚守，新型主流媒体才能拥有强大、稳定的“引导力”，在重大突发事件发生时迅速成为“主导性”舆论阵地。

（三）建设以安全为核心的智慧型服务平台

当今时代，国内大局与国际大局彼此交织、相互激荡，中国与世界必将在深度互动中前行，意识形态、社会制度的演进与竞争也将成为“新常态”。在建设新型国际关系和构建人类命运共同体的过程中，国家级新型主流媒体担负着服从服务两个大局的历史重任。

从服务国内全局的角度看，新型主流媒体不仅是信息资讯的生产者、传播者，也是国家治理现代化的重要参与者、推动者。随着智能化的迅猛发展，传媒与国家发展、制度建设、社会民生的联系更加紧密。新型主流媒体应当围绕中心大局，把握主题主线，聚焦国家治理能力现代化过程中的热点、焦点、难点问题，搭建政务信息服务渠道，建设沟通交流平台，参与共建共治共享社会治理格局建设，切实发挥在国家治理体系建设中的作用。

从应对国际变局的角度看，国家级新型主流媒体承担着更加艰巨复杂的使命。当前，意识形态领域的国际竞争与挑战比以往任何时候都更为严峻，新型主流媒体如何迅速提升在国际媒体方阵中的影响力与话语权，事关国家意识形态安全的重大问题。习近平总书记深刻把握国际大势，明确提出“要推进国际传播能力建设，讲好中国故事、传播好中国声音，向世界展现真实、立体、全面的中国”[①]。因此，国家新型主流媒体应当将战略坐标定位为“国际一流”，从语言体系、内容生态、话语方式、传播策略、队伍建设等方面全面提升综合实力和国际竞争力，逐渐破除美英主流媒体“双头”垄断格局，重建国际传播新秩序。

服务国内国际两个大局，一靠实力，二需智慧。新冠疫情蔓延全球以来，一些西方媒体的偏见歪曲再一次警醒我们，在中国参与全球治理，着力构建人类命运共同体的过程中，主流媒体在国际话语争夺方面既需要实力也考验着智慧。国家级新型主流媒体要敢于斗争、善于斗争，在斗争中不断提高与发展壮大。建设综合实力强、具有国际竞争优势的媒体方阵，这是我国新型主流媒体建设面临的紧迫任务与巨大挑战。

媒体是新时代中国特色社会主义的记录者、建设者和推动者，也是国家治理体系和治理能力现代化的重要构成。国内外形势风云变幻，我国新型主流媒体建设应当超越某个、某类传统媒体迭代升级的层面，上升到提升国家整体传播能力的高度来思考，建设成全景式媒体集群、主导性舆论阵地、智慧型服务平台，才能服务好国内国际两个大局，履行好时代赋予的职责与使命。

五、典型案例：以融媒理念讲好“感动中国”的故事

《感动中国》是中央广播电视总台打造的一个高影响力品牌节目，启动

① 习近平出席全国宣传思想工作会议并发表重要讲话［EB/OL］.（2018-08-23）［2025-03-31］. https://baijiahao.baidu.com/s?id=1609549740274808662&wfr=spider&for=pc.

于2002年10月。2022年春节期间,《感动中国》借助微信公众号、微博以及多个传播平台,以推文、视频等多种文本形态协同分发,一系列融媒体传播行动顺应媒介深度融合的要求,使“中国人的年度精神史诗”不再局限于传统主流媒体平台,以更具渗透性、触达率的方式,让更多观众共同感受那些值得被铭记的人与“感动中国”的温暖瞬间。

(一)平台联动:让“感动”更好地被看到

2002年,“感动中国”人物首次评选,次年以晚会《感动中国》的形式推出。从此,《感动中国》在每年2月前后以大型主题晚会的形式举行,经过20多年的发展,成为品牌电视节目。对于社会主义核心价值观的彰显,是节目20多年来始终不变、最为鲜明的主旨定位与内容特质,也是其作为“品牌”的核心标识之一。

在内容传播方面,2022年的《感动中国》作出了一系列创新与改变。在节目正式播出之前,将节目内容与时间节点、当下“热点”等有机关联,策划实施了一系列预热性传播行动。春节前夕,央视新闻微信公众号推文将《感动中国》的人物故事与《好好过年》的栏目交叉融合,同时讲述几位“感动中国年度人物”的往昔故事与当下生活,二者间的联动带来互文效果。一方面,观众能够在春节这一特殊时刻领略佳节前夕他人的欢欣与哀愁,品尝他们的思念与牵挂;另一方面,也牵连起观众回忆起节目中过往的动人情景,使其能够更加全面、深刻地了解典型人物的主要事迹,历久弥新,实现传播效能的扩大化、深刻性与持久性。

节目破解了电视媒体单一传播平台的难题,各个新媒体平台同时发力,取得了同步释放传播力与影响力的联动效应。央视新闻微博与微信公众号平台对典型个人故事的推送,与晚会的主要内容互相对照,使观众实现电视和移动终端的跨平台接受。在过去的一年中,那些值得被记住的感动被悉数纳入各个平台的叙事轨道之中,让更多人见到、了解到那些细碎的温暖与感人的瞬间,构建起全方位、全过程的持续性传播模式。精神与品质的可贵，无法被物质估量，也难以被三言两语概括。美德值得嘉奖，无论是千钧一发之际的闪光刹那还是经年累月的光荣绽放，理应被更多的人看到。《感动中国》节目用创新传播模式表明，中华民族对精神、品格、气节、风骨的推崇，既有悠久的历史传统更为当下的时代所必需。

（二）多重文本：定制内容适配不同用户

以电视为代表的传统媒体，技术特点决定其互动性较弱，观众的反馈无法被直观且及时地获得。《感动中国》通过在不同的平台，尤其是新媒体社交平台所进行的传播，一方面能够在评论区得到大众的赞赏与认同，使节目内容在本体内容之外创造了“第二文本”，观众的评论接续传播的良性循环，以一种具有个性化、感染力的语态又推动了“第一文本”的传播；另一方面，节目方也能通过观众的意见与反馈，及时调整和改进节目编排。与此同时，不同平台的传播机制与认知逻辑，也注入节目本身的体系之中，构成了节目的一部分。“1+N”的模式之下，一系列短视频平台、互动类平台相关信息的连续传播，促发了相关“话题”的讨论，使节目的核心内容与精神内涵得到深度挖掘与全面扩充。

《感动中国》节目融媒体传播的成功之处还在于针对不同平台，采取定制化的不同文本。通过文本的灵活变通，适应各个平台的特性，才能实现传播效益的最大化。如微信公众号的推文，故事的叙述与图片相互穿插、照应，图文并举、语言生动。直观易懂的标题，一言半句即生动凝练地概括了人物事迹。如《他是电影原型之一！提刀为火药“整形”三十年》讲述火药雕刻师徐立平的匠人人生，《终于可以抬头看到天了！小伙激动地改了名字》记述了梁益建躬耕医坛、妙手回春，予他人以崭新人生的振奋事迹。不同文本形态既构建了丰富多样的“语态”，也满足了不同平台用户的偏好与需求。白描式的片段，细碎却往往能直击人心，如推文《“想你的小花”流泪写信：我们都好，只是少了你》中，穿插着守岛人王仕花所写下的对丈夫的思念，一字一句中，有平淡的生活光景，也有真实的幸福回忆，还有未尽的思念和期许。另外，在微博平台上投放的文本避免长文字的书写，重点处均使用彩色字体或加粗，使得信息更加直观明了，主题突出，方便读者浏览。

（三）叙事策略：个体与时代的记忆书写

20多年来，《感动中国》节目始终坚持深耕群众路线的理念，节目立意与叙事策略都充分体现了这一点。《感动中国》节目的舞台具有非比寻常的包容性。一年一度的盛会，不同的人群汇聚一堂。他们身份各异，都有着同样宝贵的精神特质。尤其是近年来，《感动中国》节目愈发呈现叙事重心向普通人转移的倾向。为了适配社交媒体特性，《感动中国》节目预热文本尤其将叙述视角聚焦普通群众，侧重关注个体故事的深度挖掘。当事人的口述经历，为我们打开人生与生活的另一重视角，看到同一方水土上的别样人生。例如，《特别的团圆照》以第一人称回忆口述的方式，垒叠起叙事的厚度，缩短了读者与叙述者之间的心理距离，使得这份感动更为真切。

叙事最可贵之处，从不在于辞藻的繁复与策略的迂回精巧，而在于语言背后的叙事者的一片诚挚。“用感性的方式表达，以细节的魅力展示”，《感动中国》节目的文字摒弃了文学化的修辞与比拟，舍弃了精巧的叙事技巧与文字编排，以最朴素的语言书写人间最真挚的情感，用晓畅的语言书写普通人的喜怒哀乐。2022年春节期间推出的与《好好过年》栏目融合的《感动中国》人物故事，如《“想你的小花”流泪写信：我们都好，只是少了你》，无论是标题还是用词都朴实简单，不多修饰。以故事的形式诉说经历，穿插人物的真情独白，着实令人动容。她讲到，从他走后岛上便不再养鸡，又讲起二人过去共同置年货、抓鸡共度春节的时光，细碎的片段，足以让人窥见二人相互扶持中构建起的一方带着理想与温情的天地，也足以让人感受到她真切的思念，在海风与落日中连绵，不曾断绝。

平凡的生活中有奇趣与窃喜，时代的篇章中更有宏大与浪漫。《感动中国》节目聚焦平凡生活的伟大，把个人的理想嵌入时代的浪潮之中，赋予生活中细碎瞬间伟大的意义。无论是公众号上的推文还是微博上的视频，一个个鲜活的人物与动人的故事，都包含着个人体验与时代记忆的相互构建，完成了小人物故事与大时代背景的共同书写。如《特别的团圆照》用三四分钟的视频，将修路英雄毛相林的故事娓娓道来，展开平凡中的感动与伟大，足以让一众人受之鼓舞，为之致敬与喝彩。

（四）价值坚守：在变与不变中赓续传承

我们生活在一个充满不确定性的时代，一切都在以难以防备的速度改变与发展。这也是一个充满否定与怀疑声音的时代，伟大的意义在日常庸碌中消解，被虚无主义生出的阴影遮蔽，以至于我们开始质疑起生活的本来面目，是否还能拥有那份勇气与初心。《感动中国》节目一路走来，在时代叙事中弘扬正气，在个人故事里凸显人文关怀。从早期强调庄重、仪式化的专题盛典，到如今跨平台、多文本的齐奏共演，串联起中华美德的时代谱系。它记录了无数闪光的壮举，为观众带来历久弥新的感动，用这份持续20多年的声音，坚定地告诉我们——总有一些东西恒久不变，也总有一些人和事值得被永远铭记与相信。这份可以被寄予信任的不变，便是我们时代中最可贵的中国精神、中国价值、中国力量。

在融媒体时代，《感动中国》节目传播方式的升级迭代是应时而变，但传播的核心命题永远是“人”。无论是晚会盛典还是短文、视频，所承载的永远是直抵人心的“人”的故事，这正是《感动中国》节目的“不变”。那些在平凡中成绩“不凡”的人物，他们不仅代表自己，也代表着无数面对坎坷上下求索的人们，代表着时代所需要的精神能量。千万年前，有愚公移走太行、王屋二山，那份赤诚与坚守如今在开路英雄们身上重现；同样，古有神医妙手回春，使困顿之人免受苦痛，如今为人们送去健康与生活希望的新时代榜样就在身边。正义需要匡扶，生命需要救济，爱与关怀需要传递。正是坚信这一点，才有人愿为常人所不敢为，忍常人所不能忍。也正是坚信这一点，《感动中国》节目行进至今，与观众相伴20多年。

《感动中国》节目之“变”，在于以新形态和新渠道更好地与观众交流，“不变”的则是价值层面的传承赓续、一以贯之：理想的坚守与信念的传递永不过时，无私与奉献的善念壮举至今闪闪发光。我们和这个时代需要这份可以被看见的感动，《感动中国》节目持之以恒的坚守与传播，打开了一扇扇窗，让人性之光从中洒落，笃定而自如，如潺潺流水，永不止歇，流入我们每个人的心中。

第二节 短视频：如何走出“算法陷阱”

算法与现代信息技术同步产生，距今已有超过半个世纪的历史。基于大数据设置的模型，算法以代码形式发布指令、解决问题，在增强工作效率、分发匹配精准度方面有着巨大优势。人工智能算法作为广义上计算机软件算法的一种特殊类型，也属于为了解决某个特定问题或者达到某种特定目的所要采取的一系列步骤。[①]短视频是“通过移动智能终端实现播放、拍摄、编辑，可在社交媒体平台上实时分享和无缝对接的一种新型视频形式”[②]。在新媒体时代，智能推荐算法技术不可避免地参与到短视频的生产传播中，并由此带来一系列问题。正如英国文化学者拉什所认为的，“在一个媒体和代码无处不在的社会，权力越来越存在于算法之中”[③]。从某种程度上说，算法即“权力”，无形之中被算法支配的短视频对于公众的影响日益凸显。因此，短视频的生产与传播如何走出“算法陷阱”，这无疑是一个值得研究的重要现实命题。

---

① DIAKOPOULOS N. Algorithmic accountability：journalistic investigation of computational power structures［J］. Digital journalism，2015，3（3）：398-415.

② 贺艳. 移动短视频与拟态环境建构新模式的反思：基于媒介技术的视角［J］. 编辑之友，2019（4）：74-78.

③ 喻国明，杨莹莹，闫巧妹. 算法即权力：算法范式在新闻传播中的权力革命［J］. 编辑之友，2018（5）：5-12.

一、“新拟态环境”下虚实交织的生产弊端

美国传播学家李普曼在《公众舆论》一书中提出了“拟态环境”的概念。拟态环境并不是现实环境的“镜子式”的再现，而是媒介将传播对象的象征性事件或信息进行选择、加工，重新结构化之后向人们展示的环境。由于媒介选择、加工等活动是在大众看不见的地方进行，人们往往把拟态环境作为客观环境本身来看待。[①]因此，拟态环境对人们的认知和行为具有重要的制约和引导作用。随着媒介形态的高速发展，基于短视频文本形态建构的拟态环境，由于UGC等低门槛的新型生产方式，从更深层次上影响着用户的认知、态度及行为。随之而来的低俗、粗劣、极端、虚假信息的大量出现，也暴露出技术驱动下短视频生产出现种种弊端。

（一）诱导性生产：模式化修辞下的“劣质图像”

从图文分享到短视频互动，UGC凸显了其个性化。伴随着短视频的发展，用户的交互作用得以充分体现，用户既是短视频内容的浏览者，也是短视频内容的创造者。去中心化的内容生产虽然推动了内容数据量的高速增长，但也表现出“劣质图像”的特质。德国媒介理论家史德耶尔认为，在聚合了“草根”自媒体的网络空间中，相当数量的图像是经过“草根”挪用修改、流通扩散的低保真图像，这些快速扩散、伪原创、带有“草根”属性的网络图像，即“劣质图像”（Poor Image）。[②]在信息技术的支撑下，网络空间将图像、声音、知识、信息涵纳其中，并将之转化为跨越地域障

① 李普曼. 公众舆论［M］. 阎克文，江红，译. 上海：上海人民出版社，2006：3.
② 卡斯特. 网络社会的崛起［M］. 夏铸九，王志弘，等译. 北京：社会科学文献出版社，2001：505.

碍、共时流动的虚拟符号。[①]

在“草根”用户参与和平台资本操控的共同作用下，“劣质图像”作为虚拟符号，在网络空间中不断循环流动、生成。智能算法技术通过挖掘热门视频，助推其升格为热门话题，为短视频生产提供导向，引导和把控更多用户的参与式生产。例如，抖音、快手等以记录和模仿为主的传播媒介，算法推荐逻辑天然强化了其模仿效应，使“劣质图像”标签下辖的内容普遍呈现出低俗低龄、猎奇作怪的样态。这样的内容一旦进入小流量池并获得极佳的表现，就会被自动投入大流量池中进行新一轮的筛选。“劣质图像”一旦成为生产模板，聚集起大量“草根”用户的视觉纽带，最终将会形成融合情感、兴趣与满足感的区隔性认同。

在算法加持的平台流量诱导下，夸张表演配合搞笑方言、虚构身份、尬舞、土嗨、女扮男装等内容特征竟然成为用户争相模仿的“爆款密码”“生产模板”。这类缺少正向引领价值的短视频，一旦形成“模式化”的跟风潮流，流量诱导出的必然是大量“劣质图像”。

（二）机械化生产：“文化技艺”下的群体极化

“文化技艺”由德文词汇“Kulturtechniken”转译而来。19世纪晚期，德国农业领域用“文化技艺”一词指代灌溉、耕种等大范围改善程序，这也是“文化技艺”的第一次实例化，随后“文化技艺”从农业生产或工程建设领域实操层面转战教育研究领域，指代阅读、书写、算术等能力。[②]伴随媒介技术飞速更替，“文化技艺”也被重新界定。曾经具备识别开/关按钮、掌握遥控器操作等技巧被定义为“电视的文化技艺”。如今，短视频用户种种生产和操作的心智与技巧，无疑是新媒体时代新的“文化技艺”，而

① 杨光影.“精致劣质图像”的生产与“虚拟社区意识”的形成：论抖音短视频社区青年亚文化的生成机制［J］. 中国青年研究，2019（6）：79-86.

② 王继周.“以技术观技术”作为中介：德国“文化技艺”理论及启示［J］. 新闻界，2021（2）：85-94.

其核心特点为“机械复制”。从德勒兹“三重时间性”的角度看，短视频重复性展演叙事，与社会创造力、公共生活以及广泛社会参与之间有着紧密关联，并参与了社会共同理解的塑造和再塑造。短视频大量、持续生产，最终将形成一个记录人们日常生活的“非常规数据库”①，进而成为社会文化生产的“基础设施”。

也就是说，普泛性的、集群式的、批量化的短视频生产，已经构成了一个国家、民族、时代文化记忆的影像书写文本。这种人人皆具的“文化技艺”从积极的一面看，它是个人表达权利的彰显，但其危害也不容忽视。随着短视频的普及，网络空间群体极化事件不断出现，这或许与此有着重要关联。法国社会心理学家古斯塔夫·勒庞在《乌合之众：大众心理研究》一书中提出，当个体孤立时因为受到群体压力，其个性特征就会被群体思想所取代。②因此，当一个事件通过短视频得到广泛关注后，通俗、煽动性强的视听内容加剧了线上话语的极化。为了与多数人保持意见一致，用户盲目跟风，并利用“文化技艺”大量生产并发布煽动性视听内容。带有负面情绪、观点偏激的短视频一旦形成“漪涟效应”，经过不同平台的扩散、分发，可能导致“以讹传讹”、越来越严重的群体极化现象。

（三）虚构化生产：低审美价值下的“伪真实”语境

法国学者居伊·德波在《景观社会》一书中阐释，整个社会生活呈现为一种巨大的景观的堆积，人们生活在光怪陆离的虚幻假象之中。短视频正是以“少数人演出，多数人默默欣赏这种表演”的呈现方式，加剧模糊了现实与幻象之间的界限，在某种程度上塑造了一个伪真实的语境和

① 曾国华. 重复性、创造力与数字时代的情感结构：对短视频展演的“神经影像学”分析［J］. 新闻与传播研究，2020，27（5）：41-59，126-127.

② 范红梅，孙愈中. 信息茧房、乌合之众与舆论偏向：社会热点事件中网络群体极化现象动因分析［J］. 新闻论坛，2021，35（2）：76-79.

场景。[①]

不可否认，视听文本已成为我们认知现实世界的主要方式。短视频看上去是对现实的记录和表达，事实上许多短视频完全脱离生活真实，针对公众心理刻意制造“媒介事件”。为骗取流量的“虚构化生产”，看上去使短视频具有了娱乐性，但“真实”语境的设置又借用新闻的形态误导了公众。例如，2020年7月，正值全国高考结束，一条“女孩考上清华跪谢父亲”的短视频迅速走红，数十万网友称“感动得眼泪直流”。但很快，细心网友发现平台账号同时发布了其他几条短视频，题材相同、视频主角“女孩”相同，但“父亲”的身份却一直在变，一会儿是工人，一会儿是植物人。视频明显造假，直接引发广大用户对“伪真实”短视频强烈的情绪反弹，指责内容生产者打着真实的幌子，以弘扬正能量为名骗取信任、流量。

当下短视频文化的发展正如阿多诺所言的“审美生产力有时完全处于放任自流状态”[②]，过于唾手可得的内容生产技术使普通用户获得、再生产视听内容的途径和方式。这在一定程度上纵容了“假新闻”的产生，也对受众辨别信息的能力提出了更高的要求。UGC用户对流量的追逐解构了客观现实，而发端于记录生活的短视频正慢慢使真实生活隐退。

二、“赛博格”时代人机互嵌的传播困境

“赛博格”（Cyborg）概念由Organism（有机生物体）与Cybernetic（控制论）两个词语组成而来，源于后人类主义思想，最初被定义为生物有机体与无机物机器的结合体。随着人类社会进入“万物皆媒”的泛媒时代，

---

① 靖鸣. 短视频传播伦理失范及其对策［J］. 中国广播电视学刊，2018（12）：24-27.

② 阿多诺. 美学理论［M］. 王柯平，译. 成都：四川人民出版社，1998：59.

“人工智能则将人与智能机器（包括软件）变成人机合一的关系”①。通过短视频等新鲜的视听方式，媒介重塑着人们的“身体”，人在移动互联网中的“在场”被不断拓展。人工智能技术也通过短视频等内容载体“嵌入”人体形成一个新的系统，一个新的“人”，有学者将其定义为“赛博人”，指的是“后人类时代出现的这些为技术所穿透、数据所浸润的身体”②。

但是，当媒介与人体的边界逐渐模糊，智能技术将信息与人高精度匹配，在人们享受巨大舒适与便利的同时，自身的“主体性”也在慢慢消逝。人类意识在算法推荐等技术的作用下逐渐萎缩，大量用户被套牢在一个狭窄时空，被动吸收同质化的内容，尤其当一些低俗的短视频内容因算法技术侵占各大平台的“流量高地”，导致充沛有效的信息流受阻。优质内容与资讯无法有效分发给用户，间接降低了短视频整体的社会效益，从某种层面上看，“容器人”“技术取代人”等警钟正在敲响。③

（一）排他化：趋于封闭的信息选择倾向

2006年，凯斯·R.桑斯坦在《信息乌托邦：众人如何生产知识》一书中明确提出，“信息茧房”现象是由于人们对信息的需求往往是个性化的而非全方位的，用户往往会基于个人偏好去选择接触媒介信息，长此以往，就会把自身束缚在像蚕茧一般的“茧房”之中。④

早期的算法推荐依赖的是大数据的统计与分析，将生产的内容标签体系化并与用户画像进行关联，以此来分析单一用户的个性化需求，以及与用户画像相似的其他用户群体的个性化需求。然而，日益庞大的信息流

① 彭兰. 万物皆媒：新一轮技术驱动的泛媒化趋势［J］. 编辑之友，2016（3）：5-10.

② 孙玮. 赛博人：后人类时代的媒介融合［J］. 新闻记者，2018（6）：4-11.

③ 赖青. 短视频智能算法推荐的特性与新旧媒体的再融合［J］. 中国编辑，2021（9）：17-22，33.

④ 桑斯坦. 信息乌托邦：众人如何生产知识［M］. 毕竟悦，译. 北京：法律出版社，2008：10.

和亟待实时分析的分发场景，使其无法解决短时间内绘制新用户画像并推荐分发的问题。针对信息过载以及瞬时捕捉等短视频行业特性，算法推荐在充分运用机器学习、深度学习等前沿的人工智能技术的基础上，构建了“基于内容的推荐”和“基于协同过滤的推荐”更加去中心化、复合推荐、实时分析的算法模型，极大地提升了信息的传播效率。

短视频智能算法推荐对信息与人的高效联结表现出更为强烈的欲望，也无形中加固了“囚徒”的牢笼。当内容传播的把关主体从人工到人工智能，不可避免地强化绑架式浏览导致视野窄化和认知偏执的负面影响，这不仅会使受众知识结构被固化，也会使其迷失在过于自我化思考、反常性敌视等认同障碍之中。与此同时，信息流的快速裂变、飞速传输与信息质量的相对“不足”也构成了当今新媒体时代的最大矛盾。

（二）碎片化：易于割裂的认知和行为图式

“碎片化”指的是完整的事物被分解成诸多零碎的片段。最初，“碎片化”源自后现代主义对西方现代性的沉思，后来逐渐进入传播学、社会学等研究视野，被分别用作“制度碎片化”“信息碎片化”等表述①，“碎片化传播”表现为信息获取呈现出碎片化、扁平化、快速化的特征。

短视频脱胎于日益流动的碎片化社会，根植于娱乐行业。作为大众普遍喜爱观看、分享与参与的生活方式与娱乐形式，其琐碎化的传播话语弥散于网络空间，大众在碎片化的体验中消解了深层思考能力。与此同时，主流价值的引领效度被削弱，导致大众面对严肃内容望而生畏。著名的媒体文化研究者和批评家尼尔·波兹曼曾指出，公众话语日渐以娱乐的形式出现，并成为一种文化精神。当人们的指尖一刷而过，接连不断的短视频带来了浅层快感，非理性、非系统、非持久的感性愉悦，低俗、土

① 郑冬芳，李进荣. 碎片化语境中社会思潮传播的三维透视［J］. 内蒙古社会科学，2021，42（4）：167-173，2.

嗨、媚金、恶搞等泛娱乐化内容大行其道，侵蚀着用户的价值观。受众长期沉溺于碎片化语境，很可能落入强烈的表达偏好、喜厌显著的内容、摧残扭曲拟态环境等唯心主义、虚无主义的窠臼。大量娱乐化幻象稀释着核心价值体系的纯度与含金量，零碎、表层、无序的碎片割裂着大众日常生活认知和行为图式，历史事实语境与现实生活语境不断摇曳在碎片化语境之中。

（三）低龄化：未成年人过早涉入成人世界

《童年的消逝》是尼尔·波兹曼从现实生活现象勾连技术哲学的开端。他从社会学的角度研究“童年”的产生及消逝，认为“童年”是一种社会产物，是随着文字印刷品的产生而产生的，但随着电子媒介时代的到来，电子音像制品逐渐风靡，文字印刷品的地位逐渐下降，“童年”面临着消逝。[①]一方面，波兹曼认为，印刷的行列式排列有利于人类思维的发展，而电子信息打破了知识结构，“无底线”“无原则”的随意播放使儿童注意力无法持久，依靠视觉引起注意的媒介，培养儿童形成了不连贯的思维和完全的感性反映。另一方面，印刷时代，由于知识体系和学力层次的不同，有些知识并不在某阶段对所有人公开，这就区分了成年与童年。

相比大众媒体的电视，互联网时代的短视频的“电子媒介属性”更加“锋芒毕露”。短视频的出现加速消解了未成年尤其是低龄用户与成年人之间的话语区隔。通俗化的视频帮助儿童突破文字的壁垒，过多地涉入成人世界。由于缺乏限制条件与门槛，一些未成年人通过模仿参与短视频生产制作，为了迎合流量倾斜的低俗、猎奇以期获得关注、点赞、评论。由于低龄用户更加缺乏批判能力与自控能力，“迷你成人”们往往比成年人更容

① 慕悦.媒介技术、信息爆炸与消逝的“童年”：评《童年的消逝》[J].现代视听，2020（6）：81-82.

易产生社会挫败感，媒介依存症愈演愈烈。与此同时，当媒介被视为“社会性生产工具”和“经济性生产工具”，低龄儿童也面临着暗含在媒体“产销者”（Producer）身份下的剥削，成为迎合眼球经济的“数字童工”。

三、构筑短视频智能算法应用的治理谱系

人工智能算法的运行本质是数据的输入与输出，在输入输出的过程中存在无法解释的运行机理，从而引发“算法黑箱”问题。[①]当人工智能算法越来越复杂，“算法黑箱”便越发阻碍使用者，因为一旦算法的数据喂养源头出现缺陷或偏见，将可能使算法决策强化已有的社会缺陷模式，强化人类决策的某种偏见。因此，从原则、技术、监管、用户等多个维度构建整体性治理谱系，方能探寻智能算法体系下的短视频发展规制之策。

（一）遵循“价值优先”的原则与理念

无论技术上的发展如何迅疾，在人机协作越来越常见的情境下，我们始终不能背离人工智能运用的落脚点是增强人的能力，而不是利用、伤害和取代人这一原则。从“技术优先”到“价值优先”，技术必须为“价值”服务，这是政策制定者、商业机构、短视频平台、个人用户应当遵循的原则。唯有改变“流量为王”的生产、传播导向，破除“算法没有价值观”的固化判断，并对“算法黑箱”带来的后果进行反思，才能避免智能算法成为不良内容生产、传播的工具。短视频的核心在于“内容”，只要坚持以正向的价值观规范和指引算法，才能够确保短视频等新兴媒介带来福祉，推动社会进步和人类发展。

---

① 张冰清，钱利. 新闻分发算法的黑箱问题及对策［J］. 蚌埠学院学报，2021，10（3）：19-22.

（二）探索“算法透明”的技术支撑

算法是人工智能的“大脑”，也是贯穿于各大短视频应用场景的“指挥”，短视频的生产传播皆须以算法为逻辑线索，立足算法技术层，当人们在与机器进行交互的过程中，用户不知道人工智能是依据怎样的行动逻辑得出了现有的决策，这很容易对系统的可信任度产生负面影响。①当短视频算法推荐被运用到大量场景中，并涉及国家形象、隐私安全、伦理、司法等领域并开展特定工作时，“算法黑箱”带来的风险将是巨大且不可控制的。因此，对于算法推荐技术下的视频生产与传播，可解释性是非常重要的。当机器总是能够向用户解释其行动的依据，且用户认为人工智能给出了足够解释时，更可能认为系统具有较高的有用性及易用性，也就更容易接受机器在交互过程中提供的相关建议。②当然，实现可解释的“算法透明”，绝非一项简单的工作，系统开发者需要综合考虑算法模型、用户需求、评估系统设计等多方面的因素。

（三）建立基于“公共利益”的法律监管

不可否认，算法背后牵涉的是整个国家的公共利益，从风险防范的角度出发，算法发展的公共利益需要被纳入法律治理的范畴之中。公共利益一方面应涵盖我国应用算法技术所带来的科技进步、经济增长和国际竞争力提升等根本利益；另一方面则牵涉到算法运用所影响到的国家、社会、市场、用户的安全利益，包括算法漏洞、外部攻击等技术安全，也包括舆论导向、无序竞争、隐私泄露等社会秩序安全。反观当下，我国对算法推荐等人工智能技术的规制大多为纲领性文件，以“个体赋权、外部问责和

① 吴丹，孙国烨. 迈向可解释的交互式人工智能：动因、途径及研究趋势［J］. 武汉大学学报（哲学社会科学版），2021，74（5）：16-28.

② SHIN D，PARK Y J. Role of fairness，accountability，and transparency in algorithmic affordance［J］. Computers in human behavior，2019，98（1）：277-284.

平台义务”[①]来论断算法背后的权利与义务，尽管具备一定的指导性，但仍然显得空泛且缺乏针对性。对此，精准地指向算法本身的专门法路径将更具前瞻性。这是因为，人工智能算法作为一项特殊的技术，无法简单归类在知识产权保护、计算机软件或者商业秘密范畴之中。也就是说，算法技术所涉及的利益变动，并非单独的现有法律制度所能应对的。在我国制度供给缺失的现实情况下，尝试通过专门法来对算法技术实施综合治理，才符合我国技术发展要求和社会现实的公共利益。

（四）培育“用户自律”的媒介素养

在UGC模式下，公众参与短视频生产传播的机会越来越多，使用频次越来越高，所产生的信息内容也逐渐冗余泛滥，短视频平台等新型社交媒体很大程度上会让人们不断陷入内容的判断与删选之中。与此同时，人们在社会化媒体背景下较之传统大众媒体背景下更加容易被操纵，个人的言论与行为很有可能被别有用心者所利用。因此，单靠外部的技术、法理“把关”，在海量的信息以及快速更替的技术面前，个体的应对能力显然不足。培育“用户自律”的媒介素养，特别是让每个个体在更广阔的公共话语空间中，对自己发布的内容负责，对于短视频发展来说必不可少。当新的生产和传播方式生成之时，公众媒介素养也应有相应的拓展。这种拓展既体现在公众对自身生产内容的把关，避免它们侵害到社会或他人利益，也体现为个体对信息流的过滤、评估与合理利用，这也是人在技术营造的媒介幻象中拥有“主体性”的基础。

综上所述，人工智能时代下人和技术的联系愈发紧密，技术不再仅仅是人器官、感官的延伸，而是更深层的“嵌入”。算法技术对人的延伸在一定程度上也造成人对自身部分认知和自由的让渡与驯服，同样

① 张欣. 从算法危机到算法信任：算法治理的多元方案和本土化路径［J］. 华东政法大学学报，2019，22（6）：17-30.

被算法“嵌入”的短视频，应当避免技术对人的异化造成的“迷你成人”、认知割裂等负面效应。界定人与机器的边界，明确技术与人的关系，走出“算法陷阱”最终还取决于人所具备的理性以及不应被取代的主体性。

第三节　线上演唱会：形态、模式与趋势

在融媒体语境下，随着媒介之间的相互融合，数字化产品持续演化，在演出领域，传播内容、渠道与组织结构都在发生一系列改变。而随着5G、虚拟影像等高新技术的引入，平台的联动发展与不断创新，各种条件在发展中不断成熟，使得线上演出的产业化已初具规模。在公众接触到的诸多日常演出之中，明星演唱会是重要分支，它不仅更具娱乐性、群体性，在策划思路、演出方式、运行模式等方面具备其自身特殊性，其中最突出的是以演出者的身体为中心构建感性的空间结构。在演出线上化带来的模式变化与适配过程中，线上演唱会被赋予了新的意义与特点。

2022年9月3日，刘德华线上演唱会“把我唱给你听”于抖音平台进行直播，累计观看人次突破3.5亿大关，创下线上演唱会的纪录，这让人们从中看到了线上演唱会蕴含的巨大能量；而随着线下演出的如常进行，线上演唱会仍凭借其优势发挥动能。如2023年8月6日男子偶像团体TFBOYS所举办的十周年演唱会，其粉丝基数的庞大使得其开放线上通道来容纳未能购票进入的粉丝，大量粉丝通过线上购票观看演出，且其中设置了单一机位与所有机位的票档，线上观众可在不同的机位之间进行切换，这一设置为线上观众提供了多样化的选择与比之以线下更加自由、便捷的观看体验。数据显示，该场直播预约数超200万，同时在线观看人数破168万，总互动量超1亿，已打破2023年线上演出纪录。方兴未艾的线上演唱会，仍有广阔的空间值得探索与研究。

一、多重形态：线上演唱会的特点与类型解析

线上演唱会指的是依托网络平台及智能化媒介，对歌手的表演进行直播或录播的演出形式，是媒介融合发展与数字化经济持续演化所孕育的新场景。线上演唱会由来已久，而在疫情的特殊时刻，面临演出行业的长时期停摆，在机构与平台营收与谋生的需求，及观众对音乐产品的需要的推动下，其取得了突破性发展。至今，线上演唱会已具备一定的规模。几乎每隔一段时间，公众便能从互联网上获得线上演唱会的资讯，观看线上演唱会这种娱乐方式也越来越融入人们的日常生活。随着媒介融合这一趋势的持续进行，媒介形态的融合与媒介技术的赋能，使得线上演唱会根据观众的需求、平台的特点以及演出主体的自身属性等，演化出丰富多样的类型，相同之中各有差异，而依照相应的标准可对其进行一定程度的区分。

（一）现实性与虚拟性

依照设计理念与技术介入的角度，可分为传统演唱会与虚实结合的演唱会。前者指的是对演出者在演出场馆之中进行演出，并以直播或者录播形式投放到平台的演唱会，也是目前市面中最常见的线上演唱会类型。后者则是在数字化技术的创新导向之下诞生的所谓虚拟演唱会，如2021年11月19日，贾斯汀·比伯（Justin Bieber）与虚拟音乐平台Wavc VR合作举办耗时30分钟的线上演唱会。贾斯汀·比伯在演唱会中的形象借助广播技术与实时图像引擎投射到舞台之上。舞台的场景根据他的歌曲而变化，高山、沙漠、城市，各种画面出现在屏幕上，此时舞台已经没有了边界与具体形态，令观众耳目一新。

（二）观看性与互动性

按照观众介入线上演唱会的程度与互动性，也能够对演唱会做一定的

划分，这里暂且将其分为观看性线上演唱会与互动性线上演唱会。观看性线上演唱会强调的主要是观看这一动作，往往强调的是演出者和音乐作品本身。例如，2022年李健的演唱会“老友新赏音乐会”，演唱夹杂叙述，朴素的形式更加凸显了他音乐作品的内容要素；而在贾斯汀·比伯举行的虚拟演唱会中，观众点击按钮即可为他打气聚集能量，当能量格被灌满时，演出便进入下一环节，观众的热情让演出高潮迭起。在此，观众充当了推动演出环节进行的角色，这充分地调动了观众的热情。

（三）售卖型与免费型/大众向与粉丝向

按照演唱会的付费与否，线上演唱会也可被分为售卖型与免费型线上演唱会。过去，线下演唱会几乎不会有免门票的情况，但免费模式在线上演唱会中可谓常见。通常来说，免费的演唱会能够调动更广泛的人群，而付费演唱会更有助于趣味区隔与更加清晰的服务模式的形成。不同的线上演唱会，所服务的人群也有所不同。线上演唱会中存在着粉丝向的演唱会与大众向的演唱会，这二者并非泾渭分明，但足以影响到演唱会的制播模式与进入方式。大众向的演唱会通常指的是拥有大量粉丝基数的歌手所举行的演唱会。他们的演唱会有时以免费形式动员更加广泛的观众，形成最大限度的破圈效应。而另一类线上演唱会即粉丝向的演唱会，它通常采取付费模式，本着粉丝专供的定位，进行一系列门槛设置，更多地呈现出产业化特征，有着相较而言更加完善的产业链条、服务环节、品牌标识与衍生产品。这类演唱会的基础是演出者的号召，要求高黏性关系的粉丝经济发挥主要作用。

此外，线上演唱会还存在着许许多多的变体。诸如场景更加日常化，制作更具随意性的卧室Live，粉丝自发筹备与举办的线上演唱会，线下与线上相结合的演唱会，以及线上音乐电台、线上歌友畅聊会等。它们其中的一些往往具备非专业性与自发性的特点，接近于UGC的形式，作为一些由专业团队精心筹备的演唱会的补充的存在，这也体现出融媒体发展背景下传播内容与传播主体界限的持续打破。2020年4月3日，音乐剧演员洛朗·班以录播上传的形式，在B站向全球观众发布“与你同在”线上演唱会，这场演唱会是他在自己的房间录制，省略了场馆筹备等一系列环节，但是他的歌声仍然跨越重洋为观众所欣赏。

2023年12月31日，泰勒·斯威夫特（Travis Scott）的时代巡回演唱会以电影的形式上映，截至下映日全球票房高达2.5亿美元。诸多粉丝前往影院进行观看，随着演唱会的录像，粉丝们进行投入的歌唱与热情的互动。尽管并未身临其境，演唱会电影也并非实时直播，但是这份由群体缔造的共时性的狂欢与仪式性的时刻，仍然热切地降临在银幕之外。这也让我们看到线上与线下联动的更多可能（见表2-1）。

表2-1 近年来线上演唱会的不同模式

演唱会名称	演出者	演出时间	平台	直播与录播	现场观众的在场与缺席	现实性与虚拟性	观看性与互动性	售票型与免费型
十年之约	TFBOYS	2023.08.06	优酷	直播	在场	现实性	观看性	售票型
蔡依林2023夏日首唱会	蔡依林	2023.07.14	快手	直播	缺席	现实性	观看性	免费型
可	薛之谦	2023.02.03	抖音	直播	缺席	现实性	观看性	免费型
逍遥游	任贤齐	2023.01.07	微信视频号	直播	缺席	现实性	观看性	免费型
千禧之境	李玟	2023.01.07	Pico VR直播	直播	缺席	虚拟性	互动性	免费型
MAYDAY FLY TO 2023	五月天	2022.12.31	抖音	直播	缺席	现实性	观看性	免费型
把我唱给你听	刘德华	2022.09.03	抖音	直播	缺席	现实性	观看性	免费型
你好吗?	孙燕姿	2022.05.27	抖音	直播	缺席	现实性	观看性	免费型

续表

演唱会名称	演出者	演出时间	平台	直播与录播	现场观众的在场与缺席	现实性与虚拟性	观看性与互动性	售票型与免费型
童年	罗大佑	2022.05.27	微信视频号	直播	缺席	现实性	观看性	免费型
继续撒点野	崔健	2022.04.15	微信视频号	直播	缺席	现实性	观看性	免费型
魔天伦2013	周杰伦	2022.05.20	TME Live	录播	在场	现实性	观看性	免费型
“We Are” VR私人唱聊会	郑钧	2022.05.17	Pico VR直播	直播	缺席	现实性	观看性	售票型
老友新赏音乐会	李健	2022.02.22	微博视频	直播	在场	现实性	观看性	免费型
King Gnu Live Tour 2021	King Gnu	2022.02.19	B站	录播	在场	现实性	观看性	售票型
Justice	Justin Bieber	2021.11.18	Wave VR	直播	缺席	虚拟性	互动性	售票型
虚实之城	The Nine	2021.03.26—03.27	爱奇艺	直播	缺席	现实性	互动性	售票型
Astronomical	Travis Scott	2020.04.24	堡垒之夜	直播	缺席	虚拟性	互动性	免费型

线上演唱会类型、形态的不断拓展，一方面源自行业因应技术发展进行的探索，另一方面也来自观众群体的多样化的需求。正是为了满足不同观众的偏好与需求，线上演唱会不断拓宽自身的发展形态，采取不同的收费模式、制作形式、服务方式，给观众带来多元视听产品。多元化的线上演唱会定位，带来市场的细分，以差异化策略实现行业发展的可持续。

二、传播模式：线上演唱会的平台融合与效应增值

（一）社交平台与多重媒介的深度融合

线上演唱会的传播与社交媒体呈现深度融合态势，是融媒体时代各种资讯传播的显著特性。梅罗维茨在《消失的地域：电子媒介对社会行为的影响》一书中围绕“媒介—场景—行为”，对电子媒介如何改变和重塑场景进行了讨论，提出信息流动的模式决定人们交往的性质，而不是物质场地本身。[①]保罗·莱文森也提出了媒介进化论，认为媒介进化的规律在于复制真实世界中“前技术的”或是“人性化”的传播环境。[②]尽管演唱会从线下来到了线上，线上演唱会面对的是更加广域的网络空间，但通过直播形式以及与社交媒体的结合，线上演唱会模拟出交互性的社交场景，实现线上演唱会的进行与情感的传递。其中，微信视频号凭借其平台优势与用户生态，进行了社交媒体与线上演唱会深度结合的尝试。微信视频号的优势在于“私域”与“公域”的交叉并行：一方面，人们的现实生活和虚拟网络圈层高度重合；另一方面，视频号之下的传播模式，覆盖人们的现实社交网络的同时，也连接了更加广阔的互联网。2021年12月，来自爱尔兰的歌手组合西城男孩的线上演唱会“所爱越山海”在微信视频号举行。在西城男孩的线上演唱会中，人们既可以不用下载便将视频号的内容转发分享到朋友圈以及相关群组，也可以在弹幕中与来自各地的网友进行实时互动。

此外，各个平台也积极联动，为线上演唱会预热，保持各种话题的持续热度。尽管以往的线下演唱会的宣传也会进行线上的物料宣传，但是能

---

① 梅罗维茨. 消失的地域：电子媒介对社会行为的影响［M］. 肖志军，译. 北京：清华大学出版社，2002：30.

② 莱文森. 人类历程回放：媒介进化论［M］. 邬建中，译. 重庆：西南师范大学出版社，2017：5.

够迅速在线上进行传播的内容终归有限。如刘德华在其线上演唱会召开的前一周，便在其抖音平台进行了7条相关视频的投放，平均获赞262.2万；而演出平台同样邀请了相关嘉宾为刘德华的演唱会做预热宣传。演唱会结束后，微博上话题不断，热度居高不下，实现了不同平台的联动，达到演唱会的破圈传播。

再者，通过跨媒介文本的融合，能够有效地整合用户群体，达到传播的破圈效应。不同于线下演唱会更加具体化的资源约束性，线上演唱会打破时空藩篱，在创意策划方面有着更加自由的发挥空间。近年来，许多线上演唱会都积极找准自身定位，将一些创新理念融入演唱会的主题之中，通过跨媒介文本的融合为观众打造全新的视听体验。元宇宙作为一种数字技术与社会现实融合的新形态，它既超越现实世界，又与现实世界融合，具有更高的自由度、灵活性、体验性与更强功效化的特征。而作为第九艺术的游戏，是构建元宇宙的不二媒介。如在2021年2月3日，游戏《堡垒之夜》将游戏与音乐演出进行了深度融合，其与音乐人棉花糖（Marshmello）合作开展虚拟音乐会，通过动作捕捉技术，棉花糖以虚拟形象登场进行演出，游戏玩家可以进入演出场景中，来到他的身边进行互动，据统计共有1070万人参与了此次线上演唱会①；除此之外，美国歌手爱莉安娜·格兰德、说唱歌手特拉维斯·斯科特等都在其中进行了虚拟演唱会的开展，同时调动游戏玩家与音乐观众，使玩家获得游戏与音乐演出的复合体验。

（二）明星效应与传播效益的放大延续

在融媒体时代，随着线下演唱会朝线上演唱会的发展，演出的空间和时间的限制被打破，演唱会也来到了更加开放的空间。与线上演唱会动

① 来自游戏官方Epic Game所观测到的数据，由游戏人杰夫·吉斯利在推特上发布。

辄上千万的观众相比，线下演唱会就算在全国巡演，也无法达到如此庞大的规模。在受众基础强大的演出者的号召下，如此大规模的传播效应能够将人们的集体记忆唤醒，从而带来集体性的怀旧。演出者的形象与口碑得到重新塑造，由此带来的传播效益具有持续性、开放性与延展性的特征。

一方面，随着传统媒介与网生媒介的深度融合，人与媒介的深度互动，以及多种传播模式的复合嵌套，使得线上演唱会获得广泛的传播力，线上演唱会以传播广度持续塑造集体记忆，成就演出者形象品牌。而随着线上演唱会的尝试，各个平台从中摸索出了一系列流量模式，即以具有知名度与号召力的歌手为中心，配合青春与怀旧的情怀，以经典音乐的数字化实现破圈效应。2022年9月3日，刘德华在出道40周年之际，以线上演唱会“把我唱给你听”登陆抖音平台，一小时内累计观看人数破亿，演出结束累计观看人数突破3.5亿大关，以惊人数据创造了线上演唱会的新纪录。演唱会上62岁的刘德华不复年轻但仍神采奕奕，引发情怀与感叹的同时，更新了人们对自己的形象认知；5月27日，孙燕姿同样在抖音平台进行线上演唱会直播，历时1小时的演唱会累计获得5.8亿的点赞量，足见其居高不下的人气与热度。当熟悉的歌声传来，弹幕里网友们纷纷感叹，这是他们“青春的记忆”。同样在5月27日，有“音乐教父”之称的罗大佑在微信视频号推出名为“童年”的线上演唱会，一系列经典曲目的唱响唤醒歌迷传播热度的持续；稍早一些，有“摇滚教父”之称的崔健，举办他个人的首场线上演唱会“继续撒点野”，他以激烈的摇滚乐鼓舞人们的斗志，再塑了自身的形象。

另一方面，随着数字化经济的持续演化发展，传播过程中线上演唱会的收益模式也有着更加持续与广泛的特点。过去，线下演唱会的收益主要来自门票及广告赞助，而线上演唱会的收益链条更加广泛，包括网络售票、广告赞助、直播打赏、版权收益等途径。如崔健、罗大佑的线上演唱会皆由汽车品牌极狐独家冠名，均创造了巨大流量，前者让极狐收获超过400%

的投资回报率。长尾理论[①]（The Long Tail Effect）也同样适用于网络的传播收益方式。在网络时代，由于关注成本大大降低，过去不那么受到关注的“尾部”产生的总体效益有时甚至会超过“头部”。[②]这不仅仅是线上演唱会的独有收益特点，更是媒介持续融合发展的当下数字化产品进行营收的普遍模式。与此同时，线上演唱会收益的持续性也体现在版权收益中，当人们在线上演唱会中听到某首歌曲，他们中的一些人便会去寻找这首歌曲的完整版本，购买版权便于获得持续的收益。根据腾讯音乐娱乐集团旗下“由你音乐研究院”数据，在五月天线上演唱会的第二天，其歌曲的播放量呈现167%的增长。另外，刘德华和孙燕姿的线上演唱会均不收取门票并关闭了打赏通道，获得观众一致好评。在线上演唱会全新的传播模式下，对商业性的部分放弃往往会带来更加持久的口碑与后期收益。

（三）传播形态与接受过程的场景叠合

媒介的融合不仅体现在媒介本体在形态上的融合，同时，也体现在传播内容的产制、渠道的生成以及互动的机制的深度融合。当演唱会从线下来到线上，演唱会在易得性方面得到极大的改善。它充分地融入人们的日常生活场景中，适应了当下人们的观看习惯，不仅从观众的角度而言它变得易得，对于制作方来说也是如此。

杰夫·梅尔帕斯认为，我们所称的虚拟世界并不是一个自治的、独立的、封闭的系统，相反，它以各种形式依赖于它所嵌入的日常生活世界。[③]

---

① 该概念最早由美国《连线》杂志主编克里斯·安德森（Chris Anderson）在2004年10月提出，用来描述诸如亚马逊和奈飞之类网站的商业模式和经济模式。他认为：“如果把足够多的非热门产品组合到一起，实际上就可以形成一个堪与热门市场相匹敌的大市场。”

② 陈力丹，霍仟. 互联网传播中的长尾理论与小众传播［J］. 西南民族大学学报（人文社会科学版），2013，34（4）：148-152，246.

③ 张昱辰. 跨学科视野中的媒介融合研究：多重维度与范式［J］. 新闻记者，2018（6）：19-27.

线上演唱会改变人们的观看方式与观看习惯，使其融入公众的日常生活。在过去，观看一场演唱会并不是一种即兴的行为。它往往伴随着一系列的提前准备与计划，而线上演唱会则不然，它已成为人们空余时间的随机选择。当前线上演唱会召开的频繁性更是增加了公众观看演唱会的机会，几乎每隔一段时间便有线上演唱会登上互联网平台，或大型或小众，或付费或免费，为大众提供丰富的选择。在注意力经济兴起的当下，人们的精力被越来越多的信息瓜分。过去完整的信息摄入如今被最大限度地拆解。在过去，一场线下演唱会往往占据一个人的所有精力与注意力——在他花费足够金钱与时间成本的前提下。但是，线上演唱会的易得性让公众的观看行为发生了变化。线上演唱会不再难以进入，等级秩序的消解让在场体验平常化。当这种传播模式被越来越大的群体所接受，人们以更加随意的姿态参与到演唱会之中，新的消费习惯逐步形成。

与此同时，易得性不仅体现在观众对演唱会观看的获取上，同样也体现在演唱会的制作中。随着线上演唱会产业的持续发展，线上演唱会的制作形式，逐渐与公众当前的观看习惯相融合。2020年初期举办的一系列的线上演唱会中，它们大多仍然是以过去录制的演唱会的横屏的形式展现的。而近年来，在微信视频号和抖音平台中上线的线上演唱会中，竖屏开始成为线上演唱会的呈现形式，因为竖屏更加适应人们移动端的观看习惯。在短视频成为主要视听文本的当下，竖屏视频融入人们的日常观看场景，也凭借其碎片化、更易拆解的特性提高了传播的速度，实现更佳的传播效果。

此外，这种易得性在受众维度还表现为用户的自发生产。约翰·哈特利认为，在媒介融合的环境里，“生产能量”（productive energy）更多来自中心化的媒体机构之外。生产性的活动多样，既可以是人们创作和发布原创作品，也可以是一些更微不足道的生产。在融媒体时代，内容生产者与消费者也产生出融合的态势，在传播形态呈现去中心化特征的当下，人人都可以成为制造内容的一分子。如2020年由粉丝自发举办贾斯汀·比伯线上演唱会Bieber 2020 Virtual Concert，播放了贾斯汀·比伯各个时期的歌曲，在推特上引发热议的同时，也得到了偶像本人的回应；而诸如卧室Live这种随意而非专业的演唱会形式，尤其欢迎人们的自发制作，在广泛意义上汇入线上演唱会的庞大支流之中。

三、发展趋势：线上演唱会的形态优化与产业培育

当演唱会从线下转到线上，过去的空间建构与场景体验都发生了变化。线上演唱会发展渐趋成熟，开拓出可观的发展前景。然而，就目前的技术体验和观众的观看习惯而言，线下演唱会那份独一无二的瞬时心理体验、充沛的情感性与互动体验，依然是线上演唱会难以替代的。此外，线下演唱会对拉动城市经济增长，与城市之间形成观照的效应等功用，也是线上演唱会难以比拟的。近年来，线下演唱会的迅速复苏，诸多演出一票难求的情形也印证了这一点。但就目前条件下存在的一些问题与短板，线上演唱会也在不断尝试着予以改善，媒介的持续融合推动着音乐现场的界限不断重塑，线上演唱会的发展正逐渐形成自身的新趋势，与线下演唱会形成并行不悖的发展。

一直以来，互动性不足都是线上演出的天然短板。线下演唱会中互动环节多种多样，如演唱会中常见的安可的环节，通过这样的方式，观众可以表达自己对于演出的喜爱与意犹未尽，而类似于线下的握手会、签名环节等，也是线下演出互动的附加环节。目前，在不少线上演唱会的设计中，对这种缺憾的弥补也正在通过技术处理进行探索。例如，在偶像组合岚所举办的线上告别演唱会中，特定平台的观众通过XR技术，被投影到舞台上。观众冲着表演者挥手，与其进行互动。

随着线上演出的不断发展，对线上演出进行策划、筹备、宣传与发行的平台也向着专业化、产业化的方向发展。许多平台不断完备自身功能，创新策划理念与运营模式，进一步提升线上演唱会的内容品质、易得性与宣传效果。一些偶像公司建构粉丝平台，类似于杰尼斯的粉丝俱乐部

“J Club”集线上演唱会的信息宣传、门票贩售与技术支持于一体，以自身平台的构建形成完整产业链条，呈现出成熟专业的平台特点。在国内，线上演出的承办平台亦不断拓宽业务与探寻运营模式以打造品牌，如腾讯旗下开发的“TME LAND”，大麦网的“麦现场”，网易云的“云上LIVE”等。至于与版权相关的诸多问题，各平台也已纳入考量进程，开始积极寻求传统唱片公司的版权合作，为用户带来更加优质的音乐内容。

在未来，线上演唱会将愈发呈现出技术导向化的特点。高新技术的持续引入与应用将进一步打破线上和线下演出的界限，消解真实与虚拟的距离，使得观众足不出户便能获得身临其境之感。2023年1月，在PICO公司的支持下，李玟举办VR演唱会“千禧之境”，这是国内首场明星6DoF全虚拟VR演唱会，也是PICO公司首次尝试制作集6DoF、全虚拟场景和实时动捕技术于一体的VR视频内容。在该演唱会中，李玟以虚拟形象于虚拟场景之中登场，场景与造型皆随着歌曲的变化而变化，为观众带来了耳目一新的观看体验；如五月天在2023年线上跨年演唱会中，运用XR技术复刻十年前的《诺亚方舟》演唱会，在演唱会末尾，诺亚方舟从天而降，让观众仿佛置身于科幻电影中。而不同媒介之间的融合也将形成破圈效应，如前文提到的，演唱会文本与游戏之间的相互渗透也将带来全新的体验。在未来，线上演唱会也将与其他艺术文本的进一步融合与开创，共同构建线上演出的新风景。

可见，线上演唱会的持续发展，使原有的“广场式”的狂欢、集体参与的“仪式”以及演唱会空间中的“等级秩序”等，都在“线上”的语境之中获得了新的释义。过去发生在特定场合与时间之中的集体观赏，被互联网泛化的、大规模的娱乐形态所取代；而所谓的仪式也体现为由数字化媒介导向的秩序，并拥有了新的形态。

在如今信息高度发达的时代，人们的注意力呈现碎片化特征，各种文化产品既享受数字化制品的便利，也饱尝这一摄入习惯的弊端，线上演唱会也不例外。它们越来越难以从繁杂多样的信息之中轻易地瓜分和获取观众注意力。与影视剧综等长视频内容相比，线上演唱会对于广大受众群体的竞争力也略显不足。这也使得演唱会的视听语言、内容主题的创新，乃至传播策略的变化都变得极其重要。随着线下演出的全面恢复，受众需求的转向，线上演唱会的模式也将迎来全面调整，聚焦技术以提升感官体验将成为线上演唱会的发展重心。线上演唱会的探索之路仍然漫长，固然它无法取代线下演唱会，当前的技术也难以复制线下的体验高峰，但这之中不断地尝试与持续更新的体验，也为人们带来有待见证的可能。

第四节　Z世代：悦己型消费与视听破圈

关于如何界定中国“Z世代”的年龄段，目前尚存在一定争议。参考全球较为通行的定义，这里将中国的“Z世代”定义为1996—2010年出生的一代人。[①]法国社会学家莫里斯·哈布瓦赫在《论集体记忆》一书中提出：“重大的公共事件在直接参与者的心灵中留下了深刻的印记，特别是在他们还处于成年身份形成的早期阶段，在他们还是年轻人的时候。”[②]在塑造集体记忆中媒体功能尤为突出，它深刻影响一代人的认知方式、消费习惯和价值理念。相关数据显示，2022年一季度移动互联网用户中30岁及以下人群占比达到35.8%，是移动互联网用户中的主力军。[③]因此，我们不妨将Z世代简要理解为以移动互联为主要媒介的年轻群体。

作为一个新兴而庞大的群体，Z世代是当下视听媒体争夺的主要对象。在新媒体构建的复杂文化环境中，Z世代热衷于各种亚文化消费，这种青

① 来有为，周海伟，厉基巍. 理解中国“Z世代”迎接消费新浪潮［J］. 发展研究，2022，39（3）：44-55.

② 哈布瓦赫. 论集体记忆［M］. 毕然，郭金华，译. 上海：上海人民出版社，2002：52.

③ QuestMobile. 中国移动互联网春季大报告（2022）［EB/OL］.（2022-05-11）［2025-03-19］. http://www.cbdio.com/BigData/2022-05/11/content_6168693.htm.

年亚文化很大程度上是大众文化、娱乐工业和消费主义的产物。以技术和情感为代表的多重逻辑牵引着青年亚文化的演进，Z世代具有崇尚自我、身份焦虑、技术偏好、集体狂欢等群体性特征。对视听媒体而言，俘获年轻受众意味着将赢得未来，如何针对Z世代的文化习惯、精神需求与消费偏好进行适配性内容生产与传播，是决定其未来发展前景的关键所在。

一、悦己型消费：构建形态、内容、语态新体系

Z世代在生活日渐富裕的环境中成长，他们的消费需求不只是满足基本生存需求，更注重愉悦感和幸福感，更注重在消费中凸显个性、品位和风格。Z世代崇尚由自身兴趣和情感满足出发的消费观，以追星、虚拟偶像、网络文学等为代表的文化消费，都是个性化导向的悦己型消费。Z世代通过消费取悦自我、获得精神享受，并在自我取悦的过程中表达个性，治愈焦虑，获得认同。

（一）颜值即正义：技术赋能产品新形态

年轻人喜欢追求“时尚”，Z世代也不例外。所谓“时尚”，简单地理解是指一时的风尚，关注的是一个时期比较前沿、比较新锐的一种潮流和取向。尽管每代人甚至每个人对“时尚”的理解并不一致，但“时尚”必然是对“过时”的否定，即本质上是有别于以往的“新”。一类事物的“新”（区别以往）最明显的特征表现在外观上，这正符合Z世代的消费特点。相关数据显示，Z世代在购物时产品的外观是占比最大的考虑因素，远远超过价格、实用性及质量。[①]对于年轻群体而言，他们认为的“好

① 库润数据2020年9月发布的《Z世代消费观》调研报告，Z世代购物时，外观占65.4%，价格占37.9%、实用性占36.9%、质量占31.3%，参考Z世代消费观：颜值主义，感性&理性并存［EB/OL］.（2020-09-03）［2025-03-19］. https://mp.weixin.qq.com/s/0qvRrmXVB17HzBKiREZGsg.

看”，首先是外在特征的判断，简言之，颜值即正义，颜值是时尚最外化的因素。

对视听节目而言，产品的“颜值”即视听符号体系形成的整体外在效果。在年轻受众看来，视觉效果的炫酷，是视听节目等级最突出的标尺。互联网技术发展日新月异，人工智能、增强现实、虚拟现实、超高清视频等新媒体技术的广泛应用，引发视听节目制作的全方位变革。事实上，“艺术没有一刻离开过技术；技术，也没有一刻离开过艺术。艺术与技术本就是一对孪生的姊妹”[①]。Z世代对新技术的敏锐与偏好，很好地解释了“技术美学”在各类视听节目中大行其道的原因。节目即使装的是“旧酒”，只要“新瓶”足够吸引眼球，总能吸引年轻受众。各类节目不遗余力地尝试各种新技术，不断制造新的视听效果，不断为观众带来新的视听体验。

技术赋能带来视听呈现上的“新”，这成为节目吸引青年受众注意力最便捷、最有效的方式之一。以各类综艺节目为例，观众最熟知的概念就是“沉浸式”。通过虚实一体的场景再造，重构演播现场的物理空间，能给观众营造“身临其境”的体验。例如，中央广播电视总台2022年春节联欢晚会节目《忆江南》就是数字技术应用的典型案例，二维、平面、静止的传世名画《富春山居图》“活”化成了三维、立体、灵动的沉浸式场景，现代人穿越到古画之中，诗意化地呈现了简淡空灵的唯美意境。再如，《故事里的中国》采取“戏剧+影视+综艺”的综合呈现方式，通过“1+N”的多维舞台空间实行一戏一格、多线并行的呈现方式，各种场景能自由实现时空跨越，赢得了年轻观众的青睐。

（二）新奇与狂欢：娱乐优先的内容特性

互联网时代丰富庞杂的文化资源具有开放、共享、多样与全球化特点，

① 高鑫. 技术美学研究（上）［J］. 现代传播（中国传媒大学学报），2011（2）：63-70.

Z世代渴望获得既有个性化特点又具有群体互通性的娱乐消费，抵抗网络信息过载带来的焦虑心理。他们推崇“娱乐优先”的生活态度，“有意思”优先于“有意义”，内容、产品和服务的娱乐性与差异化能够为其带来更大效用，新奇与狂欢是内容选择的主要特征。

“新奇”文化消费是由新奇事物或新奇心理引发的消费行为，与Z世代“标新立异”的心理诉求相吻合。科幻、玄幻、魔幻题材的影视剧集，展现了网络文学狂热与新奇视听技术的有机融合，成为青年群体视听产品消费的主要类型之一。神奇的魔法特效、惊险刺激的探险经历与非人的主角设置，共同构建了一个崭新的“故事世界”，给Z世代提供了不曾有过的新奇体验。《司藤》《九州海上牧云记》等各类网络奇幻剧，尽管内容都是架空、虚构的，但Z世代乐于沉浸其中，刺激性视听体验能帮助他们摆脱现实生活的束缚，获得内心暂时的宣泄与放松，实现“替代性满足”。

“狂欢”是Z世代选择的视听娱乐内容的又一特性。在综艺、娱乐、电视剧、纪录片等类型节目中，最受Z世代欢迎的节目类型，依然是有明星参与的综艺节目。他们以“粉丝”身份登场，将自身的情感投射与寄托在明星偶像身上。网络时代的集体狂欢使他们暂时逃脱权威规制，得到个性的展示、交流的满足、圈层的认同与身份的归属。“狂欢让人们暂时从普遍真理和既定秩序中解放出来；它标志着所有等级差别、规范和禁令的暂时终止。”[①]诸如《奇葩说》《吐槽大会》等谈话类节目，选择年轻人感兴趣的话题与“话语”方式，在调侃、反讽之中建构“群体认同”，又以整体性的非主流文化姿态与主流文化形成对话关系。

值得注意的是，一些综艺选秀节目在资本推动下，以投票机制构筑社群化的“粉圈”，搭建线上线下贯通的趣缘圈层，青少年群体的无理性卷入引发负面社会效应。基于此，Z世代对于新奇、娱乐的内容偏好，存在如何处理“迎合”和“引导”的权衡关系。2021年8月27日，中央网信办秘

① 马中红. 新媒介与青年亚文化转向［J］. 文艺研究，2010（12）：104-112.

书局发布《关于进一步加强“饭圈”乱象治理的通知》，其目的除了防范资本无节制介入导致畸形产业链，也是为了规范粉丝行为，从而给未成年群体营造清朗网络文化空间。

（三）自然与真实：交流理念创设新语态

Z世代成长于平等、自由与包容的社会环境中，家庭与学校对青年群体的自我表达持更加开放的态度。在现实生活中，Z世代敢于公开表达个人观点，表现出率真坦诚的总体特征。Z世代与互联网同步成长，海量信息的浸染训练了他们识别虚假的能力。他们不喜欢被外界过多的“框架”“规矩”所束缚，崇尚自由、随性与“自然而然”。作为与观众对话的文本，言说方式即视听节目的语态，“自然”的语态显然更契合Z世代选择与接受的倾向。

那么，何为“自然”？“自然”是平等交流基础上因符合生活经验和日常逻辑带来的接受效果。节目的语态是否“自然”是一种主观判断，它与我们常常探讨的“真实”既类似又有不同之处。“真实”主要是指内容与“事实、真相”多大程度上吻合的判断，而“自然”则是因“真实感”带给观众的一种感受。不同代际人群对于虚拟叙事的电视节目的认知，都建立在自身生活经验及对外部事物的理解之上。成长于主流媒体“宏大叙事”语境中的X世代[①]，对于“宣传教育”类视听产品并不一定会感受到不“真实”或者不“自然”。但对于在开放、平等理念中成长起来的Z世代而言，有悖其生活经验的“语态”很容易被视作不“自然”甚至不“真实”。互联网信息传播去中心化的“撒播”特点，也注定了Z世代会将自上而下的“灌输”当作不“自然”而予以抗拒。

以纪录片为例，其创作范式就经历了从仰视到平视的转变。大型历史

---

① 一般而言，“千禧一代”和“X世代”分别为1981—1996年和1965—1980年出生的人口。

人文题材纪录片《故宫》采用全知全觉“讲授”的叙事模式，《我在故宫修文物》则是充满网感的体验式语气语调，对于Z世代而言，显然后者更自然、更有“真实感”。再如，同样是主流电影，《建党伟业》《建国大业》《建军大业》与《我和我的祖国》《我和我的家乡》《我和我的父辈》有着“语态”上的显著差别，前者是全景式的历史建构，后者是片段式的个体记忆，显然后者更符合Z世代对“历史”的认知与理解。“我和我的”系列电影成功的逻辑就在于叙事策略由大事件转向小事件、由大人物转向普通人、由大情感转向小情感。这种与个体靠得更近的“真实”，加上常态化的影像表达，最终带给观众“自然”的接受效果。

Z世代喜欢“自然”“真实”，那么他们为何会热衷于追逐远离自身生活的“明星”，为何喜欢那些脱离实际的“玄幻剧”呢？一个较为合理的解释是：Z世代面对日渐加剧的社会竞争与现实压力，这些虚幻的影视文本为他们提供了暂时逃离现实的出口。正如“内卷”“丧”“躺平”等热词的流行，它们并非真正表明Z世代选择“不努力”，更多的是一种情绪释放与心理调适层面的自我慰藉。Z世代“自然才真实”的认知特点，同样体现在真人秀节目的演变之中。与《爸爸去哪儿》《奔跑吧兄弟》不同，近年来，《向往的生活》《亲爱的客栈》等生活类慢综艺越来越受到Z世代的喜欢。聚焦烟火生活的点点滴滴，或展现炊烟袅袅的一日三餐，这些朴实自然、节奏舒缓的节目，符合日常生活的本来面貌，“自然真实”的呈现与表达既符合Z世代的接受习惯，也一定程度上治愈着他们的“集体焦虑”。

二、“聚”圈“破”圈：社交属性催生文化消费新生态

如果说Z世代视听产品选择的“悦己”性满足，指向彰显个性、实现“自我认同”的话，在社会认同层面，他们有赖于个体与群体的文化链接，即通过将自己融入某一阶层或群体获得归属感。Z世代中独生子女占比较高，由于家庭、教育等多种因素，成长过程中同伴的深度陪伴少，相较于

X世代、Y世代，他们有着更强烈的潜在的社交需求。互联网以新的方式重组人们的交往模式，审美趣味相似的视听产品消费能营造群体认同感，不断催生Z世代文化消费的新生态。

（一）聚合性：圈层内部的对话

人们在社会互动、交往中形成了各种各样的关系，社会认同本质在于对“我”与“他者”的界定。“消费者不仅是一个社会人，而且是一个具有特定的社会位置和群体归属的人。社会生活中的人们必然要对人的群体归属进行划分，而且每个人也通常会为自己找到一个群体归属。”[①]消费者作为社会群体中的人，只有在群体的相似性和“他者”的差异性中才能定位自己的消费位置。

Z世代是互联网上的“原住民”，网络先天的互动属性内嵌在这一群体的基因之中。他们不仅追求交流与对话，更在对话中寻求群体性认同。基于可对话、可互动的社交圈层，Z世代聚合为各个小社区，衍生出“小众”的圈层文化，这些圈层为群体内部的交流提供了依托。近年来，《中国新说唱》《这！就是街舞》《声入人心》《乐队的夏天》等垂直题材综艺节目，均是挖掘说唱、街舞、音乐剧、乐队等小众艺术形态，吸引有相同爱好的青年群体通过视听节目在圈层“聚合”中实现社交功能。同样，伴随着Z世代成长的短视频，他们的内容消费偏好与其性别、学历和所处地域密切相关，在人口统计学方面的特征类聚倾向更为明显，他们希望在获取资讯的同时找到自己的兴趣圈和朋友圈。[②]他们通过短视频、直播、弹幕等社群交流，实现信息、情感、体验的互联互通，在趣味相投的群体中拓展朋友圈

---

① 王宁. 消费社会学：一个分析的视角［M］. 北京：社会科学文献出版社，2001：52.

② 全媒派ConTech 数据实验室. 2019 短视频Z 世代用户研究报告：短视频新闻有更高的粘性和活跃度［EB/OL］.（2019-12-09）［2025-03-19］. https://36kr.com/p/1724801466369.

并获得认同感。Z世代圈层内部的互动与沟通、分享与互荐，其意义不仅在于分享交流信息，更在于不断形塑圈子的价值符码与文化特质，建立特有的话语体系并通过消费实践实现身份认同。

（二）开放性：圈层边界的拓展

互联网本身具有开放性，社交媒体平台是Z世代聚集、参与、创作的地方，每个圈层在保留自己个性的同时，也存在向外扩张或变化的趋势，“因相同的情感，我们与他者相遇、相聚，形成部落；又因情感的迁移，我们从一个部落走向另一个部落”[①]。在大众媒体时代，《超级女声》《快乐男声》等选秀节目，通过无“门槛”海选制，赋予普通观众参与节目生产传播的机会，实现对所有观众的“开放”。近年来，爱奇艺、腾讯视频等平台制作的综艺节目，均以充分的受众主导权为宣传点，吸引了大量Z世代群体投身其中。

从传播的角度来说，Z世代群体对原文本不断进行新解读产生新文本，用户的自发创作与传播带来圈层边界的拓展，这种“参与式文化”的扩散往往形成“1+1>2”的扩散效果。例如，电视剧《觉醒年代》的热播激发受众创作热情，剧中人物的各类动漫头像成为二重文本受到青睐并登上热搜，进一步吸引观众对历史人物的关注。弹幕不是一般意义上对剧情、人物的严肃讨论，更多的是情绪化的表达，其开放性、动态性以及诙谐搞怪的语言特点加强了实时互动，网络“造词”是典型表现之一。例如，“yyds（永远的神）”一词就是现在青年圈内发酵继而扩散为大众热词。

（三）流动性：小众到大众的破圈

在全媒体时代，Z世代消费的视听产品在不同平台流动，具备面向更

① 许铁冰，于贝尔. 对米歇尔·马费索利后现代部落理论的研究［J］. 西北大学学报（哲学社会科学版），2014，44（1）：21-27.

多用户群体扩散的触达性，以破圈或出圈的方式扩大其社会影响力。Z世代在自愿参与分享的过程中体会到唯有在与他者的关联中才能真正建构自我时，便更有可能走出自我给予他人“为自己而活”的同时，“为他人而活”亦更有可能成为“心灵的习性”。①破圈主要就是指对既有之物产生新的认识构成，赋予新解释和新效用，通过改变内容生产与表现方式，与更多主客体发生新连接、建立新关系、生产新的文化产品，从而丰富价值网络，扩大用户范围与规模。② 2021年初，爱奇艺推出国内首档戏剧人生活生产真人秀节目《戏剧新生活》，聚焦年轻观众喜爱的实验性话剧，将“真人秀”与“戏剧”融合，通过议题设置、悬念叙事和跨媒介生产突破圈层传播，实现了小众题材借“圈”出“圈”的传播效果。

此外，制造并把握传播“时点”，将Z世代的内容偏好与传播平台深度结合、实现圈层融合也是当前视听平台的传播策略之一。如果说传统电视媒体设定的“黄金时段”，是观众与媒体达成的收视契约的话，全媒体时代“时点”的这一概念正在被重新定义，媒体往往可以通过特别主题的设定进行“制造”。在Z世代专属的特别时刻，让视听内容与这一群体的情感、情绪关联起来，往往能有效放大传播效应。最典型的当数近年来各类视听媒体平台举办的跨年晚会，已经成为争夺年轻用户的重要契机。小众群体的审美偏好与价值趣味，与特殊传播时点的共振，可以激发大众的收视热潮，实现生产与接受的价值共创与意义再生产。

三、跨界融合：全方位塑造视听内容产业新格局

当前，数字产业与娱乐经济正大踏步迈入新的发展阶段。Z世代强烈

① 李荣荣.从“为自己而活”到“利他个体主义”：乌尔里希·贝克个体化理论中的一种道德可能［J］.学海，2014（2）：106-111.

② 腾云.当我们说“破圈”时，我们到底在说什么？［EB/OL］.（2020-06-01）［2025-03-10］. https://m.huxiu.com/article/360170.html?f=member_article.

的表达欲、参与欲以及对媒介特有的敏锐性，将成为未来视听内容生产与消费的主导性力量。视听产品的跨媒介生产、消费场域的虚实互嵌以及跨平台IP的打造，将大大消弭内容生产与产品消费之间的距离，多维度地改写视听内容行业的整体面貌。

（一）内容生产聚焦跨媒介交互体验

美国学者亨利·詹金斯（Henry Jenkins）较早对“跨媒体叙事”展开论述，他认为，一定文化语境中内容的跨媒体流动渐成常态，是媒体融合、参与式文化和受众生产等研究视域的现实基础。[①]在媒体深度融合趋势加快发展的背景下，视听内容的交互生态沿着动态化、融合化、智能化的路径不断迭代嬗变，跨媒介性渗透进视听艺术的内容生产、融合传播、受众感知的全过程。借助各种新型数字媒介技术，通过音乐、舞蹈、影视、游戏等各门类艺术的多维结合与嫁接共生，能创作出全新的视听体验和完全不同的艺术作品。随着“万物皆媒”的智媒体时代的到来，针对Z世代消费变迁的新特点，视听内容的分发也将不断增强跨媒介的体验性。

（二）消费场域趋向现实虚拟一体化

面向Z世代的视听内容产品，无论是现实意义层面上题材的关联性，还是虚拟空间里视听符号的场景重建，其关键都在于如何在现实与虚拟的双向互动中提升用户交互感、体验感、沉浸感。在从大屏到小屏、从横屏到竖屏的多端融合传播中，内容交互环节设置、实时弹幕交互、网络社群搭建等关键环节，为用户初步建立了网络虚拟交互空间。对于Z世代而言，关于视听产品延伸出的网络讨论、社区聚集，提供了独立于现实社会、摆脱了现实规约的另一个场域。专属于年轻群体的文化场域，以集体化的力

---

① JENKINS H. Convergence culture［M］. New York：New York University Press，2006：10.

量赢得他们的存在感和话语权，整体性重塑网络话语空间。虚拟空间流行的话语、趣味又将影响视听产品的创意、生产与传播，从而实现现实与虚拟的无缝衔接。

（三）推出原创性、潮流化、跨平台IP

与传统传媒以“独家”内容作为平台核心竞争要素不同，在媒介深度融合背景下各类视听平台是竞争协同关系，IP因其与用户之间的高黏度成为内容产业发展的主导方向。Z世代注重情感消费、喜欢追随潮流的特点，为各类平台培育和塑造一批具有鲜明中国文化特色的原创IP提供了契机。打造IP，实现跨平台开发与综合运营，这是“新文创”的应有之义。以整合性发展理念将优质创意与消费场景相结合，注重流量与内容的均衡发展，将有效实现视听产品文化价值与产业价值的统一。Z世代对于潮流化的IP及其相关衍生品有更高的接受力和认可度，这意味着跨界联动将加速IP的价值转换并集聚起可持续的产业效应。

（四）赋权用户搭建多方联动新机制

传统的受众变成“用户”，受众定位随之发生革命性转变，他们既是接受者，又是传播者、生产者，“媒介方的制作权、推广权、售后权由强变弱，观众方（用户）的反馈权、热议权、演绎权由弱变强”[①]。Z世代不仅是“粉丝”，不再是无足轻重的旁观者或参与者，在未来视听生产格局中将成为主导者。一方面，大数据和智能算法的深度应用，对于精准研判和把握用户需求已经积累了丰富经验，观众的收视偏好成为主要生产依据；另一方面，技术赋权使年轻用户获得创作权利，UGC与PGC的交织互嵌，正演化为一定程度上的“角色互换”，从而形成多方联动的运行机制。

---

① 闫庆文. 参与式文化视域下的新主流电视剧传播策略研究［J］. 东南传播，2021（10）：145-148.

尽管全媒体时代视听艺术实践中内容生产的主体、形态、平台等均呈现出上述新的特点与趋势，但要真正转化为与Z世代适配的优质文化消费品，还需要综合考虑政策、经济、行业等多重因素。我们尤其还应认识到，视听产品具有高度的意识形态属性，商业嵌入、消费主义对Z世代亚文化的影响深远。基于Z世代的自我认同与社会认同，无论是针对“悦己型消费”进行的符号革新、内容改造、语态变革，还是传播维度的破圈融合，对青年一代的价值引领都应当是视听艺术实践的重中之重。

第三章

总体屏幕时代视听艺术新形态

在数字化浪潮的推动下，我们已步入一个全新的时代——总体屏幕时代。这一时代以屏幕为主导，重塑了艺术实践的方式，改变了视听艺术的形态与传播路径。随着数字信息技术的飞速发展，智能化革命引领我们从工业文明向数字文明转型，媒介技术的进步为艺术生产与实践提供了广阔的实验场，激发了艺术家的创作想象和艺术传播的新观念。在这一背景下，视听艺术的形态正在经历前所未有的变革。从传统的电影、电视到现代的电脑、手机、平板电脑，再到电子游戏机和电子广告牌，屏幕已经成为承载影像的主要媒介。这些屏幕不仅接替了电影的观看功能，而且促使电影和其他视听艺术形式展现出媒介挪用、媒介嫁接和媒介混合的新特性。在总体屏幕时代，各类屏幕成为获取信息的主要手段，重构人们认知现实的方式和现实生活经验。

第一节 发现屏幕：视听艺术的形态演变

总体屏幕时代的特点是屏幕作为信息获取和交互的核心平台，深刻影响着视听艺术的形态、实践与传播。总体屏幕时代为视听艺术带来了前所未有的挑战与机遇。视听艺术需通过跨学科研究和国际视野的拓展，在理论与实践层面进行创新发展，以适应媒介技术的变革和艺术实践的新需求，从而更好地成为知识生产与传播的重要力量，推动中国文化事业与文化的繁荣发展。

一、“总体屏幕”的理论阐释

当今，屏幕已然成为我们获取各类媒介信息，包括静态图像、动态影像以及文本的主要手段。屏幕作为数字时代的智能终端，它通过显示、观看与互动，成为当今社会人类文化、生产与消费的核心场域和重要面向。屏幕以其多样的形式，几乎将人类历史上的所有媒体都进行了融合接纳，重构当代人生活经验的同时，也几乎重塑了存在的所有领域。然而，由于屏幕在日常使用中的“透明性”“屏幕”在此意义上成为埃尔基·胡塔莫所说的“隐匿的在场”。而发现“屏幕”，理应作为研究关切。

就胡塔莫的研究视角而言，他从词源学的意义上追溯了在西方文化语境中，“屏幕”一词的语义学的变化与语用学的变迁，并考察了人类历史上的种种屏幕实践及其之间交叠、勾连的复杂关系。在其所著的《屏幕学的要素：迈向屏幕考古学》中，胡塔莫概述了个人的屏幕主张，将“屏幕”的概念设定为“信息界面”，而“屏幕学是将各种类型的屏幕视为彼此连接的一种方式，并在文化、社会和意识形态框架的不断变迁中评估其重要性”。

“总体屏幕时代”的概念由列夫·马诺维奇和吉尔·利波维茨基提出，标志着屏幕成为人类文化、生产与消费的核心场域。马诺维奇从虚拟空间角度考察屏幕的谱系，认为屏幕是连接现实与虚拟空间的窗口，而利波维茨基则将屏幕的发展分为三个阶段——电影、电视和互联网，强调电影对其他屏幕的影响。总体屏幕时代的特征表现为屏幕的普及、全球好莱坞的兴起、多文化元素的融合以及电影精神的扩张。

列夫·马诺维奇在《新媒体的语言》中指出：“我们已经进入了一个屏幕社会。”[①] 马诺维奇从虚拟空间的维度考察了屏幕的谱系，认为文艺复兴时期的绘画即是屏幕的存在。从绘画到电影，在现代时期的视觉文化中，

---

① 马诺维奇. 新媒体的语言［M］. 车琳，译. 贵阳：贵州人民出版社，2020：94.

二者皆是被框定的一个虚拟空间，作为呈现空间，是我们生活空间进入另一个空间的窗口。这样看来，屏幕既可以像文艺复兴时期的绘画，也可以像现代计算机的显示器。由此可见，尽管15世纪的绘画与电影银幕、计算机屏幕之间存在五百年的时间跨度，但就作为呈现空间的这一个共同之处来看，屏幕的水平形式（横屏）、垂直形式（竖屏）分别以“景观模式”“肖像模式”称之，其实并非巧合。[①]马诺维奇显然基于媒介考古学的视角，追溯了屏幕的更多历史可能性。

与之同时期的法国哲学家吉尔·利波维茨基提出“总体屏幕”[②]的概念，并且认为我们正在进入“总体屏幕时代”。利波维茨基从视觉媒介技术的发展史出发，对屏幕纪元相继经历的三个阶段进行了划分。他认为，电影是所有屏幕的原型，电视紧随电影之后，如今，因特网属于第三类的屏幕。屏幕的重要特征在于电影首先改变了人们的想象世界，在整个20世纪，电影不断地强化这一改变，并渗入所有其他屏幕中。电视让人们在家就可以进入想象世界，开启了想象世界的新时代。因特网的屏幕，带来的是一种直接、快速、草率的风格的修辞。面对思考，它将速度强加于人。面对千年的艺术，它将瞬间的创作置于首位，带来了影像、音乐、照片、信息的泛滥……就此而言，利波维茨基对屏幕阶段的考察，同样带来媒介考古的视角。由此观之，尽管二者都考古了屏幕的媒介历史，但将二者联系起来看，列夫·马诺维奇提出“屏幕社会”，吉尔·利波维茨基则指出了屏幕社会的屏幕特性，即“总体屏幕”。

二、视听艺术的形态演变：以电影为例

在探讨总体屏幕时代视听艺术形态的演变与发展时，电影作为一种重

① 马诺维奇. 新媒体的语言［M］. 车琳，译. 贵阳：贵州人民出版社，2020：94.

② 利波维茨基，塞鲁瓦. 总体屏幕：从电影到智能手机［M］. 李宁玥，译. 南京：南京大学出版社，2022：20.

要的艺术形式，其演变历程尤为值得关注。通过对总体屏幕时代下电影视听艺术形态变革的探析，审视“总体屏幕”与“总体电影”的概念，探讨屏幕技术如何重塑电影的视听语言和叙事结构，分析电影在新的媒介环境中如何适应和创新。

（一）总体屏幕与总体电影

吉尔·利波维茨基阐述的总体屏幕，包括了四层含义，但其意含并非独立，而是彼此交叉。首先，从最宽泛的意义上讲，总体屏幕是指屏幕界在全球范围内的新力量和新的信息与通信技术让屏幕被普及的状态。这便是当今世界屏幕、一切—屏幕的时代，是由众多网络构成网络的时代，也是属于监控屏幕、信息屏幕、娱乐屏幕、氛围屏幕的时代。艺术、音乐、游戏、广告、谈话、摄影、知识，没有什么可以逃脱新屏幕统治的数字法网。我们的一生，与世界、与他人的联系越来越媒介化，尤其是越发依靠大量的界面来传递信息，通过这些界面，不同的屏幕不停地汇集、交流，相互连接。

其次，总体屏幕还指向在经济全球化和金融投资国际化的时代中世界—电影的状态。比如外国资本流向好莱坞，美国电影越来越依靠外国资本的资助，如果说美国电影输出到了世界各地，它也越来越是全球资本聚集的产物。与此同时，好莱坞大型电影公司也资助了很多欧洲和亚洲的影片。在这个资本国际化的背景下，总体屏幕意味着“全球好莱坞”。总体屏幕，还因为全球化的电影是相互融合、相互混杂、越来越杂交的多文化元素共同作用下的产物。随着交流的日益自由，电影不断地将新的“对象”搬上银幕，不断地挖掘新的主题。与国际化市场相呼应的是一种总体电影，它一直以来都在吸收更多的观念，扩大其旧边界，在叙事、类型、可接受的和不可接受的样式上去限制化。正如商业渗透到或者说几乎渗透到存在的各个方面，电影同样也不再排斥任何身份和经历。

最后，说总体屏幕还有一个原因在于电影失去了原有的屏幕/银幕的霸权地位。面对电视和其他电子屏幕的挑战，电影似乎成为一种被其他电子屏幕超越的表达方式。然而，正是由于电影不再像过去那样是居于绝对统治地位的媒介，它特有的机制反而获得了胜利。当然这一机制不是具体的而是抽象的，即电影精神，一种可以流经、灌溉、丰富其他屏幕的精神。电影越是面临着与网络、电视、电子游戏、体育赛事的竞争，或者越是被其取代，它的基本美学越是吞噬着屏幕文化的方方面面。同电影原生的、特定的世界相比，如今的电影是极为强大、极为全面的，在电影之外进行的表达似乎都属于电影的矩阵。[①]

不难看出，在吉尔·利波维茨基对“总体屏幕”的阐释之中，电影构成其所强调的总体屏幕含义的指涉对象，因此，“总体电影”成为与之相关的概念谱系的分支。值得注意的是，总体电影本质上在于电影精神的扩张，也就是说，电视的视听节目在继承电影形式语言之外，手机屏幕和便携式摄像机的屏幕成功地让每一个默默无闻的个体都在传播属于电影的姿势，拍摄、取景、技术审查、记录生活的点点滴滴，记录属于每个人自己的生活的点滴：我们都在成为电影导演和演员，只是并非专业而已。人们不仅希望看大片，也想看到记录自己生活瞬间的影片，记录当下生活的影片。这不是电影的回缩，而是电影精神的扩张，电影精神在全面化的电影视角中的扩张。一切—屏幕的时代不会让电影后退，恰恰相反，它有助于传播电影的视角，加强了动态画面的存在感，创造出无所不在的电影热。就此而言，在当下这个正在进入“总体屏幕时代”的背景之下，尽管电影方方面面的秩序面临着革新，等待着被颠覆，但是，总体屏幕时代的到来，并不意味着电影的终结，而是在电影几次三番的死亡论调上，再一次赋予了电影新生，激活了电影新的生命力。

总体屏幕时代的一切—屏幕，作为承载影像的媒介，电脑、手机、电

① 利波维茨基，塞鲁瓦. 总体屏幕：从电影到智能手机［J］. 李宁玥，译. 南京大学学报（哲学·人文科学·社会科学），2022，59（5）：169.

视、平板电脑、电子游戏机、电子广告牌……尽管一定程度上接替了电影的观看，但同时，电影也表现出屏幕的媒介日常生活中越来越多的电子屏幕促发了人们越来越长时间的屏幕媒介挪用、媒介嫁接、媒介混合的特性。屏幕电影的创始人之一提莫·贝克曼贝托夫曾谈到过这种媒体挪用的创意来由："现在有数十亿人生活在网络世界里，我想尝试讲述这个世界的故事，应该有人开始讲这种故事……几年前我和同事在网上聊天……同事向我分享了他的屏幕，我看到他和他祖母聊天、发送电子邮件、上网，我看到了他电脑屏幕上发生的一切。突然我理解了这个人的一切。我仿佛在他身体里面……这是一种不同的语言，我们花了两年时间试图弄清楚如何以这种形式讲故事。"提莫·贝克曼贝托夫的相关言论，典型地说明了网络生活和屏幕社会的新现实对电影的新要求以及屏幕媒介对电影的渗透。而正是网络虚拟社交对现实感的重塑，催生出《网络谜踪》这样回应新现实的"桌面电影"。如果说《记忆碎片》中所谓的往返于网页、信息窗口之间只是一种比喻，那么，屏幕电影则直接以"屏幕"构成界面，叙事的发生，影像呈现形态，都被某一种电子屏幕的界面所占据。如在《解除好友》中，布莱尔用iTunes听音乐，用Skype视频聊天，用iMessage文字交流，用Facebook浏览信息，这些屏幕实时的呈现，成为一种电影情景。可以认为，电影逐渐开始征用一切屏幕的影像形态，以构成自身的蒙太奇。

（二）电影本性：从"物质现实的复原"到"再媒介化"

电影理论从最开始就致力于电影媒介的特性，并将之视为电影的本性。电影向来以真实性为本质属性。齐格弗里德·克拉考尔（Siegfried Kracauer）认为，照相的独特能力在于记录现实、复制自然，甚至拍摄与自然本身相等同的事物。照相跟未改动的自然现实有着一种明显的近亲性，追求的是纯粹的瞬间、即时的自然。它倾向于强调偶见的事物，只有当它不给人以完整无疑的感觉时，才是合乎要求的。它的边框只是一个临时性的界限，它的结构代表着某种未能包括在内的东西——客观的存在。而电影则延续了照相的本性，克拉考尔在《电影的本性》一书的开篇回忆自己少年时期初次看电影的经历。从影院回到家，他拿起笔，写下了一篇文章的题目《电影作为日常生活中不平凡景象的发现者》，这个题目成为其一生对电影这门艺术的最基本的理解。他说：

> 使我深深感到震动的是一条普通的郊区马路，满路的光影竟使它变了一个样。路旁有几棵树，前景中有一个水坑，映照出一些看不见的房屋的正面和一角天空。然后一阵微风搅动了映影，以天空为衬托的房子开始晃动起来。污水坑里的摇晃不定的世界——这个形象我从未忘怀过。

在克拉考尔看来，电影的本性是摄影记录性的延留，它跟我们周围的世界有一种显而易见的亲近性。电影的本性是记录和揭示，是对物质现实生活的复原。当影片记录和揭示物质现实时，它才成为名副其实的影片。一部影片是否发挥了电影手段的可能性，应以它深入我们眼前世界的程度作为衡量的标准。

从卢米埃尔兄弟的影片开始，电影就确立了复现自然现实的传统。也正是在卢米埃尔纪录电影的基础上，克拉考尔将"电影的本性"定义为"物质现实的复原"，"电影热衷于描绘转瞬即逝的具体生活——倏忽犹如朝露的生活现象、街上的人群、不自觉的手势和其他飘忽无常的印象，是电影的真正食粮。卢米埃尔的同时代人称赞他的影片表现了'风吹树叶，自成波浪'，这句话最好地表现了电影的本性"[①]。

有学者指出，当代社会与文化已经媒介化了，"媒介化已然成为与城市化和工业化同等的社会力量。正如电力和铁路提高了移动性媒介有助于精

① 克拉考尔. 电影的本性：物质现实的复原［M］. 邵牧君，译. 北京：中国电影出版社，1981：10.

神与交往的移动性”[1]。作为一种近数十年里才发展起来的媒体，电子屏幕气势如虹地成为一种“融合界面与混合媒体”。数字转向时代的特征之一就是“深度再混合性”。艾米·维拉雷乔（Amy Villarejo）甚至认为，数字媒体对电影的一大挑战即是向电影提供了一种新的参与和分析的形式。[2]在屏幕社会，电影对电子屏幕的媒体挪用与再混合乃是大势所趋。

如果说电影的媒介本性在于记录和揭示物质现实，摄影机镜头直接亲近于真实世界，电影影像还原的是具体的完整神话，那么在总体屏幕时代，这一媒介本性，经由一切—屏幕的屏幕影像组成蒙太奇，电影最显著的媒介特性是面对物质现实的复原的方式存在屏幕影像的中介，屏幕影像作为真实，电影征用了屏幕影像，并形成一种新的电影形态。这种媒介征用，恰如杰伊·戴维·波尔特（Jay David Bolter）和理查德·格鲁辛（Richard Grusin）所提出的“再媒介化”，“意指一种媒介出现在另一种媒介中”，屏幕影像出现在电影中，甚至成为极致的存在，也就是影片的镜头全部借用屏幕界面及屏幕影像。尽管在二者的论述中，指认的是新媒介系统所具备强大的再媒介化能力，善于调动文字、图片、音频、视频、动画等多种传播手段，将传统媒介的内容资源纳入自身的媒介场域之中。但就其“再媒介化”的媒介逻辑而言，电影对一切—屏幕的影像的包容、再使用以及意义生产，正是电影与屏幕之间的制度本身。徐冰“导演”的当代艺术影像作品《蜻蜓之眼》，是全部使用监控视频影像制作的剧情长片，以监控影像为媒介，艺术家讲述了一个关于视觉与记忆、身份与控制的当代中国故事。

与传统电影对物质现实复原不同，《蜻蜓之眼》将原本均来自现实生活中由监控屏幕生产的影像作为素材，虚构了一个爱情故事。这一创作方式延续了徐冰现成品艺术的创作理念，徐冰及其创作团队在11000多个小时

① 夏瓦. 文化与社会的媒介化［M］. 刘君，李鑫，漆俊邑，译. 上海：复旦大学出版社，2018：39.

② VILLAREJO A. Film studies：the basics［M］. 2nd ed. New York：Routledge，2013：150.

的监控影像组成的素材数据库中，按照虚构的剧本寻找合适的画面，将其从原有的生活之流与意义逻辑中剥离出来，并在叙事的引导下，剪接为新的电影故事。在这一监控屏幕影像的拼贴与并置之中，新的意义被生产出来，监控屏幕产生的“垃圾影像”被叙事过程重新赋予了生命。监控屏幕的影像本身作为一种媒介，带来的是一种冷漠、无聊、模棱两可、缺乏表现力的观感[①]，其自身并非审美对象。而由监控影像构成的电影，经由电影的再媒介化，并引入蒙太奇的剪除、拼贴、组接，将监控影像中或惊险刺激、或荒诞不经、或温馨感人的奇观时刻凸显出来，成为大众娱乐消费的内容之一。网络上流行的各种“监控记录下的意外事故集锦”更是将监控影像从其原有目的和语境中抽离出来，通过再语境化赋予其戏剧性、叙事性和观赏性等审美价值，使之进入传播与消费的流通渠道。

在此意义上，监控屏幕生产的影像成为一种叙事策略或风格标识，推动了电影影像语言的革新。在电影与视频监控相互影响的“再媒介化”过程中，监控影像的媒介特质被电影整合进自身的风格系统之中，“20世纪80年代和90年代电影中时间标记、光学标记、画中画以及其他视觉和叙事手段的激增，反映了20世纪下半叶监控电影的急剧扩张”。屏幕分割、缩放、俯拍、桌下镜头、定格、倒放等电影技巧，也部分受到监控影像的风格影响。在更为宏观的电影观念与美学层面，监控影像的固定机位、无蒙太奇效果的长镜头记录风格，暗合了电影发展过程中对以蒙太奇为基础的电影美学的挑战，如希区柯克的《夺魂索》，亚历山大·索科洛夫的《俄罗斯方舟》等电影创作实践。而随着数字技术对胶片时长的解放，反蒙太奇的长镜头美学越来越多地出现在电影之中，显示出一种从空间蒙太奇向时间流逝转变的美学倾向，这亦是监控影像对电影美学风格的一种影响。

回到卢米埃尔兄弟在1895年12月的一天，在嘉布遣大道上的一家咖啡

---

① BURRIS J. Surveillance and the indifferent gaze in Michael Haneke’s Caché（2005）[J] . Studies in French cinema，2011，11（2）：29-35.

店地下室突然拉起的那块布，屏幕当即便施展出了极大的魅力，吸引并征服了对之毫无抵抗力的观众。这是屏幕与生俱来的力量与影响力，屏幕重新定义了电影的本性，而其影像本身成为“元电影”的可能。

三、总体屏幕时代的艺术传播问题

总体屏幕时代的艺术传播呈现出前所未有的新特征和新趋势。一方面，在总体屏幕时代，以计算机为依托的数字信息技术成为推动社会发展的动力，媒介技术正在重塑和改变艺术实践方式。技术革新不仅改变了艺术的生产制作和传播空间，也改变了艺术的传播方式，使得艺术传播更加依赖于影像呈现。特别是元宇宙、虚拟现实等新形态艺术的蓬勃发展，驱动艺术传播朝着去媒介物质性的路径演进。另一方面，总体屏幕时代下，艺术呈现从单一形式发展为视听表现的综合艺术，屏幕成为获取各类媒介信息的关键途径。艺术形式与视听媒介的融合重组，使艺术门类之间的界限逐渐弥合，艺术走向跨界、跨屏融合。在此背景下，艺术传播学应当建构起能够融通传统艺术与新形态艺术的艺术理论和艺术史，以适应技术革新，对新的艺术类型、艺术表达给予理论回应。

（一）总体屏幕时代中的艺术新生态

以计算机为依托的数字信息技术成为推动社会发展的动力，以数字信息技术为导向的媒介技术正在重塑、再造和改变艺术实践方式。媒介技术为艺术生产与实践提供了试验场，激发艺术家的创作想象以及艺术传播观念。

在具体的艺术实践中，数字媒介技术的运用已经涉及诸多领域。一方面要将知觉技术整合到艺术生产与传播中，如触觉感应、声音感应、视觉感应、温度感应等，可以增强作品的交互性及用户的沉浸感，知觉技术的发展为艺术带来了更为广阔的发展空间；另一方面在于影像技术，比如远程投影、LED屏幕以及3D全息投影技术所实现的全角度全息影像的投射，包括结合一些计算机软件，如图形处理、Flash动画、数字跟踪等技术，不仅改变了艺术生产方式，也为艺术传播提供了新的条件。此外，随着数字技术不断发展，立体虚拟技术已经从VR（Virtual Reality，虚拟现实）、AR（Augmented Reality，增强现实）、MR（Mixed Reality，混合现实）阶段，迅速拓展到XR（Extended Reality，扩展现实）阶段。XR进一步打破现实与虚拟的边界，实现现实与虚拟的深度融合，这些技术不断颠覆消费者对艺术产品的认知。

传统文化类综艺节目的当下表达最为典型。2022年，中央广播电视总台春节联欢晚会的《只此青绿》以舞蹈表现名画《千里江山图》，《忆江南》以《富春山居图》为蓝本，皆着眼于媒介的技术属性、表征符号、审美特质的综合表达，极大地推动了传统艺术的传播。在这些作品的呈现中，虚拟场景实现了与现场舞美更为精细化、沉浸式的无缝对接。例如，运用4306平方米LED屏幕打造720度穹顶屏幕，在演播厅侧面和顶部打造出一种带有高度包裹感的视觉奇观，将“星辰大海、浩瀚星空”搬上舞台。同时，晚会还融合了XR、AR、全息扫描、8K、裸眼3D呈现等技术，让虚拟再造影像与现场实体舞台交替呈现、浑然一体。

技术革新推动艺术生产与传播的优化升级，对于传统艺术产业、网络视听艺术产业与流媒体视听产业而言，技术赋能促成产媒融合。基于此，构造布局合理、竞争有序、特色鲜明、形态多样、可持续发展的业态新格局，聚焦视听产业生态系统的数字化技术变革，探索数智化视听推进中华优秀传统文化的现代表达，需要从视听艺术产品的生产端、制作端、营销端、传播端与受众端切入，重塑数智技术如何构建当前视听内容生产的多重样态。

数字技术的媒介环境促使新的艺术传播方式正在形成，在媒介技术变革的时代中，需要探讨艺术传播的技术逻辑、生产手段与传播方式。一方面，探究虚拟技术如AR、VR、MR打造艺术传播视听场景的受众诉求，分析其拟真场景如何激发受众多重身体感知系统更好地体验媒介内容，明确艺术效果的具象化与可测量。另一方面，探究全息成像技术，如影像互动直播给受众带来的沉浸感、具身感等，着重以“身体介入”对艺术传播过程中的受众体验进行深入挖掘，并在“虚拟空间”层面分析多维度、多模块、多情景的感官交互沉浸体验。应该看到，艺术传播学的边界处于开放状态，随着媒介技术的拓展，艺术传播学能够适应技术革新，对于新的艺术类型、艺术表达给予理论回应。

（二）多维审视总体屏幕时代艺术传播的发展

当代的艺术实践与传播方式以“总体屏幕”为主，艺术呈现从单一的艺术形式发展为视听表现的综合艺术，屏幕成为我们获取各类媒介信息的关键途径。世界是屏幕，艺术形式与视听媒介的融合重组，使艺术门类之间的界限逐渐弥合，艺术走向跨界、跨屏融合。例如，电影便综合了戏剧、美术、音乐、舞蹈的艺术语言和表现方式。当代艺术生产与传播立足于“屏幕”介质，并且已从“单屏”到“多屏”直至升级为“跨屏”。艺术传播借助电影、电视剧、综艺节目以及短视频等视听艺术形态无限扩散，从大屏到小屏，从横屏到竖屏建立起屏与屏之间各种形态的链接与交互。

视听屏幕重组艺术门类与元素的能力，将传统艺术与新兴数字艺术统揽于总体屏幕之中，覆盖和兼容了之前所有的媒体形式。在总体屏幕时代，这种重组艺术种类的能力，也因为数字信息技术的发展变得越发强大，网络媒体不仅覆盖和兼容了之前所有的媒体形式，也基本上覆盖了所有的艺术种类。不管是传统艺术还是数字艺术，都已经不可避免地被新媒介融合。新媒体视听产品已然成为大众认知现实中最重要，甚至是最有共情力的媒介。视听影像不仅成为大众建构真实的主要依据，也是知识传播的重要手段。

在总体屏幕时代，艺术传播学的研究视域面临着艺术的“再媒介化”问题。“再媒介化”有关概念的讨论主要是在电脑等数字媒介的研究中展开，认为数字媒介的根本特性在于对传统媒介的包容与再使用，一个最普通的桌面窗口也通常出现文字、图像、照片甚至动画、视频等不同类型的媒介。近年来，诸如河南卫视《唐宫夜宴》活化博物院的隋代乐舞俑，中央广播电视总台文化类电视节目《中国诗词大会》将古典诗词转化为益智形式，连载动画《中国奇谭》或改写古代神话或演绎志怪传奇，以传统绘画和剪纸技艺营造视觉风格，这些视听作品无不体现出再媒介化中国传统文学艺术的创作策略，有效弥合了艺术在新旧媒介之间的历史时空界限。

正因如此，艺术传播学应该重新审视“总体屏幕”与艺术生态的多种关系：第一，单一艺术向综合的视听艺术发展，要重视新媒体艺术、跨媒介艺术、数字艺术等艺术呈现新样式的研究；第二，艺术的审美观念和艺术理论改变，“总体屏幕”带来一系列如界面、虚拟空间、影像等问题，艺术生产与呈现的改变，同步革新了艺术传播的方式，引发了新的艺术传播的研究范式；第三，艺术传播学应当建构起能够融通传统艺术与新形态艺术的艺术理论和艺术史。

（三）虚实一体化的媒介生态亟待跨媒介研究范式

随着新技术的出现，艺术门类、艺术媒介的融合成为趋势，近年来，当代艺术体现出向多感官、多知觉的多觉艺术和全觉艺术发展的趋势。

周宪教授引述奥地利学者沃尔夫的跨媒介研究范式，认为其包含的层面主要有：“一是超媒介性，它不限于特定的媒介，而是不同的异质媒介符号物之间所具有的某种显而易见的相似性；二是媒介转换关系，包含部分转换、整体转换、题材转换；三是多媒体性，如歌剧就包含了多种媒体——表演、戏剧、音乐和舞美等；四是跨媒介参照或指涉，它往往是暗含的或间接的，是某种在欣赏者那里所唤起的另一媒介效果。”[①]近年来，业

① 周宪. 艺术史的范式转换：从门类史到跨媒介史［J］. 探索与争鸣，2022（8）：146-155，180.

界与学界关注的“元宇宙”虽然尚未真正实现，但它将艺术从跨界到融合指向了新的可能。元宇宙既可以被理解为再现现实的艺术，也可以是表现人类理想的艺术，还可以是超出人类想象的超级艺术，从而涵盖了包括再现、表现和创造在内的全部艺术功能，包含了视觉、听觉、语言等全部媒介。

在元宇宙作为整合多种新型技术而建构的虚实相生的媒介生态中，在艺术传播内容上构建了新的系统。艺术传播学研究可以据此围绕时空伴随、数字具身、体验复制过程，虚拟文旅等一系列艺术体验，探究以虚拟歌手、虚拟偶像、虚拟主播为代表的虚拟视听产品的研发。研究数字孪生、平行世界折叠、硬件与辅助装置在艺术生产与传播过程中关于内容形态与传播路径的复合模式。在艺术内容生产与数字化业态语境的动态交互中，数字化、生活化、情景化、伴随式社交与实用性整合的传播策略成为重要研究对象。探究艺术文本之间的“索引”与“超链接”，以“影迷属性”“游戏趣味”激活艺术文本之间的“自来水”传播效应。可以说，“元宇宙”概念的提出打开了艺术传播研究的新视域，艺术视觉符号体系的场景搭建，虚实交互相融、空间迁移再构的外在呈现与内隐特征，人的真身与数字分身、物质媒介技术与场景的交互等，艺术传播实践的更新迭代也意味着理论研究亟待扩容与延展。

第二节　界面影像：当传统绘画走上电视

总体屏幕时代强调了不同媒介形式的融合，数字影像技术、人工智能生成等数字技术被充分利用，为传统艺术创造性转化和创新性发展提供了新空间。中国古代绘画通过数字技术被转化为动态影像并在新的媒介环境中获得新生。3D扫描、全息投影和8K分辨率等技术的应用，使得古代绘画的细节和色彩能够在现代视听媒介中得到精确再现，从而增强了文化传播的效果和观众的沉浸感。

河南卫视2021年春节联欢晚会舞蹈节目《唐宫夜宴》，不仅将隋朝壁画《备骑出行图》和唐代屏风画《树下美人图》《侍马图》点缀其中，而且把最具盛名的《捣练图》《簪花仕女图》《明皇幸蜀图》《千里江山图》或作为背景或作为空间展现。2022年中央广播电视总台春节联欢晚会创意音舞诗画《忆江南》直接置活动的人物于画内，邂逅黄公望的富春江风景。一方面，这些视听节目依托数字影像技术赋予传统绘画新的媒介形态，另一方面也凭借绘画的影像呈现拓展了视觉审美的新维度。

当传统绘画走上电视，经典画作转化为数字影像，《千里江山图》《富春山居图》等画作之于节目的媒介特性发生了怎样的变化？经由影像的转换，这一批因电视文化节目而“复兴”传统绘画，其内涵又承载了怎样的观念？

一、虚拟交互：绘画作为界面影像

“界面”（Interface）作为物体与物体之间的接触面，在列夫·马诺维奇看来，既可以是用户和电脑桌面图形以及包括计算机物质实体在内的键盘、鼠标等人机交互界面①，也可以是人与以数据形式储存在计算机内的文字、照片、电影、虚拟现实等文化交互界面。②这意味着界面有两重所指，一是以媒介物质性为基础的可供操作界面，另一种则指向迈克尔·海姆认为的“两种或多种信息源的交汇之处”③。因此，界面不仅处于人与技术之间以强调“连接与区隔”，在特定数码硬件或软件系统之外，而且“是一个动态的空间，是一套代码的结构系统”，成为“动作得以发生的行动场所，一个认

---

① 马诺维奇.新媒体的语言［M］.车琳，译.贵阳：贵州人民出版社，2020：70.

② 马诺维奇.新媒体的语言［M］.车琳，译.贵阳：贵州人民出版社，2020：71.

③ 海姆.从界面到网络空间：虚拟实在的形而上学［M］.金吾伦，刘钢，译.上海：上海科技教育出版社，2000：112.

知与体验的场所”。[1]《唐宫夜宴》《只此青绿》《忆江南》等节目的审美旨趣在于以中国绘画开拓了视觉表现的可能性，其依托数字技术将诸如《明皇幸蜀图》《千里江山图》《富春山居图》这些传统画作进行媒介转换，使之构成一种界面影像，从而为节目的观看提供视觉上的审美呈现。对于传统文化类节目中的古代绘画而言，经由媒介转换，其影像作为一种界面是一个动态空间、一个行动场所，容纳演员的身体呈现，并与演员的身体在场形成交互的空间场域。这种界面不依赖技术中介的物质性存在，它没有具体物的边界呈现面，以纯粹的虚拟影像构成关系互动的物理空间。

《唐宫夜宴》便是标志性作品。这部由河南卫视根据舞蹈作品《唐俑》改编而来的视听节目，率先在制作中将绘画转换为一种界面影像。《唐宫夜宴》围绕着14位乐师从“活化”、穿行嬉戏、整理妆容到夜宴演奏的舞蹈情节建构叙事空间。在乐师们赶赴宴会途中，《明皇幸蜀图》《备骑出行图》等传统绘画以AR虚拟影像的媒介形态构成其动作发生场景，并呈现出一个具有前景、中景、后景的立体空间。身着华服的舞蹈演员穿梭嬉游于青山耸立、水波荡漾的山水景观中（见图3-1），“在该环境下‘跳进跳出’、富有真实感”[2]。正是如此，曾经悬置静观、不可触碰的绘画在数字绘影之后成为可供参与交互的界面空间。

图3-1　节目《唐宫夜宴》截图

① 徐亦舒. 作为界面的媒介：交互性视角［J］. 中国传播学评论，2019（0）：107-119.

② 陈丽娜，杨玉洁. 技术赋能出彩呈现：技术制作助推河南春晚“出圈”［J］. 影视制作，2021，27（4）：19-24.

"界面的本性正是'互动'。"[①]互动性作为界面的基本运作逻辑，反映着两种介质之间的活动进程和交流形式。[②]当媒介转换后的绘画影像成为与演员身体联动的媒介，在场的身体与之发生关联，两者的互动进而确定了整个场景观看的独特的视觉表现。2022年中央广播电视总台春节联欢晚会舞蹈节目《只此青绿》的尾声，《千里江山图》最终显露原貌，并因AR、虚幻引擎技术提供的计算能力[③]跃出舞台背景屏幕，呈现出全景视野的立体影像。而舞蹈演员的身体姿势则没入其间，与山水影像实时互动（见图3-2）。此时，彼此交互而生的叠化、重影等视观形成融舞入画影的视差幻觉，进而在视觉效果上产生"人在画中舞，画随景而动"[④]的景观呈现，通达观众审美体验。与此同时的创意音舞诗画节目《忆江南》更是把界面影像推向极致。节目中，《富春山居图》完全以数字虚拟影像所营造的三维空间，由演员所饰演的渔夫、樵夫、行者、读书人等角色在其中垂钓、游玩、戏水、赏乐，与构成界面影像的虚拟山峦、水面、楼台、舟楫等深度"互动"。而这种界面影像与角色之间不断交互、不断融合，将身体包围，力促身体沉浸。由此，绘画不再是单向的观看与传播，而是以边框消融，可与之互动的虚拟影像空间，并通过界面影像的媒介形态，提供情景和沉浸的互动体验。正是在新兴节目的实践基础上，中央广播电视总台于2022年推出大型文化节目《诗画中国》，延续把绘画影像化的媒介转换思路，将《溪山行旅图》《重江叠嶂图》《鹊华秋色图》《秋郊饮马图》等众多传统绘画"通过三维建模打造的实景空间"[⑤]，置入角色交互，以此实现传统绘画与节

---

① 姜宇辉. 互动，界面与时间性：电影与游戏何以"融合"？［J］. 电影艺术，2019（6）：85-91.

② 维利里奥. 消失的美学［M］. 杨凯麟，译. 郑州：河南大学出版社，2018：7.

③ 许博. 视觉再造、跨媒介与精神共鸣：总台2022年春晚传统文化类节目的融合与创新［J］. 电视研究，2022（5）：35-37.

④ 王冬冬，姜懿宸. 场景再现与沉浸感塑造：技术赋能下的央视春晚舞蹈类节目流变［J］. 现代传播（中国传媒大学学报），2022，44（4）：92-101.

⑤ 田梅. 诗画合璧开启传统文化创新表达新境界：以中央广播电视总台大型文化节目《诗画中国》为例［J］. 电视研究，2022（9）：17-20.

目制作皆可创新发展的双重逻辑。

图3-2　节目《只此青绿》截图

需特别指出的是，相对于计算机、游戏等人—机交互界面是基于物质性的，节目中由传统绘画的媒介转换而生成的界面影像，则摆脱了实体的操作装置以虚拟的状态存在。从根本上看，早期影像原本便是光学原理下的虚拟呈现，随着数字成像技术的演进，计算机的二进制代码影像更是“截断了与物质世界的直接联系”[①]。当节目制作运用光学计算机图形技术（CG）、VR、AR、MR以及全息投影技术将传统绘画转换成影像形态予以呈现，尽管赋予其交互界面的媒介特性，但本质实为数字的虚拟成像。它透明、光滑、流畅，能够让身体“越界”融汇，使身体在场（真实）与其影像（虚拟）之间的界限消失殆尽，成为麦克卢汉意义上的“内爆”，即媒介的界限被打破，时间和空间的概念不复存在以及边界逐渐模糊或趋向融合。正是在这 层面，原本绘画中人与环境的关系变成了界面影像中身体与空间彼此交织、流转、叠加的结构。这一影像呈现不仅以技术逻辑重塑了绘画的媒介表现，也因其携带的美学传统从而为节目引入全新审美观看的可能。

① 李天. 物性工具与图像艺术［J］. 文艺理论研究，2021，41（3）：135-145.

二、媒介语言转译：“界面”影像的审美观看

从纸（绢）本到数字影像，绘画的媒介转换以界面特性重新定义了这类节目视觉效果的美学表征。节目中界面影像的表现延续了中国绘画的美学范畴，融“虚实”“留白”等传统美学观念与现代数字影像技术于一体，营造不受特定时空限制的想象性呈现，通达审美意境。

作为一种最初尝试，《唐宫夜宴》所打造的界面影像对于古代绘画的借鉴则是直接挪用其内容呈现，但并非按照原作铺排，而是在场景空间中重新进行了位置设计。一方面，提取《明皇幸蜀图》《千里江山图》的山水树木元素，铺设成自足的视觉空间；另一方面，《树下美人图》《备骑出行图》《侍马图》则以完整的图像呈现并置分散于内，依旧分享了其原属屏风画的空间区隔功能。其中，波纹、山石虚实相衬，前景、中景、后景的人物画借以隔景之法，“藏而不露，隐而不显”。整个界面影像的内在建构思路，结合“虚”与“实”、“藏”与“露”的传统美学范畴来营造视觉意境，且有机统一于古代绘画构成的整体空间之内。在交融与叠加的视觉氛围中，赶赴唐宫夜宴现场的乐师们，经由此地，穿行嬉闹，趣味无穷。

宋人范晞文《对床夜语》有云：“不以虚为虚，而以实为虚，化景物为情思，从首至尾，自然如行云流水，此其难也。”这里把客观的景物化为主观的情思，“以实为虚，化实为虚”，传递出“无穷的意味，幽远的境界”，这是虚实结合呈现艺术美感的基本方式，也是高明之所在。宗白华在此基础上将景物分为实景和虚景：实景穷尽形象，缺少韵味，而虚景是富于变化的，因此才能引发人的联想和想象。[①]由此观之，《唐宫夜宴》界面影像空间中那寥寥线条的波纹，虚纳万境，仿若碧波荡漾的水面，又如高远辽阔的天空，给观众极大的审美自由。这种虚境在春晚节目《忆江南》中则

① 宗白华. 中国美学史中重要问题的初步探讨［M］// 美学散步. 上海：上海人民出版社，1981：20.

是大量余留的空白。《忆江南》在对《富春山居图》进行影像转换的制作过程中，注重还原国画的留白与艺术感。由《富春山居图》所构成的界面影像空间中保留了原画作的结构性空白。山水草木、亭台楼阁，或空缺隐蔽，或缥缈幽邃，“单纯”和“静穆”的诗性跃然而出。8位演员人随景动，实体物象也由留白之虚境得以升华，从具象走向诗意。由此，极简的影像画面在空白中造成产生意境的视觉张力，看似简洁但却蕴藉深厚。

除了直接挪用借鉴传统绘画的美学范畴，在影像本体层面上，绘画的媒介转换不仅赋予了节目视听语言的创新呈现，而且影像的媒介语言也为绘画的现代转译提供了视觉表征。例如，《唐宫夜宴》以及《诗画中国》中《人骑图》一节，把泼墨的笔法和形式作为剪辑的创意转场，丰富节目视觉表现的同时，也使跨媒介的语言活动激发审美可能。《忆江南》中《富春山居图》和《诗画中国》对《溪山行旅图》的呈现，告别了原画作的全景山水制幅，以“主观”镜头、数字长镜头、特写等“有意味的形式”拆分或者截取绘画的整体图像，再通过蒙太奇组接为相互联系的动态影像，以此赋予绘画以影像的观看方式。正如《溪山行旅图》点景人物樵夫、驼队商旅影影绰绰于宏阔山峰，节目徐徐展开《溪山行旅图》的界面影像时，第一个镜头便以第一人称视角的“主观”运动镜头穿越山石、林木而定焦于李光复饰演的樵夫身上。这种被称为“幻影之旅”的“主观”运动镜头[①]似乎代替了观众眼睛，引领着观众跟随镜头在特定的空间中穿行和漫游，获得如真似幻的感官体验。而山水画原本的二维平面空间，也借由从全景到特写的“幻影之旅”的“主观”运动镜头，从散点平视成为有视点选择、空间纵深的视觉模式。当李光复饰演的樵夫与朱凤伟饰演的驼队商旅之间进行转接时，场景转换同样以“幻影之旅”巧妙地完成了无缝对接。在樵夫过桥起，到驼队商旅落下，数字摄影机过瀑布、溪流、山石，其俯仰、纵深的镜头轨迹，亦如最后一个出画镜头，从樵夫登高览众山的人物出发，

① 陈涛.“幻影之旅”镜头的美学特征［J］. 文艺研究，2016（2）：97-105.

转向下，紧贴山壁沿落，进而拉出《溪山行旅图》的全幅山水，整个“幻影之旅”的运动长镜头，一气贯通，韵律悠长，给绘画中的物象赋予动态观看形式的同时，也为节目的视觉审美营造表现力。绘画的这种界面影像的媒介转换让本应作为背景的山水风景摇身成为视觉重点的表现对象，不仅有效抓取观众对于绘画审美感知的注意力，也在凸显影像本体特质的基础上，使传统绘画焕发视听媒介的吸引力。对节目而言，将传统绘画复生于影像媒介，开启“共时”（synchronic）的当下，《千里江山图》《富春山居图》《溪山行旅图》《鹊华秋色图》等山水图示、笔墨颜色跃动于屏幕时，其重现并非复古，而是强调古风遗韵在当代实现跨越时空的延续，以激活绘画的艺术精神和文化价值，并赋予其新时代的观念指向。

三、文化身份与民族情感：界面影像的意义重构

古代绘画经由传统文化类节目以数字技术生成界面影像，不仅在视觉内容的审美呈现方面构成可供节目创新的美学路径，更是因内容构成一个意义空间。界面往往与内容相伴相生，“正是通过界面及其内容呈现，观看主体来回穿梭于形形色色的‘有限意义领域’中”[①]，如列夫·马诺维奇所言，界面总是“以自身的符码（code）逻辑组织、切分、重组文化信息，进而在整体上影响主体对信息和内容的理解与感知”[②]。视觉内容及其意义表达通过界面影像紧密纠缠且共生，观众卷入其中，分享了影像内容所言说的论题与主旨。在传统文化类节目中，古代绘画的媒介转换通过界面影像抵达审美观看之外，也因界面影像的内容，或者更具体而言，其山水图像与人物角色产生交互时，原画的阐释框架便挣脱了艺术品的原境，进而迸发出新兴的文化意涵。典型莫过于《忆江南》。2022年中央广播电视总

① 胡翼青，姚文苑. 重新理解媒介：论界面、内容、物质的三位一体［J］. 新闻与写作，2022（8）：5-16.

② 马诺维奇. 新媒体的语言［M］. 车琳，译. 贵阳：贵州人民出版社，2020：65.

台春节联欢晚会节目《忆江南》以《富春山居图》为创意核心，如节目编导所言："从山水画到现在的小康生活，我们是想两岸文化一体。"事实上，《富春山居图》在流传至今的历史过程中便已与海峡两岸的现状构成互喻，代表着两岸文化同根同源。因此，节目制作组将浙江博物馆所藏《剩山图》与台北故宫博物院所藏《无用师卷》连通贯穿，实现《富春山居图》的合璧，希冀了两岸关系的进一步发展。除此之外，《忆江南》提炼《富春山居图》中潜隐于山水之间的8位人物，并分别由濮存昕、冯远征、李立群（中国台湾）、杨宗伟（中国台湾）等大陆和台湾的演员或歌手饰演。他们与构成界面影像的《富春山居图》深刻交互，或舞或歌、或吟或行，共享富春江风景，特殊的身份被置于同一影像空间中，赋予文化政治身份。通过有意择取，《忆江南》给定《富春山居图》中原本无名身份的点景人物以两岸关系所指，使人景互动的界面影像诠释两岸同胞面对家国地理时的共同身份记忆，从而锚定了《富春山居图》在节目中经由媒介转换后所独有的文化意象。

相较于《忆江南》重构《富春山居图》中的人物形象，以文化政治凸显绘画影像的意义阐释，同为一年春节联欢晚会节目的《只此青绿》却以纯粹的青绿视觉美学将《千里江山图》幻化为蕴积了民族审美的文化想象。中央广播电视总台春节联欢晚会版本的《只此青绿》截取原舞蹈诗剧的最后部分，在舞末的界面影像中，《千里江山图》显露"青绿"姿容，与舞者身着青绿服且抽象为山水的身形姿势融会贯通，象与境之间，青绿色在影像技术加持的美感中完全充斥了视觉。《只此青绿》着意强调《千里江山图》的青绿元素，并将之提升为艺术表达层面唯一的呈现对象，实则关联了宋朝作为我国瓷器史的黄金时代以尊贵青色所引发的美学上的"纯色革命"。[①]有论者归纳"青绿"在《千里江山图》上的三重意涵，一是寄托着

① 张节末. 宋韵美学的"纯色革命"与宋代"文化重置"：从春晚节目《只此青绿》谈起［J］. 文化艺术研究，2022，15（4）：1-10，111.

北宋帝王河清海晏、江山永固的理想，二是内寓长寿、疗疾、避瘟之意，三是应和了徽宗所倡导的“宣和体”画风。[①]但及至《只此青绿》，时空流转千年的《千里江山图》内化为舞蹈演员俯仰、拧转的身姿，其青绿色被移置于这身姿服饰且随舞姿形、神而拟化成人格，尤其舞末，在被定格了的界面影像呈现中，古画与今人的双重青绿色聚合于同一空间维度，由此及彼是王希孟与舞者的生命遇见及其能量的流转与感召，在凝积大美壮阔之气的界面空间中，人与物经由青绿开启情感与精神的时空对话。在此，“青绿”涌动的乃是生生不息的生命深广，原属《千里江山图》上的“青绿”文化意涵则被搁置为真空地带。当节目舞台视觉呈现被提纯至山水画的美学色调时，其青绿、浅绛交相辉映于界面影像，成为视觉风格独有的美学形式，在彰显《千里江山图》的浩渺与气势之外，更以青绿纯色直抵宋朝雅致的审美格调，通达中华古典美学风韵的文化想象。青绿不只是立象尽意，而直至意境之极，于有形之中窥见底蕴。

如果说《只此青绿》以青绿的视觉呈现所昭示的是宋韵美学，那么《唐宫夜宴》当中多彩杂糅、斑驳淋漓的界面空间则乃唐朝开阔包容的文化气象的外显。唐朝三彩与宋代天青色的文化品格，经由这类视听节目古代绘画的界面影像，重返现代视野，一方面激活观众的民族文化经验，体验中华文明的自信与风骨；另一方面也利用自身或古雅或淳厚的美学形式，塑造民族情感。

传统绘画伴随中华文明的漫长演进，有力地书写出中华民族的生活理想与精神史诗，超越了艺术层面的审美内涵，折射出一个民族文化发展的历程与方向。当代传统文化类节目凭借视听技术对古代绘画的媒介转换，使其构成界面影像，一方面，增添角色互动的创意逻辑拓宽审美趣味，另一方面仍以传统的美学维度外延文化体验。在实现绘画的现代视觉影像的

① 张晓凌.“只此青绿”：古典山水精神的返场与再生——舞蹈诗剧《只此青绿》观剧所思［J］. 艺术评论，2022（5）：55-64.

转译的同时，改变绘画的媒介特性。对于这类传统文化节目而言，界面影像比题材、结构的转变更加颠覆，因其刷新了绘画的观看方式与视听语言模式，为传统类文化节目对于中国绘画的媒介转化和深度融合打开了全新维度。在闪烁的光影中，延展界面空间属性，置入文化交互，重塑技术逻辑中的影像媒介经验，提供一种全新的影像交流的可能。《唐宫夜宴》《只此青绿》《忆江南》等节目因传统绘画所给予的编排创意、视觉效果引发全网的破圈传播效应而成为流量高地，观众跨代聚合在节目影绘的古代绘画的观看体验之中，进而通达中华文明与美学精神构筑的民族记忆和情感共同体。

第三节　融合与破圈：艺术的跨媒体叙事

美国学者亨利·詹金斯在《融合文化：新媒体和旧媒体的冲突地带》一书中着重论述了“跨媒体叙事”（Transmedia Storytelling）概念。在他看来，在当前的文化语境中，内容的跨媒体流动渐呈常态，是媒体融合、参与式文化和受众生产等研究视域的现实基础。①有学者以文学为例，将跨媒介叙事的主要运行模式分为媒介组合、媒介转换、跨媒介参照、超媒介性四种类型。其中，媒介转换主要是指将一种媒介文本通过产品化运作转换为另一种媒介产品。②

对于戏剧这类以剧场为传播场域的小众艺术而言，总体屏幕时代提供了跨媒介生产与传播的契机。2021年初，一档以“戏剧”为基础的真人秀节目《戏剧新生活》应运而生。《戏剧新生活》将戏剧人的日常生活、戏剧

① JENKINS H. Convergence culture［M］. New York：New York University Press，2006：123.

② 钟雅琴. 超越的“故事世界”：文学跨媒介叙事的运行模式与研究进路［J］. 文艺争鸣，2019（8）：126-134.

排练、舞台演出融为一体，实现了从小众“戏剧”到网络综艺的跨媒介生产。实际上，近年来的《中国新说唱》《这！就是街舞》《声入人心》《乐队的夏天》等垂直题材综艺节目，均是挖掘说唱、街舞、音乐剧、乐队等小众艺术形态，借由“媒介转换”后的新文本触达更广泛的用户，使小众艺术突破原有的信息圈层。因此，《戏剧新生活》不只是综艺题材的开拓，也不能停留于“小众艺术”大众传播的认知层面，网络媒体为小众艺术提供了新的媒介平台，小众艺术的“媒介转换”又丰富了总体屏幕时代的文化内涵。

一、跨媒介生产：内容同构优先于媒介间性

戏剧的英文通常有“theatre”和“drama”之分，前者“theatre”偏向戏剧演出的“硬件”，即构成戏剧的各种成分组合（建筑、布景、表演、设计、营销等）；drama则偏向“软件”，主要指“戏剧性”环境里的演出剧目。美国戏剧导演罗伯特·科恩（Robert Cohen）将戏剧概括为“剧场、剧团、剧目；工作、艺术、扮演、演出；现场、演员和事先排练过的剧本”。“它是一种演出，是行动、景象、音响、思想、情感、语言、光线，最重要的是人。”[①]可见，戏剧的构成元素复杂多样，具有组织性、复杂性、剧场性等诸多特性。戏剧展演模式的公共性、即时性，展演内容的故事性、仪式性等特点，共同造就了戏剧艺术的独特性。

以真人秀综艺节目形态呈现的《戏剧新生活》则是视听节目，其构成元素主要是声音与画面，是将实体场景通过视听语言进行虚拟化。就其节目内容的构成看，它既将实景演出的《养鸡场的故事》《鸡兔同笼》《出山》等剧目纳入其中，又展现了剧目“生产”的过程以及戏剧人的生活与思考。其中，既有戏剧编创者为观众讲解的戏剧“公开课”，也探讨了戏剧面临的

---

① 科恩. 戏剧［M］. 费春放，主译. 上海：上海书店出版社，2006：23.

困境、戏剧的魅力以及戏剧的意义。可见，视听形态的《戏剧新生活》与“戏剧”的媒介符号不同，它融合实景戏剧并借助影像语言创造了新的接受文本。

显然，“真人秀”与“戏剧”属于不同媒介，二者之间的融合凸显了“媒介间性”，即“媒介之间从信息内容到技术形式的转换、交互、综合与演变”。有学者认为，“媒介间性转向”已经成为一种普遍现象，“原本相互独立的媒介之间出现交叉和混杂，媒介多样化和数字化日渐影响文化实践和意义生产”[①]。从传播渠道与呈现方式来看，戏剧依赖于舞台，而综艺节目存在于银幕。《戏剧新生活》将两种不同的艺术形式融合在一起必然存在一些难以避免的冲突。舞台属性的戏剧更偏重临场感、文学性、线性叙事，剧目相对形成一个封闭文本；屏幕属性的综艺节目呈现的是视听影像，更偏重镜头感、观赏性，而且可以通过后期剪辑实现内容重组、非线性叙事。前者能给观众带来一种“仪式感”，每一次现场表演受众有限，其即兴发挥、互动部分都是无法复制的；后者则可以借助数码复制，面向无限不特定的观众，除了戏剧中主要使用的“对话”，还能通过视听符码的组合延伸文本意义，充分凸显“娱乐性”。

需要指出的是，“戏剧”与“综艺节目”的跨媒介融合，《戏剧新生活》并非首例。《演员的诞生》《我就是演员》《演员请就位》《今夜百乐门》《欢乐喜剧人》等多档竞演类综艺节目，都采用了“舞台展演+影视化拍摄”的方式。《故事里的中国》《典籍里的中国》等文化节目，也采用了舞台表演段落对“中国故事”进行演绎。然而，《戏剧新生活》的创新之处在于，它不仅采用了“戏剧”的手段，而且尽可能完整地展现了戏剧创作过程，重现了戏剧舞台的“现场感”，“更将戏剧作品的文学性和艺术性在节目中完整保留呈现”[②]。更直接地说，《戏剧新生活》的独特价值在于它不是对戏

① 李亚飞. 媒介间性与文学研究：图绘维尔纳·沃尔夫的媒介间性理论［J］. 外国文学动态研究，2019（6）：97-105.

② 郑娜. 期待更多综艺呈现文化之美［N］. 人民日报（海外版），2021-02-03.

剧元素的简单“挪用”，而是保持了综艺节目生产过程与戏剧人创作“剧目”过程的一致性，“戏剧”是真人秀节目的任务设定，也是综艺节目展开的逻辑线。这表明跨媒介生产中两种艺术形态的融合应当遵循的原则：内容同构优先于媒介间性。

从“内容同构”的维度看，《戏剧新生活》作为“舞台+影视”的跨媒介实践，之所以得到观众认可，还在于其把握了“内容”在主题层面的“同构”，即艺术作品共同的核心指向：对“人”的理解、把握与表现。《戏剧新生活》又名《会发光的你》，节目中无论真人秀部分还是舞台戏剧部分，处处可见对“人”的把握和“人性”的挖掘。正如节目制作人严敏所说，节目中的每一个人，身上都有非常闪光的点，剪辑需要告诉大家的人是一个立体的形象。正是基于此，《戏剧新生活》以极强的真实性、专业度、现场感展现了戏剧人的生活、梦想与追求，挖掘出每一位戏剧人的“闪光点”，塑造了生动立体的戏剧人，以无数真实的细节打动了观众。

二、互文嵌套：情感与悬念的双重叙事

亚里士多德认为，戏剧是模仿的艺术，人们在观看物体的极其逼真的艺术再现时，会产生一种快感。[①]作品中被艺术家们模仿出来的“逼真的艺术形象”直指艺术真实。正如海德格尔在《论真理的本质》中的观点，“真理就是对存在者的去蔽，通过这种去蔽，敞开状态显现出来”[②]。这揭示了戏剧产生两千多年仍生命力旺盛的原因：人们通过观看艺术形象，从中发现被遮蔽的领域，观照自我的真实生命体验。因此，艺术真实并非再现客观现实，而是对真实情感的深入挖掘和激发。

《戏剧新生活》将“真人秀节目”与“戏剧”融合，实现了双重情感的

---

① 亚里士多德. 诗学［M］. 陈中梅，译. 北京：商务印书馆，2019：301.

② 王志敏，陈捷. 关于艺术真实、电影真实和现实主义的漫谈［J］. 社会科学，2007（11）：174-181.

嵌套：第一层面是节目里展演剧目的情感表达，戏剧人作为扮演者阐发戏剧主题的情感之维；第二层面则是真人秀部分，他们作为现实生活中艰难生存、面对困境的“戏剧人”的喜怒哀乐。前一种情感叙事着眼于“演”，即专业戏剧人通过创意、排演创造剧中人物、表现剧中人物，满足观众对戏剧创作过程“揭秘性”的心理需求；后一种情感叙事则聚焦“真”，主要向观众展现对于大众来说比较陌生的“戏剧人生活”。①

无论是表演艺术的戏剧还是“扮演真实”的真人秀，情感都是艺术表现的重要驱动力。《戏剧新生活》每期分为上下两集，上集主要讲述“真人秀”部分，集合了戏剧人在戏剧公社的日常生活、创作“后台”、场外卖票等场景，展现现实生活中的情感互动、情感冲突：小到戏剧人的每日生计、人际关系问题，大到戏剧创作、团队合作问题，无一不是矛盾交锋的场景。“后情感社会”的大多真人秀节目普遍存在“情感话语偏误”，这主要是由于大众媒介因不适合传播深度知识，生发机制上“刺激—反应”生产模式的过度运用，资本的外在作用机制对情感的规训或规划共同带来的。②值得称道的是，《戏剧新生活》的“真人秀”部分，拒绝事先编排的“表演性”，着力对情感话语偏误进行修正。比如，节目中穿插专业戏剧知识的科普，让观众从以往综艺的纯娱乐性中跳脱出来；因节目主角是“无名戏剧人”，所以极少有类似明星八卦的噱头；甚至节目一开始就对资本进行拷问，以经费紧张为出发点制定游戏规则，引导节目中的戏剧人以及观众思考“戏剧能不能赚钱”问题。

“真人秀”部分对情感叙事的调试，为每期节目下集呈现的“话剧”留下互文互译空间。《戏剧新生活》的每一期节目与剧目构成一种“互文”关系，它“是一个文本（主文本）把其他文本（互文本）纳入自身的现象，是一个文本与其他文本之间发生关系的特性。这种关系可以在文本的写作

① 郑娜. 期待更多综艺呈现文化之美［N］. 人民日报（海外版），2021-02-03.

② 晏青. 论“后情感社会”真人秀节目的情感规则、偏误与调适［J］. 现代传播（中国传媒大学学报），2018，40（11）：108-114.

过程中通过明引、暗引、拼贴、模仿、重写、戏拟、改编、套用等互文写作手法来建立”[①]。例如，第七集呈现话剧《李尔马戏团——一部随机的即兴狂想曲》，将经典莎士比亚戏剧《李尔王》进行解构。剧情再三反转，故事线环环相扣又无限套娃，仿佛让观众进入“盗梦空间”，恰好与上集的“真人秀”呼应。在上集“真人秀”部分，戏剧人在现实生活中因为私心互相“算计”，观众站在“上帝视角”看着戏剧人“钩心斗角”，看见每一个体的“悲哀”。互文互译之下，节目不禁引人深思：正在看这场戏剧/真人秀的观众，何尝不是莎士比亚故事里的人物，何尝不有着“戏中人”同样的悲哀呢?

悬念叙事是戏剧与真人秀共同遵循的艺术法则。一方面，悬念源自冲突，人物实现内心愿望的“可能性”是故事发展的基本动力，各种“阻挠因素”构成叙事序列推进过程中的大小悬念。《戏剧新生活》中展演的戏剧多为现代小剧场话剧，包含了现实主义、表现主义、荒诞派、先锋派等诸多现代戏剧流派。如何创新“剧目”是戏剧人绞尽脑汁、始终如一的追求，也是节目吸引观众的“悬念”。另一方面，现实中的戏剧人如何在戏剧公社游戏规则中解决生活中的一个又一个难题也构成了“悬念”，“真人秀”与“剧目”中冲突无处不在，双重悬念互相推动节目的结构与叙事，是节目赢得观众的又一重要手段。

三、渠道融合：议题设置与破圈传播

戏剧（或话剧）作为一种独特的表演艺术，受时空、场地、人员、设备等因素制约，加上欣赏戏剧有“门槛”，从观众规模上看的确属于“小众”群体，关于戏剧的信息主要在圈层内部流动。与之相反，影视、网络等视听媒体传播面广、易获取且娱乐性强，更多地占据了大众日常文化消

① 秦海鹰. 互文性理论的缘起与流变［J］. 外国文学评论，2004（3）：19-30.

费市场。正如发起人黄磊在节目中与赖声川讨论戏剧《暗恋桃花源》时所说，该剧上演15年总共约有30万人看过，而《戏剧新生活》一集可能就有超过30万人收看。《戏剧新生活》策划与生产的初衷，就是“以综艺的形式，让公众了解戏剧，让更多人愿意走进剧院”①。简单地说，就是希望戏剧通过“渠道融合”，借助大众传媒拓展受众覆盖和辐射。

美国学者哈罗德·亚当斯·伊尼斯（Harold Adams Innis）依据传播媒介的形态，把媒介分成两大类：“倚重时间的媒介与倚重空间的媒介。媒介越笨重而耐久、不适合运输，则它更适合知识在时间上纵向传播；媒介越轻巧和便于运输，则它更适合知识在空间中横向传播。”②互联网媒介带来了“空间流动”（space flow）和“超时间”（timeless time）③等概念，打破了戏剧以往依靠口头传播的即时性，弥合了文字传播的传统空间距离。综艺真人秀内核的《戏剧新生活》从生产、传播两端与互联网绑定，本质上是一场以人为偏向的、泛在的“娱乐性”尝试和扩张，实现了小众艺术的破圈。

所谓“破圈”，作为一种文化现象主要是指某种艺术形式和文化内容在不同接受群体之间的流动分享。“破圈”与“出圈”的概念不同，后者主要用以形容某个人、某事件不在既有固定的粉丝圈中传播，被更多圈外人知晓。“破圈”则是指对既有之物产生新的认识构成，赋予新解释和新效用，通过改变内容生产与表现方式，与更多主客体发生新连接、建立新关系、生产新的文化产品，从而丰富价值网络，扩大用户范围与规模。④《戏剧新生活》让大众关注“小众”戏剧的关键在于进行“议题设置”。走进剧

---

① 曾于里.《戏剧新生活》：这么好的戏剧，少人问津很可惜［EB/OL］.（2021-01-27）［2025-03-10］. https://m.thepaper.cn/newsDetail_forward_10930906.

② 伊尼斯. 传播的偏向［M］. 何道宽，译. 北京：中国人民大学出版社，2003：102.

③ 李沁. 泛在时代的“传播的偏向”及其文明特征［J］. 国际新闻界，2015，37（5）：6-22.

④ 腾云. 当我们说“破圈”时，我们到底在说什么？［EB/OL］.（2020-06-01）［2025-03-10］. https://m.huxiu.com/article/360170.html?f=member_article.

场的观众，关心的是“剧”本身，而大屏小屏面前的观众感兴趣的是“景观”或者“话题”，后者是由大众媒体的公共领域属性决定的。为此，《戏剧新生活》设置了两个具有探讨空间的“议题”：一是戏剧人的“戏剧理想”问题，另一条是“赚钱”（生存和发展）问题。这两个议题既是戏剧人的自我发问，也是对中国文化环境、公众艺术偏好的发问。在节目中，戏剧“小众”接受的问题被反复触及。例如，第九期呈现的改编自乌镇戏剧节优胜话剧的《一座剧院》，特意契合节目主题阐释戏剧艺术“不被人理解”和“到群众中去”的思考。应该说，这种思考不仅具有价值，而且有一定深度。《戏剧新生活》通过“戏剧”议题的设置，制造了公众讨论的舆论空间，使戏剧与“圈层”之外的观众产生了连接，重塑了戏剧的认知方式和价值结构。

需要指出的是，划分是“小众”还是“大众”，艺术本质上难以脱离特定的文化语境和传播环境。当前戏剧艺术的小众接受并非自带属性或者必然如此。话剧过去曾经是大众化的艺术形式，20世纪80年代初中国也曾出现万人空巷看话剧的现象，中国话剧经历了一段令人难忘的辉煌时期。[①]随着市场经济的发展，公众文化消费状况随之变化，契合当代社会多样化精神需求的“小众”戏剧和小剧场应运而生。从社会文化角度来看，这一阶段的戏剧从“大众”到“小众”的转向，某种程度上也是个体意识崛起和公众审美自主的反映。

四、关于《戏剧新生活》与戏剧艺术发展的思考

截至2025年4月25日，《戏剧新生活》在豆瓣网依然有9.3分的成绩，一直延续了观众的良好口碑。[②]《戏剧新生活》的收官之作《关于23号星

① 吴保和. 中国当代小剧场戏剧论［M］. 上海：上海远东出版社，2015：127.

② 参见豆瓣网，网址为https://movie.douban.com/subject/35231889/。

球》讲述童心的丢失与成长的代价，与真人秀部分呼应阐释“万物皆偶”，引观众感动泪目。对照当前国家关于综艺娱乐的规范要求，《戏剧新生活》是一档有态度、有深度、有温度的节目，杜绝“明星”“流量”效应，力求让优秀的“无名”戏剧人“被看到”，以真诚俘获了不少戏剧“圈外”的观众。《戏剧新生活》跨媒介实践的探索表明，小众艺术被大众接纳且喜闻乐见是可以实现的。然而，从推动戏剧艺术未来发展的角度看，这档真人秀节目仍有不少值得思考之处。

（一）融合生产与传播的“媒介逻辑”尚待深入挖掘

跨媒介生产与传播的要义是产生一种形塑人们观念乃至行动的“力量”。这种“力量”来源于信息内容以及交互场景的丰富。传统戏剧观演的逻辑在于通过有距离的观赏，让观众获取直观的生活体验。

《戏剧新生活》借助跨媒介方式，一方面引导更多观众接触和认识戏剧，为戏剧传播拓展渠道；另一方面通过“网络媒介+电视综艺”的形态变换，提供给观众戏里戏外一体化的沉浸式过程体验。比如，网络弹幕互动等反馈方式，对标传统戏剧的现场互动，就是另一种直观且现实的互动体验方式，且在另一维度上拓展了意义生成空间；节目中真人秀部分以另一种形式弥补了现场表演带给观众的“真实性”“体验感”，甚至“沉浸感”，由此创造的“新体验”不仅符合融合生产与传播的“媒介逻辑”，而且产生了新的文化价值。对此，戏剧乃至文艺的跨媒介生产与传播仍需在此基础上进行深入挖掘，不仅要挖掘传统艺术的精髓，还要同步挖掘新媒介赋能带来的独特意义，并不断与观众期待适配，进而在更大范围内推动艺术创新与文化发展。

（二）破圈传播不能僭越戏剧艺术的“规定性”

《戏剧新生活》因适应市场进行了适度的“娱乐性”尝试，成功吸引了戏剧圈外的一批观众。但这种破圈为何而“破”、“破”向何处，应当回到这档节目与戏剧艺术的关系角度来思考。

戏剧来源于生活，也作用于观众的精神文化生活。每一种艺术都有其自身的规定性，“剧场性”是传统线下戏剧的“灵韵”，在特定的接受空间里演员与观众实时、面对面互动等是戏剧独特的魅力所在。这种“规定性”正是戏剧之所以成为戏剧的内核所在，观众在剧场欣赏剧目获得的情感体验，显然不是观众收看电视节目所能比拟与替代的。《戏剧新生活》作为“真人秀+戏剧”形态的视听节目，提供了视听娱乐，也让人们大体了解了戏剧及其创造过程。但其负面效应同样存在，节目中的戏剧剧目作为一种“素材”，必然是戏剧简约化、片段式的呈现，既影响了观众对戏剧艺术的整体性认知，也不可避免地消解了观众线下实景看剧的“现场性”。因此，传播维度的破圈虽有必要，但我们绝不能抛弃戏剧艺术几千年来之所以存在的内核——带给观众戏剧化的生活体验。《戏剧新生活》中影像化、缺失了剧场空间性的“剧目”，既不等于更不可能取代戏剧本身，戏剧未来发展的核心问题依然是本体的改造与进化。

（三）节目对戏剧的呈现与表达应当均衡完整

无论是西方古典戏剧还是中国传统戏剧，欣赏时都需要观众具有一定的戏剧知识。

《戏剧新生活》在戏剧类型选择和内容呈现上，存在一定的偏颇与失衡。节目中上演的剧目大多为中国当代语境下的“先锋话剧”，考虑到所面向的网络观众的多层次性，倾向娱乐化、大众化与商业化。[①]节目对传统戏剧的关注较少，可能会让观众对“戏剧”产生误读，甚至认为戏剧只有“先锋话剧”这样一种形式。中国传统戏剧包罗万象、种类丰富，京剧、越剧、评剧、昆曲、豫剧、黄梅戏等均具有悠久的历史和独特的艺术魅力。

① 高子文. 书写与差异：“先锋戏剧”概念在当代中国的接受［J］. 文艺研究，2016（6）：92-101.

此外，西方戏剧也是历史悠久、体系完整的，话剧只是其中一个分支。把“戏剧”的完整概念与体系传达给受众，让同样价值丰富的各类剧种进入大众视野，是未来应当重视的命题。

（四）戏剧的发展应抑制盲目的“大众化”冲动

综艺真人秀内核的《戏剧新生活》借助互联网让戏剧“溢出”固有的传播范畴，实现从“小众”到“大众”扩散的传播效果。这档节目让更多人感受到舞台表演艺术的情绪激荡，向人们发出了“来剧场观赏戏剧”的邀约，对于戏剧突破圈层有一定开创性。但这绝不意味着戏剧应当追求数量、规模意义上的“大众”，更不应当唯“流量”是瞻。

更直白地说，一种艺术类型的价值并不能简单地以市场价值为衡量标准，戏剧这种需要一定欣赏门槛的艺术绝非观众越多就越好。在大众文化狂欢的整体文化语境下，“小众”传播与接受同样值得鼓励与珍视。在现象层面，“大”与“小”的对立体现在数量多寡上；在话语层面，占有少数资源或弱势话语权力的群体，基于共同的文化旨趣形成文化社群，是文化多样化不可或缺的一部分。即使从市场维度来看，营销语境中的“长尾理论”也确证了“头部”市场外还有诸多“小众市场”“细分市场”，它们产生的总体效益也不可小觑。与其追求数量上的“大众”，不如深耕话语与文化层面的“小众”，也不失为解决戏剧发展中外部困境的路径。

（五）“戏剧”与“新生活”的现实对接和落地

《戏剧新生活》促进大众对戏剧的认知、吸引更多的观众走进剧场无疑是值得肯定的，但是一档面向公众的真人秀节目其内蕴的价值引导同样值得重视。创作者不能只是“造梦”供人们逃避现实，还应当通过作品反映生活本相，揭示社会发展规律，思考生命意义。节目中多场话剧都阐释了一个主题：对“理想主义”的赞美、对“梦想”的追逐。例如，话剧《养鸡场的故事》主角小兰对“看大海”的渴望，《一座剧院》中对“他射中了巨人的膝盖，而巨人击穿了他的头颅”的演绎……仅靠“梦想”“远方”，观众不可能理解本真的生活，节目甚至可能沦为无价值的“心灵鸡汤”。“精神食粮”与“物质生活”是互为前提、相互交错的，“新生活”需要经济基础与上层建筑的共同建构，“梦想”如何照进现实，期待着《戏剧新生活》未来能给出应有的回答。

《戏剧新生活》融合“真人秀+戏剧”，以生存生活纪实、舞台展演的方式，将当代中国文化环境中“小众”的戏剧艺术推至网络大众面前，用节目以及节目中的“戏剧”的双重文本启发人们进行深度思考。以“戏剧”唤发“梦想”，以“真人秀”启迪“新生活”，《戏剧新生活》节目中的8位戏剧人为观众展示了一个戏剧的“快乐星球”。当然，戏剧的“快乐星球”不仅属于专业戏剧人，还应属于对生活保有积极态度的每个人。

第四节　歌舞作为元素：荧屏与银幕之别

在总体屏幕时代，视听艺术的表现形式和传播途径经历了革命性的变化。在娱乐产业的视听内容生产中，“歌舞”都是重要甚至不可或缺的元素，它与不同媒介结合产生不同的艺术形态。最典型的当数一大批电视综艺节目，“歌舞”是才艺展示的内容核心，如《中国好声音》《我是歌手》《舞蹈风暴》《乘风破浪的姐姐》等不仅备受观众喜欢，而且形成了具有强大市场号召力的品牌。与之形成鲜明对比的是，同样以“歌舞”作为主要元素，“歌舞电影”却完全是截然不同的状况。“歌舞电影”主要是指由诸多歌曲和舞蹈作为内容构成的影片类型，最早来源于美国百老汇的歌舞剧改编。[①]中国歌舞电影在20世纪五六十年代前后曾出现一波创作高潮，但

① 史文华. 歌舞传情，词曲达意：解构电影《发胶》主题的现实性意义［J］. 电影评介，2010（8）：54-55.

整体而言，中国歌舞片始终处于式微状态。

总体屏幕时代对歌舞元素的影视表达提出了挑战，也提供了新的可能。歌舞作为主要元素，为何能在电视荧屏大放光彩，却在电影银幕上黯然失色？歌舞元素在生产为电视节目或者电影时，为何出现如此迥异的效果？显然，歌舞元素在影视文本传播与接受中的显著性差异值得关注与探究。

一、文本、叙事与场域等导致传播效果的差异

从生产端来看，对于歌舞元素的运用，综艺节目和电影分别采用不同内容策略，由此生成不同形态和属性的文本，在文本开放性及叙事方式上有较大差异。从传播端来看，在媒介融合背景下，综艺节目的传播场域更趋多维立体，歌舞电影的传播场域仍存在单一化问题，场域的形塑也是影响传播效果的重要因素。

（一）对话与阅读：文本开放性的差异

基于大众媒体传播的综艺节目，在策划、生产、传播的每个环节均注重受众参与互动的可能性，这决定了电视综艺文本的开放性。正如美国文化研究学者约翰·费斯克指出的，“电视要抓住观众，就必须具有开放性的文本，允许不同类型的亚文化群体从中生发出满足自己亚文化身份认同需要的意义，电视只有具有多元声音，才能使它的文本与它的观众产生对话关系”[①]。为了增强这种“对话”关系，电视文本设置许多让观众参与的环节，其目的均是增强与观众的接触，强化观众对文本的“介入”。例如，《中国好声音》中导师的“转身”、现场投票、场外点赞与评论等。同样，歌舞竞演类综艺节目《乘风破浪的姐姐》在节目编排上赋予观众参与空间，采用观众投票决定选手命运的竞演规则。《我想和你唱》在策划时就把观众

① 赵爽英. 电视新闻叙事的封闭性与开放性［J］. 新闻界，2013（17）：29-32.

设定为节目的一部分，经过筛选的观众有机会到舞台现场和主场嘉宾合唱。这种凸显互动性的节目组织形式，借助歌舞元素营造了综艺视听文本的动态性与开放性。

比较而言，电影则是一种相对封闭的文本，故事、人物、情节均是事先设定、无法改写的。在接受美学视域中，尽管观众可以因不同解读产生意义层面的“播撒”，但对电影文本本身并不产生作用。按照意大利学者安伯托·艾柯对于“开放性作品”的解释，“观众的诠释过程必须以文本为依托，尽力做到作者、文本和读者三要素之间的动态平衡”[①]。即使从这个意义上说，电影也是一种仅能“阅读”的文本，其“开放性”只停留在阐释层面。尤其是歌舞电影中“歌舞”的着力呈现，偏向于通过视觉奇观吸引观众，往往削弱主题表达和人物塑造，意义阐释层面的“参与”也大打折扣，文本的开放性进一步消解。

（二）强化与弱化：叙事维度的差异

就一般规律而言，传统综艺电视节目的重心也并非叙事，而是歌舞类才艺的表演。值得注意的是，近年来赢得观众的综艺节目大都完成了“叙事”转向。节目不再是单纯的才艺表演，更注重明星或“草根”人物的“故事”设定。正是综艺文本对“叙事”策略的调整，才出现了众多草根明星。舞台上的歌舞展示，以人物的身世、职业、命运为依托，故事成为感动观众的核心所在。不仅如此，电视综艺在实际运作中越来越多地重视“悬念”的设置。各种“淘汰”赛制的普遍采用，就是为了造成导师与选手、选手与选手之间的冲突。例如，“中国新说唱”“舞蹈生”等系列歌舞类综艺节目，采用多样的赛程设计，尤其注重节目主题选择、戏剧冲突营造和叙事框架的预设。

---

① 孙葳.《开放的作品》：艾柯作品理论研究［D］. 哈尔滨：哈尔滨师范大学，2011：1.

电影主要通过人物塑造、矛盾冲突等推动故事情节的发展，从某种程度上说，看电影就是“看故事”。从对类型电影的观察中，我们能够发现两种不同的类型：一种是强类型，一种是弱类型。强类型假定性明显，不同文本之间在词典和语法上都具有更大的相似性。[①]歌舞电影是典型的强类型影片，文本自由度相对较弱，既要求突出影片歌舞内容，又需保证清晰流畅的类型叙事。当前的中国歌舞片普遍存在叙事能力薄弱，矛盾冲突设置、叙事结构编排较为单一的问题。例如，2010年上映的中国版歌舞电影《歌舞青春》虽然在歌舞表现上可圈可点，但角色之间矛盾和冲突的表现使关于青春成长的探讨流于表面。二者对比之下，原本以“叙事”为主的电影，因为“歌舞”元素反而弱化了“故事”，原本不擅长“叙事”的电视综艺却因着力强化“叙事”变得跌宕起伏、扣人心弦，符合观众的收视期待。

（三）融屏与单一：传播场域的差异

随着媒介融合的纵深发展，内容的跨媒介、跨平台分发为各类视听节目构建起立体多元的传播场域。在传播端，综艺节目善于充分把握不同平台的优势，以适应终端特点的定制内容实现传播效益最大化。电视“大屏”与短视频“小屏”联动，“先网后台、台网联动”实现流量和收视的双轮驱动。综艺节目的叙事转向又让“话题”延展到社交媒体，起到为节目引流的作用。例如，湖南卫视《歌手·当打之年》，借助“云演出”实现五地歌手在线演出，“网+台”的形式维持节目热度，相关话题多次占据微博热搜榜首，多渠道、跨屏幕的全媒体矩阵为综艺节目提供了更强大的传播场域。

与歌舞类综艺节目相比，歌舞电影的传播主要渠道依然是院线，加上受到排片率的限制，歌舞类影片在短时间内难以对观众的辐射与影响较小。一旦口碑不佳，影片票房更容易造成断崖式下跌。主要依赖于院线平台的

---

① 梁君健，尹鸿. 怀旧的青春：中国特色青春片类型分析［J］. 电影艺术，2017（3）：61-67.

歌舞电影，虽然也能通过线上版权售卖等获得一定经济收入，但传播场域难以拓展成为其传播效果受限的主要瓶颈。

当然，影视对于歌舞元素表达与应用的差异还体现在内容的市场运营层面。综艺节目大多具有较强的品牌意识，擅长从节目版式、艺人经纪、市场营销、产业链条等维度打造IP，通过深度开发歌舞卖点获取用户，这些显然是单以“作品”形态呈现的歌舞电影所不具备的。由此，我们不妨进一步探讨，歌舞类综艺文本生产与传播能给歌舞电影提供哪些启发。

二、歌舞类综艺实践对中国歌舞片发展的启示

顺承新时代的历史转折，中国电影产业也迈向了崭新的发展阶段。“新力量”“新产业”“新格局”的凸现，对应中国电影生产、文化消费的迭代升级，并追寻中国电影的美学自觉。歌舞电影作为一种独特的类型电影，在中国的发展却一直裹足不前，如何平衡市场与创作、形式与叙事、作者与受众之间的复杂关系，不妨借鉴歌舞类综艺节目的成功经验，探索中国歌舞片的发展策略。

（一）深度挖掘歌舞元素，打造优质电影IP

IP是“知识产权”的代名词，互联网时代这个概念内涵泛化，它可以指某个品牌、产品甚至是某个作品，围绕在IP周围的通常是话题、流量和热度。以《中国好声音》《歌手》等为代表的歌舞类综艺节目，从节目策划之初就确定了相关IP的打造目标，借力明星市场影响力塑造节目品牌。综艺节目在后续运营中持续开发IP核心价值，形成“主体综艺—衍生节目—综艺电影—文旅融合—游戏开发”等“1+N”式的产品链条。歌舞电影不同于古装和玄幻题材电影，在游戏开发或者影视改编方面并不具备先天优势，但就题材选择与文本策划而言，不妨借鉴这一思路，具体可从以下角度展开思考。

1.深度挖掘歌舞片中的歌舞元素

歌舞电影的歌曲多兼具叙事性与抒情性，更易触动观众的共鸣和情感认同，可作为电影后期IP延伸的重点。例如，经典歌舞片《爱乐之城》中的歌曲*City of Stars*至今仍旧深入人心。

2.创造性挪用经典文本，提高话题参与度和认同感

以电影《芳华》为例，它虽然并非完全意义上的歌舞片，“但重要段落中采用歌舞元素进行场景设置、镜头调度等——这种‘挪用’令‘红色经典’以一种新的面貌呈现在观众面前”①。红色革命故事是宝贵的文化资源，巧妙地进行创造性引用、现代化阐释，可有效唤醒代际之间的共鸣与认同。

3.借鉴歌舞类综艺的季播经验，做好时点营销

大型歌舞类综艺节目采用“季播”形态，可以有效集中商业和媒体资源，在特定时间段聚集受众注意力。近年来，商业电影越加重视档期把控，如国庆档推出的《我和我的祖国》《我和我的家乡》等均取得了不错的成绩。歌舞电影应当加大时点营销策划力度，在策划时将歌舞内容与上映时机关联，与特定节日、节庆等做好匹配，为后期的内容营销创造条件。

（二）创新视听技术应用，提升受众审美体验

歌舞类影视作品诉诸受众“视听”，综艺节目对新影像技术的大量应用对于歌舞电影的视听创新起到了示范意义。歌舞片对于时空、场景、体验的处理，有着比综艺节目更大的空间和优势，理应在技术应用、奇观营造、视听表现等方面迈出更有力的步伐。

1.重塑时空

时空关系是视听节目叙事和编排的基本逻辑，如何更好地处理时空关系影响整个节目的效果。美国哲学家唐·伊德认为，“影像技术的本质上是

① 陈涛，陈琳.改编、衍生与挪用：红色经典电影的当代回响［J］.电影艺术，2021（4）：69-74.

对现实世界的空间压缩”[①]。歌舞类综艺节目《舞蹈风暴》在时空表达上创造性地使用了许多新技术，例如，利用128台高清摄像机对舞者的身体进行全方位的表达，实现“时空凝结”。[②]通过定格影像技术重塑时空的做法目前已不算高科技，但对于中国歌舞电影如何合理尝试新技术手段提供了思路上的启示。

2. 再造场景

场景化、沉浸式的体验是近年来视听节目的一个重要转向，在文化类综艺节目中这种视听探索已经成为常态。中央广播电视总台推出的《典籍里的中国》《国家宝藏》等节目通过场景再造满足观众新的视听期待，河南卫视针对传统节日推出的《唐宫夜宴》《洛神水赋》《龙门金刚》等，通过实景拍摄与虚拟技术融合创建古今一体的新场景，给观众带来了全新的视听审美体验。

3. 强化仪式

营造“舞台仪式感”是近年来综艺节目的一个重要的发展趋向。正如传播学者詹姆斯·凯瑞提出“传播仪式观”，强调传播实际上是一种“文化仪式”。综艺节目借助VR、AR等数字技术，舞台被打造成有温度、有情怀的文化场景，如大型文化音乐节目《经典咏流传》用“和诗以歌”的形式将传统诗词经典与现代流行音乐相融合，演播室现场将传统优秀文化符号化，通过朗诵、释读、演唱等仪式性环节，凸显“文化自信”的主题内涵。在内容的仪式营造、段落设置层面，歌舞电影有很大的拓展空间。

（三）观照社会现实生活，满足大众审美期待

歌舞片极易陷入乌托邦式形式美学的困境，嵌套过多的歌舞表演及梦

① IHDE D. Heidegger’s technologies：postphenomenological perspectives［M］. New York：Fordham University Press，2010：138.

② 杨帆. 从《舞蹈风暴》看融媒体时代电视舞蹈的发展策略［J］. 北京舞蹈学院学报，2020（6）：80-86.

幻剧情往往导致曲高和寡。追求纯粹浪漫主义美学，将游离于大众审美期待之外，难以与受众产生共鸣。从视觉符码的建构层面来说，歌舞片在注重视觉性符码构建的同时，还应在非视觉主题层面继续延伸。类型研究学者托马斯·沙茨曾提出："电影制作者运用类型已经建立起来的视觉符码来创造复杂的叙事和主题的情境……视觉编码在叙事的和社会的价值，也延伸到了类型电影制作的非视觉层面。"①歌舞电影还应回归对现实社会的观照，平衡歌舞元素的专业性与趣味性、美学追求与市场需求。在这一方面，歌舞片不妨借鉴综艺节目的做法，巧妙地将歌舞元素与社会话题有机缝合。例如，《乘风破浪的姐姐》关注"30+女性"成长、鼓励女性勇敢追梦，这种励志类综艺节目既有时尚娱乐气质，也探讨了女性在现实生活中的处境和出路。

从审美期待层面来看，歌舞片创作者在定位、取材、制作及宣发时，应充分考虑大众的审美期待与趣味。歌舞电影《燃野少年的天空》，青春群像的展现看似契合了年轻群体的观影期待，但仍依循青春片套路模板、异常生硬的标签、荒诞无厘头的情节、庸俗的价值观，更像是一部打着"歌舞电影"旗号的商业片，与现实中青年群体的精神文化需求相背离，显然难以获得认可。

（四）凸显叙事本体功能，强化多样化叙事策略

21世纪以来，以《如果·爱》《钢的琴》《斗爱》《精武门》为代表的一批歌舞电影，尝试着将歌舞元素融入电影剧情中，但仍存在歌舞与叙事匹配失衡的问题。歌舞惊艳而剧情缺失，歌舞就会成为孤立要素，失去推动故事情节、塑造人物角色的功能，甚至纯粹为了表现歌舞而戕害剧情的合理性。

因此，歌舞片应当在回归叙事本位的基础上，巧用剪辑等后期手段创

① 刘祎祎. 电影工业美学视野下华语歌舞片类型建构的困境与策略［J］. 民族艺术研究，2020，33（5）：38-46.

新影像表达手段。英国学者雷蒙·威廉斯提出了“影像流”的概念，他认为，电视是“由各种行为、活动、表述、表演汇成的影像流”，本质特征是“一个连续的流程”[①]，强调了电视节目的叙事形态特征。以《这！就是街舞第二季》为例，综艺节目以真实性、娱乐性与互动性见长，但其同样注重叙事性，节目通过“明星导师+舞者真人秀”的模式进行，采取个人选拔、团体作战等方式进行，看似“无剧本”，但人物塑造、节奏把控、团队故事铺陈等都离不开剪辑、拼贴，从而强化综艺节目的冲突性与叙事性。

歌舞电影作为典型的类型片，在强化叙事主体地位的同时，还应采用多样化的叙事策略，把握好歌舞叙事本体论和功能论之间的关系，允许歌舞以多样、灵活的方式介入电影叙事，强化歌舞元素与文本的适配度。《芳华》中诸如《送别》《驼铃》《草原女民兵》等20世纪七八十年代的歌舞曲目、芭蕾舞剧《沂蒙颂》贯穿始终，与电影文本存在明显的互文关系，直接串联影片主题、剧情、人物情感命运等多个维度，可视作近几年影片融合歌舞元素的佳作。

（五）实施制作运营新机制，探索生态型商业模式

在资本、平台与技术加持之下，包含歌舞类综艺在内的传统电视节目已跳出传统的单方制作模式，进入全媒体整合营销发展的快车道。平台方、内容方和商业运作方三方合作，充分发掘各自资源优势，实现优势互补，最大限度地发挥了综艺创作的集体智慧。[②]这种新型制作与运营机制，为歌舞片的市场开拓提供了借鉴。

1.与新媒体深度融合，调整电影生产策略

传统综艺节目大多由电视台创作，其技术、团队、思维、资金等相对

---

① 威廉斯. 电视：科技与文化形式［M］. 冯建三，译. 台北：远流出版事业股份有限公司，1996：86.

② 曾洁. 网络综艺多元主体的合作式生产：以“这！就是”系列综艺节目为例［J］. 出版广角，2019（10）：70-72.

有限，一定程度上限制了综艺节目的创新。新媒体环境下诞生的网络综艺，以新型表达与传播方式获得市场认可。同理，歌舞电影也亟待探求多方合作模式，接轨各大网络平台，革新传统环境下歌舞电影的内容形态。利用互联网、新媒体催生歌舞电影的“新”题材、“新”概念不失为创造“爆款”的新路径。

2. 在合作型生产关系中贯通投资、生产、播出、营销、宣发等环节

以“这！就是”系列综艺为例，天猫作为电商平台介入并成为其出品方，从赞助商转型为内容制作公司的过程中，不仅充分发挥了电商平台的资源数据优势，节目中也全程贯穿娱乐、社交、电商整个链条，打通了综艺节目与电商之间的壁垒，实现了从内容到商业的转化。歌舞电影也应贯通产业链条的各个环节，挖掘合作平台的用户数据资源，使内容制播宣发精准满足用户需求，抵达相关度较高的用户，从而打造更科学的整合营销模式。

3. 拓展歌舞电影的发展边界，探索更完善的商业模式及产业生态

传播链条的重构带来全新的商业模式，传统单向型商业模式势必将转向生态型商业模式。在这种背景下，歌舞电影的创作方已经不再是制播宣发的单体规划，而应更深入地思考产业潜力、衍生产品等全方位布局。歌舞电影顶层设计的生态化必将激发选题策划、主题表达、技术应用、产品分发、市场运营等各个层面的创新。

三、中国歌舞电影具有广阔发展前景

歌舞元素在综艺节目中的成功应用与转化，证明了歌舞本身是极具市场价值的文化资源。前述从文本、叙事、传播等多个角度分析了歌舞元素在综艺节目和电影文本中的差异性及其原因，试图在比较视角中思考中国歌舞片的发展之策。诚然，当前中国歌舞电影停滞不前的状态，有着更为复杂的多重原因。例如，中国并未形成像印度和美国歌舞片的规模和市场，

中国观众的收视习惯也有所不同，再如歌舞片还涉及更深层次的文化基因和审美传统等。

概言之，歌舞作为古老的艺术形态，在中国有着深厚的历史积淀。从原始社会的祭祀歌舞再到封建社会的礼制承袭，歌舞都是中华民族宝贵的文化资源，为中国歌舞电影提供了取之不尽的创作素材。歌舞电影在中国存在的时间并不短，在特定时期也获得过广泛的社会影响，随着时代变迁与社会发展，歌舞片应当探索适配受众需求的发展新路。从文化环境的角度看，观众受教育水平及审美水平普遍提高，歌舞片这一具有美学特质的影片存在很大的潜在市场。从市场环境来看，随着媒介融合的纵深发展、各种平台型媒体的崛起，歌舞电影有了更多的可拓展的发展空间。在文化强国战略引领下，中国正从电影大国走向电影强国，歌舞电影不仅不能缺席，恰恰处于大有可为、前景可期的时代。

第四章 传统优秀文化重塑视听新场景

中华传统优秀文化的创造性转化与创新性发展是习近平文化思想的重要论断。2013年12月30日，在十八届中央政治局第十二次集体学习时的讲话中，习近平总书记首次提出“努力实现中华传统美德的创造性转化、创新性发展”[①]。2021年12月14日，习近平总书记在中国文联十一大、中国作协十大开幕式上的讲话中指出，中华文明是文艺的根基，文艺工作者“要把握传承和创新的关系，学古不泥古、破法不悖法，让中华优秀传统文化成为文艺创新的重要源泉”[②]。中国传统文化积淀丰厚，为现代传媒提供了重要的内容资源。在以视听影像为主要形态的传播语境下，传统文化借助新颖的视听文本融入现代语境和社会语义系统中，由此实现自身的“创造性转化”与“创新性发展”（简称“两创”）。

第一节　河南卫视“中国节日”系列

河南广播电视台近来打造的一系列“现象级”视听产品，已不局限于单个节目的“爆红”，而成为值得关注与研究的对象。无论是“春晚”“当潮不让·你好·牛”，还是“元宵奇妙夜”“清明奇妙游”“端午奇妙游”，

---

① 习近平. 习近平谈治国理政［M］. 北京：外文出版社，2014：161.

② 习近平：在中国文联十一大、中国作协十大开幕式上的讲话［EB/OL］.（2021-12-14）［2025-03-10］. http://www.gov.cn/xinwen/2021-12/14/content_5660780.htm.

这些节目都依托中国传统节日，围绕富有地域特色的黄河文化，挖掘优秀历史文化的精神内核与时代价值。这些视听节目融合了音乐、舞蹈、戏曲等多种艺术形式，通过戏剧性的讲述方式和数字技术手段链接历史与当下、个人与集体、物质与精神，引起了《人民日报》等央媒的转发称赞，在社交网络也引起广泛关注，实现了主流评价与公众口碑的双赢。河南卫视“中国节日”系列节目的生产与传播，既得益于传统文化觉醒的整体语境，更离不开策划、生产、传播等多个维度的创新性探索与实践，不啻为一个值得研究的典型现象。

一、文化觉醒：传统文化的再现与活化

随着中国综合国力的提升，经济发展推动的“文化自觉”体现在公众的日常生活中，互联网和新媒体技术赋能改变了中国传统文化的呈现方式，中国文化符号的现代演绎与诠释不断在全球范围内书写新的“中国想象”。中央广播电视总台近年来推出的《国家宝藏》《经典咏流传》《典籍里的中国》等节目，赢得了社会普遍关注和好评。以李子柒为代表的网络博主，以符合当代受众接受心理的方式，重新呈现东方田园生活的诗意和美学风格，为传统文化注入时代新元素。凡此种种，不仅预示着传统文化在公众层面的集体觉醒，而且为探索媒介深度融合的传统电视媒体提供了启示与契机。

中原地区是华夏文明的发祥地，河南拥有得天独厚的传统文化资源。多年来，河南卫视一直尝试将传统文化转化为具有生命力的媒体内容，《梨园春》《武林风》等品牌栏目虽然形成了较好的特色和品牌，但前者的观众主要是“戏迷”、后者的观众主要是“搏击爱好者”，如何将传统文化更深地触达更广泛的群体，一直是有待破解的难题。“端午奇妙游”的成功，其重要策略在于首先找到了连接全民的传统“节日”。它将中华民族节日与传统文化结合起来，观者在观看过程中强化民族的集体历史记忆，如元宵节、

清明节、端午节的民俗民风，从而完成了文化认同、社会认同、国家认同。

美国学者尼古拉斯·米尔佐夫曾在著作《视觉文化导论》中提出：“新的视觉文化最显著的特征就是原本不具备视觉性的事物逐渐呈现视觉化的趋势。”[①]基于此，视听修辞作为分析影像的意义体系，对于研究传统文化的现代化表达具有重要作用。它不同于强调说服性的传统修辞学，而是关注信息的理性逻辑，重视视听经验的社会建构。因此，在现代文化传播中，视听修辞由于其丰富的表意性、阐释性和表演性，逐渐成为形塑价值观的重要工具。[②]晚会类节目作为一种服务节日气氛的影像文本，正逐渐打破传统的演艺形式，频繁把传统文化创造性地应用其中。从古典的极致之美到中国故事再到家国情怀，其中蕴含的文化符码和意指信息都被巧妙地编排进影像节目中，唤起大众对中华民族传统文化的集体醒悟，实现审美价值的多重表达。

（一）以视听新修辞与观众建立共生关系

在本尼迪克特·安德森看来，民族就是用语言而非血缘构想出来的，而且人们可以被“请进”想象的共同体中。[③]传统文化的缺席通过晚会类节目重获在场感，这种在场感既回应了当前社会大众对传统文化的渴望，也满足了大众对传统文化的潜在需求。需要强调的是，当传统文化符码进入晚会节目的叙事系统时，要综合考虑运用多样化的视听修辞。这种修辞方式不同于主流话语的直观显现，而是以审美性的视听体验潜移默化地浸染。基于观者对影像的心理认知机制，这种带有审美性的对历史的重新演绎，最大限度地降低了“心理入侵”色彩。一方面，节目通过“戏剧化的结构”

---

① MIRZOEFF N. An introduction to visual culture［M］. London：Routledge，1999：5.

② 陈世华，刘晶. 政治传播中的视觉修辞流变［J］. 国际新闻界，2017，39（9）：71-87.

③ 安德森. 想象的共同体：民族主义的起源与散布（增订本）［M］. 吴叡人，译. 上海：上海人民出版社，2016：140.

制造沉浸式体验，有助于引起观者的情感共鸣；另一方面，节目带有“揭秘”色彩的传统文化知识输出，也让观众体会到悬念式的“解题”乐趣。

《唐宫夜宴》获得热议后，后续的系列晚会节目都以“唐小妹”为主体设计故事，这是当前塑造IP、持续深度开发IP的策略。每一位“唐小妹”因角色化而拥有了鲜明的个性，如艺高胆大、性格豪爽的唐小玉，活泼开朗、古灵精怪的唐小可等，河南卫视以此架构了一个人物宇宙，观众可以从她们身上找到自己的影子，从而建立信任稳定的联系，引发关于传统文化的情感共鸣。

（二）在历史与现实交汇中活化传统故事

讲好中国故事的现实指向可以也应当能够与历史勾连，这是河南卫视完成传统文化现代诠释的又一创新。对于传统优秀文化资源的萃取，结合当下的重要社会议题，把“过去时”转变成“进行时”，无疑是以古说今的一种巧妙挪移，既拉近了历史与观众的距离，又制造了“陌生化”的效果。在诸多节目中，河南卫视融入了抗击新冠疫情、脱贫攻坚、将士守边等社会热点议题，将艺术形式与主流意识形态有机缝合，使“热点”话题借助传统经典进一步发酵。豫剧《五世请缨》延续了《白衣执甲》的现实意义，破天荒地出现了四位佘太君，致敬在中印边境冲突中誓死捍卫国土的边防战士。“少年人盼的是立功边境，年老人喜的是一门忠贞”一语双关，在历史与现实的“穿越”中，蕴含了中华民族英雄辈出、保家卫国的精神传承。热门社会议题融入演艺节目中，激活了尘封已久的传统记忆，将散落于历史长河的“沧海遗珠”串联成新的文化同心圆。

二、符码转译：传统文化的演绎与重塑

影像具有文化符码的属性。意大利符号学家安伯托·艾柯认为：“同语

言学符号一样，影像符码也是任意的、非理性的、程式化的，也是人为约定并独立于现实之物的电影语言。”[①]视听传媒的优势在于能将传统文化进行影像符码的大批量复制、全领域辐射，观众能在多样丰富的时空切片中窥斑知豹，最大限度地呈现传统文化独特的审美意蕴，让观众领略到其无穷的魅力与内在价值。优秀的民族文化为符码，中国传统节日为介质，综艺晚会为载体，三者在具体语境中形成了共生关系，河南卫视由此实现了文化符码的意义增容。

（一）地域特色：符码体系的基础

中华优秀传统文化历久弥新、博大精深，它见证着历史并连接着当下记忆，沉淀为一种符码。它的广泛应用与传播促进着传统文化中的伦理观与现代价值观的互补优化，延续着中华民族的文化基因。纵观2021年河南卫视推出的“中国节日”系列节目，不难发现其中共同的基调——地域特色的传统文化。从《唐宫夜宴》中的宫廷少女乐师到《祈》中美丽的洛神，从《芙蓉池》中的洛阳应天门到《纸扇书生》中的嵩阳书院，节目涵盖了文学、绘画、医学等众多领域，历史事件与人物中蕴含的古典之美和家国情怀，从不同侧面彰显了中华传统文化的魅力与精髓。然而，对于大多数缺失深度阅读的现代观众而言，无法重构历史情景的困境导致其对历史的模糊认识，而承载着历史记忆的实物呈现有机地弥补了这一缺憾。河南卫视的创意之处在于，并不强调历史知识的简单灌输与堆砌，而是将“实物”串联成关于“历史”的场景。例如，仅是《唐宫夜宴》就将《簪花仕女图》《捣练图》《明皇幸蜀图》《千里江山图》等古画串联起来，还出现了河南博物馆的贾湖骨笛、武曌金简、莲鹤方壶、妇好鸮尊等镇馆之宝，具有地方特色的文物成为传统文化的“代言人”，这种方式完全有别于其他同类节目

---

① 沈钰扉. 作为符码的影像：艾柯影像三重分节理论评析［J］. 中国图书评论，2019（8）：72-83.

的简单植入，而是建立了新的视觉化符码体系。

（二）综艺晚会：符码呈现的载体

相较于历史遗存、文物古迹主要以纪录片的形态展现，采用综艺晚会的节目形态使传统文化符码呈现得到了充分的体现，探究其优势主要有以下几点：首先，晚会类节目多以演艺形式来呈现，可以通过音乐、舞蹈、戏曲等多种艺术手段多维度地展现传统文化之“美”，使观者陶冶情操、愉悦身心；其次，晚会类节目与节日相关，符合公众的情感需求，即满足接受者的期待视野；最后，晚会类节目对于新技术的运用有巨大的空间，不仅仅局限于现场的舞台，还能极大地拓展视听边界，并制造新奇梦幻的效果，最大限度地焕发传统文化的活力。正是基于上述优势，河南卫视运用“网剧+网综”的形式突破了晚会以舞台为主的节目形态。每一件文物的背后都承载着特定的历史时空，为节目提供了无穷无尽的创作灵感。在《元宵奇妙游》中，14位宫廷乐伎俑复活化身为少女乐师，一秒穿越进河南博物馆，观众得以跟随她们的脚步，尽览大唐盛景。传统艺术与现代科技的结合，实景与虚拟的融通，传统文化真正活化在公众视野，晚会一举突破了旧有模式。

（三）现代阐释：符码转化的方向

意大利符号学家安伯托·艾柯将影像符码分为十种：感知符码、认知符码、传输符码、图示符码、体验和情感符码等。传统文化作为符码的一种，可以从象形符码的“能指”转到图示符码、体验和情感符码的“所指”，从而具有更为复杂深刻的文化内涵，给予观众进一步解读或联想的空间与可能。中华优秀传统文化凝聚着民族精神，河南卫视“中国节日”系列节目对其进行“历史还原”和“现代阐释”，面对的是不同年龄段、不同社会阶层的观众，在通今达古中叠加汇流传统伦理价值和审美意趣，昭示了符码转化的方向。

其一，变抽象为具象。抽象的事物很难付诸人的情感，具象则意味着感官对象的共享，传统文化由“沉寂状态”到“活跃状态”得益于具象化过程。在符码转化的过程中，各个节目的编排都选取并放大了传统人物形象的细节，肢体动作、面容装扮、花纹色彩等视觉元素的具象呈现，使视觉语言具有冲击力。其二，变静态为动态。传统文化中的物质遗存本身带有静态属性，受到时空限制，但节目以动态方式使“文物”进入开放空间，在各种运动镜头和特效技术的作用下，传统文化重获与观众互动的生机活力。如中国风舞蹈表演《祈》中，依托曹植的文学作品《洛神赋》，舞者化身水下洛神，演绎飞天姿态，将枯燥乏味的文字改编为可视可听的动态舞蹈表演。其三，变单一为多元融合。传统文化在当下的社会语境中获得了更多角色弹性和表达张力，它的呈现与演绎一扫严肃性、距离感，更趋向于年轻化、拟人化、情感化。《唐宫夜宴》打破了观众对古典舞的固有印象，将唐三彩仕女俑造型与其他艺术形式结合在一起，在嬉笑打闹中重塑憨态可掬、神采飞扬的宫廷乐师形象。

三、视听场域：传统文化的隐喻与象征

观众在收看节目的同时能否将自身带入节目之中，是全媒体时代检验节目成功与否的要素之一。约翰·伯格在《观看之道》中指出，观者往往不仅注视一件事物，他们总是在审度物我之间的关系[①]，因此，分析传统文化隐蔽的内在意义如何通过现代媒介手段表征，需要结合视觉图像、声音、颜色、空间、结构等综合因素进行系统阐释。沿着这样的分析路径，克雷斯与凡·勒文提出了视觉语法理论，将符号的意义系统分为三个部分：表征意义、交流互动意义和视听构图意义。其中，表征意义反映的是图像文本中的元素结构和叙事关系，交流互动意义强调图像作为一种媒介在制作

① 伯格. 观看之道［M］. 戴行钺，译. 桂林：广西师范大学出版社，2007：4.

者与观看者之间的交流方式与认知态度，视觉构图意义可经由信息价值、突显性以及框架等语法手段实现。[①]剖析2021年河南卫视“中国节日”系列节目，形式的创新背后是图像、声音、颜色、空间、结构等多方面的突破，这为传统文化元素提供了一种可凸显亦可延伸的视听场域，在隐性互动中打破了古今的价值壁垒，实现对传统文化精神的赋能和美学意义的外显。

（一）传统符码与现代符码的勾连凸显表征意义

视听的表征意义指信息在影像文本中的表现和记叙方式，从这一角度出发可解读为：观众更多关注现象层面的事物，基于自身经验进行认知和判断，目的是实现信息获取和感官享受。河南卫视“中国节日”系列节目没有主持人串场，采用实景拍摄、全程表演，运用真人模拟、漫画展演等多种技术特效完成叙事，是对传统文化意象的现代解构与呈现。如舞蹈《祈》借助端午祭祀洛神的故事背景，创新性地让演员在水中演绎。洛神“翩若惊鸿，矫若游龙”的飞天姿态结合富有节奏的卡点音乐，带来了符合现代人审美的视听体验，也让观众在情感共振中强化文化自信。《端午奇妙游》中以四位“唐小妹”的视角拉出了四条平行且交错的故事线：船家女儿唐小玉、宫廷乐官后代唐小彩、医圣张仲景后人唐小竹、民间戏班孤儿唐小可，四人性格迥异，在登堂献艺中分别象征着龙舟、粽子、黄酒、艾草等端午节独特的文化符号，她们以极具趣味性、观赏性的漫画形式交替出现，隐喻着中华民族传统文化的薪火相传、弦歌不辍。在综艺节日所渗透的视听表征意义中，观众对整体的关注多于细节，对节目的表象多于象征，对可见美感的关注多于内在技艺，对外显性的关注多于内在性。节目通过上文论述的多样化表征方式，将原本宏大抽象的历史文化分解、清

① KRESS G，LEEUWEN T V. Reading images：the grammar of visual design［M］. London：Routledge，2006：177.

晰、可见于晚会的每一帧画面中，具象化的视听体验给观者带来了强烈的冲击力。

（二）“参与式文化”的建立凸显交流互动意义

创作者与观者是节目影像交流互动的两个主体。二者在视听互动中建立双向联系，相互传递信息、领会影像内涵。河南卫视“中国节日”系列节目之所以成为“现象级”，从某种程度上表明了“参与式文化”的胜利。亨利·詹金斯强调“参与式文化”注重关系建立与身份认同：一方面，它可以使成员的关系超出虚拟层面；另一方面，节目影像孕育出来的意义空间本身具有公共性，通过交流互动让成员间的关系价值凸显。换言之，观者通过捕捉创作者设计的视听符码，在与之达成共同认知的基础上实现类似交流互动的效果。

河南卫视“中国节日”系列节目创作的初衷在于站在用户视角上满足大众对传统文化的审美需求，遵循“前期引发期待，后期满足好奇”的原则。节目播出前，河南卫视就通过“唐小妹征名”“全民当编剧”等网络话题活动，调动粉丝的积极性，粉丝可参与节目创作的部分环节。当传统文化不再刻意曲高和寡，而是以亲民姿态融入更多年轻人的话语体系中时，传统文化才能真正实现与年轻一代的交流与互动。不仅如此，节目还激发观众对传统文化的自觉探索，根据文献资料或常识对视听内容进行“完形补充”。例如，观众若想对太极拳表演《天地之中》有充分的理解，就需要结合中国古代宇宙观与现代的赛博朋克文化进行双重解读。

（三）构成元素的重组凸显视听构图意义

影像的“视听构图意义”来源于文化符码的构成元素。这一层面考量的是主体象征价值和潜在文化意义。人类历史文化往往由精英文化与通俗文化共同构成。前者代表着“大传统”“雅”文化，通常被写进文化典籍中；后者代表着民间性，同样在教化民众方面发挥着重要作用。近年来，晚会类节目很多借助更接地气的艺术表现形式，将传统文化与民族精神、家国情怀联结起来，为历史文化的融会贯通创造了条件。2021年河南卫视的四档节目都不约而同地打造了“唐宫天下”。唐代是中国文化大繁荣时期，尤其是古代舞蹈艺术在这一时期达到巅峰，如北方的宫廷舞蹈、少数民族的胡旋舞等都是代表。《唐宫夜宴》一洗人们对中国古典舞者“纤细、柔美”的认知，改而换之的是一群身穿红绿襦裙、体态丰硕的乐伎形象。《唐印》更是将傀儡戏与舞蹈融合，把台前木偶与台后操作者合二为一，绚丽夺目的视觉舞台呈现出传统与现代融合的视觉奇观。值得注意的是，这些成功出圈的节目大多演绎的是以女性为主角的故事，展现了古代女性的“韧”与“美”，不同于现代流行审美的“白幼瘦”，这些女性形象多是丰满而健康、活泼而自信的，从细节之处重新审视女性的审美变迁，在一定程度上颠覆了消费社会的审美倾向。

凡事预则立，凡事谋则兴，凡事定则成。晚会类节目不仅有活跃节日气氛的作用，更担负着传统文化传承与精神文明建设的功能。河南卫视巧妙地配置各种传统文化视听素材，利用符码转化合理编排历史故事、经典人物，在满足观者视听审美需求的基础上实现意义深层指向，不仅是对传统文化觉醒的呼应与推动，而且促进了中华传统伦理观与社会主义核心价值观的互动。河南卫视“中国节日”系列节目的创新通过视听修辞的重置，成为一场全新的话语实践和社会实践，它们改变了观众的感知方式、思维方式、情感认同。河南卫视持续擦亮传统文化的“活招牌”，打造自己的“唐宫”IP，既为传统文化赋予了仪式感的新颖表达，又在最大限度上减弱了历史的烦冗感、意义的复杂度和文化的凝重性，以一种可近的文本形态展现传统文化，无疑是传播学意义上的返本开新。

从更宏阔的角度看，传统文化在特定的视听场域中，既是精神事物的物质象征，又是物质事物的精神象征。一方面，传统文化总要通过大众可感知的艺术方式呈现出来，它承载着中华民族的历史文化底蕴；另一方面，于时间和空间的关系中，传统文化的创造性转化、创新性发展能反映现代人的精神状况和价值追求。在当前复杂的全球传播格局中，中国主流价值观遭遇外来思潮的冲击，中国传统文化的重释为国人确立了崭新的美学趣味和精神坐标，借助中国古典美学搭建的视听场域平衡了民族与世界、历史与现实、个体与集体的多重诉求。从这个意义上说，河南卫视“返本开新”的媒介实践意义超出了内容生产与传播的层面，对于中国实现文化强国战略目标进程中主流视听传媒如何作为，也不乏引领、示范之效。

第二节 中华传统优秀文化的“两创”

作为当前最具影响力和活力的视听文本，一大批兼具社会效益和经济效益的传统文化类综艺节目，赢得了观众和市场的双重认可。《中国诗词大会》《典籍里的中国》、河南卫视“中国节日”系列节目等均以中华优秀传统文化资源为核心内容，融合各种艺术形式，深度挖掘文化元素，借助现代科技手段进行创新表达与转译，一方面为综艺节目的发展开辟了新的路径和方向，另一方面大大推动了优秀传统文化中的符码再造的“两创”。

一、文本、符码与场域：推动传统文化的创造性转化

“创造性转化”以激活传统文化生命力为目标旨归，要“让收藏在博物馆里的文物、陈列在广阔大地上的遗产、书写在古籍里的文字都活起来”[①]。作为传统文化传播和生产的生力军，文化综艺节目在面对既有的传统文化文本和文化形式时，要以“创造性”为核心，以“转化”为目的，梳理出其中至今仍具有重要价值的文本和形式，“有鉴别地对待”和“有扬弃地继

① 中共中央宣传部. 习近平新时代中国特色社会主义思想学习纲要［M］. 北京：学习出版社，人民出版社，2019：147-148.

承”，将优秀传统文化的原生文本进行内容整合与知识传递。在原生文本的基础上，对文本及其形式进行符码转译与再造，赋予传统文化一种可近的文本形态和全新的表达方式，通过重构传统文化的“时空场域”为传统文化创设沉浸的“文化空间”，让传统文化资源在当代中国获得重生、实现转化。

（一）原生文本：传统文化的内容整合与知识传递

中华文明具有五千多年的历史，在漫长的发展历程中，留下了浩如烟海的文化遗产，大量的鸿篇巨制、国宝文物、文学艺术、礼仪制度俯拾皆是。“创造性转化，就是要按照时代特点和要求，对那些至今仍有借鉴价值的内涵和陈旧的表现形式加以改造，赋予其新的时代内涵和现代表达形式，激活其生命力。”[①]确立文化选择标准后对传统文化进行科学分析，对包括汉字、成语、书信、古诗词、典籍、器物等在内的中华传统文化符号以及音乐、舞蹈、绘画、戏剧等不同文化形式进行分类“整理”与“整合”。

无论是中央广播电视总台推出的一系列“现象级”大型原创文化类节目，还是省级卫视打造的优秀传统文化视听产品，我们可以从中窥探到当今传统文化创造性转化的主要方向。诗词文化类、文学典籍类、国宝文物类、音乐舞蹈类是传统文化综艺节目关涉的重点。例如，诗词文字类的代表有《中国汉字听写大会》《中国诗词大会》《中国成语大会》《中华好诗词》《汉字英雄》《成语英雄》《传承者之中国意象》《经典咏流传》《诗意中国》等。文学历史类的主要代表有《典籍里的中国》《朗读者》《见字如面》《一本好书》《故事里的中国》等，国宝文物类的代表有《国家宝藏》《上新了故宫》《万里走单骑》《博物奇妙夜》《文物潮我看》等，音乐舞蹈类有《流淌的歌声》《国乐大典》《舞千年》等。

---

① 中共中央宣传部. 习近平总书记系列重要讲话读本［M］. 北京：学习出版社，人民出版社，2014：203.

文化类综艺节目以传统文化资源为核心，综艺节目为外在形态。综艺节目在整合分类的基础上以不同类型的文化资源作为知识生产的主体，并基于优秀传统文化的普及传播理念，促进传统文化对公众的知识传递。如诗词文字类节目以汉字、成语、诗词等文化知识为核心，通过竞赛、游戏、故事、解读等多种方式来完成汉字与古诗词的普及与传播，实现原生文本的知识传递与内蕴显现。此类节目开创了“综艺+文化”模式的先河，成功地将语言文字融入视听媒体，促进观众对中国古诗词和汉字的理解与记忆。

（二）符码增容：传统文化的重新编码与视觉转译

传统文化想要在当代重新焕发生机，文化综艺节目的任务就不单单是对汉字、诗词、典籍、文物等文本的单一呈现，而是要将文字文本与图像文本进行精彩的视觉化转绎，同时创造出许多新的关联文本或表现文本，在不同文本的互文结构中完成多元文本的关联解读，实现传统文化符码的意义增容。英国传播学学者斯图亚特·霍尔提出了“编码—解码”理论，编码即节目制作者按照自己的意图对文本和内容进行符码编译，解码即受众根据自己所处的时代背景、知识架构对编码的信息进行解读。[①]文化综艺节目主要采用主题编码、主体编码等多种形式对传统文化符码进行“再编码”与“再创造”，以适应新时代观众的审美诉求。

主题编码即在主题选择上以传统文化的符码为载体，融入故事文本、表演文本、人物访谈、科学技术等多种文本形式对其进行“再编码”，利用多元文本对原生文本的文化内涵和思想情感进行充分阐释，完成原生文本“深层意涵”的挖掘，实现文本意义由浅及深的层级递进，传达汉字诗词、古书典籍、国宝文物所蕴含的中华民族精神文脉和基因血脉。《经典咏流

① 冯丹阳，刘海晋蕾.“编码—解码”理论下文化类电视节目传播策略分析［J］.中国电视，2018（11）：106-109.

传》以“诗词文化”为原生符码，以经典文学作品为基础，将古典诗词改编为流行音乐，用现代的唱法和曲调来演绎传统经典，让传统文化重现大众视野。《国家宝藏》以“国宝文物”为原生符码，用“国宝活起来”的编码方式，让原本静止、严肃的国宝从博物馆走出来，通过故事讲述、戏剧表演、人物访谈的形式演绎国宝的“前世传奇”与“今生故事”，将历史文物的“古”转化为现实生活的“今”，实现传统与现代的融合。2022年虎年春节联欢晚会《忆江南》利用高新技术将原本二维、平面、静止的《富春山居图》“活”化成了三维、立体、灵动的沉浸式场景，并融合了书画、诗词、表演、朗诵、音乐、舞蹈、动画等多种形式，生动展现名画背后的中华历史之美、山河之美、文化之美。

主体编码主要包括主持人与重要嘉宾，具有影响力的主持人和嘉宾本身就是一种消费符码，也是编码过程中的重要角色。《国家宝藏》主持人张国立，《经典咏流传》《典籍里的中国》主持人撒贝宁以及文博领域的专业嘉宾，再融入演绎明星，共同构筑了文明讲述人和传播者的主体网络。《国家宝藏》利用流量明星演绎文物的“前世传奇”，充当“国宝守护人”；《典籍里的中国》邀请了知名戏骨演绎典籍中的经典角色。主持人和嘉宾的符码选择，实现了名人效应为传统文化的增值，有效地吸引了当下观众。

（三）场域创设：传统文化的“时空重构”与“文化空间”

传统文化产生于过去，是特定历史时代的产物。视听传媒的优势在于能够将不同时代的传统文化切片进行影像生产，通过“再造时空”的方式重构优秀传统文化的时空场域，让受众重返历史现场，身临其境地领悟传统文化的独特魅力。以《典籍里的中国》为例，节目内容有中国现存最早的“政书之祖，史书之源”《尚书》，有讲述中国古代重要工农技术与科技文献的《天工开物》，有中国第一部纪传体通史《史记》，有聚焦中华医学典籍的《本草纲目》等。节目利用AR、3D、环幕投屏、实时跟踪等新媒体技术将实景投放在现场舞台，让穿越场景与现代场景融合，主持人得以

“穿越”时空与古人先贤对话，精彩讲述经典巨作的成书过程、核心思想以及传奇故事，让文化典籍的古老魅力散发现代光芒。

文化综艺节目在重构“时空场域”的同时，为中华优秀传统文化的输出与传播创设了新的“文化空间”。“文化空间”也可称为“文化场所”（Culture Place），可以简要地理解为一个具有文化意义或性质的物理空间、文化场所或文化场域。[①]文化类综艺节目是“文化空间”的影像化和数字化呈现，综艺节目以“传统文化”为符码，利用数字技术进行记录、展示、保存、创新与传承，打造了一个影像化的“文化空间”。在这个“文化空间”中，节目通过各种象征符号和行为仪式为受众建构一个自觉接受知识的场域，在挖掘民族精神与民族情感的同时，受众对中华传统文化精神的理解得到提升。

“仪式”是建构“文化空间”的重要手段。“仪式”较早产生于人们的祭祀活动中，法国社会学家涂尔干则将其界定为信仰的物质形式和行为模式。[②]对于仪式而言，其象征意义远大于实际意义，它所营造的神圣气氛可以唤起人们心中崇高的情感。文化综艺节目将“仪式”内化于节目之中，通过多维度的象征符号建构起具有崇高感的“文化空间”。以《国家宝藏》为例，其中图像符号有9座博物馆的标志、国宝的全景呈现，实物符号有国宝守护人印信，行为符号有颁发守护人印信、宣读守护誓词等。其中最典型的是每件国宝展示之后颁发印信、宣读守护誓词这一环节，宣读守护誓词的明星和观众是所有受众共同参与仪式的代表，经过“前世今生”的洗礼后，在这个共同参与的神圣仪式中，所有人的情感得到释放与爆发。文化综艺节目通过各种“仪式”和象征性符号所创设的“文化空间”，不仅给受众带来视觉奇观，也在更深层次激发了观众内心的崇高感、价值感，

---

① 向云驹. 论“文化空间”［J］. 中央民族大学学报（哲学社会科学版），2008（3）：81-88.

② 涂尔干. 宗教生活的基本形式［M］// 史宗. 20 世纪西方宗教人类学文选. 金泽，宋立道，徐大建，等译. 上海：上海三联书店，1995：63.

让受众在共情和共鸣中产生自我认同与社会认同。

二、“国潮”、传承与产业：促进传统文化的创新性发展

“创新性发展”以增强传统文化影响力和感召力为目标旨归，其核心是“发展”。“创造性转化”与“创新性发展”的关系，从时间维度看，“转化”的重点是“面向过去”，目的是激活传统文化的生命力，而“发展”则更多的是“面向未来”，“对中华优秀传统文化的内涵加以补充、拓展、完善，增强其影响力和感召力”①。从哲学维度看，“发展”是在“转化”的基础上向着更高阶段、层次和水平迈进的过程。文化综艺节目想要成为传统文化创新与创造的重要推手，应该以节目影响力激发公众的文化觉醒，以节目感召力推动文化的保护与传承，以节目辐射力带动相关产业链的全面发展。

（一）“国潮风”兴起：节目影响力激发公众文化觉醒

根据今日头条《2022文娱白皮书——综艺篇》的数据，当前“国潮”不断崛起，文化类综艺成为收视热点，各平台不断深挖传统文化。2021年台播综艺TOP10有四席与传统文化有关且都是综N代综艺，其中《中国诗词大会第六季》排名第一，在总台CCTV-1直播关注度为1.18%；《经典咏流传第四季》排名第五，在总台CCTV-1直播关注度为1.07%，《朗读者第三季》排名第六，直播关注度为0.99%，《故事里的中国第三季》则排名第九。由此可见，文化综艺节目广受观众追捧，影响力与传播力逐渐增强。值得关注的是，2021年省级卫视文化类综艺节目不断创新，台网联动好评如潮。如北京卫视关注戏曲文化的《最美中国戏》、关注书画艺术的《书画里的中国》、河南卫视聚焦古典舞蹈的《舞千年》、浙江卫视聚焦世界遗产的《万里走单骑》等都获得不凡的收视率。《舞千年》节目是河南卫视与

① 中共中央宣传部. 习近平总书记系列重要讲话读本［M］. 北京：学习出版社，人民出版社，2014：203.

B站联合播出的文化剧情舞蹈节目，节目利用夹叙夹“艺”、时空交错、虚实结合、多元视角的创新表达方式，在最大限度地满足了年轻用户的消费需求。

综艺节目中传统文化的兴盛，与当前消费领域的“国潮”兴盛相呼应。“国潮”风的趋势下，彩妆、服饰、餐饮、影视等各行业都自信地加入传统文化元素，从设计理念、产品外观、色彩选择、风格特点等多方面体现了中国风、复古风。这些国潮产品具备实用性与文化性的双重因素，并不断趋于年轻化，买“国潮”、用“国潮”、晒“国潮”成为年轻人追求时尚、个性的生活方式，国产品牌得到越来越多的消费者认同。“国潮”热不是简单跟风、一时冲动或片面模仿，它真实、鲜活、持久，有生命力，是公众对民族文化的强烈认同，更是传统文化在公众层面的集体觉醒。在政治、经济、社会多重诉求的激发下，“文化+综艺”的模式增强了节目的影响力与传播力，这同样体现了公众对优秀传统文化的集体觉醒。传统文化通过综艺节目重获在场感，这种在场感满足了受众内在本真的精神需求和文化渴望，应和了社会公众愈发强烈的文化自觉与文化自信，吸引了越来越多的年轻受众对传统文化的关注、思考和拥抱。

（二）传播促传承：节目感召力推动文化保护与传承

随着数字革命的到来，传统文化的数字化转型成为趋势。一方面，文化综艺节目对传统文化特别是一些危在旦夕的文化符号、传统技艺、民间民俗进行数字化转译，借助数字影像技术，记录、保存、推广传统文化，借此来对抗时间的遗忘，我们可以说，文化综艺节目通过数字影像使即将消逝或处于休眠状态的传统文化得以保存，成为文化保护的最佳记忆载体。另一方面，通过节目强大的影响力和感召力，不断激发公众的文化自觉，引起社会公众对文化遗产的普遍关注，促进传统文化的全民保护与传承。

以《国家宝藏》为例，节目呈现的不单单是文物的形式内容、精美程度、品级高下，更重要的是背后隐藏的历史故事、人文价值和传承价值。

上海博物馆推出的《大克鼎》深深体现了守护与传承的意义，大克鼎是周王赏给为当世带来和平的“克”的赏赐品，然而作为和平的“代言者”，在守护与传承中却历经沧桑。大克鼎的收藏者苏州潘氏一门为了保护国宝，经受了战火的考验，躲避日寇搜寻，几代人恪守祖训，在家道中落后仍然坚守着大克鼎。中华人民共和国成立后，潘达于毅然决然将大克鼎捐献给国家，守护历史，守护华夏礼节。传统文化的保护与传承需要全民共同参与，这样才能凝聚起传统文化保护的合力，守护国宝是每一位华夏子孙的使命，《国家宝藏》中“国宝守护人”这一身份的设立，将这一使命潜移默化地刻进了每一位观众的内心，唤起公众对文物保护与文化传承的高度责任心和使命感。

（三）文化产业链：节目辐射力激发多元运营与新商业模式

联合国教科文组织将文化产业定义为按照工业标准生产、再生产、储存以及分配文化产品和服务的一系列活动。①文化产业的外延不断拓展，不仅包括电影、电视、动漫、游戏、美术、音乐、舞蹈、文学、传媒等传统行业，还将旅游、文创、建筑、文化遗产等纳入其中。文化综艺节目采用“文化+商业”的模式，在自身蓬勃发展的同时，将创意内容和相关产业相融合，形成了文化产业链的全新运营，实现“文化产业化，产业文化化”的多维探索。不少节目正从荧屏内走至荧屏外，实现“线上”与“线下”多元化联动，在推动文化产业发展、新商业模式开发方面取得了良好效果。

1.对旅游产业的推动

以《国家宝藏》为例，节目与九大博物馆（院）合作，地点分别为北京、上海、湖南、陕西、南京、河南等。根据国家文物局介绍，随着节目的播出，2018年元旦及春节期间，全国范围内掀起参观博物馆的风潮，“为

① 刘利永，张京成，黄琳. 文化创意产业的本质特征与实践误区［J］. 中国软科学，2010（S2）：240-244.

一座博物馆赴一座城”成为旅游新卖点，在带动旅游产业的发展同时，也刺激了当地吃、住、行、娱、购、游等服务业的发展。

2. 对文创产品的开发

河南卫视系列节目出圈后，河南省博物院一系列文创产品成为“网红”；《国家宝藏》《上新了·故宫》的热播，围绕“故宫”这一IP的文创衍生品获得高度关注，相关网络商城“你好历史旗舰店”“故宫淘宝”“故宫博物院文创旗舰店”“故宫博物院出版旗舰店”等开办得如火如荼。

3. 线下文化体验空间的打造

许多节目开设了线下文化主题场景，如由国家文物局指导、中央广播电视总台和故宫主办的“何以中国”《国家宝藏》文物特展在故宫开幕；《朗读者》在全国多座城市的人文景点、公共文化机构设置朗读亭，推动“全民阅读”；浙江卫视《妙墨中国心》在西湖畔设置“妙墨赏习屋”，举办书法作品线下展，让书法爱好者在实体空间内沉浸式感受名家的笔墨千古情。

4. 推动各产业协作发展

广东卫视《国乐大典第二季》决赛前，节目组举办了一场线下音乐会，增大节目影响力；浙江卫视《万里走单骑》开设公益活动捐赠仪式，面向九江市7所小学捐赠“故宫小书包”，内有故宫出版社出版的39套共69本图书；中央广播电视总台《经典咏流传》将节目优秀片段剪辑成精彩短视频，在视频网站和手机端进行分发，并与音乐平台合作，观众可以在音乐平台自由收听或下载。传统文化实现历史文化价值与相关产业发展的双向激发，无疑是中华优秀传统文化创造性转化与创新性发展的有益实践。

三、身份、记忆与价值：文化类综艺未来发展的目标与路径

“创造性转化”与“创新性发展”为新时代优秀传统文化的发展提供了

明确方向。所谓激活传统文化生命力，“活”就是要让传统文化自觉存在于当代公众的个人意识中，在个体层面不断强化文化身份并外显于行为实践；在社会层面，则意味着引领社会风尚，重塑公众的集体记忆与文化记忆；在国家层面，则体现在不断深度挖掘传统文化中的中华民族精神、道德伦理思想和价值观资源，这是综艺面向未来仍需努力与开拓的方向。

（一）身份：以中华美学和民族表达强化文化认同

在当前复杂的全球传播格局中，中国文化不断面临外来文化的冲击，其内在的美学品格和美学传统是支撑其历久弥新、持续向好的不竭动力，更是民族文化自信的能量来源。无论是诗词文化、礼仪文化还是典籍文物等，都体现了中华美学的审美趣味与美学追求。文化综艺节目在新时代重释了传统文化崭新的美学趣味与精神坐标，借助中国古典美学搭建了融合古今的视听场域，将中华美学精神与当代的审美趣味充分结合，在此层面上不断强化公众的文化认同与身份认同。2021年河南卫视春节联欢晚会《唐宫夜宴》中的场景、服饰、妆容等让人一秒穿越大唐，将人带到盛唐时期独有的美学空间；2022年中央广播电视总台春节联欢晚会《忆江南》通过“渔夫、樵夫、行者、读书人”营造超然的山水意境，让观众感受中国传统山水画的美学趣味，此类节目的成功出圈无疑唤醒了受众强烈的文化认同。

许多文化综艺节目也着眼于中国美学与民族风格的表达。以《诗意中国》为例，节目虽以“诗”为题，但中华服饰、中国戏曲、节庆文化、古人生活等侧面同样是节目关注的主题，上至先秦古韵，下至华夏民族沉淀下来的生活美学——衣食住行，都可成诗入画。每期节目由“诗意引领”“嘉宾竞答”“复刻场景”“诗意盛景”四个板块组成。其中嘉宾竞答时以毛笔作答至扇面，还原抚琴场景时焚香助兴，才艺展示后作揖施礼，古色古香的“诗意”时空真正道出了华夏礼仪之邦的美学境界与民族风格。河南卫视《舞千年》延续《唐宫夜宴》创作思路，借用舞蹈这一载体传达王昭君的大义、竹林七贤的风骨等历史人物精神，体现《诗经》的婉约、敦煌飞天的神性等中国艺术审美趣味，节目的服装、人物、场景、表演都是传统民族精神与审美追求的再现。《诗意中国》《舞千年》等节目盘活了传统文化资源，展现了传统文化的魅力。如何在这一语境下进一步凸显传统文化的意蕴之美与品格之美，强化公众的身份认同与文化认同仍需向精神深层、审美高处继续寻求答案。

（二）记忆：重塑公众的文化记忆与集体记忆

“集体记忆”是法国社会学家莫里斯·哈布瓦赫提出的概念，集体记忆是塑造社会认同的重要力量，对于无法经历“过去”的群体成员来说，集体记忆就是族群认同感的来源。[①]作为集体记忆的一部分，文化记忆是群体在文化层面上的记忆。借助文化记忆，属于同一个集体的成员可以确立和巩固个体身份，强化集体内成员们的身份认同。系统性呈现、选择性改写是塑造集体记忆的重要手段，作为传播和建构文化的载体，大众媒体对集体记忆的重塑发挥着重要的作用。每一个时代有每一个时代的记忆，例如，文物是历史的见证，是承载集体记忆的重要载体，文化综艺节目对文物、汉字、诗词的呈现则优化、重塑了新的集体记忆。

传统文化是中华民族集体共享的“文化记忆”，综艺节目以此为创作“原材料”，立足新时代语境，主动承担起构建当代集体记忆的责任。集体记忆的建构不仅需要“回忆过去”，建构集体记忆的场景，也需要“面向未来”，在当下现实中实现互动参与。以《国家宝藏》为例，在“前世传奇”中，利用舞台、灯光、技术、剧场演绎等手段塑造情景空间“回忆过去”，让观众仿佛置身于历史现场，打造崇高感与仪式感的时空情景，进一步强化集体记忆的建构。同时，集体记忆的建构离不开社会互动，个体

① HALBWACHS M. Das kollektive Gedächtnis［M］. Frankfurt am Main：Fischer Taschenbuch Verlag，1985.

记忆的塑造必须处于社会情境的交流之中。在“今生故事”中，通过国宝守护与宣读誓词等“仪式”，节目与观众实现参与性互动。此外，观众在微博、B站、短视频等社交媒体中进行二次创作与传播，同样是在参与互动中与节目共同创造了集体记忆。文物背后承载着深厚的人文历史，《国家宝藏》将观众置于中华文明乃至人类文明的坐标中，一件件有时代特色、地域特色的文物不断激发着观众的情感认同，重塑当代的集体记忆与文化记忆。

（三）价值：在传统与现代交汇中彰显中国精神

晏青在其著作《神话：理解中国传统文化的媒介化生存——基于对电视传播的考察》中提到，按照文化内在逻辑，中华传统文化可以分为表层文化、中层文化和核心文化三个层面。表层文化，指能够看到的传统文化的事物，是外显物的存在，可感知的物质产品及精神产品，如语言、食物、建筑、器皿、文学等；中层文化，包括社交礼仪、风俗习惯和社会规范等；核心文化，包含价值观念、社会心态、审美观念等。[①]核心文化是纯粹精神层面的内容，是更为抽象的存在，它内化于表层文化和中层文化中。当前文化综艺节目将表层文化和中层文化纳入了传播和传承的范围，并且将中国精神与价值观念蕴含在节目内容中。

传统文化中“仁者爱人”“君子喻于义”“天下兴亡匹夫有责”“民惟邦本”“和而不同”“扶贫济困”等为人处世、治国理政的精神与理念，无论在过去还是在当代，都有永不褪色的时代价值。习近平总书记参照儒学经典《大学》阐发了社会主义核心价值观三个层面的理论来源：“中国古代历来讲格物致知、诚意正心、修身齐家、治国平天下。从某种角度看，格物致知、诚意正心、修身是个人层面的要求，齐家是社会层面的要求，治

① 晏青.神话：理解中国传统文化的媒介化生存——基于对电视传播的考察［M］.北京：中国社会科学出版社，2015：8.

国平天下是国家层面的要求。我们提出的社会主义核心价值观，把涉及国家、社会、公民的价值要求融为一体，既体现了社会主义本质要求，继承了中华优秀传统文化，也吸收了世界文明有益成果，体现了时代精神。”[①] 社会主义核心价值观传承着中华优秀传统文化的基因，体现了中华民族一直以来所坚持的精神与信念，是当代价值观对中华优秀传统文化的传承和升华。

《典籍里的中国》就在通古达今中实现传统与现代精神的交汇，并在守正创新中传承优秀传统文化的精神内涵。以《尚书》为代表的一部部典籍不仅是中华优秀传统文化的代表，背后还蕴藏着可感知、可体验、可共情的中国精神，每一个风骨高洁的鲜活人物、每一个先进文明的核心思想，每一个励志传奇的文化故事，都是民族精神与价值观念的延续，让我们了解古人的治国理念、处世之道。不少文化综艺节目扎根本土、深植时代，以原创精品回馈大众，让文物、典籍、诗词真正走入寻常百姓家，对中华民族精神进行生动的诠释，但如何以更好的方式传递中华民族精神仍旧是需要继续努力的目标。

文化类综艺以传统文化的“两创”为实践方向，巧妙配置各类文化资源，在满足公众文化渴望与审美诉求的同时，利用符码增容、视觉转译、场域创设等多种手段实现传统文化的活化与重生。在“文化传承与创新”的社会语境中，焕发公众的“文化自觉”，推动了文化保护与传承。综艺节目的文化转向实现了对传统文化的持续深耕，不仅推动了对传统文化的创新与发展，而且以“返本开新”的理念传承中华文化基因，展现中华审美风范，构筑了历史和当代的精神桥梁，实现了中华传统伦理观与社会主义核心价值观的双向互动。文化类综艺节目全新的话语实践与实际运作无疑为综艺的未来发展提供了新路向。

① 习近平. 青年要自觉践行社会主义核心价值观：在北京大学师生座谈会上的讲话［J］. 中国高等教育，2014（10）：4-7.

第三节　2021—2023年全国“春晚”解析

春节联欢晚会作为一场辞旧迎新的“媒介仪式”和“新年俗”①，已经成为中国当代文化的一个重要组成部分。它作为一面镜子，反映着时代的发展与社会的变迁，成为记录中华民族伟大复兴轨迹的影像档案。“春晚”并不局限于纯粹的娱乐文艺形态，而是充分发挥电视媒体表达通俗、受众广泛的优势，坚持以人民为中心的创作导向，聚焦反映时代精神的年度重大事件，建构主流叙事，强化国家认同，凝聚民族力量。

作为现象级文化盛会，春节联欢晚会既是国人文化记忆和文化认同的重要载体，也是向世界展示中国风貌和文化形象的窗口。党的二十大报告鲜明提出，要讲好中国故事、传播好中国声音，展现可信、可爱、可敬的中国形象。创造性提炼中华文化元素，创新性呈现中国文化底蕴，成为全国各台春节联欢晚会的亮点。多年来，全国春节联欢晚会保持“一超多强”局面，中央广播电视总台春节联欢晚会全面引领话题讨论，地方台春节联欢晚会立足地域文化资源，融入时代审美追求，为广大观众呈上一场场精彩绝伦的文化盛宴。

一、2021牛年春节联欢晚会：场景再造与家国共情的融合传播

2020年，脱贫攻坚、全面建成小康社会取得决定性胜利，家国大事均以生动的演绎展现在春节联欢晚会舞台之上。中央广播电视总台和各地方

① 杨华娟. 论央视春节联欢晚会对当代“新民俗”文化的建构［J］. 中国电视，2005（2）：16-20.

台晚会突出的共同点在于“主题鲜明”，用创意迭出、精彩纷呈的方式传递“传承”“奋斗”“家国一体”的精神力量，成为特殊时期、特定时节给世界讲述中国故事的文化新景观。

（一）场景再造：传统文化与中国风格的新技术应用

移动传播的本质是基于场景的服务，即对场景（情境）的感知及信息（服务）适配，场景成为继内容、形式、社交之后媒体的另一种核心要素。[①]利用5G网络、AR/VR虚拟技术、AI、8K、云直播等前沿科技元素再造场景，呈现出新的时代特征，科技感、未来感扑面而来。

1.虚拟现实打造多维融合空间

各台春节联欢晚会优化利用扩展现实技术，突破时间与空间的边界，打造多维融合的立体舞台空间。结合VR、AR、MR等技术，通过交互联动，成功实现虚拟场景与现实时空的无缝连接，营造舞台氛围提升与观众的互动频率与效果。第一种是强调“在场性”，突破地理空间意义上的距离。中央广播电视总台春节联欢晚会歌舞节目《莫吉托》中周杰伦借助扩展现实技术隔空献唱，营造出亦真亦幻的场景效果，《牛起来》实现了远在香港的刘德华与身处北京的王一博、关晓彤的异地同台演绎。第二种是突出“情景性”，打破空间意义上的舞台限制，实现现实人物与虚拟场景的情景交融，让传统文化“活”起来。河南春节联欢晚会的《唐宫夜宴》中古代仕女在虚拟场景中移步换景，再现盛唐气象，成为春节联欢晚会出圈力作。

2.智能技术革新节目元素

智能技术与传统年俗文化融合碰撞，凸显温度与新意。拜年作揖、福字、对联、年画是中国春节的传统习俗，人工智能的另类演绎诠释了“技术”与“生活”的紧密联系，彰显了中国“智造”能力与科技创新精神。

---

① 彭兰. 场景：移动时代媒体的新要素［J］. 新闻记者，2015（3）：20-27.

中央广播电视总台春节联欢晚会节目《牛起来》魔性舞蹈的“拓荒牛”，以智能算法作支撑，酷炫十足，智能书法机器人挥毫泼墨现场书写为春节联欢晚会再添浓浓年味。山东卫视春节联欢晚会歌曲《幸福进击》邀请人工智能小冰作曲，AI歌手与歌剧演员贾凡共同演绎，用科技语言致敬时代中的每一位普通人。春节联欢晚会的此类尝试，体现人工智能与科技温情的一面，技术与艺术的时代碰撞奉献了极具科幻感的视觉盛宴。

3.“5G+8K”拓展沉浸式体验

中央广播电视总台春节联欢晚会舞台采用超高清的8K巨屏舞台背幕，观众席后方设置154块电子竖屏，形成一面立体环绕式的背景墙，既能随舞台节目变换背景，又能与场外观众进行云互动，打造全方位沉浸式的现实场景。在春节联欢晚会直播中开创性运用“5G+8K”技术，把舞台现场感拓展到以家为单位的移动场景中，让屏幕前的观众如临其境。“更高级”“更科幻”是关于春节联欢晚会舞台的直观评价，这种智慧化、智能化趋势实际也在向日常生活延伸，预示了当下科技对场景、文化艺术的悄然渗透。

（二）家国共情：个人体验与主流叙事的有机结合

牛年春节联欢晚会主要采用“新主流”的叙事策略，关注细微而平凡的“小人物”，通过近距离的凝视、有温度的贴近呈现宏大历史和当代场景。各台春节联欢晚会围绕“致敬抗疫”“脱贫攻坚”“家风传承”“面向世界”几大关键词，深耕现实主义题材，勾勒新时代的人物群像。

1. 致敬时代：以小见大的回望与共情

各台春节联欢晚会延续往年逻辑，歌舞类节目居多，小品、相声等语言类节目虽数量少，但后者仍是各台的重头戏。语言类节目以现实主义风格，从个体的生活体验讲述出发，以小见大，以点辐面，唤起观众深层的时代共鸣与情感思考。东方卫视小品《今年过节不孤单》讲述就地过年的3位年轻人温情陪伴的故事，总台小品《阳台》将镜头转向武汉封城期间的五个普通家庭，一个个普通人组构起一幅时代群像，铺陈“个人”与“时代”的宏伟图景。

2. 弘扬精神：多维立体式的群像书写

时代精神的脉络呈现理应具有多面性，春节联欢晚会节目对家风文明、脱贫攻坚、全面小康、科技创新等多维关注构建起了更立体的时代风貌。从日常叙事的角度切入现实，截取简单的故事片段，定格特殊的影像时刻。岳云鹏、孙越相声《年三十的歌》，多人小品《开往春天的幸福》，贾玲、张小斐主演的《一波三折》一同探讨了“家”与“传承”的主题。山东春节联欢晚会相声剧《骑上我心爱的小摩托》，东方卫视小品《他来了》，再现乡村建设与脱贫攻坚的点滴故事。中央广播电视总台春节联欢晚会《向祖国报道》与湖南春节联欢晚会特别环节“致敬中国航天”，邀请航天领域科学家重述飞天故事，以小故事讴歌大时代，以小人物书写大情怀，细微之中凸显时代精神。

3. 面向世界：讲好新全球化下的中国故事

2021年春节联欢晚会在海外市场的影响力、传播力再创新高。据统计，全球170多个国家和地区的620多家媒体播出2021年中央广播电视总台春节联欢晚会，春节联欢晚会直播跨屏受众规模达到12.72亿人海外用户通过社交媒体等观看春节联欢晚会直播的触达人次超过3259万次。一方面，春节联欢晚会为海外广大华人华侨群体，搭建起精神沟通的文化桥梁。湖南卫视《“四海同春”2021全球华侨华人春节大联欢》是面向华人华侨的专题性春节联欢晚会，强化家国情怀，回应深沉的情感期盼。另一方面，春节联欢晚会重申人类命运共同体的时代意义。中央广播电视总台春节联欢晚会首个节目《节日》由“一带一路”共建国家舞蹈串烧而成，串联起多彩厚重的世界文明，展现更为包容的大国姿态。

（三）融屏传播：契合年轻受众跨屏、破圈策略

春节联欢晚会的跨屏传播，携手抖音、西瓜视频、淘宝等新兴平台，

紧跟年轻化、趣味化潮流，横屏与竖屏交互，大屏与小屏切换，进一步强化春节联欢晚会的参与性、互动性。“手势舞送祝福”“精彩节目花絮”“经典回顾”等短视频集锦，总计视频播放量再创新高；延续中央广播电视总台春节联欢晚会的“红包雨”活动，穿插送出12亿抖音红包，互动次数高达703亿；创建多个春节联欢晚会直播间，打造“云上春晚”的观看互动空间。

春节联欢晚会的跨圈层传播对应着多类型的观众群体以及多样化的文化需求，年轻一代在多元交流的文化环境下成长，这种圈层性表征更加明显。各台春节联欢晚会积极探索圈层文化中的热点和触点，作为引发不同圈层特别是年轻圈层深度卷入的契机，从而将家国情怀、文化认同“润物细无声”地渗透进大众心中。①2021年春节联欢晚会节目类型题材跨度大，既有《朱鹮》《茉莉》《唐宫夜宴》《新式海派旗袍秀》《世界吹来华夏风》等体现传统文化、唯美国风、山水意境的歌舞秀节目，也有《一波三折》《大扫除》《健康你我他》《四十而已》等回应现实、谐趣娱乐的小品节目，还有《灯火里的中国》《盛世百花园》《起风了》《家乡美》等抒情欢快的歌曲节目。周杰伦等明星加盟春节联欢晚会，成为引领春节联欢晚会跨圈传播的重要力量，自带话题、庞大粉丝群体连接起不同圈层，俘获了大批年轻受众。

除了亮点，各台春节联欢晚会也存在一些需要进一步思考或改进的方面。在明星参与上，“拼盘式”亮相使某些春节联欢晚会更像一场众星云集的大型线上演唱会，缺乏对明星参与节目内容的精细打磨。在优化融合优秀传统文化方面，如何深度挖掘传统文化的丰厚底蕴、注入新活力，推动现代转化与大众传承还存在很大提升空间。此外，近年春节联欢晚会普遍缺乏流传久远、堪称经典的高质量作品，也提醒春节联欢晚会创作者应摆

① 宫承波，吴迪. 2021年春晚：大众传播与圈层传播的交汇交融［J］. 中国广播，2021（2）：8-10.

脱浮躁，回归本真，尊重艺术规律，才能创作出更多更好的精品，满足新时代人们不断变化升级的精神文化需求。

二、2022虎年春节联欢晚会：以科技和创意驱动文化记忆重塑

“一花独放不是春，百花齐放春满园。”2022年各大主流电视媒体的春节联欢晚会聚焦建党百年、抗美援朝、乡村振兴、致敬航天、冬奥盛会等社会重大主题，在阖家团圆之际描绘出新时代、新征程的壮丽图景。各地方电视台深度挖掘地域资源、凸显媒体风格与特色，体现出区域文化鲜明特征，共同谱就辞旧迎新、豪迈逐梦的新春交响。

（一）紧扣时代脉搏，熔铸中国精神

2022年春节联欢晚会把准时代脉搏，回应现实关切，以多题材、多内容、多立意的开阔视野，与时代共脉搏，与人民同呼吸，不仅书写了奋进新时代的精神力量，更树立起主流价值引领的风向标。中央广播电视总台春节联欢晚会语言类节目《休息区的故事》，讲述医护工作者的笑泪故事。云南民间舞蹈《摆出一个春天》展现我国脱贫攻坚、乡村振兴的成就，表达出普通人对美好生活的向往。北京卫视春节联欢晚会《天地我来过》致敬抗美援朝志愿军战士和英雄先烈。这些节目既描绘了新时代的精神气象，也蕴藏着对时代精神的讴歌与致敬。

随着“天问”“祝融”到访火星，“天和”“神舟”“天舟”组成中国自己的太空家园，中国航天进入创新发展的快车道。各台春节联欢晚会融入航天主题节目，大力弘扬勇于探索、敢于拼搏的载人航天精神。在中央广播电视总台春节联欢晚会少儿舞蹈《星星梦》中，身着蓝色宇航服的孩子们跃动成点点星光，让“航天梦”结满翎羽放飞苍穹，让“强国梦”插上翅膀飞进祖国未来一代的心中。东方卫视春节联欢晚会的太空主题XR音乐

秀《飞天》，利用真实的太空脉冲音和火箭发射原声，将中华民族希冀的飞天梦一一展现。

2022北京冬奥会这一运动盛事恰逢中国年，各台春节联欢晚会纷纷融入冰雪主题，在传播奥林匹克精神的同时，极大地促进了中西文明的交流互鉴。国际奥委会主席巴赫首次在中央广播电视总台春节联欢晚会的舞台上用中文送祝福。在春节联欢晚会特别设计节目《冰雪闪亮中国年》中，冬季奥运会和冬季残奥会吉祥物“冰墩墩”“雪容融”与音乐相伴起舞，全方位展现了冰雪运动相关的装备、项目以及北京冬奥会场馆，为冬奥会的开幕与赛事预热。

（二）凸显地域特色，讲好中国故事

以文化人，更能凝结心灵；以艺通心，更易沟通世界。各大卫视春节联欢晚会的创作在尝试演播室晚会、户外实景晚会等多种艺术呈现形式之外，立足地域文化资源，结合新时代的奋斗故事，以多元化的舞台呈现方式与技术手段推陈出新，尝试不拘一格的晚会形态，力求办出自己的风格与特色，从不同角度讲述精彩的中国故事。

湖北广播电视台全方位打造地域标志性建筑的户外实景晚会，以其公益特色、荆楚韵味而独树一帜。在文化不分家的川渝地区，重庆广播电视总台与四川广播电视台首次联合举办春晚，将巴蜀地区特色艺术形式融合，树立“川渝春晚”品牌。河南春节联欢晚会以中原文化为底色，打造全新的“年宁宙”，将“洛神”“包青天”“花木兰”等极富文化影响力的传统人物形象转换为当代潮流审美的卡通IP，挖掘和探索中国故事的时代表达。陕西春节联欢晚会从“五星出东方利中国”的秦汉文物中汲取灵感，重现丝路沿线的文化风景。广东卫视春节联欢晚会以“龙腾虎跃大湾区”为主题，彰显“文化兴湾”“同心共筑中国梦”的粤港澳新时代的发展战略。海南春节联欢晚会利用得天独厚的地理优势，跨越全岛多场景链接，热忱描绘海南自贸港建设的壮美画卷。

（三）硬核科技赋能，活化文化传承

作为大众喜闻乐见的电视文艺形态，春节联欢晚会也上演着科技发展的“加速度”，利用智能技术再现以往被保存于博物馆、图书馆、档案馆的静态文化，重新激活其艺术生命力。中央广播电视总台春节联欢晚会首次应用全息扫描、8K、裸眼3D和AI多模态动捕系统等前沿技术，为活化传统文化打开了新的情景空间。创意舞蹈诗剧《只此青绿》运用XR、全息扫描等媒介技术，将传统绘画《千里江山图》投影在演播厅四周，360度环绕在场观众，展现出超高清的分辨率、宽色域的视觉效果，带给观众栩栩如生的沉浸式体验。《忆江南》又将观众带入了《富春山居图》的山水之间，通过AR虚拟植入、UE4渲染等方式搭建空间营造出浓淡有韵的水墨画境。

技术赋能带来的极致化视听体验，使优秀传统文化走出“故纸堆”“象牙塔”，一方面赋能传统文化的活态转化，丰富其现代阐释；另一方面契合受众追求视听体验的审美心理，把中华文明遗产和当代审美追求共融共通，在遵循文化价值共识的基础上重塑文化记忆，增强了人民群众对传统文化的认同感和归属感。山西春节联欢晚会新国风原创歌曲《登鹳雀楼》，在《人说山西好风光》的国画长卷虚拟场景中，歌手与“王之涣”穿越互动，以山西人民不断求索、更上一层楼的高远格局与精神追求，展现对山西厚重历史文化的时代演绎。江苏卫视春节联欢晚会节目《鎏光》以世界非物质文化遗产云锦为媒，360度自由视角的呈现技术打造了极致的舞台美感，以当代审美赋予传统艺术全新活力，为观众营造了富有诗意的栖息之地。

（四）强化创意表达，重塑集体记忆

一个国家和民族的文明是一个国家和民族的集体记忆。[①]“集体记忆”

---

① 习近平. 文明交流互鉴是推动人类文明进步和世界和平发展的重要动力［J］. 求是，2019（9）：4-10.

是“一个特定社会群体成员共享往事的过程和结果”[①]，可以使个体获得某种相应的身份归属与民族文化认同。其中，传统文化的传承与再现对于建构社会大众的集体记忆起着重要作用，而一年一度的春节联欢晚会以多元融合创意编排的方式弘扬与传承历史文化记忆，有效实现了传统文化的创造性转化和创新性发展。中央广播电视总台春节联欢晚会创意舞蹈《金面》、武术短剧《乳虎啸春》、戏曲节目《生生不息梨园情》均突破了传统的文本形式，在当代表达中实现传统文化活态传承，广泛聚合起民族集体记忆，从而增强族群的文化认同。

鉴于春节联欢晚会受众代际差异的记忆鸿沟，大多数节目通过跨界编排以融合文化记忆，使不同代际的观众能够在传统与当代的共通融合中，进一步感受并理解优秀传统文化与时俱进、兼容并包的强劲生命力。安徽卫视春节联欢晚会创意节目《青春黄梅》，由黄梅戏大师和嘻哈歌手联袂出演，创新性弘扬优秀戏曲文化。广东卫视春节联欢晚会《侠骨柔情》融合了经典粤剧唱段与影视金曲，突破圈层壁垒获得广泛传播。安徽卫视春节联欢晚会延续的“徽派”文化底蕴、东方卫视春节联欢晚会侧重的“海派”文化和浙江卫视春节联欢晚会越剧唱段体现的“宋韵”文化，都在节目中以具象化的传统服饰、武术、器乐等中华文化符号，引发受众文化共同体层面的情感价值共享，凝聚族群身份共识。

（五）荟萃景观展演，铸就文化自信

春节联欢晚会作为国家层面的宏大叙事必然镌刻着时代的集体记忆，同时也将差异性的文化景观有机融合于“时空共体”的审美体验中，在喜乐年俗中凝结民族情感，铸牢国家想象共同体。一方面，春节联欢晚会通过社会话题与大众情感记忆的联结，以小人物与大时代、家与国的同频共

① 哈布瓦赫. 论集体记忆［M］. 毕然，郭金华，译. 上海：上海人民出版社，2002：335.

振，塑造平凡而伟大奋斗者的群像，铸牢中华民族共同体意识，凝聚新时代迈向美好生活新征程的信心和力量。山西春节联欢晚会原创歌曲《真心英雄》致敬“时代最美奋斗者”，饱含浓浓的亲情、友情和家国情。内蒙古春节联欢晚会汇集内蒙古各地的普通家庭故事，带领观众体悟家与国的关系。

另一方面，文化景观“是任何特定时间内形成一地基本特征的自然和人文因素的复合体”[①]，“强调人与生存环境之间一种无法割舍的精神联系”[②]。中华民族文化衍生出的一系列文化景观，通过春节联欢晚会媒介仪式的创意表达，既使内蕴的文明历史得以光彩重现，也赋予其另一种价值意义的诠释。中央广播电视总台春节联欢晚会景观太极《行云流水》让传统功夫太极与现代城市文明碰撞，既将太极内蕴的“天、地、人”传统“三才”哲学思想灌注于现代城市钢铁建筑之中，也为城市景观延续中华武术风骨开辟新的呈现空间。

春节联欢晚会弘扬与传承优秀传统文化，整合不同代际之间的文化记忆，重塑民族文化集体记忆，从而凝聚起新时代的共同体意识。各大电视媒体的虎年春节联欢晚会将创作主题与时代浪潮融合，向伟大和平凡致敬，持续在视听形式方面探索技术和创意的新空间，多维度找寻与观众共情的文化链接，探索了文化活态传承的新路径。无论是文化传承还是时代引领，春节联欢晚会都竖起了精神文化的风向标，推动主流价值观深入人心，进一步丰富了中华民族文化记忆的影像档案。

三、2023兔年春节联欢晚会：以文化传承与温情传递致敬时代

2023年各大主流电视媒体春节联欢晚会围绕“技术+文化+艺术”的

① 汤茂林. 文化景观的内涵及其研究进展［J］. 地理科学进展，2000（1）：70-79.

② 李和平，肖竞. 我国文化景观的类型及其构成要素分析［J］. 中国园林，2009，25（2）：90-94.

创作思路，传承与创新并重，以弘扬中华优秀传统文化为出发点，以展现时代精神风貌为落脚点，打造了一系列融合创新的文化节目，体现出中华传统文化创造性转化与创新性发展的成果。与此同时，各台晚会坚持以人民为中心的创作导向，厚植人民情怀，既致敬生活中平凡又伟大的中国人，又展现出百姓日新月异的美好生活。

（一）传承：用舞台彰显中华文化精髓与精彩

中央广播电视总台春节联欢晚会从主题设计到舞台视觉再到节目创作，都深深根植于传统文化，大量非遗文化被搬上舞台更加凸显春节联欢晚会之文化传承意义。各地方电视台深挖地域文化资源，将春节联欢晚会打造成一张张地域文化名片。

1.植根传统，凝练展示非遗文化精髓

2023年中央广播电视总台春节联欢晚会在深入挖掘传统文化的基础上创作编排，多维度全方位呈现中华文化的美学意蕴。在主题和视觉设计上，中央广播电视总台春节联欢晚会以“花”为主题符号。古汉语中“花”“华”同源，“花”既是生息繁衍、孕育供养的通道，也是生命绽放中最绚烂的意象。作为主题元素之一，“花”极大丰富了中央广播电视总台春节联欢晚会的叙事体系，激活了春节联欢晚会的创意潜能，承载着中华民族生生不息灼灼其华的期望，彰显中华文化在代际传承中欣欣向荣之势。此外，春节联欢晚会吉祥物“兔圆圆”取自“安徽模鼠兔”化石生态复原形象，奔跃向上的姿态幻化出草书的“卯”字，成为春节联欢晚会的标识。从主题到细节，兔年春节联欢晚会凭借巧妙的设计和创意体现了深厚的文化意蕴。

在节目方面，非遗文化在此次春节联欢晚会上大放异彩，呈献了更加丰满的文化中国形象。歌曲《百鸟归巢》结合国家级非遗“南音”与现代流行音乐，生动表现出百花齐放、百鸟归巢的吉祥盛景。《我和爷爷踩高跷》将海阳大秧歌以高跷的形式融汇于儿童舞蹈中，穿插剪纸艺术、胶东

花饽饽、山东小调等非遗内容。非遗文化融合现代流行元素，通过极具创意的节目形式同观众见面，在传承与创新中体现中华文化的生机活力与中华民族的文化自信自强。

2.彰显特色，地域文化精彩绽放

各大卫视春节联欢晚会以地域文化突围，用创新的表达方式弘扬地域特色，将春节联欢晚会打造成为一张张文化名片。作为“曲艺之乡”，天津打造“相声春晚”，融合素描喜剧、评剧、河北梆子、歌曲等多种表演形式，彰显曲艺魅力。浙江卫视围绕越剧这一地域文化内容，推出“越剧春晚”，奉上一场极具地域特色的越剧盛宴。河南春节联欢晚会以中国传统文化、黄河文化为文化内核；陕西春节联欢晚会立足“丝路文化”，传承“丝路精神”；福建春节联欢晚会以福建当地的山川风物作为舞台；川渝春节联欢晚会以成渝地区双城经济圈建设的国家战略为背景；广东春节联欢晚会则以粤港澳大湾区建设为背景。各地春节联欢晚会以极具地域特色的文化表达，塑造出传统文化和地域文化的传播大舞台。

3.技术创新，以创意激发审美意蕴

秉持“思想+艺术+技术”的融合传播理念，2023年中央广播电视总台春节联欢晚会在技术创新应用上再次突破，利用AR、VR、AI、XR、8K、智能伴随、三维菁彩声等前沿科技，在虚拟与现实交织、科技与文化融合中，体现中华优秀传统文化创造性转化、创新性发展的成果。多项硬核技术首次登上春节联欢晚会舞台：我国自主研发的8K超高清摄像机首次参与春节联欢晚会摄制；春节联欢晚会音频信号则首次采用三维菁彩声制作，最大限度还原现场的音效，打造身临其境的效果；总台牵头研发的VR三维影像绘制技术首次亮相，更增添了节目的视觉美感和冲击力。

（二）传递：以温情折射个体奋斗与时代脉动

2023年春节联欢晚会精准把握时代脉搏，厚植人民情怀，在节目安排和内容创作中，对不同年龄层的话语均有所呈现，关注维度兼顾整体性、细微性、现实性，诉说温暖诚挚的人间真情，致敬生活中平凡又伟大的英雄，展现人民的美好生活和奋斗精神。

1.聚焦个体，书写温暖故事和奋斗姿态

各台春节联欢晚会以“欣欣向荣的新时代中国，日新月异的更美好生活”为主题，将普通人的故事搬上舞台，用鲜活生动接地气、昂扬向上有朝气的节目，凝聚人间真情，达成与观众的情感连接，凸显开心信心、奋进拼搏的时代新气息。中央广播电视总台微电影《我和我的春晚》从春节联欢晚会剧组多年来收到的无数观众来信中汲取灵感，折射出广大观众与春节联欢晚会一起过年的珍贵记忆。定制歌曲《你好，陌生人》集结了全网来自普通人的善良、信任和暖意，在媒体平台发布后创造了视频播放量超6000万、相关微博话题阅读量超3亿的传播纪录，被网友称为朋友圈里“最温暖的刷屏”。[①]川渝春节联欢晚会设置特别访谈环节《川渝正在拼》和《川渝风范》，邀请奋斗者代表分享他们奋斗路上的付出与坚守，展现中华儿女敢拼敢闯的精神底色。

2.关注青年，书写新时代青春乐章

青年兴则国兴，青年强则国强。青年一代的理想信念、精神状态、综合素质，是一个国家发展活力的重要体现。2023年春节联欢晚会汇入了大量青春元素和青年力量，展现青年奋发向上的精神面貌和蓬勃朝气。中央广播电视总台春节联欢晚会歌曲《未来，我来》用热血的歌词向祖国告白，激励青年一代时刻保持奋斗姿态，在各行各业各个领域奋发有为。江苏春节联欢晚会特别设置主题板块《青春的篇章》，邀请“奋斗者号”主驾驶、港珠澳大桥工程师、援宁夏专技人才等行业青年代表，展现新一代中国青年踔厉奋发、勇担使命的青春风采。

---

① 李夏至.「央视春晚」节目表达质朴真诚，科技助力震撼视听［N］.北京日报，2021-01-21.

（三）传播：跨屏跨文化传播构建视听新场域

在传播学视角上，春节联欢晚会的传播具有强烈的仪式意味，所有收看“春晚”的观众都成为这场媒介仪式的参与者，在文化、心理上联结为一个“共同体”。[①]以全媒体多平台融合传播和跨文化深度传播为策略，春节联欢晚会在海内外受众间构筑起“想象的共同体”和文化交流空间，实现用户文化体验和价值共享的连通，构建了多重象征符号叠加的视听新场域。

1. 跨屏传播：满足不同场景用户需求

2023年中央广播电视总台打造跨屏直播新样态，首次推出多画面分屏效果和幕后花絮机位，有效延伸了舞台空间，极大提高“竖屏看春晚”的体验，累计观看规模达1.79亿人，相较去年增幅超50%。在社交媒体上，围绕春节联欢晚会的话题不断发酵，不仅为节目本身吸引了更多流量，还构筑起开放的文化交流空间，受众通过评论、分享和互动，达到“共同在场”，实现情感联通与价值共享。全媒体跨屏传播同样成为各大卫视春节联欢晚会的标配。台网联动，大屏与小屏同步直播，热搜与话题同步引爆，电视和网络的深度合作为地方春节联欢晚会提供了更广阔的舞台。

2. 跨文化传播：构建文明互鉴新空间

中央广播电视总台春节联欢晚会距离1983年第一次开播已经走过40年，逐渐成为中华民族文化仪式的重要符号，其所昭示的文化意义已不仅限于春节年俗，它正逐渐成为凝聚中国精神和创造力、展示中国形象的重要窗口。2023年中央广播电视总台春节联欢晚会在海外传播中结合海外受众的语言和文化环境，对传播内容进行再次编码创作。在语言层面，中央广播电视总台春节联欢晚会通过68种语言面向全球受众，联动全球170多个国家和地区的1000多家媒体同步直播报道。在理解当地文化的基础上，中央广播电视总台围绕春节联欢晚会打造了一系列特色节目和活动，构筑

① 邵培仁，范红霞. 传播仪式与中国文化认同的重塑［J］. 当代传播，2010（3）：17.

春节联欢晚会与海外受众共同的意义空间。《2023超级夜看春晚》《这是中国每年最火的节目》等特色节目，向海外受众重点推介中央广播电视总台春节联欢晚会精彩内容。

整体来看，春节联欢晚会作为全球华人的“年夜饭”，记录着时代发展和社会进步，展现了大国风范与大国形象。兔年春节联欢晚会立足于中华优秀传统文化传承，聚焦个体奋斗与时代进步的温情传递，以创新融合的表达方式、技术手段和传播策略，引发国人的情感共振与文化认同。可见，兔年春节联欢晚会在多个维度探索创新，无论是文化传承还是价值引领，对于增强文化自信自强、塑造文化中国新形象都取得传播实效。

第四节　营造城市文旅融合视听新场景

2023年全国各地旅游业强劲复苏，依托不同媒介进行的视听实践成为城市塑造形象的重要途径。凭借一个个短视频引爆网络，迎来络绎不绝旅客的淄博，一时成为突出的媒介现象。如何在内容愈发呈现年轻化倾向的传播环境中实现文旅的价值落地转化，是每座城市进行文旅视听艺术生产与传播必须面对的课题。“淄博烧烤”一时成为突出媒介热点，其关键在于以视听内容实现有效传播，既源自互联网时代短视频生成的传播动力，也来自Z世代创造的巨大消费动能，同样离不开地方政府的积极响应与资源整合。融媒体时代城市文旅如何把握视听内容生产新动向，有效连接多媒体平台的传播力，才能在重塑城市文化形象、锻造品牌基础上挖掘旅客消费潜能并持续释放增益效应。

一、多形态视听产品激活城市文化资源

媒介记忆是指“媒介通过对日常信息的采集、理解、编辑、存贮、提

取和传播，形成一种以媒介为主导的人类一切记忆的平台和核心，并以此影响人类的个体记忆、集体记忆和社会记忆”①。城市因其复杂的空间形态以及异质生活的表演性，与影像有着天然的关联。新媒体时代，视听作品对城市的形象塑造和文化记忆至关重要。精准把握一座城市的文化标识和特定题材，以不同的视听作品形态多方位塑造城市文化形象，并匹配相应的传播平台合力构建媒体矩阵，有助于在融媒体时代形成城市文旅的强大驱动力。

纪录片以记录的真实性与客观性为主要特点，优秀的历史人文类纪录片能透过表层，在大跨度的时空范围内探寻城市变迁，赋予城市与地区真实之美与厚重之感。以南京为例，近十多年来，以南京为主题的纪录片数量颇丰，诸如《南京城》《民国屋檐下》《百年南京》等纪录片，从不同角度记录这座历史文化古都的风起云涌与沧桑巨变。《寻味顺德》《人生一串》等美食题材纪录片，在展现丰富美食吸引观众感官之时，也从文化角度挖掘城市记忆，展现风土人情，打造一张张以美食为主题的城市名片。

综艺节目、真人秀类型的视听作品则以虚构和非虚构交融的形式构建城市的又一重空间。虚构体现在编剧创作、人工设置的特点，非虚构反映在当下时空和寻访过程的纪实性，两相结合并辅之以明星元素形成了极具魅力的真实娱乐。例如，《奇遇人生》《花儿与少年》《周游记》等真人秀旅行类节目带动拍摄地的游客人数和旅游收入显著上涨。此外，一些节目对具有标志性特点的取景地的选择，也对当地的旅游形成推动作用，并与文化形象互相成就。例如，因《声入人心》的拍摄而成为热门打卡地的梅溪湖大剧院，《向往的生活》将舞台搬到湖南常德，这个因《桃花源记》闻名的地方再度为人们了解与熟知。再如，《戏剧新生活》以戏剧和真人秀的互文，随着一出出戏剧的上演，为乌镇刻上更加鲜活生动的文化印迹。

---

① 邵鹏. 媒介记忆理论：人类一切记忆研究的核心与纽带［M］. 杭州：浙江大学出版社，2016：4.

电影则用富有艺术性和洞察力的镜头，营造特殊的城市格调。电影中的城市空间，故事和人物相勾连，叙事空间和真实空间相互映照。闪烁的永不熄灭的霓虹，夜间抵达的巴士，构成人们关于港岛的记忆。朱声仄拍摄的电影《河流，奔跑着，倒映着》作为一部献给武汉的、纯粹的观察式电影，呈现出记忆与心理层面的故乡形象，提供给人们体会这座城市的特殊视角。电影的热映往往会对城市的旅游起到推动作用，如《从你的全世界路过》的热映一度带火稻城亚丁的旅游。

城市的历史文化有取之不尽的资源，城市的形象塑造更要聚焦当下，并采用与之适配的视听语言。随着技术的更迭，短视频行业规模壮大，抖音、快手、B站、西瓜视频、微信视频号等积累了大规模的用户群体。作为一种复合介质的短视频，同时携带影像、声音、图标、动画和文字等多种信息元素。相较于纪录片、综艺节目与电影的制作成本和传播速度、受众群体，短视频具有篇幅短小、传播快捷、参与性强等特点，能够满足用户碎片化时间的观看需求。在注意力成为重要资源的互联网时代，人们对信息的摄取呈现碎片化倾向，有限的时长承载丰富的内容，极大契合了移动终端用户的使用需求。尤其是对于在互联网环境中成长起来的年轻一代而言，短视频成为他们表达与接收信息的优先载体。

因此，短视频在城市视听实践中的异军突起，可视为互联网技术与社会共同发展的结果。它作为艺术与生活的高度融合，是一种随时性的表达方式，一种具身化的媒介实践。它将“真”与“秀”两相融合，感受是真，体验是真，关于城市印象的短暂再现生动而逼真。与此同时，人们拍摄、制作短视频，摘取那些值得刻画与记录的片段，既是一种个人的表达，也是群体性的价值共创。抖音陆续与重庆、南京、西安等多个城市达成合作，助力城市形象传播和推广，直接带动了当地旅游；淄博凭借一个个旅游Vlog，一个个烧烤体验短视频，吸引大量游客涌入，为当地文旅注入源源不断的动力，更是让人们看到了短视频拉动城市文旅的巨大潜力。

二、Z世代以内容与价值共创引领消费

在“人人都有麦克风”的时代，社会群体是城市形象传播的主体。据统计，有关城市形象传播的抖音视频中，播放量TOP100中超过80%是由个人传播的，普通受众成了抖音短视频中城市形象视频创作的主力，成为城市形象的主要构建者、传播者。[①]其中，年轻一代发挥了主力军的作用。马尔科姆·格拉德威尔在《引爆流行》中说：“引爆流行，一定要找到那些有着非凡人际能力的传播员、内行和推销员。”[②]生活在互联网时代的年轻群体，也就是我们常说的Z世代，正是这样的关键群体。如果说短视频为城市文旅带来了巨大的传播力，那么，Z世代则为城市文旅注入鲜活且持续的消费力。

“Z世代”在互联网时代出生与成长，与互联网有着天然的联结，其受数字信息技术、即时通信设备、智能手机产品等影响较大，所以又被称为“网生代”“互联网世代”。Z世代个性鲜明、独立开放、自由包容，作为一个庞大的消费群体，他们有着不容小觑的消费潜力。他们有着与众不同的消费习性、消费选择和消费方式，并且形成自己独特的消费品位、消费模态和消费特质，对城市文化旅游有着不可替代的推动作用。[③]

一方面，Z世代既是文旅的消费者，同时也是内容与价值的共创者与传播者。淄博烧烤的爆火，来自年轻人与淄博市政府时隔一年之后的再聚之约。2021年5月份，B站UP主盗月社食遇记发布的淄博烧烤视频火遍全网，美食纪录片《人生一串第三季》也曾介绍过淄博烧烤，独特的吃法配合诱人的画面，吸引许多年轻人爱上淄博烧烤。QuestMobile发布的《2020

① 李松航. 短视频对城市形象的传播与构建：以抖音为例［J］. 新闻研究导刊，2020，11（3）：174-175.

② 格拉德威尔. 引爆流行［M］. 钱清，覃爱冬，译. 北京：中信出版社，2002：15.

③ 敖成兵. Z世代消费理念的多元特质、现实成因及亚文化意义［J］. 中国青年研究，2021（6）：100-106.

年Z世代洞察报告》显示，Z世代人均使用APP达到30个。Z世代对互联网的视听语言、流行热点的深谙，使得他们容易受到社交媒体与数字平台，尤其是短视频等形式对于旅游决策与行为的影响；同时，他们能够迅捷、及时地表达与分享旅游经历与见闻，实现内容的持续输出与价值共创。2023年1月，关于淄博烧烤的抖音视频“此时此刻一位淄博公主的亲妈正在吃着淄博烧烤”火爆网络；3月，大学生组团前往淄博吃烧烤上热搜，引发热议；到了4、5月，出行热潮、无数短视频的叠加，使得淄博烧烤引燃网络。年轻人的内容共创与持续输出，是“淄博烧烤”传播效应的重要推动力。

另一方面，Z世代对经典文化的焕新推波助澜，也在新的消费浪潮之中充当主力。近年来，不管是“博物馆游”的消费热潮，还是“潍坊风筝节”“淘宝造物节”等节事活动的大热，都离不开Z世代的热推与再创作。Z世代追求氛围感与情绪价值，善于从经典文化中寻找新的切入点，结合时下风潮以新兴的、与时代紧密结合的语言转译传统，让经典焕新出彩，制造一个又一个文旅消费新浪潮。此外，关注时下热点也是Z世代的显著特点，他们紧跟时事发展，善于捕捉时尚浪潮，视听实践与时下热点的结合，也是城市文旅能否获得持续热度的关键所在。2023年初的《去有风的地方》之所以获得一定热度，为大理带来旅游收入的增长，一定程度上在于其顺应了疫情缓解节点上人们的心态。在它的叙事语境之中，远离城市的匆忙与现代社会的冗杂，大理仿佛成为一方避世的净土，在那里人们找回自己的本真，看到生活最初的模样。出行高峰期，诸如“特种兵旅游”“日行数万步，吃饭不睡觉”等词条引爆网络，Z世代的参与成为城市文旅可持续发展不可或缺的要素，城市文旅未来的视听实践将与Z世代更加紧密相连。

三、在虚实融合中拓展内容旅游新蓝海

从文化属性角度分析，Z世代与亚文化紧密相连，他们的消费偏好在

青年亚文化的导向之下，催生出文旅发展的新蓝海。当代青年亚文化，呈现出具有紧密联系的风格鲜明的群体。而群体的集体感受力建构在其共享的消费理念之上。对于青年亚文化而言，消费构成诸多文化实践与意义生成的前提，消费行为作为一种桥梁和纽带，将诸多实践行为与青年亚文化进行连接。文化旅游以及下文中所说的内容旅游便建立在这样的逻辑之上。

Contents Tourism（内容旅游），这一词汇最初在2005年日本国土交通省、经济产业省和文化厅联合发布的《关于通过影视内容的制作、利用实现地域振兴的调查》中正式出现。报告将内容旅游定义为“利用电影、电视剧、小说、漫画和游戏等与地域相关的内容，寻求观光和相关产业振兴的旅游。根本方式在于通过内容营造出地域特有的氛围和形象，为地域附加‘故事性’和‘主题性’，并把这种故事性作为观光资源加以利用”[①]。“圣地巡礼”指的是粉丝来到动画作品取景或制作的真实地点，身临其境进行观光与游览。该词源自日本并随着ACG文化在年轻群体中的流行而逐渐成为一种新潮的旅游方式，其不仅是一种文化现象，同时也是一种经济现象与消费行为。它旨在将电影、动画等的文本与现实空间进行融合。现实空间被赋予多重意义，在名称、情感乃至周边的贩售上均与原作品形成互文，是视听作品与城市文旅高度融合的例证。

除此之外，在诸多游戏之中对城市的复刻，也拓宽了影像与城市旅游结合的另一个维度。游戏赋予玩家自主性和既定的叙事路线，使得以真实的城市场景为舞台的游戏，能够以极其贴合的方式实现二者的结合，现实和虚拟在此相遇，而“游览”的动作则存在于其中。波德里亚在著作《象征交换与死亡》中提出，“拟像”（simulation）分为三个阶段：文艺复兴的仿造、大工业时代的复制，以及数码时代的拟真。[②]对于数码时代的“拟真”的回应，游戏《刺客信条》便是一个很好的例证。迄今为止，“刺客

① 周广. 虚构世界与现实世界的连接点：日本动画圣地巡礼文化分析［J］. 出版广角，2019（9）：43-45.

② 波德里亚. 象征交换与死亡［M］. 车槿山，译. 南京：译林出版社，2006：1.

信条”系列分别推出了以古佛罗伦萨、大马士革、波士顿、巴黎和纽约等城市为场景的5个版本的游戏，其中出现的拟真风景均以真实场景为摹本，呈现出高度重合的面貌，令玩家与游客叹为观止。玩家穿梭于丰富而逼真的赛博空间之中，从佛罗伦萨的教堂顶端纵身跃下，或是站在纽约的楼宇间向下俯瞰，这里面的拟真风景给玩家营造了一种身临其境之感，用户获得玩家与游客的二重身份，在游戏中，他们步履匆匆，既是身负使命的角色，也是走马观花的游客。

中国旅游业如何与游戏动画深度互动融合，还是尚待挖掘的富矿。无论是IP的生成、品牌形象的建设，还是行业的整体发展，商品的丰富程度，游戏乃至动画都尚未达到与旅游业的深度融合，为旅游产业城市注入附加意义。但一些动画、游戏乃至亚文化文学作品，通过将背景设置于真实的特定地标，从而使得故事发生的背景环境有了特殊的意义。2018年上映的动画电影《昨日青空》以漫画原作者的老家浙江兰溪为故事背景，通过对兰溪火车站、西门城楼、兰江路等场景的实景还原，描绘了20世纪90年代南方小城街角巷尾的质朴生活，一定程度上为兰溪这座小城带来了知名度。而早些年长篇小说《盗墓笔记》的大火，对长白山的旅游业形成一定的带动效果。来自天南海北的男男女女，为了奔赴由故事中虚构的人物许下的约定，纷纷来到长白山。无独有偶，近年来杭州西湖畔的西泠印社，也成为年轻人展开聚会的新场所。视听作品与旅游的碰撞与结合，现实中存在的地点被虚构的故事赋予意义，常常带来意想不到的文旅新效应。

四、以整合营销推动视听实践效益落地

贯彻整合营销理念，将视听实践带来的知名度转化为实际且持久的效益，方能推动一座城市的文旅业及相关产业的发展。整合营销是对各种营销工具和手段的杂糅并用与系统化融合，旨在信息交互中完整透彻地实施

传播计划并实现价值增值的一类营销理念与模式。[①]以增强游客黏度为目的的社群营销瞄准关键群体Z世代，以激发游客共鸣为目的的情感营销突出正向情感传播，以增进游客互动为目的的体验营销设置多种创新互动环节，以提升游客感受为目的的口碑营销不断地满足游客需求，多维发力、全方位塑造城市对外形象，视听实践带来的流量才能真正转化为口碑与效益。

一方面，整合营销要求多种传播方式的运用聚焦一处，发出一种声音，形成一种理念，从而促进消费者印象的形成与消费的持续。关于城市文旅的视听实践也是如此，它需要于创作上形成声音的聚焦，为实现一个目标而进行服务，从而做到视听流量的在地转化，真正地使得“流量”成为“留量”。当前，在视听文旅方面取得良好成效的城市，大多注重声音的集中和形象的聚焦。以长沙为例，长沙城市文旅通常突出展现其娱乐化、生活化的面貌，相关视听作品中鲜少对于传统的部分进行深挖，更多的是聚焦当下的风土人情和日常烟火。诸如警讯类综艺节目《守护解放西》扎根长沙最具代表性的商业地带，讲述发生在坡子街日日夜夜的人情故事，体现出长沙的热忱与生活化的一面。以湘西为例，这一地区土地贫瘠，不适合农作物生长，然而独特的地形样貌和风土人情，造就了湘西可供挖掘的旅游资源。电影《芙蓉镇》拍摄后，当地旅游文化部门合理规划，将取景地王上镇更名为芙蓉镇，其中的多个地点同步根据电影的拍摄而设置、修缮。芙蓉镇如今成为湘西的知名景点之一，每年都吸引了大量游客。为城市的文旅宣传，聚焦一种声音，比起面面俱到地呈现城市各个方面，往往更能够起到事半功倍的效果。

另一方面，整合传播强调运用多种手段为一个清晰的目标服务，城市文旅视听实践的重要衡量指标之一，就是对地域文旅市场的实际激发作用，这需要线上线下紧密而自然的协同，并将以用户为中心的思维模式贯穿始

① 魏玮. 新媒体环境下城市旅游目的地整合营销研究［J］. 商业经济研究，2021（4）：83-85.

终，从而实现经济效益与社会效益的在地转化。这既包括各类节日盛典的举办、多样化活动的配合与跟进，也包括当地的切实规划与实时配合，乃至一系列基础设施建设。“淄博烧烤”的爆火看似偶然，实际上它热度的维护与政府以及相关机构的持续造势息息相关。随着以短视频为主的视听实践为“淄博烧烤”打响知名度，面对巨大的互联网流量，政府出台一系列政策，严惩宰客、规范价格、诚信待客。在基础设施建设方面，政府协助推出烧烤专列、公交专线，向社会免费开放各机关单位的停车场，方便游客出行与游览。与此同时，当地居民与相关行业齐心协力，景区推出免费兑换门票活动，电影院推出过夜服务，市民自发接送游客、提供闲置房屋、主动清理街头垃圾等一系列操作，让人们对一座城市的好感度持续上升。无论是基础设施的配套建设，还是行业规范的设立，淄博市以多方资源的整合，打造特色化的旅游产业，对于其他城市文旅运营提供了借鉴。

近年来，各大城市兴起举办节事活动的热潮，诸如音乐节、戏剧节、电影节等文化活动此起彼伏。有的是依托具体城市，与城市互相照应形成其特有风貌；有的则凭借着其文化厂牌在不同城市之间进行穿梭。除此之外，重要展览等也为城市的旅游打开了文化的窗口。它们从特定的角度，赋予城市特别的文化意义与艺术标识，从而为城市的营销打开空间，这也正是文旅丰富可能性之所在。

自然风物之美尽在不言中，人们生活的土地构成的一切，本身有取之不尽的文化势能，城市文旅的活力焕发在“真”与“秀”之间。城市文化与旅游的深度融合，视听产品尤其是短视频有着得天独厚的优势，年轻群体成为城市文化发现、重塑、表达与传播的主力军。当下城市的视听实践应该如何开展？它既要充分挖掘历史文化资源，同时又要对现代城市特有的风貌进行重塑与展现；它既需要呈现真实，也应该进行艺术化与风格化的表达、提炼；它需要依靠短视频的这种新兴载体，也需要把握年轻人的审美和消费偏好。尤其是，视听效应和网络流量的深化转化，需要多方聚力、多管齐下，一座城市整体形象的持续提升赋予文旅产业源源不断的发展动能。

第五章 主流价值视听表达传播新路径

新时代的传媒影视坚持以人民为中心的创作导向，将社会主义核心价值观融入作品，通过讲述中国故事、展现时代精神、塑造鲜活人物，以润物细无声的方式传递主流价值。传统主旋律影视作品作为彰显国家意识形态及社会主义核心价值观的一种艺术形式，大多着眼于宏大叙事，具有鲜明的政治宣传功能。然而，随着媒介环境的变化，原有的话语表达模式已难以适应社会期待与市场需求。在新型技术驱动与艺术理念革新之下，无论是新主流影视剧的创作还是非虚构类纪实性影像，都展现出有别于传统影视文本的鲜明特征。一方面，聚焦国家重大战略，深入挖掘现实题材，从平凡人物的奋斗故事到国家发展的重大成就，新主流影视创作以特有的时代敏锐性激发受众的情感共鸣；另一方面，溯源中华文明的博大精深，实现传统优秀文化的现代演绎，进一步增强文化认同与文化自信。此外，新主流影视创作还注重国际视野，强调作品的全球流通性，体现人类共同价值，诠释人类命运共同体理念，向世界传播可信、可爱、可敬的中国形象。

第一节　新主流影视创作的突破与启示

新主流影视剧创作是指在新时代背景下，融合了主流价值观与市场需求，以创新的艺术手法和现代技术手段，创作出既符合时代精神又具有广泛吸引力的影视作品。它既继承了已往主旋律作品“以影宣教”的属性，又将主流意识形态的表达与大众诉求有机融合，力求在价值观、艺术性与商业化之间找到最佳平衡点。近年来，影视领域涌现出一批主题鲜明、贴近现实又回应时代问题的精品力作，不啻为艺术创新与文化自信的成功实践。

一、节庆营销视角下新主流电影的探索

2020年国庆档《夺冠》《我和我的家乡》《一点就到家》等多部新主流影片，立足中国现实，以平民视角和类型化表达，将主流意识形态的传递和观众的期待视野巧妙缝合，引发观众的广泛好评。新主流电影在话语表达、文本策略、营销方式等方面均取得突破，实现主流价值与主流市场的双向联动。

（一）话语革新：从“主旋律”到“新主流”

同样是聚焦“祖国”“家乡”等宏大话题，主旋律电影注重历史的深广度，个人形象容易符号化，新主流电影则通过呈现个体命运，激发公众的情感共鸣，达到主流话语和大众市场的平衡。以《建国大业》《建党伟业》等为代表的传统主旋律电影，主题鲜明、直接、浓烈，但距离普通公众日常生活较远。新主流电影则转向“当下现实”，回归与大众息息相关的平常岁月，反映新时代的精神与价值。例如，《我和我的家乡》《一点就到家》从普通大众的视角切入，展现大时代下个体的生存境况，将个体的梦想融进“中国梦”的整体叙事，洋溢着浓浓的现实观照和人文情怀。

最典型的莫过于《夺冠》。中国女排显然绝非单纯意义上的体育运动，它承载着一代中国人“振兴中华”的集体记忆。在以往的主旋律叙事中，“个体”常常被“集体”所遮蔽。《夺冠》则巧妙地进行了话语转换，赋予“女排精神”更丰富、更个性化的内涵——与集体对应的个性、与国家荣誉感对应的个人价值与理想、与意志力对应的科学训练和战术设计等。郎平作为不同时代的参与者、见证者，既承载着逝去时代的烙印，也代表着对当前时代的认知与诠释。正因如此，这部影片不仅吸引了老一辈观众，也

赢得了年轻观众的喜爱。

（二）文本策略：日常叙事与类型化

传统主旋律电影倾向于展现领袖和英雄人物，新主流电影更多关注细微而平凡的“小人物”，通过近距离的凝视、有温度的贴近，借助情节化、生活化的叙事策略，让人物形象更加丰满、立体。2019年《我和我的祖国》、2020年《我和我的家乡》《一点就到家》等影片的共性就在于让“典型”化的平民走到了舞台中央。

《我和我的家乡》借由散点叙事和平民视角，通过对小人物的关切、方言的运用及时下热点的阐释，让中国乡村这一意蕴丰富的叙事空间重新进入主流影像。影片紧扣“决战决胜脱贫攻坚”“全面建设小康社会”等时代热点，在选题上设置了东西南北中五个单元，让观众透过电影中每个小“我”来感受时代发展的脉搏：《北京好人》讲述医保惠农，《天上掉下个UFO》聚焦苗寨新文旅，《最后一课》呈现农村教育变化，《回乡之路》以直播带货农产品做切入，关注生态治理，在东北拍摄的《神笔马亮》则融合了艺术振兴乡村与干部基层扶贫等多个主题。

新主流电影相较于传统主旋律电影，在与市场接轨、导入竞争机制、取材范围等方面更加广泛，类型化表达就成为商业语境插入文本叙事的重要方式。从《建国大业》《建党伟业》的“全明星阵容+商业大片+主流意识形态”模式开始，新主流电影的主流价值观与类型叙事元素合流，在叙事层次、戏剧张力和视听效果上更贴近当下观众的审美品位。从影片类型上看，《夺冠》是一部典型的运动竞技片，《我和我的家乡》和《一点就到家》则精准把握了喜剧片的类型元素。以《一点就到家》为例，该片讲述三位年轻人利用各自在电商、物流和咖啡种植三大领域的经验，抓住时代风口，回到云南小山村进行创业的故事，堪称青春版“中国合伙人”。影片糅合喜剧元素，不仅讲述了年轻人对理想的坚持与碰撞，还巧妙诉说着对城市与乡村、传统与现代、科技与人文的思考。

（三）双向联动：时点营销与明星效应

“国庆”作为重要的时点，对于中国观众具有特殊意义。新主流影片把握观众爱国情感释放与表达的契机，瞄准了特定时期观众潜在的消费偏好，将“观影”打造成大众文化消费的集体仪式。不同的影片在内容营销上也采取了不同的策略。《夺冠》前期宣传以娱乐新闻的方式间隔性释放，后期利用热门综艺节目打造声势，再辅以档期变化不定的“饥饿”营销，实现国庆档领跑。《我和我的家乡》则是2019年献礼片《我和我的祖国》的“影响力增殖”，采用姊妹篇的形态、集体创作的方式，在既有作品人气和票房的基础上实现新突破。在运营层面，“家”“乡”争锋，强大主创阵容保驾护航，各类新媒体平台持续热推，在上演之前增强观众期待与黏度。

此外，明星集结式出场已是商业化运作的成熟模式。新主流电影越发显示出强大的号召力，演员阵容甚至比商业电影更加豪华，观众沉醉于一线明星演员的集结式出场与“数星星”式的观影体验。《我和我的家乡》在导演及演员阵容上延续了姊妹篇的顶级豪华配置，无论是由张艺谋、宁浩、张一白组成的顶层团队，还是执导5个故事的宁浩、徐峥、陈思诚等导演群体，堪称“中国喜剧梦之队”。具有强大市场号召力的葛优、黄渤、沈腾等全明星阵容同样成为票房保障。《夺冠》则以“实力派”演员压阵，中国女排现役队员的本色出演，都成为影片商业营销的载体与亮点。

2020年国庆档的中国电影均可圈可点，尤其是新主流电影在意识形态表达与商业价值的主动融合值得点赞。观众的爱国情感如何转化为更强烈的观影需求，主流价值诉求与作品艺术创造如何深度融合，将成为未来中国新主流电影发展的重中之重。

二、主流影视创作如何吸引年轻受众

时代出卷，青春作答，主流影视创作正“青春焕发”。《觉醒年代》

《1921》《山海情》《奇迹·笨小孩》等一批主流影视作品着力于对青年群体的呈现和青春故事的书写，赢得了大众尤其是年轻观众的认可。主流影视创作如何以更加富有感染力的青春故事持续吸引青年这一主力消费人群，引人深思。这不仅是一个创作实践问题，更关涉主流价值的传播与引领。

（一）让历史与时代建立强链接，拓展作品与青年群体的对话空间

对视听艺术文本进行简单划分，一类可归入与现实关联不强的纯虚构作品，如玄幻、魔幻题材的影视剧，另一类是基于历史或现实创作的作品。如果说年轻观众对第一类作品的喜欢，主要源于对猎奇心理、虚幻想象的满足，那么第二类作品要想俘获年轻观众，创作的关键则在于与时代建立强链接，拓展作品与青年群体的对话空间。

一方面，在题材处理上让革命历史年代的“青春”与当下时代的“青春”对话。青年时期的历史人物往往更能吸引年轻观众的关注。无论是之前的《恰同学少年》《我们的法兰西岁月》，还是近年来的《1921》《觉醒年代》《跨过鸭绿江》《数风流人物》，剧中的主要人物都是阳光青年。与当下的青年观众一样，他们拥有着年轻的面孔，经历着类似的成长阵痛，却在迷茫之后找到了坚守的方向。两个身处不同时代的“青春”通过屏幕相遇、对话，让人清晰地看到当年那些青年革命者的坚定意志，领悟到今日的和平幸福与昨日的苦难牺牲之间的关联。

另一方面，在叙事方式上让历史事件发生的“时代”与当今这个“时代”对话。创作者不能机械地再现历史原貌，而应秉持“大事不虚、小事不拘”的原则，通过真实的情节、丰富的细节和丰满的人物讲述对当下现实具有启示意义的历史故事。尽管不同时代的考卷不一样，但青年赶考的艰辛与付出都值得礼赞。比如网络电影《以青春之名》塑造了共青团建立百年时空里不同年代、不同领域奋斗的青年群像，具象化呈现不同个体的“我”与时代、国家密不可分的关系。影视作品中不同时代的使命召唤与

青年想象，形成了一种“召唤结构”，激发年轻观众去思考自身的使命与担当。

（二）将家国情怀转换为场景化、可感知的情感

影视作品如果能契合当下观众特定的审美偏好、接受心理、情感需求，就能获得更好的传播效果。创作要与年轻观众对话，作品符号体系的核心是塑造人物，而凸显人物特质的关键在于性格与情感。将人物形象塑造得真实、立体、不悬浮，是历史和现实题材影视作品激发青年受众情感共鸣的先决条件。

一方面，人物塑造须遵循历史唯物主义，在确保基本史实或事实准确的基础上，进行适当艺术化处理。首先，关于历史、伟人、英雄的叙事越符合时代语境、越常态化，人物越可近，也就越可信。其次，人是具体的个体，符合逻辑与常识的人未必是完美的，个性化创造有时更利于塑造典型人物。再次，人物行为动机也是判别“真实”的重要标准，不能脱离观众对人物生活场景的理解。如《觉醒年代》中的革命者均是中青年人，这些“播火者”之所以被观众深深记住，除了他们为信仰赴汤蹈火的坚定果敢，更因为每个人物性格分明、形象饱满。李大钊憨实，陈独秀“傲娇”，知识分子的不近常理、桀骜不驯，不仅没有掩盖他们的光芒，反而让观众觉得更真实、可爱，更容易为他们对革命的牺牲奉献而感叹折服。

另一方面，塑造可亲、可信和可爱的青年形象，是为了与观众实现共情。主流影视作品中的情感表达是层次丰富的交响曲，能否处理好情怀、情感与情绪三者之间的关系，关系到观众能否产生“代入感”。宏大的家国情怀可以转换为场景化、可感知的情感甚至小情绪。事实上，小情绪的表达既挑战剧本编创时的细节构思，又是对演员表演功力的一种考验。《山海情》大获成功，正是在人物真实、细节精准、表演传神基础上产生的共情效应。扶贫干部马得福在剧中没有一句脱贫致富的宣言，也没有一句深情告白，演员对细节的捕捉、对情绪的演绎却深深地将观众感染。这得益于

演员深入体验生活，真情投入角色后与观众达成了共情。

（三）着力表现中国青年在青春赛道上奋力奔跑的故事

如果说类型杂糅、符号创新是作品外在之新，那么近年来主流影视青春书写的内在之新则落脚在不断回应和思考“青年与时代”的重要命题上。主流影视的青年书写将青春成长与时代命题有机结合，在个体表达与价值引领之间达到平衡，拉近了历史与现实的距离，呼应了时代及社会变迁，让青春叙事汇聚主流价值元素，启发当下青年观众，彰显了作品积极的价值理念与精神力量。

衡量影视作品中青年书写成色的重要标尺是作品的价值内涵与精神高度。每一代青年都身处特定的青春赛道，但每一代青年解答时代之问时都会面对相同的命题。《白毛女》《永不消逝的电波》《青春之歌》《红色娘子军》《英雄儿女》等之所以堪称红色经典，正在于它们对信仰、理想、个体与集体关系问题的回答永不过时。对奉献牺牲、艰苦奋斗的讴歌仍是影视创作一以贯之的永恒主题。电视剧《大山的女儿》以“时代楷模”黄文秀为人物原型，以真实的驻村日记为素材，将现实主义精神与浪漫主义情怀相结合，再现了黄文秀平凡而又非凡的人生历程，唱响了新时代的青春之歌。

主流影视剧中的青年形象，无论身处何时何地，都对应着信仰、热血、爱国等积极正面的关键词。跨越时空的青年对话，激情化的个体询唤与主流话语的巧妙缝合，为现实题材影视剧创作开辟了新路径。在中国梦的统摄之下，青年无疑是这场历史接力赛中最积极、最富生机的力量。无论是抒写普通家庭悲欢离合的《平凡的世界》《人世间》，还是反映改革先行者求索的《大江大河》，抑或展现乡村建设新图景的《幸福到万家》，都可以看到青年人面对现实挫折与压力时的观念转变、理想坚守、不懈奋斗，个体成长无不与时代变革、国家命运相连。

在跨时代的青春对话中书写青春、与当代青年产生情感链接与共鸣，助力青春与时代的双向奔赴，为今后的影视创作指明了方向：在百年未有之大变局下，应当着力表现中国青年把目光投向全人类、全世界，心中有光、肩上有责，为构建人类命运共同体跑好手中接力棒的精彩故事。

三、新时代的平凡英雄：《我为你牺牲》评析

“幸福的背后都是牺牲”，一句看似平淡的台词，却让无数观众潸然泪下，这是电影《我为你牺牲》带给公众的震撼与感动。影片以“武警部队十大忠诚卫士”的真实事迹为蓝本，通过三名武警官兵的故事，多方位展现了武警官兵在各个岗位和战线上呈现的精神、作风与本领，充分诠释了新时代中国军人的价值追求和使命担当。

在中国电影市场蓬勃发展的背景下，军事题材电影无疑是其中的主干力量，中国军人成为银幕上一个令人瞩目的新群体。他们出现在《战狼》《红海行动》《空天猎》等当代军事题材作品当中，甚至还出现在《流浪地球》等科幻题材作品中。这些作品中的军人形象虽然角色颇具个性，但也带有类型化、脸谱化特征。而电影《我为你牺牲》则完全忠实于生活本身，他们呈现的“英雄”并非无所不能，而是日常可见、就在百姓身边的“凡人”，现实主义的基调使电影具有了穿透人心的张力与能量。

（一）人物与场景的选择取得实质性突破

电影《我为你牺牲》取材于武警十大忠诚卫士的事迹，电影中的人物与其说是扮演的“角色”，不如说是人物与事件的真实再现，这无疑让电影具备与以往同类题材难以企及的与观众的对话能力与说服力。缉毒一线的王强、援疆战士李报国、高原执勤的杨国富、忍痛截肢的军嫂庄小红……他们的形象质朴、立体、自然，抛弃了惯常的理想化，而是将人物的本真状态呈现出来。现实生活中的原型人物，使电影中的人物具有了独特性和不可替代性。正是这种“普通”让人感受到“牺牲”的伟大与崇高。在场景选择上，影片也遵从武警战士的真实工作环境：从青海海拔4868米的哨

所到海拔–50米的吐鲁番，从最西部的新疆、青海、陕西到东部的上海、福建。这种“日常”环境既丰富了观众的视觉体验，也为人物故事的展开铺设了“真实”的场景，增强了观众的代入感与共情能力。

（二）情感与矛盾冲突的处理要张弛有度恰到好处

影视作品是否能够准确把握作品的情感基调，揣摩出事件始末和人物内心并将其表现出来，直接决定了质量的高低。电影《我为你牺牲》在情感处理上“度”的把握恰到好处。战友的爱、亲人的爱、情侣的爱、父母的爱交织辉映，如同一首浑厚的交响，始终牵动着观众的情愫。同样，矛盾冲突的设置既合情合理，又跌宕起伏。每一组人物都有着自己的逻辑与“纠结”。守护“天路”家国难两全的高原兵杨国富、拖着残疾身体隐忍深情的军嫂庄小红、援疆驻地强忍病痛的年轻战士李报国，他们的激情高昂、低沉失落、欢欣和睦、黯然神伤，无一不与电影情节完美融合，促进影片故事更加流畅、饱满、丰富、厚重。

（三）主旨表达与艺术细节的完美结合

影片就是视听符号的编码，有效输出才能让受众成功解码。一杯打翻在地的羊奶、一张夹在日历里的照片、一把极具民族特色的热瓦普琴……电影《我为你牺牲》中的每一处小细节都构成了独特的情感符号，冲击着观众的心灵，触发了观众情感上的共鸣。除此之外，观众还能通过个人经历感受剧中人物之“难”：八月十五人团圆，在万家灯火中，战士们舍小家顾大家，握紧手中的枪为祖国和人民，只为站好每一班岗。母亲和儿子从山下看着山上父亲岗位上的“红旗”，就是团圆。以“爱”为核心的表达，使人物之间有了战友、亲人、爱人的多重身份，将人物与观众形成细腻的联系点。

中国电影承担着建设“文化自信”的任务，军事题材电影具有先天的题材优势，但如果此类电影过分追求商业性就会在思想性和艺术性上大打折扣。一些影片中空泛的英雄主义、爱国主义，不仅肤浅粗暴且容易被扣上“民族主义”的帽子。从这个角度看，电影《我为你牺牲》中的军人形象，在个体形象、军队形象和国家形象之间平衡适度。武警战士面对的挑战是人类遭遇的自然灾害、恐怖犯罪、恶劣环境，在生死关头的搏斗、扶助、奉献、牺牲，无疑是一种全球通用话语，以客观视角讲述中国军人的故事，这样的文化传播才是行之久远的。

“我叫李报国，来生再报国”这是一位士兵临终前的心声与心愿，它升华了我们对“牺牲”的理解：在幸福背后，每一个为家国安全、社会安宁的个体理应被尊崇与铭记。以现实主义风格、本土化影像向世界讲述中国故事，电影《我为你牺牲》不失为富有标杆意义的新案例。

四、主题系列剧：《大考2020》诠释家风家训

《大考2020》是家风主题系列剧《家道颖颖》继第一部《回家》、第二部《等着我》后的第三部。三部剧的题材、人物、故事各具特色，共同之处主要有两点：一是对“家风”进行了与时俱进的阐释，将“家”与“国”融为一体，体现了创造性转化与创新性表达；二是故事与人物均来自生活原型，极大增强了作品的贴近性和感染力。《家道颖颖》叫好又叫座的优异表现，源自作品思想性、艺术性的有机平衡与高度统一。

（一）家风传承中建构“家国一体”的价值认同

“家道颖颖”出自西晋文学家潘岳《家风诗》中的“义方既训，家道颖颖”，意在强调后世子孙应当恪守祖训正道，方能克难济危、兴旺绵延。中国人自古以来重视家风传承，先人长辈的言传身教影响着子女的人生观，培养着他们的敬畏心。从孔子“不学礼无以立”的庭训到诸葛亮“静以修身，俭以养德”的诫子真言，再到岳母刺字“精忠报国”等，无不蕴含着中华美德与人生智慧。

从中国传统优秀文化中汲取精华，实现当代阐释与转化，是文化自信的表现之一。传统家庭美德如何在当今社会传承、融合、发扬，无疑是事关道德与文化建设的重要命题。《家道颖颖》的高妙之处在于将对家风的诠释融入与“国家”语境的互动中，不仅引领现代家庭文明新风尚，更为民族复兴、国家兴盛注入精神力量。《大考2020》讲述了一个普通中医世家三代人在“抗击疫情”“脱贫攻坚”两场大考中传承弘扬优良家风的真实故事。主人公的父辈治病救人，自己则作为驻村第一书记带领贫困户脱贫致富，在他身上既体现了“救一命有贵千金，治一病乃济苍生”的家风，又凸显了共产党员的先锋本色。《大考2020》将融家国为一体，深刻揭示了优良家风对国家发展、民族进步、社会和谐的重要支撑作用。

（二）以真实故事激发与时代同频共振的精神力量

《家道颖颖》以原型人物为蓝本进行故事改编和再创作，以进行时的方式与现实保持同步，剔除了影视创作中时常存在的突兀离奇，达到艺术真实与事实真实的高度统一，观众也因剧中人物、故事的“真实”，感受到更多的质朴和真诚。

首先，系列剧的选题均具有鲜明的时代特征，与现实生活同频共振。《回家》借由高铁与小火车勾勒起小镇记忆折射城乡变迁；《等着我》则把抗美援朝镶嵌进历史与现实的时空中；《大考2020》直接取材于“抗击疫情”“脱贫攻坚”等国家大事。这些题材与百姓切身利益息息相关、与人民精神生活需求相一致，体现了极强的贴近性。

其次，用细节强化情感表现，凸显静水深流的内蕴力量。系列剧对于特定细节的处理匠心独运且一以贯之。《回家》中小火车列车长刘承光拿着鸡毛掸子，认真细致地擦拭客厅里悬挂着的家训“肩头担道义精忠报国，手中勤巧作耕读持家”；《大考2020》中泥石流淹塌老屋前被奋力抢出的“家匾”……这些细节成为令观众印象深刻、悄然动容的情绪点，既渲染了故事主题也推动了剧情发展。

最后，采用“日常叙事”策略，凸显作为故事主体的“人”。《家道颖颖》讲述日常生活中普通个体或群体的故事，注重对个体经验与情感的捕捉与呈现，唤醒那些原本根植在个体心灵、血液之中的思想与情感。《回家》中的都市与小镇，《等着我》中的生死离别、思念追寻，《大考2020》中的家长里短、抉择彷徨。家庭人伦、家国叙事在人与自然、人与他人、人与社会、人与传统等多维、关系中生长，普通人的生存境遇与命运纠葛流淌在平淡岁月的喜怒哀乐中，形成一种与观众共情的召唤结构。

（三）多维立体式传播提升作品辐射力与品牌效益

《家道颖颖》系列剧立足大屏，辐射小屏，秉持全媒体传播理念，着力打造覆盖率与辐射力兼具的优质融屏剧。一方面，播出时间的选择契合观众的收视期待。《家道颖颖》在年终岁首播出，和观众一起回首过去一年的国家大事，既符合春节团圆的氛围，也存留了一份独特的民间影像记忆。另一方面，《家道颖颖》系列剧采用“剧情+纪录”虚实结合的方式，呈现家庭与国家命运的有机统一，将电视剧与短视频的优势有机结合，探索短篇剧电影化的新高度。同时，针对短视频、网络电影、电视短剧的多层次受众需求开展定制化内容再生产，提升了分众需求的匹配度，助推热度的持续发酵。小屏导流大屏、大屏辐射小屏，实现不同圈层的破壁共振，以精细化市场运作进一步提升《家道颖颖》的品牌效益。

《家道颖颖》的成功靠的是对内容品质的精益求精，充分彰显了扎根现实生活、以人民为中心的创作理念。其强大的传播力、影响力、引领力留给我们启示：影视作品应当有思想、有态度、有品质，才能成就现实主义精品佳作。

五、现实题材剧：与时代同频共振的《心居》

现实题材都市情感剧《心居》甫一推出，即引起观众热评。《心居》是腾讯影业与阅文影视继《1921》《人世间》之后推出的“时代旋律三部曲”的收官力作。个体的欢笑、泪水、彷徨、奋斗，在“家”的聚散离合中贴合时代脉动，这是《心居》牵动万千你我的能量所在。从这个意义上说，《心居》用别样的方式实现了与时代的同频共振，不啻为一部接地气、有生气、扬正气的优秀作品。

（一）接地气：都市弄堂的温暖烟火气

《心居》关注当代人的生活状态，讲述普通人围绕“居住”发生的故事。就居住而言，既与“房子”相关，更与“家庭”相关。导演选择上海这一国际大都市作为故事的背景，巧妙的是，其着眼点不是这座城市的时尚、迅捷与摩登，而是走进这座城市里的普通家庭，为观众展露生活本来的样子。

几代同住，孩子教育，夫妻关系，亲戚交往，喜怒哀乐的情感变化在“居”住的环境中自然生长。“日常叙事”中的“冲突”虽然不同于戏剧化叙事的剑拔弩张、跌宕起伏，但这些纤毫毕现的细节，强化了对个体经验的捕捉与表达，缩短了与观众的距离。不论是来自外地、努力想要获得属于自己的房屋的冯晓琴，还是独立能干的职场女性顾清俞，因为“家”的缘故常常同在一个屋檐下，观众都能从她们身上找到触摸生活的通道。

作品不遗余力地渲染烟火气息，将生活的细节揉碎到片中的每个角落。灶台上蒸汽徐徐升腾，餐桌边碗盘叮当作响，日复一日洗手台边翻滚的水珠，小巷中交错的电线与悬挂的衣衫。观众跟随着镜头，穿过逼仄的弄堂、人声鼎沸的巷落，再到车水马龙的街道与远处的高楼大厦。一处处细节，看似随意自然，却包含着主创人员的匠心。

（二）有生气：个性你我的生动演绎

《心居》作为现实题材的电视剧，某种程度上是以进行时的方式书写“正在发生的历史”。故事的主体是“人”，核心在于“冲突”，“冲突”背后凸显的是人的性格、情感与命运。积极生活着、为了理想而奋斗的人们都是故事的主角，这些有生命力、有表现力的人物是作品“生气”之所在。

上海是一座充满包容性的城市，它向来有着适宜各类故事生长的土壤，也容纳着来自不同地域、不同阶层的形色人群。《心居》刻画出一个个个性鲜明、情态各异、鲜活生动的人物。这些人物因其家庭、教育、成长环境的不同，构成了价值观冲突的空间。例如，两个女主角——冯晓琴与顾清俞，截然不同的出身背景，不同的生活选择与人生道路，注定了“冲突”的难以避免。故事的最后，我们看到两名女性的成长，从价值对立到相互理解。她们对对方态度的变化，对生活的重新理解，是经历成长之后的释然与升华。

小说作者敏锐的洞察力与细腻的感受力，导演的精准把控以及演员精彩到位的演绎，共同绘就《心居》丰富、饱满、自然的人物图谱。无论是海清还是童谣，她们表演的角色都展现了女性的坚韧、睿智以及对生活的热爱。正是这些人物在平淡岁月中的困惑、挣扎、奋斗，化为真诚、平等、有温度的影像，使作品构成一种召唤结构，实现了与观众的共情。

（三）扬正气：致敬奋斗的精神礼赞

在《心居》中，“居”有着双重内涵：房子既是物质财富的实体，更是一个隐喻与意象。它既为身体寄寓所需，更是精神安定、情感依归的所在。上海高昂的房价，无论是买一个属于自己的房子还是更换更大的房子，都成为人们改变生活现状、不断重新定义“美好生活”的象征。每一个人都冀求获得更好的生活，被焦虑所裹挟的人们奋斗在实现愿景的路上，在生活的旅途上行色匆忙。“居”，于是成为故事中人物交集、碰撞的焦点所在。《心居》用一个贴合生活、贴合时代的故事，给予人们一个关于生活、奋斗、家庭的回答。故事看似围绕房子展开，但主旨却落在了家庭，落在了人的本身。人们奋斗追求的目标，并非房子徒有其表的空壳，而是属于各自人生的理想与状态。真正难能可贵的，是生而为人对生活的热爱、对未来的期许以及始终积极向上、脚踏实地的心态。正因如此，《心居》并非鼓励人们为物质、为消费疯狂，而是告诉观众：奋斗就是找寻自我，此心安处即吾乡。

《心居》是普通人描绘的时代切面，在滚滚向前的时代洪流中，它礼赞生活的梦想，讴歌个体的奋斗，也不忘提醒人们：这是一个人人有梦、通过奋斗能够梦想成真的伟大时代，剔除喧嚣与繁华，为自己为家人创造一方心灵与情感的栖息之处。

第二节　以纪实影像书写中国式现代化

中国式现代化是人口规模巨大的现代化、是全体人民共同富裕的现代化、是物质文明和精神文明相协调的现代化、是人与自然和谐共生的现代化、是走和平发展道路的现代化。

纪实影像作为记录时代、反映现实、传承文化的重要载体，深刻把握时代之变、中国之进、人民之呼，以独特的视听语言，书写着中国人民的奋斗史诗，展现着中华文明的蓬勃生机，也为世界理解中国提供了重要窗口。

一、记录人类扶贫史上的中国奇迹

“人口规模巨大”是中国式现代化的基础性特征，“全体人民共同富裕”是社会主义的本质要求。2020年是中国脱贫攻坚的决战决胜之年，也是全面建成小康社会的收官之年。央视综合频道播出的三集电视专题片《决战脱贫在今朝》给出了斩钉截铁的回答。从2019年末开始，多路记者奔赴中国20个省区40多个贫困村，用镜头真实记录脱贫攻坚最后一年的中国行动。在进行时的动态纪实影像背后，该片不仅关注脱贫攻坚给个体、家庭带来的变化，更理性探讨了中国为何“能”的制度逻辑，清晰呈现了减贫奇迹之下的“中国方案”。

（一）点面结合：全景深描脱贫攻坚的中国行动

坚决打赢脱贫攻坚战，是一项必须完成、丝毫不能打折扣的政治任务，它涉及经济、社会、民生等各个层面，既有国家层面的战略规划，也涉及地方部门的措施落实，并最终体现在真心实意、设身处地为贫困户真干实干之上。从专题片创作的角度看，《决战脱贫在今朝》首先拥有谋篇布局的全局视野，既能充分展现政府、企业和社会机构等各方的倾力参与，又要涵盖专项扶贫、行业扶贫、社会扶贫的各项措施，才能从“面”上把握中国扶贫事业的全貌。与此同时，“脱贫攻坚”更是一份民生账、人心账，它寄托着千万家庭、亿万贫困百姓生活改善的希望，无疑需要无数基层干部亲身实践、一一推进。因此，没有“点”上具体人物、故事的生动表达，专题片就会失去应有的表现力与感染力。

在三集篇幅、时长130多分钟的影像中，《决战脱贫在今朝》既有“面”的全景，也有“点”的深描，清晰地描摹了政府决策、基层攻坚、社会行动、家庭获益的多维景象。如果说国家层面的决策部署、制度设计是“远景”“全景”，各地区、各部门的切实行动是“中景”，那么基层干部翻山越岭、走家串户的群体形象就构成了“近景”，而脱贫百姓幸福灿烂的笑容无疑是最美最生动的“特写”。

（二）情理交织：突出展现群众路线的笃实践行

脱贫攻坚是全面建成小康社会前的一场大考，也是对国家治理体系、基层执行能力的全方位检验，其主战场不在车水马龙的繁华都市，而是偏远闭塞的边远村寨。《决战脱贫在今朝》选取典型案例，尤其关注深度贫困、任务艰巨的“三区三州”，始终把视角聚焦在“最后一公里”“最后的硬骨头上”。身处脱贫攻坚第一线的基层党员干部，其核心是为群众办事、做群众工作，既要阐明国家政策的大道理，也要讲清解决困难的事理。身入心入，晓之以理，动之以情，情理交织始终是贯穿《决战脱贫在今朝》全片的基调，正如片中解说词所写“脚下沾有多少泥土，心中就沉淀多少真情，一定要真正沉下去”。正是对“情理”基调的处理，作品既具有逻辑的力量又充满了温情与温度。

最令观众难忘的，是片中不同地区一线扶贫工作者手机自拍的影像，他们用影像日志的方式呈现了工作时的真实场景：有的走进村民家中攀谈，有的艰难地在山路上攀爬，有的在恶劣天气中坚守……无论是常年在村的武警官兵布哈，还是因扶贫牺牲的文伟红，他们与贫困群众亲如一家的场景令人动容，这正是扶贫工作者对党的宗旨与群众路线的笃实践行。“一枝一叶总关情”，他们传递的是党的温暖，诠释的正是中国共产党“以人为本、执政为民”的理念。这部由中国贫困地区场景构成的作品，不同于常见的现代中国的图景，《决战脱贫在今朝》毫不回避中国客观存在的贫困现状，反而凸显了全民齐心协力改变贫困的果敢坚决。这充分体现了一个国家真正的自信，为历史勾画了今天的人们奋斗、努力与作为的时代侧影，让这份影像具有了影像史学意义上的文献价值。

（三）叙议互融：集中彰显时代伟业的制度优势

纪录片的主要方式是“讲故事”，以影像形态讲述脱贫攻坚中真实发生的人与事。如果停留在这个层面，那么作品将很难获得思想性。《决战脱贫在今朝》的巧妙之处在于，它不仅告诉观众“群众有哪些困难”“谁在帮扶”“他们做了哪些事”，更不断地追问“贫困的原因在哪里”“问题如何得到长远性的解决”。每个精心选择的故事或者案例，都在深度探析扶贫的理念、政策、举措的效果。对于“六个精准”“五个一批工程”“解决四个问题”“两不愁三保障”等政策性的专业概念，该片不是文件式解读，而是通过故事进行“夹叙夹议”的语态适当评论，带领观众一起获得终极答案：全面打赢脱贫攻坚战的关键在于中国共产党的坚强领导，在于中国特色社会主义的制度优势。

“积力之所举，则无不胜也。”坚持全国一盘棋，调动各方面积极性，集中力量办大事，彰显的是万众一心、众志成城的力量。片中中国地图上不断指向江西、四川、湖南、云南、贵州等省份的个别地区，那里标注的是“贫困”家庭所在，也是攻坚队伍冲锋的目标所向。正是集中力量办大事的制度优势，精准扶贫才获得了“硬核”的人才、资金、政策保障，才拿下了地图上一个又一个“贫困”阵地。同样，“一个不能少”的自信表达，体现了国家对每一个公民的庄严承诺。

《决战脱贫在今朝》既是对进行中的脱贫攻坚工作的同步总结，也是对广大扶贫工作者的礼赞与激励。党民同心、上下一体，用影像讲述中国脱贫攻坚的故事，见证人类扶贫开发史上的中国奇迹。中国脱贫取得“硬核”成就，为全球减贫事业贡献了“中国方案”。当世界理解脱贫考卷的中国答案，或许才能真正读懂中国。

二、数智视听提升中华文明传播效能

一个国家的发展，既是物质的繁荣，更是精神的成长。中国式现代化是物质文明和精神文明相协调的现代化。推进文化自信自强，铸就社会主义文化新辉煌，一个重要方面就是“增强中华文明传播力影响力”。

当前，大数据、云计算、人工智能、虚拟现实等新兴技术不断改写信息传播格局，现实世界与虚拟空间深度关联，产品形态、用户分发、产业模式等发生全方位变革。媒介业态的数智化趋势，不断重构跨国性、流动性的文化语境与媒介环境，影响着中华文明的视听表达和国际传播效能。

（一）提炼展示中华文明的精神标识和文化精髓，建设系统性数字资源矩阵

中华优秀传统文化有很多重要元素，共同塑造出中华文明的突出特性。

梳理中华文明的内涵、范畴、价值，为确立中华文明数字资源分类提供学理基础。《寻古中国》以“古迹、古籍、古物、古人”为探寻线索，从当下人们的生产生活切入，将考古探索和文献辅证有机结合，在中华文明精神标识的演绎过程中，让受众更好地感悟中华文明的璀璨辉煌。《非遗里的中国》通过互动体验的方式聚焦全国各地的非物质文化遗产项目，实现多种艺术元素的跨界融合，将非遗的内在活力和潜在创造力幻化为一个个精美绝伦的创新秀演。“守正不守旧、尊古不复古”，这些优秀节目既活化了传统文化经典，又构筑了新的审美世界。顺应“数智化”趋势，在此基础上建设中华文明数字资源矩阵，夯实所涉领域的数字化基础设施，即在数据采集、分发和传输标准一体化基础上，对传统文化档案进行知识整合、聚合与集成。在实操维度，运用新一代数字技术在数字空间搭建知识融合体系，为建设系统性数字资源矩阵奠定基础。

（二）运用“故事世界”和视听内容生态，助力构建中国话语和中国叙事体系

从数字资源搭建到视听内容实践，是实现中华文明从抽象到具体、从固态到活化、从传统到现代、从转换到落地的过程。尤其是，对中华文明的理解并不局限于历史，中华文明的延续体现为行进中的中国式现代化之路。基于中华文明搭建的“故事世界”，利用新一代数字技术创作形态多样的视听文本，要以“人心相通”、共情共鸣为核心，才能超越民族、国界、肤色的藩篱。中国故事的视听文本在凸显民族特色的同时，尤其要注重人类共同价值的传播，具有“世界”意义的中国故事，将有力推动中国话语和中国叙事体系的全球共享。

面向世界，在交流互鉴中才能讲好中华文明现代故事。“真实”最动人心，人心所趋，在于共情。视听作品应当挖掘事关人类命运的共同创作母题，倡导和平、奋斗、正义等人类共同价值，在与世界的对话互动中才能展现中华文明的突出特性。无论是传统文化还是当代成就，只有放置在

与世界互为参照的“当下时空”，中国故事才有全球流通性。近年来,《野性四季：珍稀野生动物在中国》《雪豹和她的朋友们》等一批优秀原创自然题材纪录片受到关注。纪录片《一路象北》里10余头憨态可掬的大象让国内外观众为之着迷，一路默默保护它们的工作人员和老百姓打动了很多人。发生在当下的故事最有穿透力，它表达了中华民族亘古至今的“生态观”：万物有灵、天人合一，这是中华文明可供世界分享的智慧与经验。

（三）以平台协同和跨屏传播链接用户，拓展传播渠道和途径

在“万物皆媒”、虚实同构的传播语境下，融会贯通不同传播主体、不同传播方式，实现资源跨国配置、产品跨屏传播、价值跨界创造。中华文明IP的全链路数字开发，以时空伴随、数字具身、体验复制等形式，在虚拟世界中实现数字孪生，在移动互联的网络世界自由流动。在移动互联时代，强社交属性的社交媒体备受大众青睐。传统纪录片经过拆分、截取成短视频在新媒体平台传播，网络空间里海量多元、风格各异的纪实短片，正成为书写大众生活美学、展示“国风”“国潮”最具活力的载体。以非遗文化传承为例，亿万短视频博主创造了千姿百态的视听景观。

就国际传播而言，合理运用智能算法等技术针对国内外用户的不同特点，匹配不同群体视听消费的差异性需求。尤其是，要洞悉各国青年群体的媒介使用习惯和内容选择偏好，研究他们在视听文本、叙事形态、审美旨趣上的特点，进行视听内容在地化、具身化、个性化的精准分发，才能有效地增强中华民族现代文明传播的辐射力和影响力。据不完全统计，93%的国家级非遗项目在抖音平台发布视频，获赞超33.3亿次。个体影像生产推动短视频全面开花，传播着时刻发生、随时发声、最为生动的中国故事。从跨文化传播角度看，英国广播公司（BBC）推出的《中国春节：全球最大的盛会》、中外联合制作的《中国的宝藏》《伟大诗人杜甫》等，在国内外主流媒体和网络平台赢得广泛关注。用好数智化视听手段，为中

华文明走向世界插上数字的翅膀，将不断深化文明交流互鉴，让中华民族现代文明更好地被全球认知、认可与认同。

三、用东方生态智慧传播中国形象

中国式现代化是人与自然和谐共生的现代化，中央广播电视总台推出的自然题材纪录片《国家公园：野生动物王国》，不仅在国内引发广泛好评，且发行至全球100多个国家和地区，成为海外主流媒体争相购买的热点纪录片。

《国家公园：野生动物王国》全片无说教之辞，只有妙趣横生的动物故事、罕见奇妙的场景、人与动物的温情互动，但处处闪现着中国人“敬畏自然”“万物有灵”“天人合一”的生态智慧。全片也没有探讨中国如何建设国家公园，但观众无处不领略到中国生态改善的成就，生机盎然的动物们成为中国生态治理方案最有力的代言人。《国家公园：野生动物王国》用“无声胜有声”的方式塑造了“可信、可爱、可敬的中国形象”，不啻为中国故事全球化表达的典型案例。

（一）谁来讲：叙述主体的设定对于是否“可信”影响至深

在国际传播语境中，讲好中国故事最难突破的是“路径依赖”，即以我为主、我说你听的惯性思维。单一的叙述主体容易沉迷于“我把我唱给你”，而且习惯于用“我”的方式“唱”想唱的给你听，这种单向灌输式的传播导致故事的说服力大打折扣。

《国家公园：野生动物王国》虽然意在反映中国试点国家公园的实践，但它首先从自然视角切入，采取的不是“我”的立场，而是聚焦人类共同面对的生态困境。其次，创作团队的国际化消减了叙述主体的单一性。主创人员由中国和英国两个团队组成，这一方面是吸纳自然类纪录片国际先进技术与理念之需，另一方面也表明作品是用全球视角讲述中国国家公园里发生的故事。中外联合摄制克服了“自说自话”“自我美化”的窠臼，自信开放地邀请外国同行一起讲述中国故事，可信度自然大大增强。例如，央视纪录频道播出的是由英国女演员凡妮莎·柯比英文配音、配中文字幕的“国际版”，这种处理方式强化了“他者”叙述语态。此外，进一步探究我们会发现，该片真正的叙述主体并非摄像机后面的编导，国家公园里形形色色、精彩纷呈的野生动物才是故事的主角，也是国家公园的故事讲述者。中国的动物权益、环境保护、生态建设做得怎么样？这些神气活现、机灵鬼怪的“家伙们”给出了最有力、最“可信”的答案。

（二）怎么讲：话语方式的选择对于是否“可爱”十分关键

讲好故事的关键在于是否尊重听故事的人，“讲”的姿态与语气直接决定接受与反馈的效果。劝导式的说理传道塑造的是刻板说教的“教师爷”形象，即使不盛气凌人也显得面目可憎。在媒体社交化的时代，“晓之以理”远不如“动之以情”，平等交流、具有亲和力的讲述者才能用情感连接观众、用关系认同触发“心灵相通、休戚与共”的共情效应，这是《国家公园：野生动物王国》的又一成功之处。

国家公园的主人不是“人”，而是和人类一样有着生老病死、枯荣盛衰的动植物，这种“姿态”决定了讲述故事的语态与语气：温情、质朴而真诚。抛弃“人类中心主义”的狭隘，动物的求偶、孕育、捕食与人类的生息繁衍产生共鸣，观众感受到的是人与动物相通的爱恨情仇、悲欢离合。每一个登场的动物不再是生物学上的禽兽，而是有着不同性格和脾气的“家伙”，无论是大熊猫、金丝猴、雪豹、藏羚羊等“明星动物”，还是飞速“滑翔”的鼯鼠、潜行捕猎的藏狐、行踪诡秘的兔狲，他们因独特而“可爱”。国家公园不再是一般意义上的地域景观，而是“小可爱”们生存繁衍的自由乐土。为了动物家园的安宁繁华，无数人为之精心守护、默默奉献。护卫队全程护航万里迁徙的藏羚羊，护林员常年为长臂猿搭建树冠桥梁，科学家长期在野外从事动植物研究……一个个细节深深打动了观众。可爱的动物、可爱的人们、可爱的国家公园以及它所在的国度，“可爱”层层叠加，传播的“涟漪效应”不断扩散。

（三）讲什么：价值理念的传递对于是否“可敬”至关重要

纪录片讲究影像品质、工业美学标准，做到好看、有趣是必要的，但优秀的作品一定有着深层意义的表达，应当让观众“有所悟”。精美的画面、奇妙的场景、生动的故事都应当指向主题阐发，这是纪录片能否从符号语言层面的“诗”提升到价值理念维度的“思”的关键所在。

就内容来看，《国家公园：野生动物王国》的主线是动物自身的故事，辅线是人与动物的关联。一边是动物自由自在地生息繁衍，一边则是人类不遗余力的生态保护行动。如果说视听影像是第一文本，那么第二文本则是蕴含其中的生态观，中国传统优秀文化中“天人合一”的古老智慧是当下人与自然和谐共生的思想来源。当然，这一切的现实推动力量更源自国家对生态优先的重视以及不计经济回报的投入。例如，武夷山国家公园实施退茶还林的生态补偿机制，茶园面积只减不增，为的是把公园还给动植物。尽管片中关于“中国行动”的叙述只有寥寥几句，却有点睛之效：作为全球生态文明建设的重要参与者、贡献者和引领者，中国主张、中国智慧、中国方案并不是虚拟悬浮的，野生动物王国里发生的一切，就是中国生态建设的一份成绩单。这种“桃李不言、下自成蹊”的现实效果更具发人深省的力量，负责任的、“可敬”的大国形象不言自立。

概言之，《国家公园：野生动物王国》以多主体的“他者”视角、中国美学意境的影像风格，传递尊重自然、善待生灵的生态智慧，巧妙地展现了中国为建设美丽世界、构建人类命运共同体作出的贡献，成功地塑造了可信、可爱、可敬的中国形象，取得了“中国故事”全球表达与国际传播的实效性。

四、民族影像筑牢“共同体”意识

幅员辽阔的中国，地区之间文化形态存在差异，造就了中华民族文化的多样性。在著名社会学家、人类学家费孝通看来，地域文化和中华传统文化是“多元一体”的关系，“一体”即中华民族共有的精神家园。党的十八大以来，民族题材纪录片以真诚而质朴的影像抒写民族地区经济、社会、文化的发展，记录中国各族人民多姿多彩的生活，体现了在党的领导下全国各族人民凝心聚力、团结奋斗的壮丽图景。

（一）以人民为中心，记录奋进新时代

民族题材纪录片坚持以人民为中心的创作导向，始终将各族人民群众作为影像作品的主角，用影像绘制各族人民的生活变迁图景，记录党团结带领各族人民奋力实现中华民族伟大复兴的历史进程。

大型人文纪录片《我从新疆来》将100多位来自新疆、热爱新疆的人的日常故事娓娓道来。他们当中，有在清华大学攻读博士学位的新疆夫妇，有大学毕业返乡创业的克拉玛依小伙子，也有来自上海、扎根新疆的篮球教练，带领新疆农民防沙治沙、脱贫致富的植物学家，以电商物流将新疆物产推向全国的品牌策划人……他们的学术梦、创业梦、新疆情，正是千千万万普通人“中国梦”的缩影。芒果TV自制纪录片《石榴花开》的主人公是在脱贫攻坚、民族团结、戍边守疆、弘扬民族文化、守护青山绿水等方面作出贡献的各族同胞，通过记录他们工作和生活的点滴细节，《石榴花开》展现了新时代民族地区焕然一新的面貌。伟大的民族精神在光影中深扎心间，主人公们折射的是为美好家乡建设、为国家发展振兴而携手奋进的可贵品质。

人民是历史的创造者，也是时代的创造者。各族人民共同绘就了厚重雄浑的人类文明新形态，人民的创造与奋斗在时空对话中体现出时代精神。《了不起的村落》《独龙江》《新疆是个好地方》等作品，让民族地区经济和

社会生活翻天覆地的变化生动呈现于荧屏之上。《塔里木河畔的罗布人》朴实地讲述了塔克拉玛干沙漠的海子中，古力巴哈一家依托旅游业发展而过上幸福生活的故事。《寻羌》《脚手架上下的生活》直面自然灾害与重大社会议题，前者记录汶川地震之后羌寨村民的生活，后者思考进城务工人员的生活状况与精神世界。这些作品坚持把人民大众作为主体，充分发挥纪录片记录时代的功能，深情讴歌了人民群众躬身实干、拓路踏歌的伟大精神和力量。

（二）以人为本，营造情感新场域

新时代民族题材纪录片关注当代人的真实状态，讲述普通人的日常生活与具体故事，捕捉个体人生体验。平淡岁月的喜怒哀乐化为真诚、有温度的影像作品，彰显熨帖人心、抚慰情感的艺术魅力。这类纪录片朴实地表现现实生活，追求简单、平实的叙事，以浓厚的人文关怀营造人心相通的情感新场域。

《天山脚下》用日常叙事展现一个个鲜活生动的人物，片中的每个故事都让人感受到朴实却动人的力量；《山河新疆》同样“讲述老百姓自己的故事”，无论当地人还是外地人，因为对祖国和新疆的热爱而消弭隔阂，亲如一家。这类作品对情感的表达不追求强烈的戏剧冲突，而是将情感的表达巧妙编织在人与自然、他人、社会等多维关系中，以真实、朴实的影像与观众共情，具有润物无声的感染力。

随着现代媒介技术的飞速发展，普通人也成为日常影像的生产者、传播者，他们以第一视角参与、见证并真实记录新时代的山乡巨变。越来越多自主创作、具备实验性质的社区影像作品进入大众视野。2013年，广西纪录影像展“看·见”展播了内容涵盖维吾尔族、京族、彝族、藏族、汉族、壮族、侗族等民族传统文化与风俗的70余部原创纪录片，影片均由社区村民、在校学生以及社会独立创作者拍摄、创作。再如，云南乡村之眼乡土文化研究中心等公益机构，通过在地培训、流动放映等方式积极帮助成员用影像记录家乡变迁，近十年有《博台》《少年洛桑》《忆童年》《轮椅上传承的阿尺目刮》等数百部纪实作品问世。这些带着独特烟火气与浓厚生活气息的作品，通过快手、抖音、B站等短视频平台进行传播，普通人的群体表达与影像书写，因为以人为本的叙事视角，最终实现了情感与命运的共鸣。

（三）以影像为媒，铸牢中华民族共同体意识

作为传播和建构文化的载体，纪录片对集体记忆的发掘和重塑发挥着重要的作用。中华优秀传统文化是各民族优秀文化的集大成，既有灿若繁星的文化遗产，也有凝聚着各民族智力与心力的艺术瑰宝。民族题材纪录片以影像为媒，突出各民族共有共享的中华文化符号和形象，对其进行复现、表达和诠释。

作为视听艺术文本，民族题材纪录片重在从民族文化中提取各种“符号”，记录它们传承、活化与创新的当代故事。“风情中国”系列纪录片围绕“沉淀、孕育、传承”这一主题，聚焦各民族非物质文化遗产，多维度呈现灿烂多姿的文化风俗。《神秘的艾德莱斯绸》《仙琴》则关注“和田三宝”之一的艾德莱斯绸和弹、唱、跳相融合的壮族天琴艺术，讲述这些民族文化的历史、现状与未来发展。近年来，诸如《金翼山谷的冬至》《皮影、电影和快手》《一个人的剧团》《丁真的自然笔记》等越来越多的纪实作品，秉持积极、温暖的平民美学，破圈传播并备受观众好评。这些作品聚焦异彩纷呈、多元一体的中华文化，探寻民族文化的渊源与本真，推动中华优秀传统文化的保护与传承。

在用心讲好文化传承故事的同时，民族题材纪录片更用情展现了各民族交往交流交融的温暖画卷，深刻阐明了文化互鉴融通的重要内涵。《迁徙，在寻找幸福的路上》《景颇·夏天》《第三极》《最后的沙漠守望者》《黔之南》《阿鲁科尔沁的纯净》《西藏时光》《香巴拉深处》等纪录片，采用“散点叙事”结构，充分彰显了中华文化的多样性和包容性，在历史与

现实的联结中实现了我国各民族和谐共存、守望相助的意义传达。值得一提的是，近年来由于国家的大力扶持，众多的地方影像展得到社会各界关注，民族地区的风俗、仪式、节庆等文化广为传播，对于促进各族人民人心归聚、精神相依发挥了积极作用。

以文化人，以艺同心。民族纪实影像以高质量视听语言彰显历史、地理、人文特色，展现传统文化的深度与地域文化的广度，焕发中华文化的时代光芒，不断探索“中华民族共同体”叙事的影像美学新范式。民族题材纪录片精品佳作频出，这些优秀作品根植各族人民的美好生活，记录各族人民在党的领导下团结奋进的身姿，见证了寻常百姓拥抱新时代的家国真情，推进构筑中华民族共有精神家园，也向世界展示了团结、包容、和谐的文明大国形象。

第三节 2022—2024年纪录片创作述评

在“万物皆媒”、影像为王的当下，尽管视听文本类型繁多、形态各异，但纪录片因“真实”特质而有着不可替代的重要地位。2022年1月，国家广播电视总局印发《关于推动新时代纪录片高质量发展的意见》，强调必须以创作生产优秀作品为中心，建强行业主体、提升传播能力、提高管理效能、加强人才培养，建构全面且完备的纪录片发展格局。新时代的纪录片工作者以精品力作回应时代要求与公众需求，忠实记录了国家发展与社会变迁的精彩图景，在推动国际交流、实现文明互鉴上践行使命，为构建人类命运共同体注入文化力量。

一、2022年中国纪录片业态动态

2022年是中国式现代化进程中重要而关键的一年，也是新时代中国纪

录片发展的第十年。在世界格局不确定性增强的背景下，2022年中国纪录片站在面向中国式现代化、面向世界、面向未来的高点上讲述中国故事，内容生产最鲜明的特点在于“主题化”和“主流化”。前者主要指题材的选取紧扣时代主题，后者主要指内涵主旨中凸显主流意识形态。

（一）创作新业态：以主题化和主流化传播大国形象

北京冬季奥运会的成功举办、党的二十大胜利召开是2022年党和国家的年度大事，也是纪录片创作的重大题材。对经济社会建设的反映着重展示奋斗精神和现实成就，对传统优秀文化、中华文明价值的挖掘意在彰显文化自信、塑造国家形象。简言之，2022年纪实影像在题材上固本拓新、内容上全面深耕，多维立体地呈现“时代之变、中国之进、人民之呼”。

1. 以“主题主线”为中心记录国家重大事件

党的二十大举国关注、世界瞩目，以此为核心开展的纪录片创作，围绕党史、国史、改革开放史、社会主义发展史展开，《领航》《征程》《我和我的新时代》《十年逐梦路》《天下沃土》《黄河安澜》《友谊之路》《这十年》等作品视野宏阔、立意高远，从时代发展、乡村振兴、工业进步等多角度展现新时代中国的光辉历程。2022年初的冬季奥运会题材系列纪录片，将冬季奥运会主题具象为展现民族文化、彰显民族精神、传播国家形象的重要载体。《从北京到北京》《飞越冰雪线》《荣耀征途》《盛会》等作品全方位、全景式地呈现东方大国的奥林匹克精神，以体育为媒塑造可信、可爱、可敬的中国形象。2022年还是毛泽东同志《在延安文艺座谈会上的讲话》发表80周年，《延安记忆》《到人民中去》《我们，从延安走来》等作品以崭新视角重返历史现场，深入阐释我党开创文艺事业的历史脉络。

2. 以“变化与成就”为基调记录生动实践

从脱贫攻坚到乡村振兴，中国乡村发生历史性巨变。乡村振兴、教育与医疗是2022年纪录片创作重点领域，关乎民生福祉的政策举措始终是党与人民共同关注的话题。《乡村振兴中国行》《为了更美好的生活》《乡·脉》《老区乡村梦》《理想的乡村》《村庄十年》《青春作伴好还乡》等作品充分展现了近年来基层乡村变美、变富、变强的发展过程。《奋进的中国》《数字里的中国》《智造中国》《种子种子》《大国建造第二季》《下一站，火星》《我们的征途》等作品则从工业进步、科技发展、航空航天等维度展现新时代的发展成就。自然题材纪录片获得提升与突破，折射出国人生态意识的提高与生态文明建设成就。《太湖之恋》《守望秦岭》《遇见最极致的中国》《珠穆朗玛》《万物之生》《大美中国·春天系列》等作品从不同角度展现中国得天独厚的地理环境与自然生态。《草原，生灵之家》《黑颈鹤成长日记》《与象同行》《大象出没的地方》等展示了中国大地上的生物多样性。

3. 以“传承与传播”为路径彰显文化自信

2022年纪录片以“文化”为内核，以“故事”为手段，穿越时空、融通古今，在中华优秀传统文化、中华文明的多维领域精耕细作，以高规格、高水准、高科技视听创作，在传播层面打破文化壁垒，激发公众文化认同。《辣椒的征途》《盐的故事》《一面之词》《年的味道》等以“美食”为媒，巧妙融合地方人文、风物、习俗。《中国第二季》《美术里的中国》《非遗有新人》《闪耀吧！中华文明》等作品利用全景式空间再现华夏历史与历史传承，诠释中国文化的源远流长与中国人的精神底色。《人生有戏》《画里有话》《过年的画》《“字”从遇见你第一季》《穿越时空的古籍》《但是还有书籍第二季》《课本里的经典》《舞台上的中国》《我是你的瓷儿》等从戏剧、绘画、汉字、古籍、舞蹈、瓷器、神话故事等多角度重温并点亮中华文明的璀璨光辉。

（二）行业新动态：技术、网媒崛起与推介平台

2022年纪录片发展新动向可以从三个方面予以考察，一是新兴技术不

仅促进纪录片影视语言、制作方式、表现方式的变化，也革新了产品分发、用户消费模式；二是主流媒体与网络平台在竞争合作中联动，呈现出多平台合作、跨屏幕互动、全产业融合态势；三是纪录片资讯发布、评价媒体平台逐渐形成矩阵，助力纪录片行业全方位发展。

1. 数智技术成为生产分发端提质升级关键动力

人工智能、大数据、云计算、虚拟现实、元宇宙等数智化技术，对纪录片生产传播方式、用户视听体验的影响越来越显著，纪录片产业面临着技术赋能与范式转变。纪录片制作不仅牢牢把握国家广播电视总局“4K先行，兼顾8K”的总体技术路线①，更尝试加入三维动画、“AI超写实数字人物”等新兴视听呈现技术，进一步优化画面质感与真实性体验。

中央广播电视总台推出的科学纪录片《飞越苍穹》是迄今为止人类在太空中拍摄影像的最高技术标准。以《下一站，火星》《我们的征途》《神奇的嫦娥五号》为代表的航天类科学纪录片借助三维动画全景展示探月过程，通过数字模型复现科学性工作原理，并借助“AI超写实数字人物”技术将主持人植入月球场景中实现人景互动。《万物之生》采用“5G+8K全流程+杜比全景声+VR”技术，高清呈现云南的自然和人文景观。系列新技术的应用正在催生VR、XR等新形态纪录片。智能算法开辟了纪录片内容生产的垂直分类，致力于培育用户的品牌黏性。从文本素材的数据整理到影像拍摄方式、后期制作与剪辑，再到营销、发布与推送，数智技术提高了纪录片前期筹备效率，创新了虚拟空间的制作方式，为不同平台的受众带来全新的视听体验，在反馈与评价上达到实时同步。

2. 网生内容和跨屏共振持续优化产业结构

传统电视媒体作为纪录片生产制作的主体，以“央视+地方广电”结构进行散射式布局。网生内容成长迅速，网络平台纪实内容品牌化运营发

① 2019年2月，工业和信息化部、国家广播电视总局和中央广播电视总台联合发布的《超高清视频产业发展行动计划（2019—2022年）》中提出“4K先行、兼顾8K”的总体技术路线。

展前景广阔。国内各大视频网络平台在纪录片领域加速发力，充分发挥资金及自制优势，进一步整合资源实现网生内容提质。头部网络平台爱奇艺、优酷、腾讯、B站兼顾长、中、短打造纪录片体量的全景式分布，快手、抖音等流媒体平台则以“新视听、新传播、新生态”为特征，以用户为导向健全APP融合生产新格局。网络平台以差异化定位，推出各具特色的纪录片品牌。在跨屏共振与互动中，中国纪录片产业实现了宏观带微观、主流带小众、头部带尾部的发展态势。面对受众年轻化趋势，传统媒体与网络平台、流媒体平台都面临常态化“全民创作、全民传播”趋势。

3. 专门性资讯和评论媒体平台赋能行业发展

2021年8月，中央宣传部、文化和旅游部、国家广播电视总局、中国文联、中国作协等五部门联合印发了《关于加强新时代文艺评论工作的指导意见》。该意见明确指出，要加强文艺评论阵地建设，用好网络新媒体评论平台。纪录片推介媒体平台快速发展，在行业资讯发布、重点作品推介、业界信息交流等方面发挥了积极、重要作用。

首先，原有媒体的升级迭代。2013年，央视网在国家广播电视总局委托下建立中国纪录片网，2022年，资讯发布量和业界影响力大大提升。《人民日报》《光明日报》等不仅在纸媒上对重点作品及时评价，且通过新媒体渠道同步发布。垂直类媒体如“纪录中国”和“广州国际纪录片节”公众号等展现出极强信息供给功能。

其次，各纪录片评论平台在数字技术推动下，获得更高效的受众触达能力。豆瓣网作为国内最大的书影音平台，成功地让一些角度新奇、别出心裁的评论在其趣缘群体中获得热度并引流相关用户进行观看。

最后，不同平台联合打造多元信息矩阵。除了官方媒体与机构媒体，社交媒体在连接用户上兼具即时性与高黏性，诸如泛影视微信公众号、影视网站以及影视博主等基于个人审美趣味的展示与分享，拓展了表达形式与传播维度。纪录片专门性媒体平台矩阵的搭建，涉及纪录片产业的每个环节，对行业的整体发展将发挥越来越重要的作用。

2022年，中国纪录片在主题主线题材上成绩显著，在阐释和传播主流意识形态维度效果突出。技术驱动之下网络平台成为纪实影像生产的生力军，以用户为中心的垂直内容开掘，在IP品牌化趋势中形成各自的核心竞争力，这些标志着中国纪录片迈入高质量发展新阶段。

二、2023年中国纪录片创作评析

2023年是全面贯彻落实党的二十大精神的开局之年，也是纪录片高质量发展进入深化阶段的关键一年。2023年10月，习近平文化思想首次提出，纪录片行业深入贯彻习近平总书记关于文化建设一系列重要讲话精神，以精品力作定格时代、传承历史、传播文化，勇担新的文化使命，在现实观照中拓宽视野深度，在多元探索中坚持创新驱动，引领主流价值彰显国家磅礴伟力，定格时代光影呈现中国式现代化发展图景，弘扬优秀文化，展现中华民族精神脉络。

（一）引领主流价值，彰显国家磅礴伟力

2023年重大主题主线类纪录片守正创新，诠释国家主流意识形态，反映历史进程，引领主流价值。在内容主题上，2023年是中国人民志愿军抗美援朝战争胜利70周年，也是“人类命运共同体”理念和“一带一路”倡议提出十周年，相关主题纪录片创作再掀热潮。中央广播电视总台纪录频道推出《我的抗美援朝》，结合亲历战争的志愿军老战士的口述与珍贵的历史影像资料，重现抗美援朝战争的烽火硝烟。北京广播电视台推出《从开城到板门店》，聚焦朝鲜749天的停战谈判历程，展现谈判桌上志愿军将领的过人智慧。《通向繁荣之路》《你我的丝路》《共同的建造》真实记录共建“一带一路”上最鲜活、最沸腾、最温暖的故事。

在创作形式上，不少重大主题主线类纪录片采用微纪录片的形式，以小切口反映大主题，以灵活巧妙的叙事充分适应新媒体时代的传播语境，

提升重大题材的传播效果。微纪录片时长通常在2—10分钟，采用单点叙事策略，创作周期短。[①]相较于传统的电视纪录片，微纪录片具备小切口、快节奏叙事、融合互动传播等特质，以小见大，更容易拉近观众与宏大主题、厚重历史的距离。为纪念毛泽东同志诞辰130周年，北京卫视推出微纪录片《人民的领袖——毛泽东的130个瞬间》，每集约8分钟，共130集，以“毛泽东与父母”“毛泽东种板栗树”等细节为切入点，通过“微”纪录+“新”语态的形式，将原本厚重的革命故事进行轻量化传播，引发年轻观众的情感共鸣。

（二）定格时代光影，呈现中国式现代化发展图景

2023年是全面贯彻落实党的二十大精神的开局之年，纪录片充分发挥“时代影像志”的作用，呈现出中国式现代化建设的蓬勃图景。中央广播电视总台财经频道推出的《人类文明新形态——中国式现代化》紧扣中国式现代化的五大特征，以《人民至上》《共同富裕》《两翼齐飞》《绿水青山》《和合之道》五集，呈现人类文明新形态，用丰富的案例诠释新时代新征程中国共产党的使命任务。《于青山绿水间》以少数民族地区乡村振兴的图景展现中国式现代化征程。

科技工程类纪录片聚焦大国工程、智能转型、前沿科技等主题，既回应了以创新驱动引领高质量发展的中国式现代化建设，也展现了对科技发展的未来前瞻和技术反思。纪录片《宇宙来电》《捕捉深空中的“烟花”》《高原上的“守望者”》《月背征途》分别聚焦FAST射电望远镜、“怀柔一号”极目科学卫星、高海拔宇宙线观测站“拉索”、“嫦娥四号”任务月球车“玉兔二号”，讲述高科技背后的制造过程、运行原理、重要作用。《了不起的工程》《功在当代》等基建工程类纪录片透过中国工程看中国发展。

① 焦道利. 媒介融合背景下微纪录片的生存与发展［J］. 现代传播（中国传媒大学学报），2015，37（7）：107-111.

纪录片《智能时代》集合世界百余位相关领域顶尖专家观点，展现智能技术全球发展趋向，主动回应技术驱动下的时代变革。

自然类纪录片以影像定格美丽中国，绘制人与自然和谐共生的生态画卷。《中国海南·雨林秘境》将海南热带雨林国家公园的景观浓缩在光影中，充分展现了海南热带雨林的独特性、稀缺性、神秘性。《国家公园：万物共生之境》《青海·我们的国家公园》《青海湖生命之歌》用自然视角、东方美学、国际语言，全景呈现中国国家公园生机勃勃的景象。《野性四季：珍稀野生动物在中国》《金丝猴王国：勇者的世界》《雪豹和她的朋友们》《江豚归来》《动物守护行动》等纪录片以动物、动物保护者为主角，凸显人与自然的和谐叙事。《美丽的高岭塞罕坝》《阿尔泰山》《青绿甘南》等作品展现出中国生态文明建设和生态环境保护成就。

社会现实题材纪录片在新时代奋进洪流中扎根生活、扎根人民，书写活力满满、热气腾腾的中国。《我的温暖人间》讲述了16个普通人的故事，呈现中国人真诚、善良、美好的情感关系和精神世界。《你听见了吗》聚焦亲子问题，探讨家庭教育与亲子关系。《行业影像志第二季》《中国救护》《闪闪的儿科医生》《武者归来》《文学的故乡第二季》关注各行业的人物和故事，透过各行各业触摸时代脉搏。《舌尖上的中国第四季》继续构建中国人饮与食的集体文化记忆，《中国酿造》《香港之味》《大地家宴》《厨房里有桃花源》《鲜生史第二季》在缤纷的味蕾体验中品味人间烟火。

（三）弘扬传统优秀文化，展现中华民族精神脉络

依托标志性符号进行叙事或挖掘新符号展开新解读，成为历史文化类纪录片的创作方向。《大运河之歌》《长江之歌》《黄河之歌》分别以大运河、长江、黄河三个标志性文明符号，展现河流孕育和滋养下的中华文明。《大泰山》多方位、多角度解读泰山历史文化脉络与走向，复刻泰山符号，展现千年文明。《我辈复登临》选取长城这一代表中华民族的符号，以“人”见“城”的表达方式，讲述长城文化与故事。《敦煌岁时节

令》细致生动而富有诗意地解读二十四节气与敦煌壁画中人物和场景的渊源，诠释古老东方智慧的传承与发展；《山海经奇》以《山海经》展开，结合典籍史料和专家解读，讲述华夏文明初始阶段的传说史诗；《文明生长在这里》以文物为点串起文化传承之线；《京之轴》从北京中轴线出发，透视历史与文明脉络；《定风波》在情景演绎中解读北宋文豪苏东坡的精神世界。

通过深入挖掘地方历史文化，历史文化类纪录片展现地方风采，塑造地方形象。《文脉春秋》聚焦20座各具特色的国家历史文化名城，展现城市发展与文化传承。《南阳史话》以习近平总书记重要讲话四次引用的南阳政德文化为主要内容，全方位阐释南阳政德文化的精神内核和巨大魅力。《津门往事》生动再现近代历史上发生在天津、影响全国的历史往事。《我们在上海第二季》讲述普通人奋斗在上海、生活在上海的故事，传递“上海精神”和上海性格。《巴扎》探访新疆各具特色的集市，呈现真实质朴又鲜活热烈的新疆生活。

AR、VR、人工智能技术被越发游刃有余运用在历史文化类纪录片中，赋予历史文化以鲜活丰富的影像表达。纪录片《中国第三季》采用“绘画+CG”的全新影像呈现手法，赋予古老传说中的人物与事件灵动的表现力，带领观众更加直观、形象地体验中华民族悠久的历史、灿烂的文明、博大的胸怀。《风起东方》运用XR、AR等新技术，引入虚拟数字人作为主角，重新点亮丝绸之路的历史辉煌，开启一场古今文明对话。《美术里的中国第三季》以3D建模技术赋予国画鲜活生命力。

值得关注的是，2023年文化类纪录片主动融入构建人类命运共同体的时代命题，向世界展现中国形象，传递中国声音。《诗约万里第二季》从人类共同的情感基点出发，以不同文化背景的中外诗歌为支点，诠释人类共同价值主题。《当法老遇见三星堆》从文化互鉴的角度建构两种不同文明的对话。《何以中国》立足“中华文明探源工程”和“考古中国”的重大研究成果和最新发现，宣布启动国际版的制作，推进海外传播，进一步提升中华文化国际影响力。

在全面贯彻落实党的二十大精神的开局之年，国产纪录片融合“思想+艺术+技术”，提升价值引领，记录时代跃迁，厚植文化底蕴，在现实观照中拓宽视野深度，在多元探索中坚持创新驱动，汇聚起奋进新征程、建功新时代的强大力量，开拓出纪录片高质量发展新气象。

三、2024年中国纪录片创作综述

2024年是习近平总书记主持召开文艺工作座谈会并发表重要讲话的10周年，是实现“十四五”规划目标任务的关键一年。这一年，纪录片创作呈现出工业化、IP化生产运作整体成熟，主流与商业差异化发展、人文精神回归的多样特点与趋势。

（一）工业化水平提升，彰显新质生产力

2024年纪录片的高质量发展首先体现在过硬的工业化水平，行业整体的制作规格、视听呈现、流程模式等已基本达到国际一流水准。中国纪录片在长期实践中形成了在重大时间节点推出“纪念碑式”重磅作品的特色与范式。在中国人民志愿军抗美援朝战争胜利70周年之际，纪录片从更广阔的视角、更细微的体察中发掘这场伟大战争的更多“细枝末节”。《上甘岭》通过全球搜寻到的珍贵资料和战地照片，让尘封多年的历史细节“重见天日”。

重大革命历史始终散发着强劲的生命力与感召力，大历史叙事需要高工业规格的纪录片来拓展观众对历史认知的边界，在具象的故事中传递红色精神。在新中国成立75周年之际，《三大战役》展现辽沈、淮海、平津三大战役恢宏的战争历程；《牺牲在黎明》《绝笔信仰篇》深度挖掘中华人民共和国成立前夕的先烈故事；《淬火》呈现全军官兵为强军事业奋斗的昂扬风貌。

科技工程类纪录片聚焦大国工程、智能转型、前沿科技等主题，以新质影像见证高质量发展的中国式现代化进程。《中国探月》梳理中国探月工程20年历程，诠释探月精神；《东方新科幻》《科学这么美》《聊个“天”》通过趣味动画、沉浸调查、多方求证等方式探索奇妙的科学原理。

自然题材是纪录片“硬实力”的试金石，是近年来中国纪录片收获的重要宝藏。中央广播电视总台自主研发重型陀螺稳像平台，在大海上实现86倍变焦、4K每秒400帧的稳定拍摄，捕捉白海豚的眼神、身形、跃起姿态等细节，制作出《中华白海豚》，让观众清晰地领略白海豚的灵动之美。[①]《万物之生贵州篇》《野性家园》《神奇生物在哪里？》《荒野之上》《雷生万物》《鳗鱼的故事》等纪录片以野生动物为主角，凸显其生命能量，谱写生态文明叙事。

（二）IP战略效应显著，价值链条持续拓展

纪录片IP应具有一定的经济辐射效应、跨平台传播互动能力以及可持续开发价值和延展性。这里的IP不再是单一叙事文本，也不再是版权意义上的具体表达，而是凝聚一切生产资源、传播资源和可持续开发资源的动力纽带和精神内核。在此意义上，中华优秀传统文化是众多纪录片围绕展开的核心IP。《如果国宝会说话第四季》《国宝里的新疆第二季》聚焦珍贵文物，介绍国宝背后的中国精神、中国审美和价值观。《“字”从遇见你第二季》结合古人生活与场景，故事化讲述汉字的来源及流变。《何以中国》讲述多元一体中华民族的形成和中华文明创生的故事，以影像溯源历史、寻脉中华。《且上书楼》《假如颜色会说话》通过古今藏书楼、中华传统色带领观众了解中华文明的源远流长、博大精深。

美食IP类纪录片是中国最成熟的本土类型之一。美食文化是新时代国

① 顾亚奇，袁文洁. 自然题材纪录片：立体、深层、多维呈现中国之美［N］. 光明日报，2024-09-04（15）.

人不可或缺的养分,《老广的味道第九季》《傲椒的湘菜第三季》《独当一面》《香港之味》《澳味寻宗》从各地美食的切口能够以小见大勾勒出各地生活的侧面。大体而言,《宵夜江湖第三季》《江湖菜馆第五季》《奇食记第二季》为代表的烟火平民化和《风物第二季》《大地餐桌第二季》为代表的细腻精品化是该类型的两大创作方向,将多元美味与中国情味交相辉映,彰显中国人守正创新的文化活力。

实际上,IP系列化、品牌化的战略在中国纪录片版图上日趋丰富。不管是文化历史类的《典故里的科学第二季》、科技融媒类的《奇妙中国第二季》,还是大国工程类的《深中通道第二季》、自然生态类的《水下中国第二季》、国际交流类的《永远的行走:与中国相遇第三季》……纷纷都推出续集,尝试打造风格各异的优质IP,引导良性循环的产业链,从而实现国产纪录片IP的价值最大化、风险最小化、口碑最优化和效益最大化。

(三)主流与商业明显分野,矩阵化多元发展

基于创制平台间不同的目标战略、审美偏好和传播预期,当前纪录片形成了“主流”与“商业”两条类型鲜明的差异化发展路径。

一方面,主流纪录片是壮大主流价值、主流舆论、主流文化的中流砥柱。《新中国——平凡而闪光的足迹》讲述平凡中国人推动社会进步、参与时代创造、见证国家繁荣、共享发展成果的闪光故事。《共赴山海》《千万工程》《千里江入淮》《治水记》详析共同富裕、千万工程、引江济淮工程、习近平总书记治水思想及众多背后的故事,展现中国式现代化的蓬勃生机与无限创造力。值得注意的是,中央纪委与中央广播电视总台联合摄制的反腐败斗争题材纪录片《持续发力纵深推进》掀起观看热潮。此类纪录片作为纪实性影像与问政结合的新形式,发挥媒体监督、协助社会治理和增强社会认同的作用,多维度、多形式展现全面从严治党的生动实践,传递正风肃纪信号。

另一方面,不少纪录片也在探索更商业化、娱乐化的模式,以适应竞

争日渐激烈的“注意力”市场。Z世代是社会的涌动活力，青年榜样、青春文化是亟待开掘的题材富矿。腾讯视频尝试“明星效应+纪录片”模式，推出《追光者》邀请艺人奔赴自然保护区，参与环保工作，宣传环保公益。《探索新境》以人气青年演员为拍摄对象，在与探索家深入户外极境的过程中探讨年轻人的成长。相较于其他行业类型，刑侦探案类纪录片的故事性与悬念感较强、矛盾与戏剧冲突更集中。《国宝迷踪》《罪案现场》《中国刑侦实录》记录真实案件的侦查过程，彰显中国警察的专业技能与责任担当。医患疾病类纪录片具有“生、老、病、死”间强大的伦理张力与独特“痛感”，一直是大众关注的热点。《时代医者2024》通过医学创新的视角，打开大众了解高质量医学发展的新窗口。

此外，商业类纪录片也力图扩容到更深远的日常审美、精神生活。《前浪》将镜头对准老年群体，展现老年人饱含爱与痛的生活图景。《诗约万里第三季》《马背之上》以散文化的影像形式，呈现人与诗歌、人与马之间的多样故事。

（四）回归人文精神，挖掘文明内涵

人文精神是一种普遍的人类自我关怀，表现为对人的尊严、价值、命运的维护、追求和关切，对人类遗留下来的各种精神文化现象的高度珍视，对一种全面发展的理想人格的肯定和塑造。[①]人文精神是纪录片的内在灵魂，渗透于各种文化形态中。在人物传记类纪录片中，《巴金》以克制的影调展现巴金的人生经历和文学成就，影片对巴金“说真话、做真人”精神的呈现，对内省、朴素、持重等当下稀缺品质的重申，无疑是人文精神“综艺化”大环境中的一泉清流。

地域题材纪录片凝聚了纪录片人从现实走向中华文明的历史深处、从民族文化根部发掘人文精神的坚守与智慧，映照出铸牢中华民族共同体意

① 陈言. 人文精神的坚守与呼唤［N］. 人民日报，2001-01-02（7）.

识的美好画卷。《大河之北·文华燕赵》解读燕赵大地的地域特点和开拓进取的基因，探析中华文明生生不息的密码。《武梁祠》《布达拉宫》深入建筑内部、文物表里，全息全景式展现武梁祠、扎什伦布寺、布达拉宫的多重价值。

有人文精神作为内核的纪录片充满了生命力，能主动融入构建人类命运共同体，向世界展现中国形象，传递中国声音。《中国奇妙之旅》邀请国际主持人深入中国，向海内外观众呈献中国乡村振兴的发展成就。《回家啦！熊猫公主香香》由中央广播电视总台与日本放送协会（NHK）联合制作，展现两国民众对熊猫的热爱与友好交流的愿景。中法合拍片《鸟类的崛起》《文明的荣光》《三星堆 古老的城市》通过古鸟类、中法交往与三星堆为切入点，延展中法文明交流互鉴成果。

AR、VR、人工智能等技术在文化类纪录片中的应用，赋能人文精神的"非虚构"影像表达，体现"文化+科技"的深度融合。《来龙去脉》聚焦龙这一神奇"物种"的生物特征与文化形象，AI技术赋能声音识别、文本翻译、声线克隆到分轨替换等全译制流程，高度还原了中文原片的文风以及旁白的"性格龙设"。《飞来峰》应用8K超高清影像、AIGC数字修复、杜比全景声等多项最新技术，使观众沉浸式体验飞来峰的自然山水、石窟艺术。

2024年中国纪录片业态呈现出多维度的创新与深化发展。随着工业化、IP化生产运作的成熟，纪录片视听品质与叙事效能得到显著提升。同时，主流与商业分野，人文精神的回归推动纪录片以创新叙事筑牢中华文化根基，彰显时代生命力。

第四节　中华民族现代文明的视听传播

中华民族现代文明是在中国式现代化实践基础上所形成的人类文明新形态，建设中华民族现代文明带有鲜明的价值性、目的性指向，是对新时代新的文化使命最核心、最凝练的表达。作为当前最具传播力的网络视听，如何阐释、展现、传播好中华民族现代文明，无疑是目前极为紧迫和重要的现实命题。与此议题同步，适逢2023年10月“一带一路”倡议提出十周年之际，基于平等交往、凝聚共识、复调传播与“南南合作”的框架，国际传播的“南方转向”将成为时代发展的趋势。[①]在国际传播的新战略机遇期，中国网络视听当从内容生产、技术应用、传播策略等多个维度予以新考量。

一、以“元话语”构建视听传播的内容体系

从历史的视角看，中华民族现代文明是建立在中华民族历史积淀基础上凝聚人民智慧、不断与时俱进形成的新文明。在国内国际一体化传播格局下，面对西方媒体长期施行的文化霸权主义，改变以西方评判标准左右世界舆论的局势，中国视听生产需要构建新的叙事体系，重建有助于中国在国际传播新秩序下具有叙事优势的“元话语”。网络视听产品是当今重要的文化信息消费方式，亦是实践这套“元话语”的重要场域。

（一）建构“去西方化”的本土“元话语”

“西方化”是一个漫长的历史过程，它善于调用各种话语资源来维系和加强自身的文化存在感，围剿与扼杀自主性发展和自主性文化意识。[②]“元话语”是指通过共同语境和共享语码实现沟通双方的连接和对话，最早是由美国语言学家泽利格·哈里斯（Zellig Harris）等人提出。对于影视艺术，通过“元话语”对视听语言的搭建，能够帮助受众按特定叙事框架理解叙事内

---

① 史安斌，朱泓宇. 国际传播叙事的“南方转向”：基于“一带一路”沿线国家媒体的扎根研究［J］. 传媒观察，2023（9）：18-27.

② 姬德强，张毓强. 真相之辩：国际舆论的生成与构造：以“新疆棉花”事件为例［J］. 对外传播，2021（5）：65-69.

容、情感及精神内核。智媒时代的当下，西方国家精心构建的话语体系更具隐匿性。各大国际网络视听平台以及以数字技术为核心的互联网媒体，均以西方国家宣传的意识形态为驱动，为巩固西方文明的中心地位而服务。

2022年由导演关家永、丹尼尔、施纳特合作拍摄的《瞬息全宇宙》爆火北美市场，不仅票房口碑双丰收，且获得2023年奥斯卡金像奖最佳影片等多个奖项。随着《瞬息全宇宙》的走红，中国故事似乎成为好莱坞编剧们的“法宝”。2023年美产网络影视剧中出现了一系列所谓的“中国故事”：美国最大的会员订阅制流媒体播放平台美国奈飞公司，播出了改编自刘慈欣经典科幻作品《三体》的预告片，同年还上线了改编自中国古代长篇虚构神魔小说《西游记》的美剧《西游ABC》；美国迪士尼集团旗下的皮克斯动画工作室则继2022年以亚裔家庭为核心的动画《青春变形计》后，又于2023年6月上映了以唐人街为故事背景的电影《疯狂元素城》。这些视听作品有着相似的故事背景，但在中国观众熟悉的人物场景背后，却又呈现出与经典故事内涵大相径庭的表达。例如，美剧《西游ABC》，该剧改编自美国本土漫画小说《美生中国人》，讲述美籍华裔高中生少年，无意进入东方神话世界的故事。即便剧中有华人演员杨紫琼及吴彦祖的参演，但当一众东方神仙去参加西方社会“蟠桃会派对”的画面出现时，有如美国唐人街餐厅名菜“左宗棠鸡”一般令人产生混搭的观感。

显而易见，这些借中国演员、中国故事、中国神话包装的影视作品，表达的依旧是美国所推崇的意识形态和价值观。正如爱德华·W.萨义德（Edward W. Said）在《东方学》中阐述的“在有关东方的讨论中，东方是完全缺席的”[①]。其他国家对中国文化印象的生成，正是因为“中国缺席”的影片在全球范围内的广泛传播，让观众陷入以“西方中心主义”为主体的叙事逻辑之中。面对“西方中心主义”的话语模式，欲突破重围唯有构建属于中国自己的“元话语”。在以网络视听为主流信息传递内容的今天，掌

① 萨义德. 东方学［M］. 王宇根，译. 北京：生活·读书·新知三联书店，1999：266.

握中国文化传播自主权，才能让世界理解和读懂中国。

（二）探索视听传播自主原创的“话语”体系

中华民族现代文明首先定位的是“我是谁”的自觉，所面向的是文化的“民族性”特征，是文化主体性层面的追问。[①]“元话语”体系的研究，应以中国传统文化为基础载体，以中国实际情况为合理依据。目前，学界在网络视听“元话语”理论的建构上作出了诸多探索，电影学理论的相关研究工作正是建构中国式“元话语”体系的典型案例。加拿大传媒学者达拉斯·W.斯迈思（Dallas W. Smythe）在《依附之路：传播、资本主义、意识和加拿大》中提出，一个国家想实现主权的真正独立，有三个前提条件：边界清晰的疆域、独立完整的国家机器和具有坚实防御能力的文化阵线。[②]那么中国本土原创电影理论，则是一种“文化阵线”的理论播撒机制，其中“中国电影学派”“电影工业美学”“共同体美学”在学术体系建设中作出了有益探索。“中国电影学派”是基于2017年以来中国电影市场新业态对新理论的迫切需要；“电影工业美学”与第六代导演之后“新力量”电影的兴起密切相关；“共同体美学”则探讨在全球影业发生结构性变化之际如何拓展中国与世界的对话。[③]中国电影理论构建的根本任务是从学术层面摆脱对西方电影知识体系的依附，探索中国电影自主知识体系的建构路径。可以说，构建中国视听理论的“元话语”，不啻为知识界面向未来的一场独立自主的文化运动。

---

① 邹广文. 学报告 悟思想 开新局丨肩负起建设中华民族现代文明的文化使命［EB/OL］.（2023-11-23）［2025-03-10］. https://www.ccdi.gov.cn/yaowenn/202311/t20231123_309298.html.

② 斯迈思. 依附之路：传播、资本主义、意识和加拿大［M］. 吴畅畅，张颖，译. 北京：北京大学出版社，2022：7.

③ 顾亚奇. 中国本土原创电影理论的三个关键词：基于2019—2022年CNKI期刊文献的计量分析［J］. 艺术学研究，2023（1）：103-113.

（三）搭建视听传播“元话语”的实践逻辑

随着新技术、新美学的不断发展，中国网络视听产业展现出巨大发展潜力，为切实推动视听传播“元话语”的构建，可以从以下三个方面拓宽实践路径。

1. 以“人类视角”取代“国别视角”

“人类命运共同体”以全人类共同价值的实现为目标，讲述中国故事应当彰显人类共同价值。从人类视角看待和把握中国题材，构建中国叙事的“元话语”，能展现中国和平发展促进世界共同繁荣的主张，在国际传播中不仅必要而且意义深远。

2021年云南野象北迁的视听传播不失为一个典型案例。2021年5月，中央外宣媒体率先在网络平台发布了一段大象迁徙进入城市，与当地居民友好相处的视频，引发国际各大主流媒体的关注。路透社等新闻平台在原视频基础上进行二次传播，让“在逃大象”成为国际关注热点。结合环境生态和动物保护议题，诸多国际媒体前往当地进行报道，展现了大象漫步云南街头的和谐之景，并采访当地政府，了解大象习性以及中国动物保护的相关措施。此次野象北迁的国际性传播主要是以短视频和直播方式进行，因为去意识形态化在亿万网民的互动交流中产生了情感共鸣。据相关部门统计，参与报道云南象群北移南归的海内外媒体超3000家，覆盖近200个国家和地区，全网阅读量110多亿次。[①]国际主流媒体也在此次报道中关注到中国在环保方面的进展，很好地树立了中国“人与自然和谐”的国际形象。

2. 以“共同体”取代“中心—边缘”

建构视听传播的“元话语”应以中华优秀传统文化及其价值精神为内

---

① 赵珮然，胡璐，赵家淞. 云南北移象群南归，跨过元江到家了［EB/OL］.（2021-08-10）［2025-03-10］. http://www.xinhuanet.com/mrdx/2021-08/10/c_1310118886.htm.

核，其中“和而不同”就是破除二元对立的新理念。“和”与“同”都是孔子向世人推崇的处世之道，是在“仁”与“德”的前提下，追求中庸与平衡。抛弃以我为主、以他人作为接受对象的灌输模式，也就用平等、协商的“共同体”取代了“中心—边缘”的话语模式，最终达成彼此共同和谐发展的目标诉求。这种以地球村为“共同体”建立的“同”，正是中华民族现代文明对外传播的重要理念。

2022年的北京冬季奥运会就展现了“共同体”中“以和为美”的外在表达与内在张力。在北京冬季奥运会的开幕式上，由代表各国的“小雪花”组成的代表世界的“大雪花”，火把象征着光明，展现了世界各国团结一致、紧密合作才能走向光明的生动意象。冬季奥运会开幕式为世界展现了“共同体”的美好愿景，即“各美其美，美人之美，美美与共，天下大同”。在尊重差异的前提下观照自我，以“美”与“善”辐射人类，是世界不同民族、不同文化之间交融与共存、中外文明交流互鉴最持久、最有力的表达。

3.基于“中国文化”生成“中国形象”

传统文化是一个民族安身立命的精神血脉，也是巩固文化主体性的根基所在，传承中华优秀传统文化的精髓和基因，才能滋养精神层面的“现代化中国”，才能推动中国式现代化高质量发展，才能建设好中华民族现代文明。深入挖掘和提炼中华传统文化的符号与标识，利用现代技术手段建构国家文化形象，是我国提升文化软实力、增强国际影响力的重要方式。

节日具有典型的民族性、娱乐性以及仪式感，会给大众产生深刻的记忆，是许多国家生成国家形象的重要途径。网络视听节目针对传统节日的特点，提取核心元素、凸显民族特色、打造品牌形象，有助于推动中国形象的国际传播。2021年河南卫视推出的“中国节日”系列节目，探索了中国文化形象构建的新路径：《唐宫夜宴》以俏皮活泼的方式还原了唐朝宫廷少女丰富的日常生活；《洛神赋图》结合传统长卷图的形式展现了洛神“翩若惊鸿，宛若游龙”的审美意蕴；《敦煌飞天》则将古典舞与芭蕾舞进行了巧妙融合。同样，历史文物兼具物质文化与精神文化，亦是一个文明历史沉淀的产物，不仅是民族亦是世界的瑰宝。网络短剧《逃出大英博物馆》以三集的简短体量，通过拟人化手法讲述大英博物馆内流失海外文物的故事，传达“万里归家”的思乡之情。该剧以“小而美”的方式在国内外短视频平台广泛传播，赢得了海内外观众的共鸣与好评。

在当前复杂的传播局势中，中国主流价值面临各种思潮的冲击，中国传统文化的重释为国人确立了崭新的美学趣味和精神坐标，借助中国古典美学搭建的视听场域平衡了民族与世界、历史与现实、个体与集体的多重诉求。[①]基于传统文化创造中国新的“形象”与“标识”，激发值得世界关注的话题，将是中国网络视听内容生产的风向标。

二、以“数字化”全方位激发网络视听新动能

数字技术推动了现代化进程，网络视听的发展目标也从量的积累变成质的提升，进而推动视听平台的全面建设。《中国网络视听发展研究报告（2025）》显示，截至2024年12月，我国网络视听用户规模达10.91亿人，同比增长1722万人，增长率为1.6%，网民使用率达98.4%，同比增长0.1个百分点，继续保持增长态势。其中，短视频用户规模和使用时长仍居第一。我国短视频用户规模达10.40亿人，使用率达93.8%，连续6年保持网络视听应用细分领域第一。2024年，我国网络视听行业市场规模达12226.49亿元，同比增长6.1%。[②]数字技术对视听业的改变是全方位的，不仅涉及供给侧的内容生态，也在分发端推动平台和渠道的扩展。

① 顾亚奇，张旭. 传统文化觉醒：符码体系与视听场域的再生产：基于河南卫视“中国节日”系列节目的文化观察［J］. 中国电视，2021（7）：30-34.

② 中国网络视听用户破10.9亿 行业规模达1.22万亿元［EB/OL］.（2025-03-27）［2025-03-31］. https://baijiahao.baidu.com/s?id=1827714070482227264&wfr=spider&for=pc.

（一）人工智能构建内容多模态

数字技术的革新推动了网络视听的全面构建，以人工智能为技术手段的内容创新被广泛应用到网络视听中，扩大了网络视听的表达形式及应用范围。人工智能作为当今时代推动生产力增长的重要力量，是网络视听中最强劲的动力。

随着2023年人工智能ChatGPT的出现，人工智能主持人走进大众视野，受到各界关注。2023年8月，在北京举办的国际广播电影电视展览会上，中央广播电视总台、江苏IPTV已经开始运用人工智能主持人进行录播和直播。人工智能不仅运用在人物形象生成上，同时还为内容创作提供更加便捷的生产方式。人工智能技术还与大数据技术相互结合，被应用在广告的场景化精准投放上，如在网络节目播放过程中，智能OCR文字识别能够理解网络内容的语义，并在关键帧位置推送符合情境的广告，从而增强广告与受众的交互性和准确度。另外，人工智能也能协同进行视频审核和内容管控，机器和算法机制尽管仍需要配合人工审核，但已经支持各种内容格式的多模态识别。

（二）数实融合塑造视听新形态和新业态

视听内容的生产已不局限于对现实场景的再现，也不局限于对虚构类故事的影像创作。虚拟现实技术的广泛应用，已经渗透在各种节目形态之中，以沉浸式、参与性、互动感带给观众全新的视听体验。VR结合实景，让视听产品集技术属性、符号表征、审美特质于一体，多维度改变了视听内容的生产传播方式。

2023年，杭州第19届亚运会闭幕式上，VR技术带给线上线下观众以全沉浸式场景新体验。不仅在晚会上，在亚运会现场VR技术也发挥其特色功能，观众可通过设置在各个角落的VR镜头，从移动设备上以不同视角观看比赛现场。VR技术也运用于纪录片的创作上，2023年8月，由芒果TV

打造的一档跨越时空弘扬伟大抗美援朝精神的纪录片《超时空寻找》中，就采用了虚拟影像技术。该片以六位年轻人的后代为叙述视角，走进他们身边那些抗美援朝英雄的故事中。该纪录片不仅将亲情融合至家国情怀的抒写，还用虚拟现实技术建构起“超越时空”的情感空间，以显性的传播载体搭建精神传承的对话空间。在传统文化类综艺节目中，数字技术的运用已成为必不可少的元素，如2022年中央广播电视总台春节联欢晚会节目《忆江南》，以《富春山居图》为蓝本，融绘画、歌舞、吟唱于一体，让古画“活”起来，让传统文化“火”起来。

2022年10月，工业和信息化部、教育部、文化和旅游部、国家广播电视总局、国家体育总局联合印发《虚拟现实与行业应用融合发展行动计划（2022—2026年）》中指出，在新闻报道、体育赛事、影视动画、游戏社交、短视频等融合媒体内容制作领域，推动广播级高品质、大众化低门槛虚拟现实数字内容同步发展，以虚拟现实技术助力广播电视及网络视听业态更新，支持建设虚拟现实音视频专区与影院，探索基于虚拟化身等新形式的互动社交新业态。该文件的发布为网络视听技术提供了政策性保证，也是对近几年来网络视听虚拟现实数字技术发展的肯定。

（三）视听平台海外拓展提升国际竞争力

网络视听随着整体实力的增长和境内市场红利的减弱，中国网络视听平台已不再满足海外单一的内容发行，一些综合网络视频平台在境外纷纷建立了海外版应用APP，进一步满足国际消费大众的需求。抖音国际版（TikTok）、快手海外版（Kwai）等短视频平台在海外均有较大影响力，TikTok已成为成长最快的短视频平台之一，全球IOS设备和安卓设备上TikTok的日活跃用户数分别达到2180万人和1260万人。[①] 2022年，中国网

① 周继红. 视听新媒体国际传播的发展态势、问题与建议［J］. 中国广播电视学刊，2023（6）：38-41.

络视听在国际市场份额进入新阶段，出口总额较2021年增长了一倍，为中国网络视听的海外传播起到了激励作用。

不仅是短视频平台，众多以长视频为主的头部网络视听平台，如爱奇艺、芒果TV、腾讯视频、优酷等肩负国际传播的重大责任。湖南广电旗下的芒果TV推出了云制播平台“光芒”，围绕技术、商业和产业进行了多方探索。爱奇艺则在新加坡设立海外总部，腾讯视频还通过收购马来西亚网络视频平台iFlix实现将部分自制华语内容触达东南亚本地用户。疫情期间，爱奇艺海外版在菲律宾、印度尼西亚、新加坡和泰国四国的每周观看时长增长幅度超过500%，WeTV在泰国当地的周观看时长也增长了209%。[①]爱奇艺国际版以丰富的视听内容与发行合作，探索并生成出了一条“内容—平台—IP”出海之路，向全球输出中国视听内容。

三、以“南方转向”为契机优化国际传播策略

“全球南方”的词源可追溯至不结盟运动时期的政府间发展组织[②]，它不仅包括自然地理意义上的赤道以南，也囊括了广大的亚非拉发展中国家和地区，以及“全球北方”内部发展相对滞后的“南方”地带（例如，美国“铁锈带”、南欧等）。“南方”地带幅员辽阔，沿线涉及诸多发达及发展中国家，这些国家与民族之间文化也具有相当大的差异性。

互联网的发展为“南方转向”的传播生态提供了契机。区别于传统文本语言的传播，网络视听具有天然的跨文化传播特性，网络视听的飞速发展为推动“南方转向”提供了最好的机遇。同时，包括社交媒体平台与短视频在

① 赵益普，张远南，姜波等. 助力文化出海 创造共赢机遇［N］. 人民日报，2020-08-29.

② DIRLIK A. Global South：predicament and promise［J］. The global south，2007，1（2）：12-23.

内的“场景重构”，以其内嵌的算法技术与数字化的发展[①]，也为“南方转向”奠定了坚实的基础。中华民族现代文明的国际传播，理应将传播目标从西方发达国家辐射拓展到以“一带一路”共建国家为主体的“南方国家”。

（一）在自塑与他塑中塑造中国形象

国际形象是在“自塑”与“他塑”的互动过程中形成的。这也意味着，良好的中国形象在促进中华民族现代文明建设的同时，中华民族现代文明的发展又对中国形象的生成发挥着重要的作用。随着“一带一路”倡议的深入实施，中国在与“南方国家”日益频繁的国际交往中，网络视听应当充分发挥塑造中国形象的作用，柔性地传递中国核心价值观。

在国家广播电视总局指导扶持下，地方视听传媒机构充分发挥各自资源优势，开展各具特色的“走出去”项目，形成重点突出、分工合作的国际传播新格局。北京市广播电视局充分发挥四达、中阿卫视等机构国际传播资源优势，组织举办“北京优秀影视剧海外展播季”“中阿影视合拍项目交流会”等活动，与多个国家电视台等机构开展线上线下的互动。诸如此类以经济合作为基础，共同打造国际市场的国际网络视听交流方式，是“自塑”国际形象的体现。

2023年6月，第25届上海国际电影节“一带一路”电影周启动，同年创设的“一带一路”电影节联盟举办了面对“南方国家”的展映、论坛、产业对话、市场推介等系列活动。《“一带一路”电影节联盟调研报告》显示，中国电影的选取在价值取向上注重求同存异，在题材选择上涵盖家庭、亲情、人与自然等全球共通的主题，在审美风格上富有东方美学、民族美学意蕴，已经摆脱了西方商业电影的程式化感官刺激。上海国际电影节以中华民族现代文明理念为传播核心，向“南方国家”讲述中国故事，传递

① MISKIMMON A，O’LOUGHLIN B，ROSELLE L. Strategic narratives：communication power and the new world order［M］. London：Routledge，2014：2.

中国价值，是“自塑”与“他塑”两种方式的有机结合。

（二）精准把握Z世代的接受偏好

网络时代的到来，不论是国内还是国外，善于运用网络媒体满足社交需求的Z世代更容易接受新兴的理念和产品。当前，视听内容行业的新面貌，使Z世代以其在互联网端强烈的表达欲及参与度，成为未来视听内容生产与消费的主导性力量。对全球Z世代群体的受众进行分析，研究该群体的价值认同偏好，对网络视听的国际传播具有重要促进作用。中华民族现代文明具有极大的包容性，主张不同文化形态之间相互尊重、包容和学习。Z世代热衷于各种青年文化消费，这种青年文化在很大程度上是大众文化、娱乐工业和消费主义的产物。[①]这也意味着，中华民族现代文明的兼容并包符合网络视听国际传播的开放多元特征，能够满足国际范围内Z世代群体对文化产品的需求。

尽管中国Z世代群体与海外Z世代有所差异，但代际相近的受众喜好，在网络视听产品的选择上具有很大的重合度。运用Z世代喜欢的风格来介绍中华文化，更容易打开海外Z世代受众市场。TikTok以10亿全球活跃用户量、30亿次下载量成功进入国际市场，积累了大量海外用户，其中43%的用户为Z世代群体。[②]在TikTok上，关于汉服的视频，关于回归田园、展示传统文化的视频，以及中国街拍视频具有颇高的点击率。关注Z世代的网络视听需求，不乏是一种海外输出的优质方案。打造Z世代网络视听的同时也应当注意建设多元网络圈层社区，精准定制及推送符合社区需求的文艺作品。另外，以Z世代为例分析其他受众群体的视听接受喜好，也能进一步完善网络视听精准投放的大数据体系。

---

① 顾亚奇，袁文洁．“Z世代”悦己型消费与视听艺术的“破圈”实践［J］．中国电视，2022（7）：20-25.

② 敖永春，周晓萍，马鑫．基于TikTok平台的中华文化国际传播创新路径［J］．传媒，2022（22）：72-75.

（三）持续增强政策扶持力度和落地效应

自2013年至今，“一带一路”成果有目共睹。在“全球南方”的国际议题下，政府部门需针对网络视听的国际传播加大政策扶持力度，以构建全方位、多元化的新型国际传播体系为目标，不断增强中华民族现代文明的国际传播力与影响力。目前，政府部门已在文化贸易、旅游商务、对外译制等多个领域发布政策，不断完善网络视听国际传播的内容生产与渠道建设。

2022年7月，《关于推进对外文化贸易高质量发展的意见》在商务部等多个部门的推动下出台。该意见旨在鼓励数字文化平台国际化发展，鼓励广电视听优秀节目出口，扩大文化领域对外投资，提升文化贸易数字化水平，并在财政资金、金融、跨境结算、海关等方面提供支持和便利。同月，文化和旅游部、商务部联合印发《文化和旅游部办公厅商务部办公厅关于开展新一批国家对外文化贸易基地申报工作的通知》，鼓励支持视听传媒机构加强对外文化贸易基地建设，形成产业聚合力，提高视听贸易合力。[①]国家广播电视总局也出台了《广播电视和网络视听节目对外译制规范》，对视听节目译制全流程进行规范。这是我国首部广播电视和网络视听节目译制的行业标准，有利于保障节目译制质量，提高在相关国家的传播效果。在国家一系列政策保障之下，我国网络视听平台可以凭借政策优势，加强海内外联合发行，深化产业合作和交流，保证优秀网络视听产品顺利“出海”。

简而言之，在“一带一路”倡议的指导下，把握“南方转向”的良好契机，研判网络视听传播新趋向，将为中华民族现代文明在世界范围的传播赢得主动。在世界格局动态重组的历史进程中，不论是对“元话语”体系的打造，还是数字技术的深度应用，在复杂的局势中网络视听识变、应变并主动求变，才能不断增强中华民族现代文明的全球影响力与辐射力。

---

① 朱新梅，高星. 全产业链发力：中国广播电视网络视听国际传播现状及趋势［J］. 视听界，2023（1）：5-11.

第六章 前沿技术视听领域应用新体验

瓦尔特·本迪克斯·舍恩弗利斯·本雅明（Walter Bendix Schoenflies Benjamin）在20世纪中期提出“机械复制时代的艺术”，揭示社会转型期艺术领域经历的变革性重塑。随着摄影与电影等新媒介诞生，工业生产下艺术作品“灵韵”逐渐消逝，技术与艺术之间紧密联系。在科学技术飞速发展演进的同时，艺术的边界也被不断扩充。当下数字技术语境下，艺术与技术的界限不再明显，视听艺术与技术的互嵌融通成为常态。虚拟现实艺术、人工智能艺术并非艺术和技术的简单叠加，而是艺术本体与数字技术的关系属性在虚拟现实、人工智能等维度的强化，艺术与技术的深度交互使虚拟现实艺术、人工智能艺术形成独立的叙事方式和符号体系。新兴科技成为视听领域发挥主导作用的生产力，新质生产力全面塑造内容生产、传播、接受的新格局，推动视听行业呈现有别于传统发展路径的新质态。

第一节 “可供性”视角下的虚拟现实艺术

“可供性”（affordance）是美国生态心理学家詹姆斯·吉布森提出的概念，指的是“有机体与环境之间的协调性”[①]。后来这个概念被广泛运用到其他专业领域，美国学者唐纳德·诺曼将之定义为“人感知到的内容是事

① GIBSON J J. The ecological approach to visual perception［M］. New York：Psychology Press，1986：127.

物所处环境可以提供的可能性”[①]。因此可供性也被广泛用于评估产品设计的有效度。在此基础上，相关学者进一步延伸这个概念的内涵、扩展概念的边界，将之抽象为广义的环境可以为环境中的生活者提供什么样的可能性。威廉·W.盖维（William W. Gaver）进一步提出了“技术可供性”这一概念，用以说明在一定社会环境下的技术可以为用户提供什么样的可能性，这一理论“使可供性进一步成为以用户为中心的考察技术的有效理论框架”[②]，即技术环境为用户提供的行动的可能性。“可供性是相互的而不是单向的，行动者与技术之间相互建构相互影响，一方面，行动者感知技术有用性并做出行动反应；另一方面，技术也因行动者的行动而不断调整。”[③]那么，虚拟现实艺术这种艺术形态是基于虚拟现实技术的一种艺术形态，对其本体的研究也必然离不开相关的技术可供与用户之间关系属性的梳理，即需要“理解人与技术之间的互构、技术为人的创造并为人展开其实践所用”[④]。这一概念也为我们理解虚拟现实技术与虚拟现实艺术之间的关系提供了理论框架。

一、技术可供：虚拟现实艺术生产的可能性

关于虚拟现实的讨论早已有之，从柏拉图的“洞穴隐喻”到迈克尔·海姆对于“虚拟实在”的定义，这些学者试图从哲学层面提出关于这一技术的洞见。也有学者从媒介的角度论证这一技术，媒介环境学派的代

---

① NORMAN D. The design of everyday things［M］. New York：Basic Books，1988：128.

② 皇甫博媛. “算法崩溃”时分：从可供性视角理解用户与算法的互动［J］. 新闻记者，2021（4）：55-64.

③ 王海燕，范吉琛. 数字新闻的时间可供性：一个研究框架的提出［J］. 国际新闻界，2021，43（9）：116-135.

④ 景义新，沈静. 新媒体可供性概念的引入与拓展［J］. 当代传播，2019（1）：92-95.

表人物莱文森从媒介进化的角度提出了“新新媒介”的设想，按照他的划分逻辑，虚拟现实这一技术可以归入新媒介的范畴内。视觉编程语言的创始人兰尼尔提到引申到“虚拟实在”，认为虚拟实在在于“分享想象，生活在一个可以互相表达图像和听觉的世界”①。那么，无论从何种层面的讨论，作为一种数字技术，它所特有的三维沉浸和体感交互等全息数字化体验为虚拟现实艺术的生产提供了底层技术支持。

虚拟现实艺术的生成基于虚拟现实技术所创造的全息数字化语境，但又有所超越，并不断形成自身的创作范式和审美价值体系。虚拟现实艺术不是简单的技术和艺术相加，而是二者的深度互嵌。随着三维建模技术、三维现实技术以及体感交互技术的进步与成熟，虚拟现实艺术的范畴也开始由虚拟影像创作开始向虚拟现实游戏、虚拟现实绘画甚至虚拟现实剧场表演等多个领域分支拓展。

虚拟现实艺术的创作者需要一整套的装置和设备来配合完成，包括VR头戴设备、动作捕捉设备、传感器反馈装置等。影响力较大的虚拟现实设备从早期清晰度相对不高的HTC Vive（2015）发展到清晰度可达到1080p的Oculus Quest2（2020），高清晰度装置为创作者提供了更为精细的操作设备。在绘画领域，Google的Tilt brush已经成为应用广泛的VR绘图工具。这些技术和装置的可供使得虚拟现实艺术的生产呈现出具身沉浸、交互式生产与情感卷入的特征。从可供的视角来看，技术的可供与虚拟现实艺术的生成二者之间是一种双向互动、修正和调和的过程。二者之间的关系属性和行为策略可以概括为：虚拟现实技术提供了技术可供性、引导虚拟现实艺术生产，同时虚拟现实艺术的创作实践也在对这一技术进行反馈和改进（见图6-1）。

---

① 霍洛克斯. 麦克卢汉与虚拟实在［M］. 刘千立，译. 北京：北京大学出版社，2005：73-74.

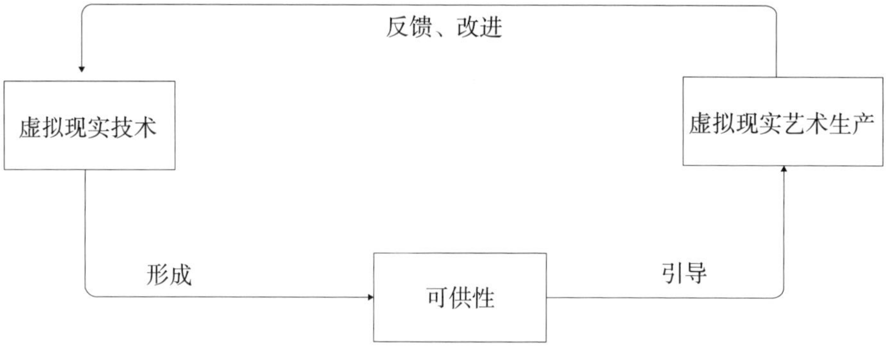

图6-1 虚拟现实技术与艺术生产关系图

（一）具身性沉浸

虚拟现实艺术的创作者不同于传统艺术形式的生产者，创作主体不是游离于作品之外，而是身体介入其中的。在虚拟现实所营造的情境中，所有的存在物得以被感知的前提都是用户身体的在场。梅洛-庞蒂认为，人的“肉身意向性”可以形成“身体图示”，身体的内部以及外在的运动所呈现的图示解释着身体与事物之间的关系。[①]海德格尔和梅洛-庞蒂强调人的主观性和身体的积极作用。唐·伊德从现象学的角度探讨人与技术之间的关系，提出了“具身化”的概念，讨论了人的身体介入与技术和人的情感之间的构成的关系图示，“具身关系的概念表明的一点是，主体借助技术来获得感知，并将技术获得的感知转化为人的认知，从而构成人与世界的生存关系。在具身关系中，技术处在中介的位置上”[②]。那么，在传感器设备、定位系统以及全身追踪等技术装置下，可以实现把现实中的身体映射到虚拟空间中，用户可以在虚拟的世界进行角色扮演、互动和社交，在这里可以很容易实现画论家郭熙所追求的“可游、可居”之效。

技术和设备的可供为用户的身体介入提供了前提，用户的具身在场也

① 庞蒂. 知觉现象学［M］. 姜志辉，译. 北京：商务印书馆，2001：118.

② 孙强. 媒介技术演进中的具身性情感研究［J］. 新闻与传播评论，2021，74（4）：72-85.

使得多重感官可以同时参与其中。体验者从视觉、听觉、触觉、方位感等感官，通过和计算机感应接口的连接，进行以语音、文字、图形、动作等方式执行的输入和输出，完成与计算机或虚拟世界之间的信息交流。在虚拟现实影像中，用户可以参与到叙事中，成为场景中的一部分。在这个参与的过程中，用户全身心沉浸其中，实现心理活动、身体行为、情感甚至是过往生活经验的整合（见图6-2）。

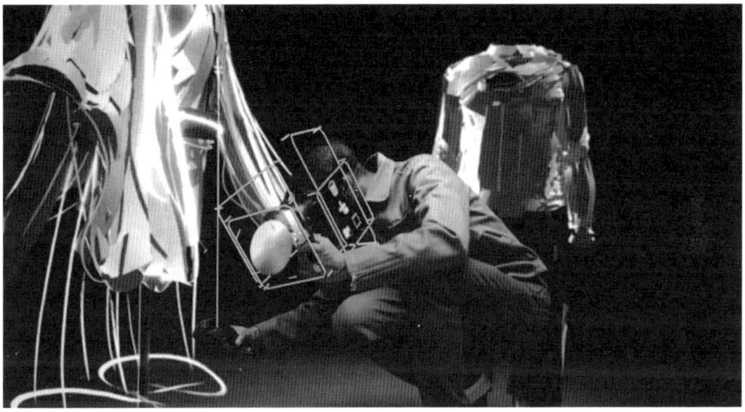

图6-2 虚拟现实艺术创作者进行创作

（二）交互式创作

虚拟现实装置作为一种媒介，是实现用户和虚拟时空交互的重要工具。在虚拟现实艺术的创作过程中，用户不断地“通过动作、声音或表情等身体自然行为来与虚拟环境进行非接触交互，这是体感交互技术”[①]。在体感交互的基础上，用户借助手柄、传感器等设备参与到创作中，实现个人与虚拟环境之间的交互实践，作为虚拟现实艺术叙事的重要组成部分。不同的艺术门类在叙事方面有所差异，但总体来说，在虚拟现实的语境内，以往的影像作品中的线性叙事模式被打破，非线性的交互式叙事成为主要的模

① 杨青，钟书华. 国外“虚拟现实技术发展及演化趋势”研究综述［J］. 自然辩证法通讯，2021，43（3）：100.

式。在虚拟现实绘画中，突破了以往在二维平面中进行创作的局限，虚拟现实空间为创作者提供了三维创造的平台，可以实现在空间中叙事、在场景中创作。2021年，Facebook推出*Horizon Worlds*，一款具有社交属性的虚拟社区（见图6-3），这个虚拟社区是以虚拟现实技术作为技术支撑，在这个社区中用户要遵守VR政策，用户可以充分发挥其创造性，动作类的游戏、安静的冥想场所，以及穿越超宇宙的火车都可以由用户进行创作，同时用户可以通过修改脚本来搭建新的场景。与此同时，用户可以实现探索城市、飞向天空等活动，社区中家园的搭建、场景的创造都由用户进行创造，用户和场景的深度交互是社区中一些行为活动得以发生的前提。

图6-3　*Horizon Worlds*的界面[①]

（三）情感性介入

虚拟现实已经完全重构了装置和人的关系，二者之间实现了交互与融通，达到了最大化激发体验者多重感官的目的，实现了创作者创作范式的革新。美国艺术家克里斯·米尔克（Chris Milk）认为，虚拟现实作为一种艺术媒介的未来取决于它在多大程度上利用其独特的潜力来引发沉浸式的移情体

① 图片来源：https://vrscout.com/news/vr-metaverse-horizon-worlds-now-open-get-started-here/。

验。在这里，“技术与受众之间并非冰冷的技术接口，而是具有交互主体性特征的情感连接，从而弥合着真实体验与中介体验之间的鸿沟，最大限度上实现了情感的共振”[①]。如虚拟现实艺术作品*Wonderful You*围绕体验者回到母亲子宫中，体验从一个细胞成长为成形婴儿的过程，在这个过程中，视觉、听觉、触觉、味觉和嗅觉等感官将体验者与周围世界连接起来（见图6-4）。此间体验者的情感是在体验的过程中产生的，这一情感融合了当下与过去生活经验的积累。也就是说，虚拟现实艺术的审美情感产生于体验者的体验过程，以艺术作品的形式和节奏为基础，经过体验者身体的感知而得以形成。玛丽-劳尔·瑞安曾提到情感沉浸在叙事中的作用，离开了情感，叙事将无法进行。那么，在虚拟现实情境中，体验者可以实现化身交互，产生“移情”的效果，在想象中的“角色扮演”中与艺术作品中的叙事产生情绪上的交流。

图6-4 *Wonderful You*剧照

二、现实向度：虚拟现实艺术的可供性实践

虚拟现实技术提供了艺术创造的具身沉浸、交互创作和情感卷入的

---

① 吴飞，李佳敏. 虚拟现实：共情传播的技术实现路径探析［J］. 西南民族大学学报（人文社会科学版），2021，42（7）：182.

可能性，但是技术的可供性只有在进行创作的实践中才能成为现实。随着虚拟现实技术的升级、迭代、不断走向成熟，虚拟现实艺术的生产创作也在不同维度通过对虚拟技术的使用和创新，在多个艺术门类的生产中具有突破性的效果。虚拟现实技术的发展不仅包括技术方面的软件和硬件升级，开始把触角伸向了内容领域。迪士尼公司、索尼影视等大型公司也开始进行虚拟现实内容创作方面的资金支持。近年来，虚拟现实艺术作品在国际电影节上的呈现也进一步证明了虚拟现实作为一种艺术和娱乐生产媒介的地位。①虚拟现实艺术的生产提供了可以满足各种电影类型的内容，包括剧情片、恐怖片、科幻片和动作片以及纪录片等。②这些创作趋势使得虚拟现实艺术生产有所突破。在虚拟现实绘画方面，Tilt Brush作为主流的创作工具获得用户的广泛使用，绘图工具也在不断升级换代。虚拟现实绘画长久以来难以解决的问题就是如何导出，2021年Art Studio VR可以实现在导入的3D模型上进行绘制，在画布或模型上使用各种不同的笔刷、颜色和饰面，还可以使用JPEG和PNG导出功能。③这些新的工具的功能完善和技术进步使得虚拟现实艺术的生产成为现实。

（一）《在虚拟现实中作画》

《在虚拟现实中作画》（*Art Attack in VR*）是由导演戴文·恩比尔（Devin

① RAZ G. Virtual reality as an emerging art medium and its immersive affordances［M］//CARROLL N，SUMMA L T D，LOHT S. The palgrave handbook of the philosophy of film and motion pictures. London：Palgrave Macmillan，2019：1001-1002.

② RAZ G. Virtual reality as an emerging art medium and its immersive affordances［M］//CARROLL N，SUMMA L T D，LOHT S. The palgrave handbook of the philosophy of film and motion pictures. London：Palgrave Macmillan，2019：1001-1002.

③ Art Studio VR 将于 12 月 10 日通过App Lab 在Meta Quest 推出［EB/OL］.（2021-12-07）［2025-03-10］. http://vr.sina.com.cn/news/hot/2021-12-07/doc-ikyakumx2535112.shtml.

Embil）拍摄而成的纪录创作过程的项目，该项目由网红栏目SoulPancake和VRScout合作完成，分为上下两季，共18集。每一集都是以5分钟以内的视频的形式进行呈现，展现创作者们利用Google Tilt brush等绘图工具进行虚拟现实艺术作品创作的过程。这些创作者主要是以世界名画为蓝本，进行三维创作，其中涵盖了蒙克的《呐喊》、梵·高的《星空》、波提切利的《维纳斯的诞生》等作品。他们利用虚拟现实装置，全身心交互于三维空间中，用立体的笔触和色彩创造三维立体的绘画作品。如在*Explore a Painting in VR"A Sunday Afternoon on La Grande Jatte"*一集中，创作者以新印象派乔治·修拉（Georges Seurat）的《大碗岛星期天的下午》为创作对象。先画出三维的草地（见图6-5a），然后根据人物和树木的布局，安排人物和花草（见图6-5b）。在此基础上，利用智能调色板给作品上色，最后完成作品（见图6-5c、图6-5d）。作者沉浸其中，通过虚拟现实装置和场景实现交互，甚至呈现出作品中的动物和人物"互动"。而在*Botticelli's "The Birth of Venus" Recreated in Virtual Reality*中，由于人物立体感较强，创作者在创作前，先进行三维立体人物的建模（见图6-6a），在模型上进行人物的面部和外在装饰的处理（见图6-6b），然后搭建背景（见图6-6c）、进行人物组合、完成作品（见图6-6d）。在整个创作过程中，创作者虽然是以大师的美术作品为参考，但是新的作品已经打破了原有的二维平面创作，颠覆了以往绘画作品的生产范式，创作出三维立体的全新的艺术形式。

图6-5a　创作者进行画作背景设计（截图）

图6-5b　创作者进行画面人物和树木创作（截图）

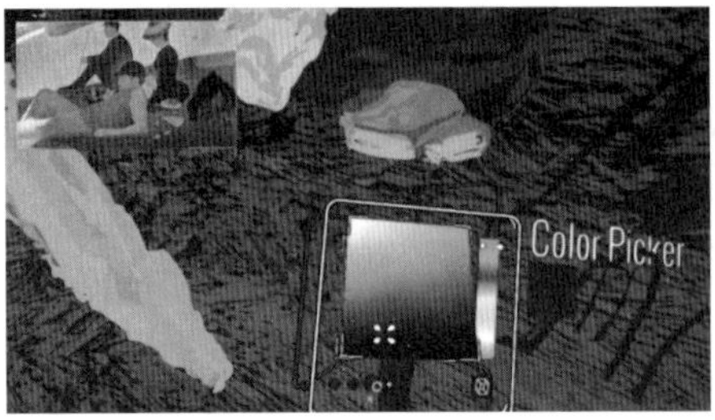

图6-5c　创作者用Color Picker进行上色

图6-5d　创作完成，创作者沉浸其中

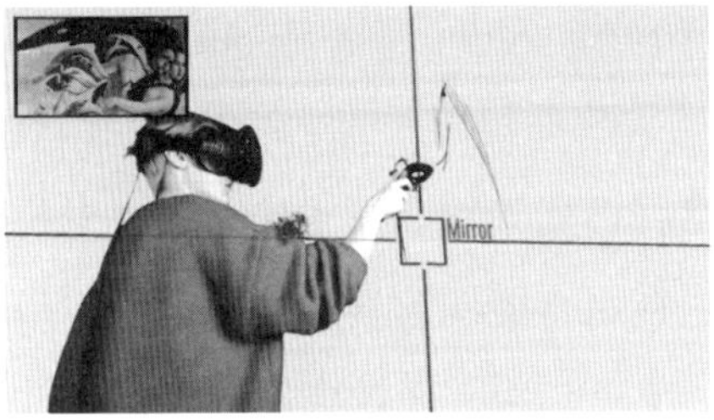

图6-6a　三维立体人物建模

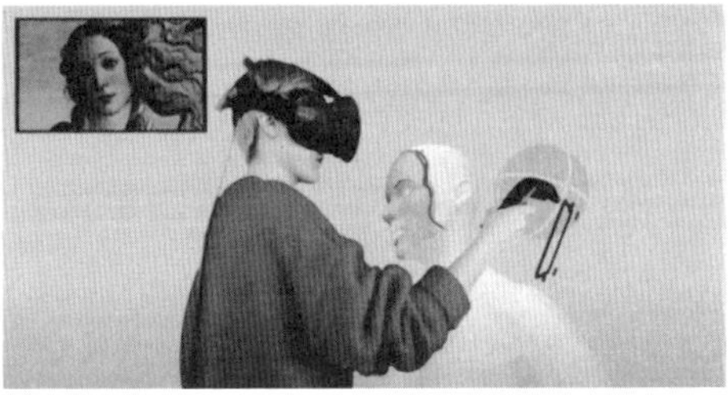

图6-6b　面部和外在装饰的处理

图6-6c　搭建画面背景

图6-6d　进行人物组合、完成作品

（一）《蒙娜丽莎：越界视野》

《蒙娜丽莎：越界视野》（*Mona Lisa: Beyond the Glass*）是卢浮宫、HTC Vive Arts和Emissive工作室联手打造的首个VR体验项目，2019年10月在巴黎开展。这个项目改变了以往人们在卢浮宫只能短暂观看的现状，让体验者可以近距离观赏这件作品，甚至可以进入画的情境中进一步解读作品。《蒙娜丽莎：越界视野》将移动图像、声音、互动设计结合在一起，让观众能够切身体验这幅名作背后的故事，了解它在500多年的历史里，从创作之初，到因光照和潮湿影响，在年代中不断变化的过程。为了解决长久保存出现的褪色现象和作品的失真问题，技术人员利用红外射线扫描技术和特殊的光反射图像，艺术家们对色彩进行调和处理，让画作呈现出一种模糊而柔和的感觉，不会产生与现实之间的割裂感，让观众能够更真切地感受这幅作品的原真性。3D建模使得原本平面化的人物得以立体化呈现，重新加工、组合的画作背景以及图像、声音和互动设计相结合的设计，以全新的体验方式将体验者带入并沉浸于达·芬奇的艺术世界。

图6-7 《蒙娜丽莎：越界视野》宣传图片[①]

（三）虚拟影像

虚拟现实技术所带来的强交互性和沉浸感也为影像艺术带来新的契机。“沉浸式虚拟现实的最新显示技术是CAVE”[②]，通过这种设备，投射在墙壁、地板上的影像可以根据使用者的位置进行实时更新，用户的身体同时也实现了数字化建构，但同时，囿于虚拟现实技术和设备的有限性，长时间的

① 图片来源：https://www.vive.com/cn/newsroom/2019-10-18/.

② CREAGH H. Cave automatic virtual environment［M］//Proceedings：electrical insulation conference and electrical manufacturing and coil winding technology conference. Piscataway：IEEE，2003：499-504.

互动体验会给观众带来疲累感，现有的虚拟现实影像艺术多以短片的形式呈现。但是虚拟现实影像艺术可以与观众交互到什么程度，也在一定范围内影响了影像艺术的品质。如HTC VIVE ORIGI-NALS在2021年发布的360度动画短片《病玫瑰》（*The Sick Rose*），用17分钟讲述了观众同女主人公历经考验的故事。但是，在这里观众是游离于剧情之外的，始终没有和人物之间的互动，观众是以旁观者的视角“参与”到剧情中的，交互性不强。再如2017年蔡明亮导演的《家在兰若寺》（*The Deserted*）讲述了一段人鱼间的魔幻爱恋，创作者使用VR摄录一体机Jaunt ONE拍摄，并应用Jaunt Cloud Services系统进行云端渲染的后期处理。在影片中，观众的角色被设定为“闯入者”，但是影片没有做与“闯入者”呼应的设计，只是将观众放在任意位置，让观众自己去寻找构图与故事线，在这里，观众是以第一视点进行交互体验。但是对于虚拟交互叙事中，特别是以第一视角参与交互的剧情中，“如何平衡距离和表演的位置，是接下来VR创作要探索的方向”[①]。

无论是虚拟现实绘画艺术还是虚拟影像艺术，都是对于传统艺术创作范式的一种颠覆。虚拟现实技术打破了媒介间的壁垒，为跨媒介艺术的生成创造了条件。跨越媒介和材质之间的差异、超越媒介间性的新的艺术形式，以强烈的沉浸感和交互性为观众带来全新的感知体验。从二维到三维再到多维的交互，虚拟现实工具让创造者实现了时空自由、感知自由。“在新媒体艺术中，数字化多感官的综合媒介进一步拓展了艺术设计表现、观众体验和反馈的可能性。”[②]在这一层面上，虚拟现实艺术实际上是拓展了艺术与观众互动交流的边界，但同时在虚拟影像艺术的叙事中，如何合理的安排观众的“角色”是当下虚拟现实艺术创作需要不断探索的方向。

---

① 钟芝红.VR影像：物质媒介、生成—身体与观念［J］. 北京电影学院学报，2021（11）：55.

② 吴南妮. 沉浸式虚拟现实交互艺术设计研究［D］. 北京：中央美术学院，2019：56.

三、意义探寻：虚拟现实艺术的发展图景

让–保罗·福尔芒托（Jean-Paul Fourmentraux）在《互联网艺术品、艺术家与计算机分析师：分享创造过程》一文指出，互联网艺术不再是一件完成了的作品，而是一个处于开放状态的、不断生成的、互动的装置。由于制作工具的专业化，设计和创作互联网作品需要混合的技艺，于是电脑分析师与艺术家的合作成为一种必然，而这种合作改变了传统艺术作品的含义以及传统意义上的作者身份。[①]艺术作品的创作者与用户在虚拟现实的语境中边界消失，在人与作品的交互中，实现二者之间的融合。“在本体性叙事设计中，用户被允许通过自主选择来参与或改变故事的发展，建构自己的意义。”[②]在未来，虚拟现实艺术与用户之间的交互方式将更加深刻、多元，艺术的边界也得以不断拓展。作为创作主体的人，也将重塑人的本质力量，运用新的技术重塑艺术美学，不断满足用户的数字化审美期待。

（一）边界延展：从物质性空间到非物质性空间的拓展

虚拟现实艺术的独立形态决定了它不属于任何一个现有的艺术门类。作为数字时代的艺术形式，虚拟现实艺术扩展了艺术本体的边界，颠覆了以往借助于物质性媒介进行呈现的门类艺术。虚拟现实技术对不同媒介的艺术形式的生产创作，以及对不同维度文本之间关系的处理，显现出虚拟现实环境的构成和艺术形态变化呈现出的共同演进、汇聚和复杂性的特点，也使得技术的可供呈现出更为开阔、更为复杂的情境。这些开阔、复杂的情境也为虚拟现实艺术的生产提供了新的创作语境，数字技术的出现和运

---

① FOURMENTRAUX J. Internet artwork，artists and computer analysts：sharing the creative process［J］. Leonardo，2006，39（1）：44-50.

② 张梦雨，黄心渊. 用户视角下的交互电影创作研究［J］. 北京电影学院学报，2019（11）：40.

用展现出连接云端的非物质世界和现实物质世界的能动性，在未来，我们也有充分的理由相信，艺术的边界会进一步扩展，与非物质的虚拟世界之间的联系、互构会更为频繁。

（二）重塑自我：重启人作为数字技术运用者的角色

20世纪70年代，兰登·温纳（Langdon Winner）在《自主性技术》一书中提到了技术具有自我生成、自我掌控和自我规划的特征，表现出作者对于技术超出人的控制范围的隐忧。特别是在今天，算法以及各种数字技术不断重塑作为中介的人的角色，技术决定论、技术中性论等观点层出不穷。按照麦克卢汉的观点，技术只是“人的身体器官的延伸”。技术内嵌在人的控制机能之中，“生命体的行为、结构和思考保存着生物算法特有的共情、好奇、想象和创意，这些‘内里算法’经由历史沉淀所成，又带有生物体特有的共同经历叙事”[①]。而共情、好奇等叙事元素是人类所特有的，无论是虚拟现实还是增强现实抑或算法技术，其本身的叙事逻辑都离不开人的主体，或者可以说，未来无论是技术如何升级，本身依然离不开对于人的思维和情感力量的运用，从某种程度上来说，这是对人的主体力量的回归。

（三）文明融合：面向未来文明的数字化期待

虚拟现实艺术特有的沉浸性和交互性打破了以往传统的叙事模式，新的叙事模式促使新的评价体系、价值观念的产生，用户在体验数字技术催生的艺术形式的同时也是在体验和接受一种新的文明形式。虚拟现实技术满足了观众对于超越人类时空的想象和期待，重塑新的虚拟时空为用户提供了生产新的文明形态的情境。虚拟情境中，新的艺术形式的明示机制取代了以往文字和声音时代的暗示机制[②]，那么对于超越人类现实的时空中的

① 孙萍. 算法化生存：技术、人与主体性［J］. 探索与争鸣，2021（3）：18.

② 王坤宇. 后人类时代的媒介—身体［J］. 河南大学学报（社会科学版），2020，60（3）：49.

文明想象正逐渐成为一种现实。这种情境下，虚拟不再是超脱于现实之外的，而是实现了两种时空文明的融合，满足用户对于未来文明的一种数字化想象与期待。

从可供性的视角研究虚拟现实艺术的生产，就是在探究现有虚拟现实技术与艺术生产者之间的关系。“技术在人类文化体系中为下层的建筑，艺术则为上层的建筑。由控制物质生活的技术到表现精神生活的艺术。”[①]在现有的虚拟现实技术条件下，艺术生产者进行了一系列的虚拟现实艺术性创作，包括虚拟现实绘画、戏剧、电影等艺术形式，这些新的艺术形式为用户带来了沉浸和化身交互等全新的体验，相较于传统艺术形式来说，虚拟艺术的具身体验似乎能够带来更真切的精神满足。然而，虚拟现实艺术边界的界定也面临着一些问题，是否虚拟现实艺术就等于“虚拟现实+门类艺术”？这是解决虚拟现实艺术争议的一个重要议题。对于这个问题，笔者认为，虚拟现实艺术的确立应该有一个独立体系，它不是技术和门类艺术的简单叠加，而是二者之间的互嵌与融合。对于这一尚处于发展中的艺术门类来说，厘清虚拟现实艺术本身的叙事逻辑、价值体系比讨论具体门类中的虚拟现实艺术更为重要。但无论如何，5G、AI、AR、XR等技术层出不穷，这些技术的可供也为虚拟现实艺术的发展提供了更多的可能性。这提醒我们在拥抱新的技术的同时，也应努力完善虚拟现实艺术存在和发展的价值体系、美学体系，引导其向着更为健康的方向发展。

第二节　VR纪录片：多维解析“情动—影像”

虚拟现实艺术，以其独特的沉浸性、交互性和想象性，为观众提供

---

① 宗白华. 技术与艺术：在复旦大学文史地学会上的演讲［M］// 宗白华美学与艺术文选. 郑州：河南文艺出版社，2009：215.

了一种全新的审美体验。这种艺术形式通过技术手段模拟现实，创造出一个虚拟空间，使观众能够在其中获得“具身感”，从而实现从技术层面到审美层面的移情效应。VR纪录片作为新兴数字技术——虚拟现实与纪录片的融合产物，它的出现顺应数字时代的视觉技术发展，更突破了传统纪录片的创作模式，以多元感知带给观众前所未有的交互体验。2012年，采用真实录音+CGI生成图像的方式制作的VR纪录片《饥饿洛杉矶》（*Hunger in LA*）在国际电影节展出之后，非虚构虚拟现实作品在威尼斯电影节等多个国际电影节展的知名度逐步上升。如今，VR纪录片、VR新闻等虚拟现实纪实影像已经成为VR游戏之外虚拟现实内容生产的重要组成部分。

纪实影像的核心在于人的情感表达，美国电影制作人克里斯·米尔克在2015年的演讲中认为，虚拟现实技术拥有产生移情效应的无与伦比的能力，虚拟现实技术被视作“终极移情机器”，人们有必要重新思考技术变革与社会行为以及人类情感的关系。技术变革带来了媒介生产模式与话语叙事方式的嬗变，相较于传统的二维影像，VR纪录片能够带来观众更强的情动效应。本节试图从虚拟现实技术的沉浸、交互、想象三个特性出发，阐明VR纪录片移情机制的技术逻辑，并在剖析文化偏见等影响因素的基础上思考VR纪录片在生产与传播中面临的相关问题。

一、移情效应：虚拟现实技术驱动的“情动—影像”

在认知科学中，“移情”源自人脑“镜像神经元”向情感控制系统发出的信号，“使我们感他人之所感”①。朱光潜将移情作用阐释为“人在观察外界事物时，设身处于事物的境地，把原来没有生命的东西看成有生

① 于雷. 情感何以成为“科学”？——评霍根的《文学与情感》[J]. 外国文学，2022（3）：182.

命的东西，仿佛它也有感觉、思想、情感、意志和活动，同时，人自己也受到对事物的这种认知错觉的影响，多少和事物发生同情和共鸣”[①]。情感后结构主义的重要代表人物吉尔·德勒兹（Gilles Deleuze）认为，人的“生成”是人的主体性向外的投射，“生成”的结果附着在某一实在媒介上，这包括影像、音乐、小说等作为“物”的媒介。在德勒兹的概念里，“身体”“情动”都是“生成”的概念，而情动最终“生成”一个“强度的世界”。[②]在传统二维影像中，影像信息被喻为被“触碰”的“皮肤”从而形成“情动之力”，“触感视觉”被认为是近距离的、特写的视觉认知从而带动观众的触觉、嗅觉、味觉等感官感受，此时“情动”得以被感知。

虚拟现实技术创造的“情动—影像”使作品产生了远比文学艺术领域更强烈的移情效应。虚拟现实影像营造了身体消融、情感超越的极端的感知方式，全息影像、多维空间带来超近距离视觉和细腻的特写，借助体感技术的多种感官知觉形成了对视觉的补充，真正意义上的触感替代了修辞性的触感，并成为虚拟现实影像的直观特征。不同于传统二维影像通过面孔或特写镜头的方式实现触感视觉，在虚拟现实影像中，观众可以与影像形成近距离的互动，通过多感官的协作激发身体的情感，形成无意识的感知，实现“情动的身体”。“影像自身”作为一种流动的趋势承载着原始的、无意识的情绪，“实在的”触觉认知带动感官感受从而引发情动“情动—影像”生成情动空间与情动体验，人作为主体的投射得以“被看见”。我们可以认为，虚拟现实影像作为一种“情动—影像”所关注的是其沉浸性的、展示性的、体验性的一面，重视影像的“触感”而非叙事。

---

① 朱光潜. 西方美学史［M］. 北京：人民文学出版社，2022：584.

② 德勒兹. 德勒兹在万塞讷的斯宾诺莎课程（1978—1981）记录：1978 年 1 月 24 日情动与观念［M］// 汪民安，郭晓彦. 生产·德勒兹与情动. 姜宇辉，译. 南京：江苏人民出版社，2016：21-22.

在虚拟现实作品《人间惆怅客》中，体验者可以选择火车上四位乘客的不同视角与其他乘客进行交流。车上的每位乘客都各怀心事，观点与表达方式各不相同，通过虚拟现实技术的视点对焦、手柄交互和语音交互等特性，影片得以表达不同角色的个性与感受。在与他者的目光、擦拭、对话等超近距离的交互中，客体的景观成为“真实的”他者，主体间情感的绵延流动得以实现。VR纪录片《徒手攀岩人》中，观众以第一视角与攀岩人亚历克斯共同历险，在沉浸性的虚拟空间中，伙伴的跌落、悬崖上的血迹、崎岖的岩石与近在眼前的深渊刺激着观众的视觉感知，调动着观众的身体情感，仿佛稍有闪失便会跌落悬崖、坠入深渊。同时，空间的挤压感激发了观众惶恐不安的畏惧感，不安的情绪“吞噬”了观者的身体，使其成为“在场者”。此时，不但观者的触觉认知带动了感官感受，“情动—影像”生成的情动空间也作用于观者的情动体验。

总的来说，虚拟现实影像作为一种“情动—影像”的生成源自身体对信号的整合，依赖于身体的原始动能与综合能力，触觉认知带来的身体经验进一步激发了“情动力”，建立起身体“内部的”审美空间。同时，在与虚拟对象的交互中，观者“看”的权力受到强度上的限制，而其主体性经验在与虚拟“他者”的博弈中得到延展与重构。

二、技术路径：“3I”特性衍生在场感、参与感和具身感

虚拟现实作为一种计算机生成的沉浸式体验，它允许体验者进入一个交互式的虚拟环境，引发实际“存在”于这个虚拟空间中的感觉。因此，虚拟现实技术被广泛誉为“具有说服力的”的有效媒介，它有可能使人们获得更好的情动体验。

1993年，美国科学家格里戈雷·布尔迪亚（Grigore Burdea）和菲利普·夸费（Philippe Coiffet）提出虚拟现实技术具有的三个突出特征：沉浸性（Immersion）、交互性（Interaction）、想象性（Imagination），简称为

"3I"特性。[①]影视艺术领域不乏对于虚拟现实艺术美学特征的理论探讨，有研究者从观众角度将它表达为沉浸感、临场感和真实感。[②] VR纪录片是基于虚拟现实技术的美学生产，始终围绕"3I"特性在虚拟现实系统中展开影像叙事。虚拟现实内容的沉浸性、交互性、想象性，赋予观众在场感、参与感、具身感，这也正是移情效应从"技术"到"审美"得以产生的内在逻辑。

（一）沉浸性以"去中介化"营造在场感

沉浸感是体验者在虚拟环境中感受到的真实程度，虚拟现实技术的发展过程即提高沉浸感的过程。理想的虚拟现实技术应当使体验者真假难辨，甚至获得超越真实的感官体验。"与移情相关的不是沉浸感本身，而是在场感，它代表了'移情体验的平台'。"[③]用户与虚拟现实系统的持续互动使其产生出离当下状态的"在场感"，意即"在技术中介的环境中存在的主观心理感受"[④]，其核心特征是"去中介化"。虚拟现实技术通过赋予用户在场感来弥合真实体验与媒介体验之间的鸿沟，使用户体验虚拟空间中的"真实"从而增强情动体验。

无论是3DOF技术下转动头部所带来的视野变化，还是6DOF创建的互动场景，VR技术推动纪录片由二维晋升至多维场域，在创作者与观众的审美活动中营造真实立体的美学体验。对于创作者而言，这种视角能够更为清晰地呈现被拍摄对象的细节，受众则可以体验到极强的在场感，沉

---

① BURDEA G，COIFFET P. Virtual reality technology［M］. 2nd ed. New York：John Wiley & Sons，2003：3-4.

② 廖祥忠，吴亚楠. 虚拟现实影像创作中的视听语言创新性研究［J］. 中国电视，2019（9）：65-69.

③ SCHUTTE N S，STILINOVIC E J. Facilitating empathy through virtual reality［J］. Motivation and emotion，2017，41（6）：709.

④ STEUER J. Defining virtual reality：dimensions determining telepresence［J］. Journal of communication，1992，42（4）：73-93.

浸式的视角、全景式的画面从而发挥出更大的美学价值。在第69届艾美奖获奖作品《人民之家》中，观众身临其境般跟随美国前总统奥巴马和第一夫人米歇尔走进白宫，到总统办公室聆听奥巴马的谈话，探索玫瑰花园和战情室等十余个空间的细节。比利时根特大学的劳拉·赫尔维金（Laura Herrewijn）等研究者向观众放映传统2D格式和VR纪录片《360度养猪场》（*iAnimal: Pig Farms in 360 Degrees*）并进行比较，认为360度全息影像通过增强体验者的在场感和移情效应，降低了用户消费猪肉的意愿。[①]此外，在新闻报道、博物馆展览和文化遗产保护等领域，非虚构VR作品正凭借其身临其境的体验焕发出独特的魅力。例如，中央广播电视总台、人民日报、新华社等媒体均采用了VR技术进行新闻播报，谷歌公司运用VR技术对巴西国家博物馆在火灾中烧毁的部分藏品进行数字复原，观众得以实现“云参观”，故宫推出“故宫VR体验馆”项目，借助VR技术使游客“穿越”时空，触摸并体验鲜活的历史场景。

（二）“交互性”因观众“参与”搭建互动叙事

“参与感是将虚拟现实与移情体验联系起来的重要路径，更高水平的参与感能够带来更大程度的移情体验”[②]，参与感建立在在场感之上，亦是VR纪录片区别于传统纪录片的重要差别。交互性是指人可以与虚拟现实技术构建的多维虚拟空间进行互动，人在真实世界中的行为可以在虚拟环境中得到回应。体感交互技术使互动叙事成为可能，强烈的代入感增强观众的参与感，观众在获得全新视听感官体验的同时产生移情效应。

在互动叙事学语境中，“互动性来自用户与数字媒介的互动与反应性

① HERREWIJN L，GROEVE B D，CAUBERGHE V，et al. VR outreach and meat reduction advocacy：the role of presence，empathic concern and speciesism in predicting meat reduction intentions［J］. Appetite，2021，166（3）：1-8.

② SCHUTTE N S，STILINOVIC E J. Facilitating empathy through virtual reality［J］. Motivation and emotion，2017，41（6）：711.

质……当互动性与叙事联系时，便产生了互动叙事"[1]。在影像领域，有学者提出，互动叙事即"一般的影像互动叙事"，是指"在最初创作者所设计的各种叙事结构基础上，用户所有通过新媒体所参与的影响文本意义生成的互动行为"[2]。随着数字媒体的发展，网生时代的纪录片逐渐引入不同程度的交互性。互动叙事打破传统纪录片中的线性关系，使传统线性叙事转向为后线性叙事，影片呈现出多媒体纪录片的样态，"讲故事"的形式也发生着戏剧性的变革。

在以往的超链接类纪录片中，观众通过单击视频存档而构建叙事路径，而在VR纪录片中，"用户可以在体感交互的基础上借助手柄、传感器等设备参与到创作中，实现个人与虚拟环境之间的融合"[3]，进一步参与到影片的叙事之中。借助体感交互技术，用户的身体对主流叙事产生影响，影片也因此实现场景的切换与叙事的转向。VR纪录片《古籍寻游记》采用6DOF技术、三维重建及视频扫描技术还原殷墟甲骨、居延汉简、敦煌遗书和明清档案。在影片中，体验者可以观测天象、考证如龟甲卜筮等，并能够触碰、拿起、旋转和放大文物，实现与文物"零距离"接触。观众进入人类祖先所生活的年代，通过亲自"参与"历史事件、欣赏古籍并与先贤"互动"建立起情感的认知与共鸣，在与虚拟现实系统的互动与反馈之间增强影片的叙事性，从而获得多维感官感受和更深刻的移情体验。

（三）"想象性"在虚拟空间获取"具身感"

"虚拟身体所有权幻觉对行为和态度变化的潜在影响可以通过改变一个

---

① 瑞安. 故事的变身［M］. 张新军，译. 南京：译林出版社，2014：219-221.

② 邓若倓. 屏媒时代影像互动叙事的概念范畴与潜力环节［J］. 电影艺术，2014（6）：57-66.

③ 顾亚奇，王立锐. 可供性视角下虚拟现实艺术的实践与思考［J］. 美术研究，2022（2）：109-113.

人的身体也可以改变他们的思想这一潜在效应来解释。”[①]虚拟现实的想象性特征之所以区别于传统影像的想象性，关键在于其构建的具有想象力的空间能够实现人的意向的投射。虚拟现实技术基于人们意识的投射构建想象空间，体验者在虚拟空间中成为数字化对象，并能够感受到自己的新身份，即产生具身感。

《饥饿洛杉矶》的导演德拉佩妮曾在TED演讲中说：“如果我给你讲一个故事，一个用你整个身体而不是脑海记住的故事，那会怎么样？”[②]在虚拟现实系统中，现实世界中用户的行为和意志通过模式识别等技术手段建构为数字化的虚拟对象，虚拟对象体现的仍是人的思想，虚拟对象执行动作的过程依然是人认识世界和改造世界的过程。因此，用户的意向投射和身体行为是一致的，人作为虚拟空间的主体是身心统一的。这进一步说明，具身凸显了人的主体性，观众能够真切感知想象世界，移情体验的深化有迹可循。

具身感由自我位置感（与身体处于同一物理位置的感觉）、代理感（控制身体的感觉）和身体所有权感（化身是自己真实身体的部分）三个维度组成。[③] VR纪录片通常通过虚拟化身或影子、镜像、与虚拟角色的互动等实现具身，使体验者建立起情感共鸣。《阿波罗11号登月任务》采用虚拟化身的方式，使观众化身为宇航员，身着宇航服随火箭飞行，控制驾驶命令模块，并在月球表面漫步，开展登月实验。在《复活节起义：抗议者之声》中，尽管看不到虚拟化身，但体验者通过“我”的影子和声音可以确认自身身体的介入，从邮政局起义总部撤退时，火光的映射下“我”的影子以及自述声、呼吸声映射出惶恐的心理状态，亦激发了观者的同理心。《傩神》则通过与虚拟角色的互动确认身体在虚拟空间中的“存在”，主

① MAISTER L，SLATER M，SANCHEZ-VIVES M V，et al. Changing bodies changes minds：owning another body affects social cognition［J］. Trends in cognitive sciences，2015，19（1）：6-12.

② 孙斌. 虚拟现实纪录片的移情策略［J］. 中国电视，2021（2）：85.

③ KILTENI K，GROTEN R，SLATER M. The sense of embodiment in virtual reality［J］. Presence：teleoperators & virtual environments，2021，21（4）：373-387.

人公摘下傩面具后为观众视角方位“戴”上了面具，接着场景转换为第一人称视角，使观众的身份从一个旁观者变成了傩文化守护者，以不同身份“具身”地体验傩文化的魅力。

三、移情效应的影响因素及延伸思考

一切技术在作为媒介本体被使用时均具有时代特征，遵循一定的规律被大众所认知。虚拟现实技术仍处于实验期，VR纪录片面对视听语言、叙事方法等诸方面的革新以及技术局限的挑战。虚拟现实纪录影像的移情效应首先受制于虚拟现实技术的发展水平，同时纪录片作为一种基于历史或现实的真实叙事，也受到超出技术之外因素的影响。

（一）技术局限导致感官不适

目前VR技术仍处于发展阶段，虚拟现实场景的还原度和逼真性与现实世界场景还存在不小差距。长时间观看VR纪录片，观者会感到身体不适，出现方向感减弱、视力模糊、恶心等现象，产生眩晕症状。VR眩晕包括GPU、感应器、芯片成像透镜等设备引起的眩晕，以及画面滞后、景深不同步、场景转换过快等影片内容造成的眩晕。感知冲突理论认为这是由“动量缺失导致的眩晕”[①]，即视觉感知与大脑前庭系统感知的不匹配。《铁骑返乡》模拟高速驾驶的体验，伴随摩托车的快速前进，景域不断改变，虚拟场景在移动而人的身体并未感受到运动，令观众感到眩晕。“虚拟现实技术也可能导致用户体验到眩晕或其他不适，大大降低了沉浸感，这可能会抑制VR体验中的移情效应。”[②]

① 花晖. VR 电影语言［M］. 上海：上海交通大学出版社，2019：27.

② PORCINO T M，CLUA E，TREVISAN D，et al. Minimizing cyber sickness in head mounted display systems：design guidelines and applications［J］. IEEE，2017：1-6.

VR创作者应从影片拍摄及剪辑手法入手化解新技术的局限，同时用户应在宽敞的空间中使用VR设备，以防止憋闷、压力，观看时间不宜过长。在影片拍摄中，应尽量采用固定长镜头，减少追随和摇移，使体验者在虚拟环境中得到心理缓冲，减少不适感。在后期制作中，应把握好剪辑节奏以及连续性。有学者通过实验的方式用数据表明，VR影片“场景的切换率极限值是6个/每分钟，全片眩晕时长临界值为15分钟”[①]。纵观近几年国内的VR纪录片，场景切换数值多为每分钟6—8个，单集时长多在10分钟以内，例如《山村里的幼儿园》场景切换率6个/分钟，总时长9分48秒，《柳树花开》场景切换率8个/分钟，总时长8分50秒，《盲界》场景切换率5个/分钟，总时长8分31秒。当下的VR纪录片在剪辑时遵循一定的时间原则，应当放慢剪辑节奏，把创作重心放在场景内部。此外，在剪辑中应保证时间、空间的连续性以及故事的流畅性，与人的生理感受相匹配，使观众在观影过程中感到舒适连贯，从而更好地沉浸在影片中，以获得良好的移情效应。

（二）画框消失带来视听语言问题

媒介技术革新带来叙事逻辑转变，VR纪录片摆脱了画框限制，360度全景画面容易引发难以聚焦、注意力分散的问题。一些研究表明，“走神”或当某人开始有与VR内容无关的想法时，可能会导致参与感减少、人们对他人不适的感知降低，从而减弱影片的移情效应。[②]由于VR纪录片的视听语言尚未形成体系，当前主要从加强视线引导、巧用声音元素、强化人机交互三个方面吸引观者的注意力，从而在一定程度上避免移情效应的损减。

① 严宇桥，刘莉源. 基于成像及观影实验的VR影视语言变革解析［J］. 电影评介，2017（12）：59-64.

② BOCKAROVA M. The intersection between technology，mind-wandering，and empathy［M］//TETTEGAH S Y，ESPELAGE D L .Emotions，technology，and behaviors. Cambridge：Academic Press，2016：47-62.

首先是加强视线引导。画框消失赋予观者视觉自由，因此对观众的视线引导显得尤为重要。在《摆渡人》中，观众可以选择关注医生、护士、志愿者及病人的表情、动作或着装。《世界遗产在中国》运用文字加强对观众视线的引导，在层峦叠嶂的360度山景中，字幕能够引导观众的视线，更好地实现影片主旨的传达。除了影像中的人物形象、字幕文字，还可以通过场景的选择、光线的明暗、机位的高低远近等来引导观众视线。其次是巧用声音元素。在传统纪录片中，声音处于相对辅助的地位，而在VR纪录片的叙事中，声音将作为主导性元素引导观众更好地把握叙事线索。蒙太奇语言的遗失使得原本多元化的转场变得单调，故事的发展需要借助声音元素来实现。《山村里的幼儿园》为展现儿童在校园玩耍的场景，事先引入孩子的嬉戏声，从而使观众视角聚焦在孩子身上。同样，《我生命中的60秒》借助环绕式音场优先引入海关大楼的钟声、广播声、来自四面八方的咳嗽声，使观众仿佛见证并体验着疫情的严重。无论是人声还是环境音，多层次的听觉空间使观众对于作品的叙事有了更清晰的把握。最后，强化人机交互。在拥有6DOF的VR纪录片中，观众从体验者变成参与者，由被动接受变为主动参与影像意义空间的建构。《行走敦煌》等影片便运用游戏引擎驱动，借助头显、手柄等设备捡起油灯以体感交互技术推动故事情节的发展。

（三）内容层面的“非虚构”与“影像正义”

在虚拟现实语境中，互动叙事带来的交互性、具身参与构建的想象性为纪录片的“非虚构”特征提供了新的阐释。虚拟现实系统中的“真实”由创作者与体验者共同构建，基于现实世界搭建并转义的再现文本与互动叙事对文本意义生成的影响，源于创作者对于光线、声音等模拟环境的控制以及体验者自身意向的投射。由传统的视觉、听觉真实延伸至多维“感知真实”呈现出“引人入胜”的样态，VR纪录片的“真实”亟待媒介伦理规约。在创作中，创作者依然应当坚守纪录片“非虚构”的底线，在平衡和规制技术带来的伦理问题上秉持道德与良知。相较于其他艺术形式，虚拟现实艺术的移情效应对于人与人的关系、人与社会的关系将起到更大程度的催化作用，VR纪录片的内容选择与表现形式需要经过更为审慎的考量。

2014年，Facebook以约20亿美元的价格收购了VR头显制造商Oculus VR，这不仅标志着社交网络与虚拟现实技术的融合，沉浸式媒介与社交网络平台的结合还赋予了虚拟现实技术作为一种移情技术的新“标签”。2015年，VR纪录片《锡德拉湾上空的云》（*Clouds Over Sidra*）推动了联合国对于叙利亚危机的宣传，西方虚拟现实影像题材中涉及最多的话题大多是难民营和流亡，“在YouTube上快速搜索一下，你会发现数百个使用‘难民’一词和‘360度影像’滤镜的视频”[①]。战争、病痛、灾难等题材一时成为许多VR纪录片热衷的表达对象。这些影像的传播，很少能真正推动难民实际问题的解决，反而因体验者过度移情失去了其对事态本身的理性观察而变得冲动或狂热。在VR纪录片体验中，观众倘若长期身处“超真实”拟象中，容易以局部代替整体造成认知偏差。再者，虚拟环境对于体验者的感知引导也应引起重视，信息的取舍与强弱不但对真实性造成影响，还可能引发滥用技术媒介、制造虚假情绪的问题。“大众传播媒介无疑是现代公民了解和获取信息极为常用和便利的渠道。纪录影像从一开始就承担着公众信息载体的责任，传播者获得公众代表的权利，也就必须履行实现社会正义的义务。”[②] VR纪录片的“影像正义”绝不仅限于影像内容层面的伦理规约，它代表了影像生产与公众传播中的正向属性。在虚拟现实语境下，创造性地诠释“真实”对创作者提出了更大的挑战。

---

① BEVAN C，GREEN D P，FARMER H，et al. Behind the curtain of the “ultimate empathy machine”：on the composition of virtual reality nonfiction experiences ［C］. CHI '19: Proceedings of the 2019 CHI Conference on Human Factors in Computing Systems，2019：1-12.

② 顾亚奇. 影像正义：论纪录片生产与传播中的伦理规制［J］. 现代传播（中国传媒大学学报），2020，42（4）：115.

（四）观众文化差异带来观念偏见

文化偏见是不同文化语境的人们在跨文化交流中对他种文化的人们所持有的不正确认识，在实践中，文化偏见更多体现为一种不公正的态度，即“一种后天形成的倾向，人们通常因此以一贯（消极的）方式对某一特定的人群或事件做出反应”[①]。在VR纪录片中，如果体验者所处的视角代表的是与自身不同的文化群体，其实也是一种跨文化的交互活动。当通过既有的认知框架来看待和解释其他群体行为时，在缺乏全面信息的基础上容易对他文化产生文化偏见，导致VR体验中的移情效应发生偏移。

移情因对象而变，不同文化圈层的多种属性直接作用在个体经验结构上，导致不同个体、不同群体感受力与共情力的差异。移情意味着个体感知的不断延伸，其间总有不可逾越的鸿沟。相近的文化圈层是实现身份认同的重要因素，这也意味着人们更容易对相同的群体、熟悉的环境产生移情体验。沉浸式的体验未必唤起所有人的共情，若不匹配受众的先验意识或审美经验，不但移情无法实现，甚至会增强反向移情的效应。例如，部分用户在体验《360度养猪场》后，其物种歧视进一步加深。

“移情，作为道德意义上的同情心，不是我们大脑中镜像神经元的机械动作。移情像装有开关一样，可以被开启，也可以被关闭，甚至可以转变成反向移情，即看到某人受难而感到高兴，或看到某人高兴而感到难过。”[②]因此，在缺乏对模拟群体实际生活状况全面、准确认知的情况下，VR体验可能对用户的情绪产生与创作者试图引发的情绪产生相反的、负面的影响，带来对模拟群体的间接歧视，而并非“共情”。在阿里尔·西尔弗曼

---

① CHEN G，STAROSTA W J. Foundations of intercultural communication［M］. 2nd ed. Mass：Allyn & Bacon，1998.

② 平克. 人性中的善良天使：暴力为什么会减少［M］. 安雯，译. 北京：中信出版社，2015：666.

（Arielle Michal Silverman）等人进行的一项模拟残疾人的VR实验中，体验者处于第一人称视角，由于他们只体验到失明最初的感受，并不具备残疾人在实际生活中获得的经验和技能，导致观者认为残疾人的自理能力较弱，并对自己的现实生活感到十分沮丧。[①]维多利亚·格瑞姆（Victoria Groom）等人在一项关于种族偏见的VR实验中，使白人参与者拥有黑人的虚拟化身，希望通过这项实验证明，如果一个白人站在黑人的视角来看待世界，他的种族刻板印象可以被打破。[②]然而，实验结果证明，角色的转换强化了白人参与者的刻板印象，他们的种族偏见变得更加突出。如何客观看待文化差异、公正对待异文化是世界范围内的难题，VR纪录片在消弭种族差异、性别歧视等文化偏见问题上仍需探索。

虚拟现实技术的沉浸性、交互性、想象性等特点丰富了虚拟现实影像审美接受的内涵。在接受美学的视域下，任何文本都具有未定性，虚拟现实影像的交互性与想象性增强了体验者填补文本空白的能力，介入行为、具身体验都是对未定的文本“具体化”和不断改写的过程。就VR纪录片而言，沉浸性改变了观众“期待视野”的逻辑与规则，交互性使得先验审美的影响程度区别于以往，全息影像对细节的呈现以及互动叙事的文本特征也能不断创造“陌生化”体验。虚拟现实技术进一步突出接受者的主体性、能动性以及历史的、整体的人的感性意识，VR技术给纪录片基于受众文化差异探索审美接受及移情效应提供了新机会，这无疑是积极的一面。

此外，虚拟现实技术赋予纪实影像的移情效应当客观评估。早在1996年，约翰·P.巴洛在《赛博空间独立宣言》中对于虚拟数字影像就寄予一

---

① SILVERMAN A M. The perils of playing blind：problems with blindness simulation and a better way to teach about blindness［J］. Journal of blindness innovation and research，2015，5（2）：341.

② GROOM V，BAILENSON J N，NASS C. The influence of racial embodiment on racial bias in immersive virtual environments［J］. Social influence，2009，4（3）：231-248.

种乌托邦式的构想："我们正在创造一个每一个人都能进入的，没有由种族、经济权力、军事权力或出身带来特权与傲慢的世界；我们正在创造一个每一个人不论在什么地方都能表达他或她的不管多么单一的信仰的世界；你们有关财产、表达、身份、运动、背景的法律概念并不适用于我们……我们将在赛博空间中创造一种新的精神文明。"事实上，虚拟空间中的"人"本质上是用户对自我的幻想，形式上是人在虚拟空间中的意向投射，内容上是人基于物质世界的真实性的想象。实在世界的人作为一种历史存在，其意识本质上是派生性的，作为现实的人的主体性和人作为有意识的现实存在物所具备的感性意识，不会因为虚拟空间中片段的、抽象的、虚幻的自由而消解。显然，虚拟现实技术无法帮助观众脱离社会圈层，也无法摆脱实际生存环境，以情感表达为中介、强调认知性、观察性的VR纪录片并非"终极移情机器"，虚拟现实技术赋予纪实性内容的价值和功能应当审慎看待。

第三节　有意义的控制：AI艺术的交互方式

虚拟现实艺术和AI艺术都是前沿技术在艺术领域的应用，它们各自以不同的方式扩展了艺术的边界，为观众提供了新的审美体验和互动方式。AI艺术是一种新兴的通过人工智能算法和技术生成或辅助创作的艺术形式，其核心概念包括算法生成、机器学习、神经网络和数据驱动等。AI艺术的范围广泛，涵盖了绘画、音乐、诗歌、电影、舞蹈、雕塑等多个领域。

生成对抗网络（Generative Adversarial Networks，GAN）是古德费洛在2014年提出的一种生成模型。作为人工智能领域的重要算法模型，被广泛应用于图像和视觉领域，如生成数字、人脸等物体对象，构成各种逼真的室内外场景，给黑白图像上色，从分割图像恢复到原图像，依据物体轮廓恢复物体图像，低分辨率图像向高分辨率图像转译等。此种算法也常被应用在AI生成艺术中，强调机器在自主学习及海量数据训练的基础上，通过嵌入算法模型，搭建神经网络结构，支撑艺术家的艺术创作行为。部分艺术作品结合智能传感技术、虚拟技术、智能仿真技术、网络技术等，旨在探索人类艺术家之外的非生物智能在艺术领域创造可能，艺术摆脱单一文本的束缚，转向虚拟与现实交织的非物质性空间重构。

一、有意义的控制：系统自治与人类责任

“有意义”可以理解为一种主观的概念，特定行为指向最终结果的意义性，“控制”则对应多种行为方式，对系统的设计、干预、判断、决策乃至终止，“有意义的控制”是保证系统有效运行的重要尺度。随着机器学习（ML）和深度学习（DL）的继续发展，人工智能正以多种方式介入人类现实生活，如AI与艺术的结合生成了极富创造性的视觉艺术作品，AI与军事系统的整合则将自主武器推向智能化的全新阶段。

在早期控制论的系列阐释中，诺伯特·维纳（Norbert Wiener）已经暗示了人工智能时代下系统自治可能存在的风险，“机器能够并肯定会超越设计者的部分局限性，机器的自主运行可能既是高效的又是危险的，很可能出现这种情况，原则上我们并不能制造出人类永远无法理解其行为因素的机器，但这绝不意味着，我们能用比操作机器所需的更少时间去理解机器的行为因素”[①]。在这里，维纳肯定了机器的创造性潜能，而人类对这种系统的理解与控制则成为一种必要的反馈行为，有效干预可以避免系统自主运行带来的潜在风险，“有意义的人类控制”作为一种引导性的概念，也被引入人工智能领域的相关论述中。尽管“有意义的人类控制”是最早针

① WIENER N. Some moral and technical consequences of automation：as machines learn they may develop unforeseen strategies at rates that baffle their programmers［J］. Science，1960（131）：1355-1358.

对自主武器系统的一种常见框架概念，也常被视为一种有效的方法，用来讨论日益智能化的技术存在的风险并思考相应的策略设计，但少有将其与AI艺术相结合的讨论。在以自主武器系统为对象的研究中，菲利普·桑托尼·德·西奥（Filippo Santoni de Sio）遵循“负责任的创新”和“价值敏感的设计”的理念，将“有意义的人类控制”阐释为具体的设计要求，并提出了保证自治系统在有意义的人类控制之下需满足的两个一般条件。①

第一个“跟踪”条件，即系统应该能够响应相关的人类设计和道德因素，要求在运行环境中完善部署系统和相关事实；第二个“追踪”条件，提出了具体的系统设计方式，即应允许始终能够对操作结果进行追溯，包括设计及操作链中的至少一个人。②实际上，这种体现在自主武器系统中的“双追踪”条件强调了“系统”与“人类”在有意义的控制中的重要作用。第一个“跟踪”条件直指有效的系统部署与相关设计，通过对系统的有效设计实现有意义的控制；第二个“追踪”条件则指向设计者、用户、控制者等角色在系统运行中的重要地位，人类的判断、干预、决策的控制行为辅助系统的有效运行，突出在自主武器系统中人类责任、道德因素对有意义实现的重要性。

以上的“双跟踪”条件在AI艺术的生成与创作中也有相似的体现。在自主武器系统的相关讨论中认为，“一个人只是简单地按下‘开火’按键来回应电脑的指示，没有清晰的认知或意识，不足以被认为是实质性的‘人类控制’”③。这一阐释完全可以延伸至AI艺术的创造性表达中去，“有意义的人类控制”在艺术系统里也具备相似的表征结构。当前我们仍处于弱人

---

① SIO F S D，HOVEN J V D. Meaningful human control over autonomous systems：a philosophical account［J］. Frontiers in robotics and AI，2018（5）：15.

② CROOTOF R. A meaningful floor for “meaningful human control”［J］. Temp. Int'l & Comp. L. J.，2016（30）：53.

③ AKTEN M. Deep visual instruments：realtime continuous，meaningful human control over deep neural networks for creative expression［D］. London：University of London，2021.

工智能的时代，尽管深度学习的算法结构在不断优化，但机器生成系统并不具备完全的自主创造能力，对AI艺术算法模型的管理与优化是保证有意义的控制的必要条件之一，这一点类似于“跟踪”条件。“追踪”条件则对应AI艺术创作中的多重角色行为，艺术家、设计者、观众共同建构起一种新的交互空间，而多样化的交互行为同时也是保证AI艺术能够实现有意义控制的另一必要条件。在AI艺术中，交互往往并不单指向观众与艺术作品之间的互动关系，实时连续的生成系统允许观众、艺术家、机器之间的自由实验、探索与互动反馈，这种无目标的、创造性的探索可能会创造出更大的潜力空间。艺术家对算法系统的宏观把控，设计者对算法模型的优化，观众行为与算法系统的有效交互，共同完成了AI艺术的意义生成（见图6-8）。

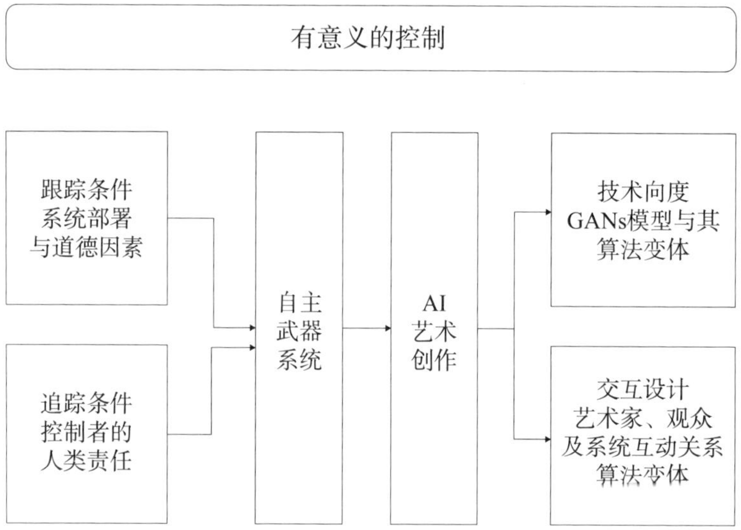

图6-8　自主武器中“双追踪”在AI艺术系统中的延伸

与早期逻辑回归、浅神经网络等非深度学习算法不同，深度学习算法的不断优化正在引领AI艺术走向新纪元，典型如卷积神经网络（CNN）、循环神经网络（RNN），生成对抗网络多出现在AI艺术的算法框架中，在图像生成、风格转换等方面都有优异的表现。本节选取深度学习算法中最典型的生成对抗网络，尝试厘清其基本的算法模型与多种变形网络，思考其作为一种创造性的艺术表达工具，从算法层面看各环节是如何设计与架构，以实现最终有意义的控制。

二、技术向度：生成对抗网络框架下的AI艺术项目

生成对抗网络是AI艺术创作的一种重要方式，其基本原理是基于博弈论的一种无监督学习框架。该框架由两个深度学习模型构成：一个捕捉真实数据的分布，并生成新样本的生成模型G（Generator），以及一个二分类器，判别输入的是真实数据还是生成样本的判别模型D（Discriminator）。[①]AI艺术的价值浮现于双重空间的缝合之处，艺术家以多种途径建立起智能技术与艺术的关联，连接虚拟空间与现实世界，不断探索人工智能算法的创造力边界。基于原始生成对抗网络模型相关变体在图像创意生成方面表现更为优异，例如，艺术家团体Obvious采用了深度卷积生成对抗网络（DCGAN）进行肖像艺术生成；艾哈迈德·艾加马尔（Ahmed Elgammal）创建的创意对抗网络系统（CAN），实际也是基于GAN的优化模型；梅莫·阿克滕（Memo Akten）则选择运用条件GAN模型Pix2Pix等建立图像间映射关系，构思艺术创作。

（一）Obvious与AI肖像艺术

Obvious是一个由艺术家、研究人员组成的法国艺术团体，2018年Obvious创作的AI肖像作品《埃德蒙·德·贝拉米》（*Edmond de Belamy*），在纽约佳士得以43.2万美元的高价拍售，引起艺术界的关注与争论，成为AI艺术的里程碑事件（见图6-9）。艺术家在作品生成中使用了一种深度卷积生成对抗网络，该模型由生成器与鉴别器两部分组成，作品创作大致经

① GOODFELLOW I，POUGET-ABADIE J，MIRZA M，et al. Generative adversarial nets［J］. Advances in neural information processing systems，2014：27.

过了“数据输入—生成器学习—风格差异化”的无监督学习过程。

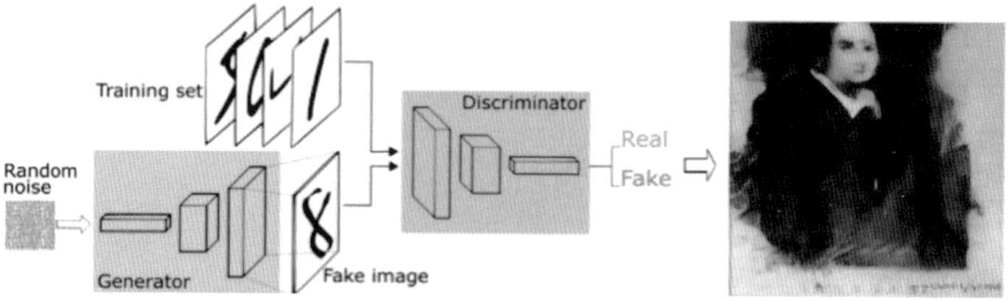

图6-9 DCGAN训练模型及生成作品《埃德蒙·德·贝拉米》

简单来看，在数据输入阶段，艺术家给系统提供了15000幅绘制于14至20世纪的肖像艺术作品，作为机器学习的训练数据集，这个过程类似于人类艺术家的知识学习与技能训练阶段。得益于模拟人类大脑神经连接的结构模型，生成对抗网络的生成器获得了深度学习的能力，可以根据输入的海量数据集进行新图像生成，无需额外的人类监督学习。鉴别器则主要负责新图像的判别检测，分析生成图像与训练数据之间的差异并反馈给生成器，其目的是生成鉴别器无法辨别真假的具有独创性的艺术作品。这一循环也就构成系统的自主训练，一直持续到生成对抗网络模型能够生成风格差异性、多样性的肖像作品，艺术家则需要对最终生成数百或上千个结果进行最优筛选与喷墨打印。《埃德蒙·德·贝拉米》仅仅是Obvious系列肖像作品中的一幅，11幅人物肖像组成“德·贝拉米家族”（La Famille de Belamy）的虚拟家族谱系，算法导致的失真是该模型的属性，同时也形成一种独特的抽象感，与传统肖像作品的具象性拉开距离。而作品右下角的原始生成对抗网络模型的损失函数公式替代了人类艺术家的签名，表明了Obvious的艺术观念，人工智能算法为艺术创造提供了新的视角，一种新的艺术形式正在产生。

（二）埃尔加玛勒与AICAN创意生成

AICAN（AI Creative Adversarial Network）是由艾哈迈德·埃尔加玛

勒创建的AI艺术生成系统，也被认为是第一个通过图灵测试的人工智能艺术家。尽管在此之前生成对抗网络在图像处理与艺术生成方面表现出强大的潜力，但伴随着越来越多的艺术实践，其短板逐渐凸显，即系统可能并不具备创造力，仅仅偏向于同类风格模仿生成，最终作品往往能够找到过往艺术的影子，或类似巴洛克风格，或类似立体主义风格，缺乏艺术创造力。

在此基础上，艾哈迈德·埃尔加玛勒修改了生成对抗网络的损失函数，创建了一种创意对抗网络系统，即一种基于GAN的优化模型通过增加风格分类的损失和风格歧义的损失，以弥补原始GAN模型创造性不足的缺陷（见图6-10）。鉴别器负责风格学习，使用海量不同风格作品，进行风格区分训练；生成器负责随机艺术生成，与传统的GAN模型不同，创意性的生成器需要接受鉴别器“是否为艺术”“是否可分类”的两种信号反馈，其目标是：生成新颖作品；作品不能太新颖，即不应离分布太远，否则会产生过多的唤醒；生成作品应该增加风格上的模糊性。第一个信号驱使生成器产生鉴别器认定为“艺术”的作品，第二个信号则会因为过于模仿已有风格而惩罚生成器，从而推动生成器创作风格模糊的作品。[①]从生成的系列作品来看（见图6-11），AICAN在视觉艺术的抽象性表达方面潜能巨大，大多作品都是偏抽象的，色块与线条构成一种抽象的意义空间。作品意义往往是模糊的、概念的，神经网络算法产生了抽象性视觉效果，并赋予图像别具一格的技术美感。

① ELGAMMAL A，LIU B，ELHOSEINY M，et al. CAN：Creative adversarial networks，generating “art” by learning about styles and deviating from style norms ［EB/OL］.（2017-06-21）［2025-03-10］. http://arxiv.org/abs/1706.07068v1.

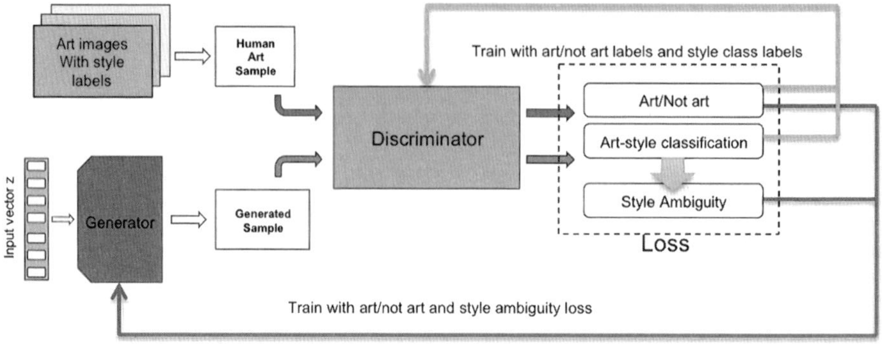

图6-10　CAN的算法框架图[①]

图6-11　AICAN生成的部分艺术作品

① ELGAMMAL A，LIU B，ELHOSEINY M，et al. CAN：Creative adversarial networks，generating “art” by learning about styles and deviating from style norms［EB/OL］.（2017-06-21）［2025-03-10］. http://arxiv.org/abs/1706.07068v1.

（三）梅墨·阿克滕与智能交互艺术

技术以多样形式参与艺术创作，在交互艺术中，人工智能算法作为一种连接性技术构件，勾连起观者、艺术家、作品之间的接受空间，观者的参与、艺术家的介入与智能算法的生成共同构成这种有意义的控制。英国新媒体视觉艺术家梅墨·阿克滕系列艺术作品借助多样化的算法结构，同时强调实时的、有意义和连续的方式控制神经网络生成图像，突出作品的交互性，其中系列作品*Learning to See*、*Deep Medications*运用了两种变体的生成对抗网络结构。

以*Learning to See*为例，该系列作品运用了一种条件GAN模型——Pix2Pix，这种条件对抗网络能够完成由图像到图像转译，构成了其实时交互图像处理系统的重要部分（见图6-12）。前期大量数据集训练是允许模型随机生成图像的必要条件，图像处理系统则负责对来自摄像机或视频文件实时视频输入，进行新图像的重建。最终生成的图像的美学特征明显受到前期大量数据集的风格影响，在整体形状、组成和结构上与输入图像存在相似性。有意义的控制体现在，当与参数化图像处理管道结合使用时，用户可以通过多种不同的方式介入作品，对最终生成的图像进行控制、影响。[①]或是直接操纵控制图像系统前的物体，或是调整系统的参数，使观者成为图像实时控制生成的重要影响因素，直接参与到视觉媒体的探索、试验与创作中去。

上述案例分析清晰地表明，人工智能与深度学习网络的快速发展，正在加深艺术与技术的有机结合，传统艺术世界、艺术机制面临前所未有的颠覆、革新与重组。智能技术建构起畅通的对话机制，传统艺术家、科学家、人工智能工程师获得介入艺术的平等权利，生成对抗网络及其变体的

---

① AKTEN M. Deep visual instruments：realtime continuous，meaningful human control over deep neural networks for creative expression［D］. London：University of London，2021.

神经网络则丰富了数字艺术创作者的媒介工具箱。无论是Obvious、AICAN还是梅墨·阿克滕的系列作品都呈现出一种新的美学原则，即计算美学，深度神经网络模拟人脑进行审美鉴赏，自主生成多样艺术风格，具有典型的非物质性、数字化与集成色彩。

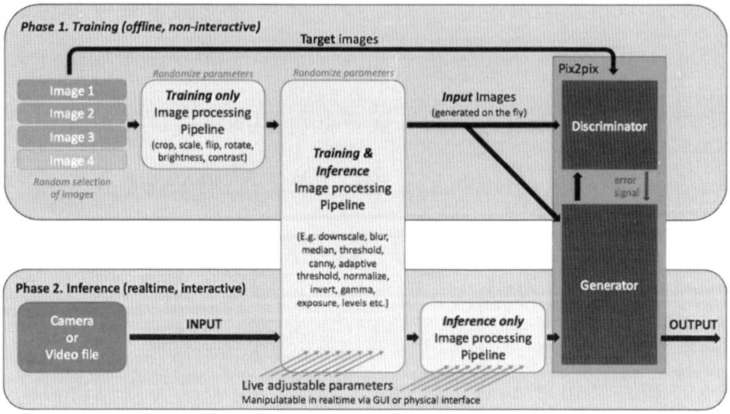

图6-12　*Learning to See*图像处理系统示意图[①]

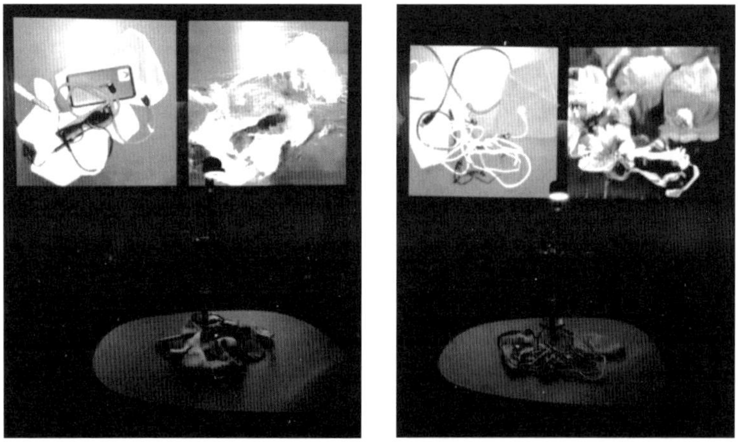

图6-13　*Learning to See*，2019年英国伦敦巴比肯艺术中心“AI：More than Human”展览现场

① AKTEN M. “Learning To See”-ML Project Presentation［EB/OL］.（2022-09-22）［2025-03-31］. https://observablehq.com/@betahsu/learning-to-see-ml-project-presentation.

三、交互革命：AI艺术的数字创意互动

西蒙·佩尼（Simon Penny）将交互定义为“一种机械系统，它基于感官仪器数据自动推理并进行实时反馈。交互式艺术作品不是再现的实例，而是虚拟机器根据实时输入生成再现的实例”①。交互性是计算机媒介的重要属性，也体现在AI艺术的生成与创作中，人机交互界面、情感互动和场景交互对应着AI艺术的系统搭建、交互体验与社会参与的不同环节。在弱人工智能的技术语境下，多维的交互策略是实现AI艺术“有意义的控制”的重要方式，打破了传统艺术单向的、线性的交互模型，转向一种有别于传统的非线性叙事，艺术家与观众对系统有限控制与响应贯穿整个艺术创作过程，对情感及系统的识别、表达、反馈则影响艺术创作与最终的审美理解。

（一）有限控制：人与AI的“合作式交互”

与计算机艺术创建静态的几何图绘不同，随着智能算法的继续优化，尤其是与传感器、数字软件、通信网络的普遍结合，艺术创作正延伸至复杂的人工智能语义系统。如果说早期的计算机艺术还停留在人机交互界面，那么，AI系统智能体具备的自主化特征使得智能体与人类之间可以实现一定程度上类似于人-人团队之间的“合作式交互”。在特定的操作环境中，这种交互可以是由两者之间双向主动的、分享的、互补的、可替换的、自适应的、目标驱动的以及可预测的等特征所决定的。②

上述系列案例中，无论是Obvious的虚拟肖像、艾哈迈德·埃尔加玛勒

---

① PENNY S. From A to D and back again：the emerging aesthetics of interactive art［J］. Leonardo Electronic Almanac，1996（4）：4.

② 许为，葛列众，高在峰. 人-AI 交互：实现“以人为中心AI”理念的跨学科新领域［J］. 智能系统学报，2021，16（4）：605-621.

的抽象作品还是梅莫·阿克滕的系列风景图绘，艺术家都广泛使用了AI领域中的生成对抗网络这一算法。一方面，算法在艺术创作中发挥着更为重要作用，艺术家或观者直接或间接地参与算法搭建，并对参数和输入输出图像负主要责任，在生成对抗网络框架下对具体参数调整、算法结构进一步优化都将直接影响输出图像效果。另一方面，人与系统的交互关系也发生着改变，走向有限控制的"合作式交互"。早期计算机艺术中的机器系统更类似辅助工具，典型如本·拉波斯基（Ben Laposky）利用早期计算机及阴极管制作的《电子抽象》，艺术家是指令的发出者，程序并不拥有创作的可能，仅是作为一种媒介工具而存在。而算法时代，生成对抗网络模型的图像训练过程无需额外的监督学习，典型的如AICAN对传统生成对抗网络模型进行优化之后，表明了算法在创造力方面的极大潜能，人机间不再是单向交互，艺术家对系统仅存在有限控制，两者都会共同影响艺术作品的最终生成。

（二）有效对话：赋权用户的交互体验

"艺术家的工作是建立一种有效的对话机制，在人类擅长的部分与机器擅长的部分之间创造意义，而作品仅作为创造过程中可被控制与计算的媒介。"[①]交互的情感在人类行为中起着核心作用，对人的感知、学习、决策和注意力等机制产生了重大影响。从艺术体验环节来看，传感器、实时交互系统等媒介的加入强化了AI艺术的交互体验，例如，在*Learning to See*中，艺术家让渡了对作品的控制权，允许观众以多种方式进行情感表达与反馈，交互行为本身与算法系统发生关联，完成作品意义的最终构成，并提出了"增强绘画""数字木偶""现场参数操作"三种交互方式。[②]"增强绘画"中

① 郑达，艾敬，刘晓丹. 自然、传感器和互联：后人类时代的智能化艺术［J］. 包装工程，2020，41（18）：12-21.

② AKTEN M. Deep visual instruments：realtime continuous，meaningful human control over deep neural networks for creative expression［D］. London：University of London，2021.

的训练模型能够借助实时系统将观众图绘的简单线条即刻转化为特定美感的图像，“数字木偶”指观众可以操纵输入端物体以此控制输出端图像的结构、纹理、色彩等，“现场参数操作”则允许观众简单调控参数使图像生成趋于个性。

即使部分生成对抗网络算法参与的AI艺术并未借助传感器等交互媒介，但艺术家对生成图像的遴选、算法参数的调控、作品呈现形式构思都保证了作为系统用户的艺术家，其情感表达与作品意义赋予的部分控制权。而AI艺术生成作品普遍具有的抽象性，则需要观众通过视觉、触觉等感官体验方式与作品发生交互，理解创作者的情感与表达旨意，由此深化情感体验与意义空间。*Deep Medications*中海洋、山脉、花朵、星空等照片经算法转化输出为以色块、线条为主的抽象意义图形，影像的意义空间是抽象随机的，单个生成图像之间的渐变式过渡并非人为设定，海洋过渡到星空，原野变为山脉，细胞融合为肖像，影像没有提前设定的故事文本，需要用户发现并构建“有意味的形式”。

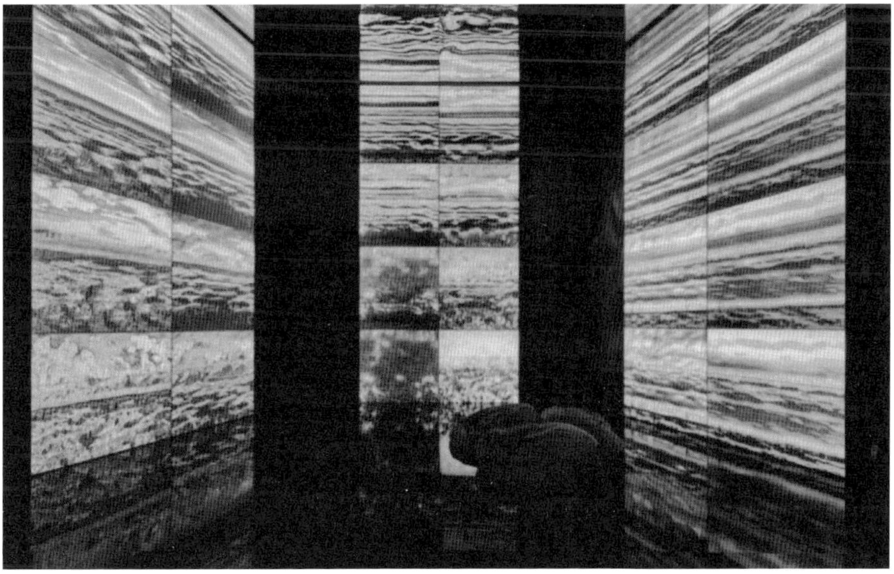

图6-14 *Deep Medications*，2020年北京UCCA尤伦斯当代艺术中心“非物质/再物质：计算机艺术简史”展览现场

（三）有意味的融合：艺术世界的时空重构

克莱夫·贝尔提出艺术的审美本质在于“有意味的形式”，艺术作品形式的关系，线条、色彩的组合，构成了美学上的感人形式，是所有视觉艺术作品的共同品质，在克莱夫·贝尔看来，这种审美情感的唤醒与时间、地点并无太大关联。[①]算法时代下的艺术则带有更多革新的意味，审美感受不仅是形式的刺激，而关涉到未来场景的时空延伸。双重空间的融合直接指向现实世界与虚拟空间，GANs框架下的AI艺术既反映现实社会与个体具身的问题，积极参与公共空间的构建，其与生俱来的数字属性使其一经产生便与虚拟空间有着紧密联结。尽管技术与艺术之间看似存在区隔，在艺术的世界中人工智能和人类生物智能关系并不是对立的，而是以对话的方式同时存在，数字艺术先驱罗伊·阿斯科特（Roy Ascott）称其为“干性数字媒体和湿性生物系统的融合”[②]。

一方面，这类艺术作品活跃于现实时空场景，算法生成图像借助喷绘、油画、装置等方式，进入博物馆、艺术馆、艺术社区等现实场景，艺术的感知与交互便发生了。人机协作带来创作主体的模糊、作品形态的颠覆，触发关于艺术原创性、边界、创作主体、AI创造力以及伦理等问题的思考。另一方面，AI艺术正在推动艺术创作、体验乃至艺术市场的虚拟化趋向，并成为当代数字艺术市场的一大热点，重构着艺术世界新运行机制。NFT加密艺术是借助区块链技术对数字艺术品进行著作权或所有权确权的一种方式[③]，例如AICAN也正在与Super Rare合作，尝试将其创作的*Faceless Portrait*、*Psychedelic*、*Birth of Venus*等系列AI艺术引入NFT市场。这也说明艺术作品正在走向可复制的数字形态，其生成、展示、交易与传播都指

---

① 贝尔. 艺术［M］. 马钟元，周金环，译. 南京：江苏教育出版社，2004：3.

② 谭力勤. 奇点艺术：未来艺术在科技奇点冲击下的蜕变［M］. 北京：机械工业出版社，2018：35.

③ 季涛. NFT 加密艺术市场的未来［J］. 艺术市场，2021（7）：130-131.

向数字化、去中心化的艺术新世界。

未知性依旧存在，今天我们仍然不能确定人工智能作为工具、媒介或独立创作实体的角色，对AI艺术的接受程度，终将取决于我们对数字时代不断变化的美学的动态理解。①伦理与风险挑战是AI艺术未来发展首先需要回答的重要问题，直接关涉艺术创作的主体性思考。在传统艺术创作中，艺术经验、艺术构思与艺术创作皆出于艺术家本人，影像、装置、材料皆处于工具性的附属地位，艺术家占据艺术创作的绝对主导地位。基于智能算法生成的AI艺术作品该如何界定其原创性，AI程序开发者、运用算法的艺术家、人工智能本身谁是AI艺术的真正作者，乃至由此牵涉的AI艺术版权归属等，都指向本质的主体性问题。例如，《埃德蒙·德·贝拉米》就存在一定争议，艺术家团体Obvious运用的对抗生成网络由其他研究者编写，画作右下角以生成对抗网络模型损失函数公式作为签名则突出AI算法的作者属性，讨巧地规避了版权纷争。

而AI艺术能否获得类脑的表征能力，可能会对未来艺术生态系统产生影响。乐观者认为，以人工智能为代表的信息技术正以指数级速度进化，人类终将发展为“物质+信息”的独立实体，并走向不断建构、重塑自己边界的后人类时代。②唐娜·哈拉维（Donna Haraway）提出“赛博格”概念，即一种控制生物体，一种机器和生物体的混合，是社会现实的、虚构的创造物，是想象和物质现实浓缩形象的结合，构建起任何历史转变的可能性。③从这个层面上看，人工智能对艺术的介入或许会在很大程度上重塑未来艺术生态。

当前，人工智能主要还是辅助艺术生产的媒介，一旦步入强人工智能

① 陈奇佳，郭佳. AI时代的AI艺术问题［J］. 中外文化与文论，2020（3）：249.

② 海勒斯. 我们何以成为后人类：文学、信息科学和控制论中的虚拟身体［M］. 刘宇清，译. 北京：北京大学出版社，2017：5.

③ 哈拉维. 类人猿、赛博格和女人：自然的重塑［M］. 陈静，吴义诚，主译. 郑州：河南大学出版社，2016：314-316.

时代，人类艺术家将不再是艺术生产的唯一主体，非生物智能（赛博格）同样具备无限创造潜能。当然，也有不少人对AI艺术持冷静态度，从认知科学角度来看，能否打开人工智能的黑箱关系到AI的艺术自治。如果用“S（刺激）—O（中介）—R（反映）”来解释人的认知行为，与之类似，人工智能的类脑结构则对应“输入—黑箱（Blackbox）—输出”，佩德罗·多明戈斯将黑箱等同于终极算法，并认为如果存在终极算法，那么它可以通过数据学到包括过去、现在以及未来的所有知识。[①]那么，AI自然能够拥有同人类艺术家一样的艺术想象力与创造力。不过，终极算法至少目前还只是悬浮在理论意义上的概念。尽管当下人工智能更多扮演一种媒介的角色，但关于AI艺术的深度思考有利于加快艺术与科技的深度融合，为当下艺术创作提供灵感，激发关于未来艺术世界的大胆想象。

第四节　认知传播视域下AI艺术的生成逻辑

AI艺术可以视作以智能算法为内核的艺术形式，它与数字艺术、交互艺术、装置艺术、虚拟艺术、新媒体艺术有所交集，又不完全等同，并在后人类语境下，建构起一种虚拟性的艺术深梦空间。当代的AI艺术项目呈现出多元技术混杂属性，融合神经网络结构、深度学习算法、自然语言处理、语音识别等多重关键性智能技术，进行艺术生成和创意表达。这部分艺术作品不应该被简单地标注为AI艺术项目，它们往往涵盖着更宽广的内容，在图像背后艺术家试图以一种诗意的方式，反思“有机生命”与“机器智能”、“视觉表达”与“语义结构”之间的关系。我们今天所说的认知传播，实际是融合了人类“认知”和“传播”两大功能，以人类最日常的

① 多明戈斯. 终极算法：机器学习和人工智能如何重塑世界［M］. 黄芳萍，译. 北京：中信出版社，2017：3.

信息传播行为为对象，探寻以人类为主体的传播行为发生发展过程的规律和机制，为多元媒介和信息载体的传播行为提供以人类认知规律为保证的科学分析。[①]在认知传播视域下重新审视当代AI艺术生成实践，机器学习与人脑认知呈现出相似的逻辑，强调感知的具身性、传播的跨媒介性、表征的创意生成性三大关键性阶段。

一、算法自觉：当代AI艺术生成的具身认知

“人工智能”与“艺术”的并置就足以引起一场想象力的颠覆，算法生成艺术强调体认性、交互性，实现了由离身认知向具身认知的表征回归。从某种意义上来说，当代AI艺术发展体现了一种机器的算法自觉，直接受到具身认知理论的逻辑影响。今天人工智能领域的发展可以划分为三个层次：基础层、感知层和认知层。[②]基础层即底层框架，由算法、机器学习等技术共同搭建，人与机器协同合作是这一阶段的重要特征；感知层即模拟感知，包括图像识别、语音识别、人机交互以及体感检测等模拟技术，这一阶段意味着人工智能的辨识能力已经从物体识别发展到人体机能的外化感知；认知层即类脑认知，涵盖了语义理解、知识图谱等类脑思考及学习技术，为机器“赋智”是这一阶段的关键议题。[③]从技术层面理解当代AI艺术创作，大部分艺术作品仍是在底层算法框架、模拟感知技术、类脑语义理解三大基础层次上进行的。

---

① 欧阳宏生，朱婧雯. 意义·范式与建构：认知传播学研究的几个关键问题［J］. 现代传播（中国传媒大学学报），2016，38（9）：14-20.

② 沈浩，袁璐. 人工智能：重塑媒体融合新生态［J］. 现代传播（中国传媒大学学报），2018，40（7）：8-11.

③ 喻国明学术工作室，杨雅，陈雪娇，等. 类脑、具身与共情：如何研究人工智能对于传播学与后人类的影响——基于国际三大刊Science、Nature和PNAS人工智能相关议题的分析［J］. 学术界，2021（8）：108-117.

（一）底层算法与虚拟化身

底层算法对AI艺术的嵌入是动态式的，强调艺术家与机器的协同合作，大数据分析、逻辑回归、贝叶斯方法、决策树方法等是AI艺术常用的基础算法框架。典型例如艺术家斯奥·特安达菲利蒂斯（Theo Triantafyllidis）的艺术创作避开了神经网络，而采用基于决策树的算法类型，这种人工智能能够在视频游戏中驱动非玩家角色，并被应用于艺术家的固定屏幕仿真甚至虚拟现实的工作中。[①]如果说*How to everything*中算法生成的断手、恐龙等静物形象随机出现，并未直接关涉具身的讨论，那么在作品*Role Play*中，艺术家则结合算法框架和人机交互逻辑，构建起一种虚拟空间，重返身体与身份的讨论。

展览现场被艺术家设置为虚拟创作场所，艺术家邀请观众进入显示器中的虚拟工作室，观众通过移动电子屏幕参与到半人半兽的数字表演实践中去。莫里斯·梅洛–庞蒂在《知觉现象学》中已经指出了具身的概念，“当我们在以这种方式重新与身体和世界建立联系时，我们将重新发现我们自己，因为如果我们用我们的身体感知，那么身体就是一个自然的我和知觉的主体”[②]。兽人成为艺术家的虚拟身体的形象化身，智能算法重塑着我们对整体知觉意义的理解，成为对人感官和身体的延伸。身体成为一种存在于这个世界并感知世界的中介，技术的具身化改变了观者知觉世界的体验方式，颠覆了我们对已有的身体、时空、体验的概念认知，这种对技术具身反思的隐喻在人工智能艺术中普遍存在。

（二）模拟感知与共情延伸

模拟感知技术体现了人工智能向多模态感知融合的发展趋势，机器

① SCHNEIDER T，REA N. Has artificial intelligence given us the next great art movement?experts say slow down，the ‘field is in its infancy’［N］. Artnet News，2018-09-25.

② 庞蒂. 知觉现象学［M］. 姜志辉，译. 北京：商务印书馆，2001：265.

视觉、机器触觉和机器听觉的多场景应用，强化了AI艺术的感知共情属性。人工智能共情发展是基于基础算法的，旨在通过综合或建构的方法理解人类情感发展的过程，核心概念在于“身体具身”，借助与环境的“社会互动”获取信息，建立共情发展的计算模型，以此完成对两者的无缝链接。[①]AI艺术在模拟感知方面的探索可以追溯到早期的计算机艺术，随着计算机算法的继续优化，尤其是传感器与数字软件、智能算法的普遍结合，一些艺术作品转向人机互动创作，突出艺术的游戏感和共情性的一面（见图6-15）。

图6-15　斯奥·特安达菲利蒂斯的*Role Play*，2018年，混合现实装置

① ASADA M. Towards artificial empathy：how can artificial empathy follow the developmental pathway of natural empathy?［J］. International journal of social robotics，2015，7（1）：19-33.

20世纪八九十年代，数字技术的迭代和个人计算机普及，使得交互式界面进入普通家庭，形成了早期算法艺术的重要发展趋势——积极探索交互与计算机结合的多种艺术潜能。被称为“科学艺术界的奥斯卡”的奥地利林茨电子艺术大奖，1990年正式将“交互艺术”纳入奖评组列，肯定了艺术与计算机算法、人机交互结合产生的独特技术美感，激发了一批先锋艺术家对算法艺术的共情互动实验探索，典型的如邵志飞（Jeffrey Shaw）1990年奥地利林茨电子节获奖作品的《清晰可读的城市》（*The Legible City*）。这一时期的艺术已经出现了交互体验与表达情感的趋向，艺术家应用类似于计算机智能的模式识别系统，采集观众的操作或行为数据，计算机获得传感数据之后，再转化为颜色、光线、声音等构成元素。稍近一些的艺术作品诸如艺术家菲利普·比斯利（Philip Beesley）的装置艺术*Meander*，整个装置由无数网状骨骼结构组成，艺术家舍弃了强大的中央控制系统，转向嵌入若干传感器和智能微处理器，赋予作品独特的生命感（见图6-16）。传感器阵列主动追踪识别观众行为并发送信号，微处理器获取并处理信号源，自主控制相连的各部分零件，利用循环信息形成新的响应。观众进入展览空间时，人与环境的交互便发生了，触摸、声波、行为都会引发装置的随机闪烁、玻璃器中的化学反应、羽毛的颤动等。

图6-16　菲利普·比斯利*Meander*，2020年，智能交互装置

智能算法是此类艺术项目的重要技术支持，艺术家试图在交互体验中强化观者与艺术家、机器与人类之间的共情表达，作品不再受传统艺术的界面形态限制，延伸至由艺术家与观众共同建构起的运动的、交互的、感知的游戏空间。从共情加工机制来说，深度学习算法强调机器学习过程中的自组织适应，同人类共情发展存在共通之处。换言之，人类共情是个体基于与他人交互而不断发展的，如果能够把共情的核心系统赋予机器或智能系统，那么借助深度学习算法，机器是可以在人机交互过程进行自我学习，进而发展出和人类相似的共情系统的。[①]就目前而言，这种共情系统的研究尚处于理论发展阶段，尽管大多数AI艺术项目试图强调一种人机共情机制，例如利用观者的情感反馈、感官体验、行为介入等对艺术产生随机控制效果，但这种共情模式尚无法达到智能体共情（Artificial Empathy）的状态。

（三）类脑语义与创意生成

人工智能的类脑语义理解是极具前沿性的研究课题，人脑对外界的理解可以视为一种基于多模态识别、感知的深度语义系统，脑神经科学研究认为对于机器是否具有意识这一争议性问题，必须仔细考虑意识是如何在唯一拥有意识的物理系统——人类大脑中产生的。[②]新一代人工智能需要以多脑区、多模态和多任务协同为核心，研究神经网络微观刺激调控和宏观动态演化、视听触感认知通道及协同、长时短时记忆与决策、运动视觉与规划控制等，建立具有生物和数学基础的计算模型与学习方法，实现具有自主学习能力的智能系统。[③]在AI艺术创作中，艺术家则更倾向于探索人

① 颜志强，苏金龙，苏彦捷. 从人类共情走向智能体共情［J］. 心理科学，2019，42（2）：299-306.

② DEHAENE S，LAU H，KOUIDER S. What is consciousness，and could machines have it?［J］. Science，2021（358）：486-492.

③ 蒲慕明，徐波，谭铁牛. 脑科学与类脑研究概述［J］. 中国科学院院刊，2016，31（7）：725-736，714.

工智能的创造力边界，使用诸如卷积神经网络、循环神经网络、生成对抗网络、脉冲神经网络等深度学习算法，赋予人工智能类脑学习思维，进行视觉图像生成、风格转换、文本生成等。

艺术家使用智能算法进行艺术生成的实例并不少见。谷歌深梦（Deepdream）是较早利用神经网络进行视觉图像识别和增强的程序，最初是为了帮助科学家了解深度神经网络在观察给定图像后的视觉学习成果，但该算法存在的问题在于最终生成图像会出现大量狗、眼睛、漩涡等元素，机器生成并未达到一种审美性的自主创造，但指明了算法在创意生成中的巨大潜能。此后诸如法国艺术集体Obvious创作的AI肖像作品《埃德蒙·德·贝拉米》在纽约佳士得以43.25万美元成交；马里奥·克林格曼（Mario Klingemann）的《路人回忆》（*Memories of Passerby*）也采用了相似的生成对抗网络，艺术家不再是传统意义上的人类，确切地说算法结构替代了传统艺术家的角色，在艺术创意生成的过程中发挥着至关重要的作用（见图6-17）。这种生成对抗网络由生成器和鉴别器两部分构成，生成器在海量数据基础上进行无监督学习和图像生成，鉴别器负责对生成图像新颖性、独创性进行判别并将信息反馈给生成器，循环直至生成具有风格差异性的图像。

图6-17　马里奥·克林格曼的《路人回忆》，2018年，AI生成艺术

二、超越媒介：AI艺术的共感知性与多维交互

20世纪90年代美国艺术家迪克·希金斯（Dick Higgins）已经关注到艺术与媒介传播间的关系，迪克·希金斯认为"跨媒介"（intermeidia）不同于混合媒介（mixed-media）或多媒介融合（multimedia configurations），跨媒介艺术与新兴媒介技术的兴起密切相关，指向不同类型媒介间的"概念性融合"而非简单并置。[①]即便到今天，媒介技术、媒介形态的更迭对当代AI艺术的创意生成仍有着巨大影响，AI艺术以先锋实验的姿态登上历史舞台，一方面强调视觉、听觉、触觉等的共感知融合传播，另一方面突出现实与虚拟、人类与机器、界面与空间的多维交互体验。

（一）跨媒介的艺术体认重构

后大众传播时代以来，不论是早期的摄影、录像艺术、计算机艺术，还是今天艺术界热衷讨论的虚拟现实艺术、AI艺术等，多样化数字媒介越来越成为当代艺术家的重要创作工具。当代AI艺术实践尚未完成从弱人工智能向强人工智能的飞跃，跨媒介性主要表现在新旧媒介的混合应用、价值融合，并不断颠覆传统的艺术体认逻辑。

今天的AI艺术实践是在跨媒介的传播语境下进行的，媒介交互性、场景性、虚拟性丰富了AI艺术的多样性表达，实现了线性传播向网状传播发展，离身传播向具身传播的回归。

一方面，在早期大众媒体时代，艺术传播依循的是一种线性的传播形态，艺术作品与受众之间形成的是一种单向的传受关系，但在跨媒介语境

① RAJEWSKY I O. Border talks：the problematic status of media borders in the current debate about intermediality［M］//ELLESTRÖM L. Media Borders，Multimodality and Intermediality. Basingstoke and New York：Palgrave Macmillan Press，2010：51-68.

下，AI艺术实践中的传受关系变得更为复杂，艺术家、多种媒介、观者之间形成一种多元交互的网状传播结构。在艺术生成中，人工智能作为一种视觉感知和随机可控的开放性系统，赋予了艺术家、观者平等的介入权利，机器在海量数据基础上进行监督或无监督自主学习，完成对特定视觉材料的识别标记、风格转换、图像生成，艺术家主要负责对智能系统框架的有限控制，观众被邀请以多样方式进入艺术作品，观者的随机选择、干预控制、交互体验都将直接影响作品的叙事结构和意义生成。

另一方面，伊尼斯、麦克卢汉为代表的媒介环境学派对媒介的环境塑造与主体认知作用已经有所阐释，无论是“冷”“热”媒介论还是“媒介即讯息”“媒介即人的延伸”等理论，皆暗含着媒介技术介入主体认知、建构社会具身传播的意义。① AI艺术生产中，这种由离身传播向具身传播的转向性更趋清晰，媒介技术构成体认传播的重要环节。人类对艺术的体认越来越依赖技术媒介与客观世界发生的关系，具身传播不仅是技术对身体经验的改变和延伸，更重要的是从人—技术媒介—世界关系的相关性揭示了媒介技术转向。②

（二）共感知的综合审美计算

人工智能艺术的本质是对“可计算的感性”的分析与揭示，可视为一种“总体艺术”（Gesamtkunstwerk）作品，并对应多感官参与整合的共感知审美体验方式。晚近兴起的“图像美学”，即“使计算机能自主对图像的‘美’进行定量的分析、计算和评价”，在人工智能与美学问题上开辟了一个全新的研究领域。在这种“图像美学”的研究之中，“美”被表征为“构

① 朱婧雯，欧阳宏生. 认知传播的理论谱系与研究进路：以体认、境化、行动的知觉-技术逻辑为线索［J］. 南京社会科学，2020（5）：109-115，124.

② 芮必峰，孙爽. 从离身到具身：媒介技术的生存论转向［J］. 国际新闻界，2020，42（5）：7-17.

图、色彩、光线、意境表达等的综合产物”①。

在“图像美学”标准的指导下，人工智能思考如何完成具有形式美感的艺术表达和创意生成。从技术层面来看，AI艺术并非仅使用智能算法这一单一媒介，往往混合智能传感器、生物材料、VR、AR等多重数字技术手段，为观众打造沉浸式的交互空间。色彩、线条等依旧是构成AI艺术的基本视觉符号；智能传感器、虚拟现实技术等交互技术的混合应用，则使艺术作品、艺术家、观众不再是分离的主体，系统对文本、声音、图像的实时数据流进行搜集处理，并直接反馈给作品，表现为实时性的、综合性的交互再现。当下的AI艺术作为一种跨媒介性的整体艺术实践，作品的传播表达、观众的认知理解，都是在视觉、听觉、嗅觉、触觉等多感官的综合体验基础上完成的。正如环境认知学家J.道格拉斯·波蒂厄斯所言：“我们生活在一个多感官的世界中……嗅觉、听觉、味觉、触觉以及视觉的感官世界，都与我们内在心智的景观紧密结合在一起。”② AI艺术中的这种共感知性不仅是各种感官知觉的综合体验，也并非旨在创造具有视觉性的审美图像，更强调感官知觉与智性的结合，达到感知系统与心智系统共同参与的立体复杂的协作。③观者对作品意义的抵达并不只是浮于AI艺术的形式表层，而是超越对技术的痴迷，依据对作品的感觉、理解、记忆，调动主客体之间的情感互动、智性感知，由此唤起对作品深层次主题和意义的解码。

（三）多维立体的虚拟空间交互

在艺术世界中，人工智能和人类关系并不是对立的，而是以对话的方

① 王伟凝，蚁静缄，贺前华. 可计算图像美学研究进展［J］. 中国图象图形学报，2012，17（8）：893-901.

② PORTEOUS J D. Landscapes of the mind：worlds of sense and metaphor［M］. Toronto：University of Toronto Press，1990：196-197.

③ 赵奎英. 当代跨媒介艺术的复杂共感知与具身空时性［J］. 文艺研究，2021（8）：17-28.

式同时存在——艺术界称为“人机交互艺术”。艺术家不再是当代艺术生产的唯一主体，人工智能成为辅助艺术生产的重要创意媒介，非生物智能完成了对人类身体的合理延伸。在后人类的语境下，人类与机器本体边界逐渐模糊，艺术以跨媒介形式，大胆质疑意识与身体、生命体与机器、男性与女性之间的二维边界，抽象为艺术中的非物质性、具身性。传统的艺术生产过程转化为复杂的人工智能语义系统，AI艺术允许观众以用户身份进入虚拟艺术空间，并获得与艺术家、机器算法平等的艺术创作权利。

艺术世界也由原有的二维平面向高维空间延伸，现实世界与虚拟时空深度重叠，AI艺术在虚拟的“元宇宙”空间中获得独特的技术美感。技术的进步促使物理空间进入虚拟空间，其屏幕所构成的“空间介入口”使得现实与虚拟的转化从社会反思进入了空间认知。迈克尔·海姆在《从界面到网络空间：虚拟实在的形而上学》中指出：物理空间与虚拟空间在网络空间的界限已经不复存在了，各种网络及移动终端不仅向虚拟空间传输信息，也同样向物理空间传输信息，因而人的行为界限愈加模糊化。[①] AI艺术实践与以网络为介导的数字艺术形式有所区别，由界面交互向虚拟交互纵深发展，观众在虚拟空间中获得新的数字身份，人工智能算法也常被用来生成有意义的NFT艺术作品，结合区块链技术，在虚拟空间中进行AI艺术作品的加密、持有、流通和交易。

三、人机共创：AI艺术的共生创造力思考

20世纪50年代阿兰·图灵提出了著名的图灵测试，为人工智能的发展奠定了坚实的理论基础。在《计算机器与智能》（*Computer Machine and Intelligence*）一书中，图灵从认知心理角度出发，对人工智能进行重要阐释，他将“机器是否会思考”作为人工智能的重要判定标准，并转化为新

① 欧阳宏生，等. 认知传播学［M］. 北京：科学出版社，2020：18.

的批判性问题，即机器在模仿人脑思维进行的“模仿游戏”时能否获得出色对话表现，这也启发了之后人工智能技术的快速发展。①由此可见，人工智能在早期发展阶段已显示出明显的认知属性，思考如何让机器像人类一样认识世界，甚至衍生至艺术领域，探索机器的创造力边界。

创造力是人机交互（HCI）和人工智能（AI）研究领域的重要研究课题，涉及神经科学、认知科学、计算机视觉、传播学、心理学、艺术学等多学科的广泛讨论。人脑是如何产生意识的？创造思维是如何产生的？人工智能是否具有创造力意识？围绕创造力的话题，不同领域学者从各自学科视点出发，引发新的概念讨论和话语空间的形成，共生创造力（Co-Creativity）即AI艺术领域产生的具有生命力和影响力的新概念。当下AI艺术实践启示我们——人工智能应该被视为“分布式人机共生创造力”（Distributed Human-Computer Co-Creativity）的一种媒介，而不是人类创造力的替代品。②在AI艺术的创作实践中，人机间的这种共生创造力对应自动性、平等性、过渡性的特点。

机器或算法框架下如何实现艺术的自主创作贯穿AI艺术发展全过程，艺术家哈罗德·科恩被视为人工智能艺术创作的先驱，早在20世纪70年代哈罗德就开发了计算机艺术生成程序Aaron，艺术家用计算机软件进行文本创建与程序编写，控制算法程序运行，机器创建数据，并反馈给绘图机等设备输出图像，由机器完成抽象作品的自动绘制。而当代的人工智能艺术在解决逻辑问题方面表现更进一步，深度学习等算法结构强化了机器的自主学习能力，例如，在AI生成艺术中，艺术家、科学家则倾向于探索人工智能自主创造力边界，并在抽象性视觉图像的自主创造方面获得成功；在交互智能艺术中，人工智能作为一种连接性技术构件，在交互感知中实现

① TURING A M. Computing machinery and intelligence［M］. Berlin：Springer Press，2007：23-65.

② 耿弘明. AI时代艺术概念的产生方式及其反思［J］. 艺术学研究，2022（2）：83-90.

观者、艺术家、作品之间意义联结。

解构AI艺术共生创造力背后的主体参与，不难发现，这种共生创造力直接指向人与机器间的协作环境，人和机器在创作过程中作为平等的主体结构而存在。依据艺术创作实现细节的不同，计算机可以潜在地以各种方式不同程度参与同用户的协同创作，这里关键的一点是，计算机不遵循预定义的脚本来指导交互，程序自主适应用户的输入，并根据计算创造性的算法生成对输入产生响应。[①]艺术家、观众、机器以一种混合交互方式参与艺术作品的构成，并超越传统的艺术分工模式，作品最终呈现和意义构成并非由艺术家一人主导，所有参与客体、机器都可以依据不同的参与程度影响作品叙事结构和形式表达。

我们认为，今天论及的共生创造力是对当下AI艺术实践的关键性提要，是一种过渡性的整合概念。以人工智能科技为代表的信息技术正以指数级速度进化，并将我们引向一个“物质+信息”的独立实体，持续不断地建构自己边界的后人类时代。[②]当下AI艺术创作仍未进入强人工智能时代，可以预见，未来人工智能的极速发展，极有可能将艺术生产引向完全自主创造的情境，也将引起艺术主体、空间与审美之间关系的重构。

第五节　空间与观念：沉浸式新媒体装置艺术

新媒体装置艺术是数字媒介与装置艺术的有机结合，其形态涉及影像装置、互动装置、机械装置、网络装置、生物装置等当代艺术集群。新媒

① DAVIS N. Human-computer co-creativity：blending human and computational creativity［J］. Proceedings of the AAAI conference on Artificial intelligence and interactive digital entertainment，2013（9）：9-12.

② 海勒斯. 我们何以成为后人类：文学、信息科学和控制论中的虚拟身体［M］. 刘宇清，译. 北京：北京大学出版社，2017：5.

体装置艺术打破了艺术与其他学科之间的边界，结合艺术、设计、科技、文化等领域，形成了一种跨界融合的新艺术创作形式。新媒体装置艺术与新技术发展的联系紧密，VR和AI技术的发展极大地推动了新媒体装置艺术的创新，为艺术创作和体验提供了新的可能性和方向。

何为“沉浸式”新媒体装置艺术呢?“沉浸”，一般可理解为“让人专注在当前的目标情境下感到愉悦和满足，从而忘记真实世界的情境”。由此出发，沉浸式新媒体装置艺术可以指为了让受众获得现场感与植入感，在新媒体技术和其他手段的支持下，通过营造虚实相融的空间情境，呈现出的具有组合、安装特征并富有观念性与实验性的当代艺术形态。在VR/AR环境中，观众可以成为参与者，身临其境地置身于艺术作品的世界中与艺术作品进行互动，这种互动性提高了观众的参与度，丰富了观众多维度的感官体验，让艺术作品更加生动有趣。这种艺术形态追求的并非简单意义上装置空间对于观者的包围，而是唤起艺术受众身体与精神的双重投入。正是基于上述特性，理解沉浸式新媒体装置艺术重在把握两个核心关键词：空间与观念。

一、空间营造：构建虚实交融的沉浸式体验场景

在传统艺术领域，空间以二维或三维的实体形式存在。当代艺术中“空间”的内涵变得复杂多元，构建跨时空跨领域的虚拟空间成为其典型特征。安伯托·艾柯认为，艺术创作存在的一个重要趋势就是“开放的倾向”，“让观众拥有进行一系列自由欣赏的可能性，在欣赏过程中，由观众自己选择他认为合适的形式与出路”[①]。沉浸式新媒体装置艺术是物质与非物质的多维混合构成体，它所建构的空间将真实物质与数字虚拟相融合，用真实建立基石，借助虚拟放飞想象，建立起艺术创造性思维和现实世界的

---

① 艾柯. 开放的作品［M］. 刘儒庭，译. 北京：新星出版社，2010：162.

沟通与联系。[①]根据空间体验感知形式的差异，沉浸式新媒体装置艺术的空间形态可划分为幻象沉浸形态与交互沉浸形态。

（一）幻象沉浸：多介质构建非互动式虚拟情境

幻象沉浸式空间形态主要通过动态光影与实体空间的结合进行单纯的氛围营造，它改变观者对物理空间的感知，让观者摆脱物质空间的约束，由此产生与现实空间分离的幻觉，属于当代艺术中再现传统艺术环境的进化与演变。在幻象式沉浸中，光、电、影、音等非语言、非实体的符号是基本元素，有机的组合与嫁接能够传达丰富多元的情感与内涵。[②]在媒介材料特性的应用实验上，沉浸式新媒体装置艺术进行了大量的探索与尝试。

空间意境的创造依托于主题设定，各类媒介材料因自身的独特性能呈现不同的感官效果，选择适宜的材料来体现特定主题的艺术情感，才能达到空间主题与意境的完美结合。氛围应与主题相匹配，空间中超越物质本体的隐形精神力量才能得以释放，这是艺术家在创新之时应当遵循的规律。我们不妨以加拿大数字艺术团队“时光工厂”（Moment Factory）极具代表性的作品《神圣光环》（*AURA*）为例。艺术家们将沉浸式影音与特定场域——蒙特利尔巴黎圣母院的内部实景相结合，呈现了充满丰富光影色彩和内容细节的神圣宗教性空间，极大地提升了观者自我心声与崇高神性的意识交流感（见图6-18）。动态光影内容以增强现实的方式描绘着壮观的建筑实体，结合环绕式的管弦声乐，借助数字媒介内容的动态表现力，以有别于传统静态宗教建筑的方式重新审视了大教堂神圣与雄伟的艺术造诣，饱含着对历史与精神的情感，给观者带来神秘、敬畏的想象放飞之旅。

---

① 马晓翔. 新媒体装置艺术的观念与形式研究［D］. 南京：南京艺术学院，2012：59.

② 宫林，栾伟丽. 虚拟构象（下）：创意与表达［M］. 北京：人民邮电出版社，2017：38-39.

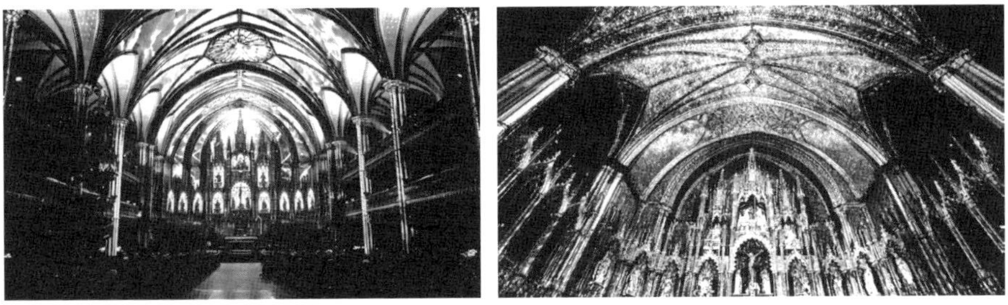

图6-18 时光工厂的《神圣光环》[①]

幻象沉浸空间形态的作品并不刻意追求叙事性与交互性，更多的是对感知想象的探索，倾向于在现实空间里通过数字虚拟内容体现人文感受、未来畅想或是寓言式的观念表达，主要侧重于对观者常规空间感知的重构以及心境情感的增强与升华。

（二）交互沉浸：体验者自我投射融入作品场景

沉浸式新媒体装置艺术在创作时，通常会给观者留出自主创造的空间，观者行为层面的参与是交互式沉浸空间形态的典型特点。交互性的营造通过技术手段将观者的行为动作、本体概念投射到数字空间之中，体验者的本体、行为以及行为效果与空间场所融合在一起，生成了最终的艺术作品。正如罗伊·阿斯科特所说，“互动艺术话语的力量在于艺术家将内容的创作留给作品的体验者”[②]。在互动参与中，传统意义上的观众不仅是作品的欣赏者、接受者，也是作品的参与者和创造者。

交互性沉浸的实现需要多专业领域的知识支撑，借助智能化数字技术或实时计算生成系统，将体验者的行为表现智能化提取，并集成到即时存在的情境中，以形态化的表现形式完成与实体空间的虚实合成。这种交互性并不局限于日常互动装置上的触摸按键或是按钮，而是将参与者感知体

① 图片来源：https://momentfactory.com。

② 阿斯科特. 未来就是现在：艺术，技术和意识［M］. 周凌，任爱凡，译. 北京：金城出版社，2012：199.

验的内外联系起来，在融入、互动、转化、呈现的过程中，引发审美主客体的意识转化。在混合交互形态的架构下，参与体验者的姿态和行为融于场景，呈现在可视化的环境介质之上。在那里，他们能够看到艺术抽象的自己，能够感受到与自我的对话、与他人的情感沟通。

英国团队“身体>数据>空间”（Body>Data>Space）完成的作品《团队体验》（*Collective Reality*），将艺术空间分为两部分的体验区域：在实验区沉浸式的感应空间里，参与者浏览、观看、聆听、移动，并利用他们的身体体会在场的感觉；而在表演区，专业舞者会鼓励观者投入共同的即兴舞蹈（见图6-19）。体验者还可以通过社交媒体进行实时互动，与更广泛的在线观者交流与沟通。在这样一个共同参与、彼此响应的场所，运动捕捉系统通过实时采集与智能算法的结合，将具有相似活跃度的个体形态融汇在一起，实时生成视听影音效果。装置营造了巨大而又亲密的沉浸式环境，通过环绕音响，投影映射和运动捕捉，在虚拟和物理空间的混合中，体验者们感知了自体、感知了彼此，感知了协作与联系。

图6-19　身体>数据>空间团队的《团队体验》①

① 图片来源：http://www.bodydataspace.net。

（三）时空再造：主客一体与三重空间的融合

不同的空间形态是沉浸式新媒体装置艺术外部表现的差异，在艺术实践中幻象与交互常常互为结合。两种空间营造的方式虽然形态不一，但二者的共同点在于，空间的构成都是多维、多层次的，这是因为“相比传统意义上的艺术将重心放在外表和其所代表的含义，今天的艺术关心的是互动、转换和出现的过程”①。无论是幻象构建还是互动介入都打破了传统艺术的呈现形态甚至语义，观者与其所在的空间融为一整体，从传统的“身临其境”变成了“身在其境”。尤其是在交互式沉浸空间里，艺术作品设置多向互动的关系架构，观众的行为介入是作品得以完成的要素。正如法国哲学家莫里斯·梅洛–庞蒂所言：“大多数身体的存在是空间性的，具有借助于空间发生关系表达一种超越时间的功能。”②体验者的“身体”在沉浸式空间中超脱单纯的个体本义，承载着艺术情感与信息，成为艺术表达的要素与载体。

简而言之，沉浸式新媒体装置艺术中的“空间”，在技术赋能之下审美主体与客体完全融合在一起，“空间”由此形成了一种弹性的审美体验。此时的“空间”，至少包括客观的“物理空间”、数据呈现的“光影空间”以及参观者体验到的“心理空间”。“物理空间”与“光影空间”叠加建构的虚拟世界，将参观个体的自我意识化为虚拟世界的符号，削弱了具象的观者本体形象，所有与艺术手段相关的现实联系消散退场，主客一体的沉浸式统一最终转换为体验者的“心理空间”。这一切的发生，既取决于场景的沉浸效果，也有赖于体验者有意识的行为介入。艺术作品空间的创造性组合，鲜活文化时刻的动态呈现，观者参与的进行时与即时短暂性，共同融汇创造了一个多时相与多空间的沉浸式艺术形态。

---

① 阿斯科特. 未来就是现在：艺术、技术和意识［M］. 周凌，任爱凡，译. 北京：金城出版社，2012：94.

② 濮波. 三元思辨［M］. 杭州：浙江大学出版社，2016：102.

二、观念表达：以“隐喻”方式驱动体验者思考

多样化的空间营造使观者获得多感官的沉浸式审美体验，但艺术创作的目的并不仅仅局限于此。正如英国艺术史家恩斯特·贡布里希所说：“整个艺术发展史不是技术熟练程度的发展史，而是观念和要求的变化史。”① 艺术家创作的根本动力或最终目的，依然是表达艺术家关于自然、生命、社会、历史、文明的思考。这一新艺术形态杜绝情感的直接呈现与言说，而是借助具象或抽象、物质或非物质的形式，以隐喻的方式将理念融入其中，驱动观者在体验中感知与思考，“艺术在这一过程中，正在从传统的艺术家个人的自我表现，转向对大众生存状态和社会问题的关注”②。我们要探讨的是，沉浸式新媒体装置艺术在传达观念时与传统艺术有哪些不同？

（一）材媒融合与创造性运用：重新界定艺术中的“物”

“物”是信息传达的媒介，是艺术创作的符号与方式，在艺术创作与艺术接受两套认知系统之间建立联系。沉浸式新媒体装置艺术的重要特点在于介质的“融合性”，“物”的内涵发生了革命性变化。除了一般艺术作品使用的材媒，这一新形态的艺术样式使“物”的选择范畴更为宽广，赋予“光影”“数据信息”“算法”等非物质性材料新的内涵。其中，“光影”赋予新媒体艺术审美特性的感官效果，“数据信息”则是隐在的内容强化了对主题的构建，“算法生成”则着重于体验者的介入与交互。在交互性沉浸模式中，创作者将艺术作品的主导权部分让给了体验者，体验者的行为介入先形成“数据”，常常需要通过计算机程序的“算法”实时完成作品。

① 贡布里希. 艺术的故事［M］. 范景中，译. 天津：天津人民美术出版社，1998：167-168.

② 殷双喜. 对话：殷双喜艺术研究文集［M］. 石家庄：河北美术出版社，2008：321.

例如，日本艺术团队“团队实验室”（Teamlab）为2019北京世园会创作的《生命循环之美丽世界》（*Continuous Life in a Beautiful World*），在约800平方米的空间里利用数十台激光工程投影机，通过数字视觉艺术手法再现了红树林的自然生物奇观。体验者置身其中，与生物“对话”，感受潮涨潮落的自然之美，令人产生无限遐想（见图6-20）。

在一些作品中，复杂的“算法”是支撑作品最重要的“物”。艺术家结合数学模型对影音声画、行为动态进行创作，通过程序语言将世间万物巧妙地结合在一起。美籍新媒体艺术家雷菲克·安纳多尔（Refik Anadol）在数据可视化与计算机自主学习领域做了许多积极尝试。他的作品《档案之梦》（*Archive Dreaming*）营造了基于数据算法的可视化三维动态空间，通过训练计算机程序神经网络在170万个文档图像数据中搜索并关联排序，以当代艺术表现手法呈现抽象数据之间的联系，借助程序智能的视角重构了感知中的历史、文化与记忆（见图6-21）。

图6-20 “团队实验室”的《生命循环之美丽世界》[①]

① 图片来源：https://art.team-lab.cn/。

图6-21　雷菲克·安纳多尔的《档案之梦》①

（二）强化艺术发生过程，创作与接受共享艺术权利

沉浸式新媒体装置艺术尤其强调艺术发生的过程，在新媒介与新材料构筑的空间体验中，创作者与接受者共同分享艺术情感表达的权利，艺术家的思考和创作不再是个人和自我的，而是在一个开放的空间中进行集体的情感交流。

以丹麦艺术家奥拉维尔·埃利亚松（Olafur Eliasson）创作的《观念运动》（*Notion Motion*）为例，该作品的主题是表达对自然性崇高的艺术理解（见图6-22）。参观者首先穿过漆黑的长廊来到一处开放性空间：从地面到墙壁，动态光亮的波纹图案呈现眼前，带来自然高尚纯洁的体验感悟。地面上几块凸起的地板格外惹人注目，伴随着观者踩踏的力度和速度，水波纹影像变为强烈的波幅震动。这种互动的效应反馈将水波纹与体验者密切地结合在一起。然而，这种浸入状态却是暂时的，穿过水波影幕旁的另一空间入口，呈现于体验者眼前的则是一处常规状态的展示空间，这里只有

① 图片来源：http://refikanadol.com/。

浅浅的水池，揭示出动态影像产生的环境与装置运作机制。艺术空间的魔法在此消失了，艺术家将我们重新带回到物理定律控制的日常世界。

图6-22 奥拉维尔·埃利亚松的《观念运动》[①]

显然，《观念运动》让观者参与了艺术创作的全过程。在第一空间中，观者行为的影像化形成了艺术幻象，割断了现实空间的联系，建构了主观体验（美、协调或者震撼），实现了对现实的想象性超越。在第二空间中，观众则超越感性进入了完全理性的领域。艺术家揭开影像背后的机制原理，参观者刚刚经历的兴奋好奇被消融，安全的物理辨识距离又被重新建立。

① 图片来源：https://www.olafureliasson.net/。

艺术家奥拉维尔·埃利亚松建构的这二重前后迥异的空间体验，激发参与者思考人对自然可能施加的影响。在参与者的激发下，艺术、科技、现实被构建为审美统一体，这是完全不同于传统艺术被注视欣赏的自我沉浸。

（三）“进行时”的艺术语境，凸显开放性与批判性

在沉浸式新媒体装置艺术作品中，艺术家通常给我们所提供的仅仅是一个可供进入并展开行动想象的艺术语境。对每一位参与者来说，艺术作品以进行时的方式展开，不断制造和重塑部分的“自我”。观者的体验参与行为，在使作品外观形式发生改变的同时，赋予作品新的观念外延。不同的参与者因为参与方式、程度以及个体差异，对作品进行不同的解读，不确定性带来了艺术作品观念阐释的开放性。安伯托·艾柯曾如此论述：“人类的交流是意图向接受的过渡……因为意图是开放的，意图不是要传达唯一的结论，而是要传达多元的结论。”[①] 艺术空间的外在形式处于动态变化之中，传达意向的过程也是开放的，体验者可以独立自主地解读作品内涵。显然，这是鼓励批判主体性的艺术实践。

还以上述的《观念运动》为例，如果我们将现场体验理解为一个连续的思维转换运动，两个空间的转换就是由“虚拟现实”到“批判现实”的过程。它至少赋予观者这样的思考：体验者有能力通过技术媒介，将抽象化的自身投射入动态影像空间之中，人类都只是大自然的学徒而已，每个人的行为都会引发自然环境的变化，由此唤起人类对生态环境的责任意识。

综上所述，新媒体数字技术将原本不可能的“体验”“接触”变为现实，“沉浸”的核心在于调动观者的介入体验，最终使艺术创作形成开放性、不确定的隐喻。沉浸式新媒体装置探索了各种可能的艺术手段与形式，从根本上改变了艺术生产、传播与实践的方式，不断拓展艺术行为、作品呈现、受众介入的广度与可能，颠覆了人们习以为常的艺术观念。艺术存

---

① 艾柯. 开放的作品［M］. 刘儒庭，译. 北京：新星出版社，2010：128.

在的意义不仅在于形态创新，更在于观者经过审美体验之后留存的观念启迪和思想价值。在新媒体科技的驱动之下，沉浸式新媒体装置艺术跻身于先锋与实验艺术之列，观者的参与体验升华了作品的情感内涵与理念表达，这无疑对当前其他艺术的创作具有启迪价值。

第七章

智媒风险治理与价值生态重构

第一节　智媒新技术诱发多重风险

技术迭代对视听内容生产和消费带来多重影响：人工智能、云计算、5G、8K等新技术拓展了视听媒体的内涵和外延，在移动化、智能化、平台化等方面取得了深入发展，同时也使视听媒体领域面临技术风险、数据风险、伦理风险等诸多新挑战。例如，人工智能技术在内容审核方面的误判或滥用可能导致不公正的审查，对个人或社会造成负面影响；云计算技术引发的数据安全问题，导致用户数据泄露或被篡改；5G技术的高速传输特性，可能加剧网络攻击的风险。新技术的出现也改变了传统的传受关系。

一、大数据：网络信息的安全风险

当今数字化、网络化、智能化已成为时代特征，随着产业数字化与数字产业化进程，大数据、云计算、物联网、人工智能等技术高速发展，打造万物互联的数据网络。在此背景下，网络与数据安全问题成为国家、视听产业、用户主体共同关注的问题。大数据以万物互联的发展愿景为依托，其影响贯穿国家治理、日常生活与产业发展的社会生态中。基于此，国家高度重视数据安全问题，2020年4月出台的《中共中央　国务院关于构建更加完善的要素市场化配置体制机制的意见》便明确提出数据成为土地、资本、劳动力及技术之外的第五大基本市场要素。①此后，历经一个月的审议与讨论，《中华人民共和国民法典》正式出台，首次将数据纳入法律保护的范围，明确赋予数据一定的财产属性，标志着我国在数据保护领域迈出了重要一步。当前，数据安全已经上升到国家安全的战略高度。通过审视大数据在视听产业与平台媒体发展过程中存在的问题，有利于优化视听媒介生产的安全性、创新性与伦理价值。其中，大数据发展与视听生产的数据保存、用户消费与价值再生存在紧密联系，需要从元平台数据安全、个人隐私安全与NFT数字交易安全等方面讨论大数据时代存在的问题。

（一）云平台数据泄露和盗窃的风险

随着技术的发展，数据存储方式发生了改变。传统的数据存储模式被云计算技术替代，企业或个体数据的存储方式转向云平台，去中心化的数据管理系统虽然优化了数据传输速度，但也降低了数据安全性。由于云计算模型具备动态可伸缩性、服务抽象和位置透明特性，而应用程序与数据设施进行连接时将对数据边界进行开放，极易导致数据泄露或盗取，并且在发生安全漏洞时，难以及时隔离威胁或已经受损的特定物理资源。云访问的开放性和多端口共享的虚拟化资源，降低了用户数据访问的安全性。

信息传导主客体的融合导致媒体与互联网平台的统一，由平台型媒体构成的面向互联网开放的内容生产与分发系统，在网络上实现数据储存、内容生产、消费与传播，并依赖平台接入互联网和数据流量，推动用户、数据、服务的一体化运转。在便捷的信息传播渠道中，企业与个人的私人数据通过云平台传导，并存储在云端，使黑客的攻击和窃取更为便利，致使数据泄露和丢失。例如，移动应用和社交软件上的漏洞可能会被黑客利用，通过这些漏洞进入云数据中心，从而获取企业或个人的敏感数据。此

① 高艳东，何子涵. 数字资产视野下虚拟财产刑法保护困境之破解［J］. 浙江大学学报（人文社会科学版），2022，52（12）：40-56.

外，技术的不断发展还带来了更多的数据交互和共享方式，这也增加了数据泄露的风险。通过社交媒体和移动应用等途径，个人和企业之间的数据交互变得更加频繁，导致数据的泄露和破坏。

（二）NFT交易环节的潜在风险

基于区块链与非同质化代币开展的艺术及视听内容消费，依赖单一的流通证明实现持续的盈利，简化了生产者与消费者之间的中介要素，但同时也因网络平台价值浮动、传输漏洞与平台隔离等问题带来数字交易安全问题。

智媒时代的代币经济对视听产品的数字交易提出挑战，以区块链与非同质化代币（NFT）为核心开展的数字交易，极易出现价值评估困难、产权归属模糊与项目盈利期短等问题，都增加了NFT项目的不稳定性。NFT的价值在于区块链上的独一无二性、稀有性与不可分割性，作为数字资产的NFT简化了线上商品所有权的购买与交换流程。但由于代币合约的复杂性，可能存在恶意代币合约，通过铸造超过稀有度阈值的代币降低代币价值或无法转移代币。针对这一现象，NFT项目应该在NFT制造前公开基础代币合约接受公众审查，以确保NFT交易的安全性。虽然理想化的NFT市场应建立在去中心的区块链上，但事实上目前大量的NFT交易仍旧依赖于高度中心化的交易市场，这导致恶意代币条约难以监控，出现如在Open Sea平台中购买后却并未完成NFT转移的问题。其次，在交易影视或艺术作品时，NFT仅仅代表作品在区块链上的归属收据，由于缺乏明确的权利条款，知识产权与所有权的判定存在争议。最后，因NFT依赖于中心化服务器实现数字资产存储，若遭遇黑客攻击或产权违规，都将导致NFT丢失或下架，继而影响买方与卖方的直接利益。由此可见，综合考虑买方、卖方与交易平台利益并制定通用代币合约极为重要。

（三）个人隐私与信息采集的风险

新应用和新技术的快速普及和应用，使得网络安全和数据安全问题也变得越来越重要，随着大数据的巨量积累和AI标签识别等技术的广泛应用，用户的个人隐私安全面临严峻挑战。

为了洞察用户的生活习惯、性格特征、消费方式以精准推送商品或广告来实现获利，部分视听新媒体平台以不正当的方式在用户毫不知情的情况下采集并利用个人隐私数据。在平台使用上，凭借影像记录和声音记录等技术，视听新媒体平台极易获取用户的面孔、体态、声纹乃至指纹等极为隐秘的私人信息。由于音视频采录技术的普及，用户在使用视听新媒体的时候也会有意或无意地记录下他人的隐私信息，并在后续传播过程中产生侵犯他人肖像权等人身权利的风险。AI换声、AI换脸等视频工具，能够对原受访者的语言表述进行较为准确的翻译和润色，模拟原受访者的声线和情绪，调整原受访者的嘴型和其他身体动作，进而生成新的视频表达，以达到以假乱真的效果，极易引发诈骗、虚假信息传播、侵害个人信息权益乃至侵害人格权等情况。[①]

首先，大数据技术使得大规模的个人信息将被采集、保存及进一步分析。包括个人身份、通讯方式、消费记录、身体状况、活动位置等私密信息在内，如果不加以妥善保护，可能导致用户的隐私信息泄露。对个人隐私进行深度分析可能造成用户行为透明化，进而影响个体的自由。其次，大数据可以对用户行为进行深入追踪和分析，包括浏览历史、购物行为、社交媒体互动等，通过详细的行为推断出用户的个人生活习惯、行为偏好、信仰等敏感信息，这种推断可能涉及用户不愿意公开的私人信息，引发隐私担忧。此外，大数据分析可以根据用户的行为和兴趣生成精准的广告和定向营销，虽然这可能提供了更符合用户兴趣的广告，但在某些情况下可能被滥用或不当使用，如被用于政治、商业或其他目的，导致用户的个人信息被用于不当用途。

① 董浩. 生成式人工智能时代人机对话的传播伦理风险及其应对［J］. 阅江学刊，2024，16（1）：104-114，174.

人工智能算法在推荐、决策等方面的应用通常通过复杂的黑盒模型，用户难以理解算法是如何做出决策的。黑盒模型是一种设计上的技术，目的是欺骗用户，让其做出不经过深思熟虑的行为，这可能与用户的隐私权相关。以应用程序为例，用户进行注册时，许多APP在收集用户个人信息方面缺乏详尽的说明。这些APP仅需用户在初次注册时给予一次授权，便能获取对用户数据的大部分使用权。而在后续的数据收集、传输及存储等各个环节中，它们则无需再次征得用户同意。一些平台可能采用黑盒模型将隐私设置设计得复杂或模糊，在用户界面上故意隐藏关键的隐私设置选项，或者在同意条款或用户协议中使用模糊、复杂或欺骗性的语言，导致用户在不知情的情况下同意了侵犯个人隐私的条款。

用户隐私泄露轻则对日常生活带来一定的骚扰，重则会影响财产安全，更严重的甚至会威胁人身安全，但大多数用户的隐私保护意识并不足。例如，用户在社交媒体上的分享行为就可能泄露大量的个人信息，包括日常活动、个人的兴趣爱好等。缺乏隐私保护意识可能导致用户在注册或使用网络服务时对隐私政策和条款漠不关心。隐私泄露后，被黑客攻击或不法分子利用，都会对自己带来不利影响（见图7-1）。

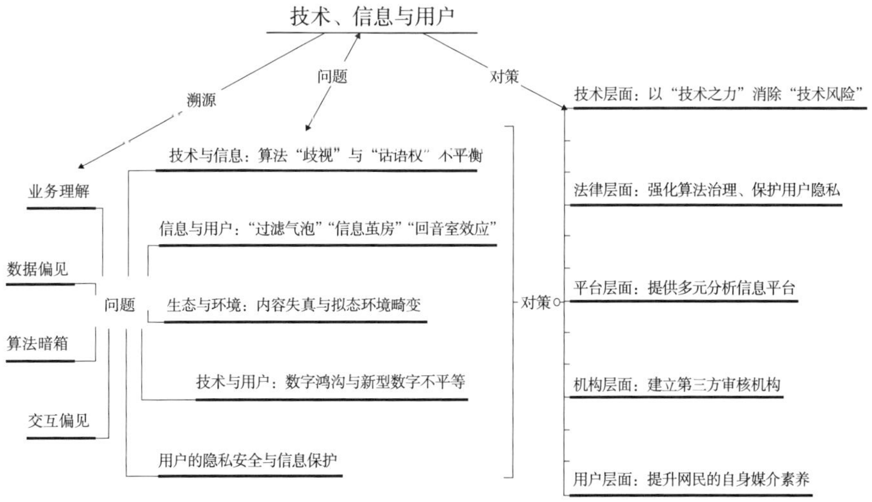

图7-1　技术、信息与用户关系图

二、VR技术：虚实融合的体验风险

基于虚拟现实、人工智能及3D游戏技术的虚拟媒体环境，为用户提供交互、沉浸、真实的媒介消费环境，趋向感知真实的技术应用塑造出与真实环境基本无二的体验感受：一方面，技术有利于提高用户的体验质量，另一方面也易造成虚实混淆的沉浸风险，进而导致技术对个体主体性的侵蚀与个体异化。

（一）虚实混淆的沉浸风险

沉浸式现实能够提供优质的用户体验，通过创造临场感和沉浸感将个体带入充斥着视觉震撼、情感投入与认知刺激的虚拟世界，高度真实的环境与互动体验成为吸引用户的主要手段。在技术层面，媒体消费、教育活动、医疗生活服务与虚拟现实环境的直接接入，引发现实生活功能性体验的同步虚拟化。但虚拟与现实的失衡将导致个体过于沉迷在虚拟体验中，从而忽视现实世界的义务、人际关系与社会福祉。沉浸式体验往往需要个体独自介入，硬件设备需求将用户与客观物理世界中的环境与人际关系隔离开，导致用户现实生活与虚拟世界生活的脱节，削弱主体与他人的情感联系，进而影响情绪和心理健康。而个体过于沉浸于虚拟世界，将导致个体在虚构的人际关系与数字劳动中过分投入真实情感，从而威胁感知能力。此外，特定的沉浸式体验的强度，如恐怖类的视听内容、具备残酷性的新闻专题及高压力模拟的虚拟环境，都将影响个人的情绪状态，继而加剧焦虑与痛苦，增加情绪的不稳定性。

（二）拟态与现实模糊的风险

在美国新闻评论家李普曼的认知里，人类与真实环境间实际存在着一个简化版的“拟态环境”。真实的环境在总体上过于庞大、复杂且转瞬即逝，人无法对拥有如此丰富可能性的外部世界应对自如，往往需要依照拟态环境这个更加简单的模型对真实环境进行重建。[①]人类往往是基于拟态环境在开展行动，当然最终影响的对象还是现实环境。

智能媒体时代，互联网全方位营造拟态环境，深入社会的方方面面，社会运行逻辑因此而改变，其所营造的拟态环境，相较于传统的大众传播，环境化的程度进一步加深。互联网营造的拟态环境，本身既是现实环境的一部分，同时也对现实世界产生深刻影响，这意味着以往清晰的拟态环境和现实环境的边界逐渐变得模糊，同时，虚拟现实等新兴技术促进了虚拟和现实的交融，拟态环境的环境化更为深刻。网络营造的拟态环境扩展公众视野，却也令现实失真，在媒介的粉饰和伪装下，人们认知的世界可能是失真的、虚假的世界。

传统拟态环境与真实世界的背离主要是正向的，其影响尚不至于构成风险。相比之下，网络拟态环境与现实的"负向背离"则足以通过影响社会认知而引发危害。当前，网络拟态环境中的思想交锋、观点碰撞、价值冲突趋势愈演愈烈，网络受众对价值观的认知和现实社会的感应不断碎片化、"偏移"程度加剧，网络拟态空间的现实境遇亟须社会主义核心价值观话语的引领与感召。[②]拟态环境的扭曲与异化加剧了信息孤立，局部放大了社会的不良现象，阻碍了社会及个体对多元观点的接纳与理解，忽视了长期性社会问题存在的必然性，否认了社会的良性运行机制，从而增加了社会的结构性紧张，不利于社会的和谐与稳定发展。

三、智能算法：算法传播的价值风险

智能媒体时代最典型的特征之一就是算法传播。数据驱动下的"算法

① 李普曼. 舆论［M］. 常江，肖寒，译. 北京：北京大学出版社，2018：14-15.

② 王越芬，季宇. 网络拟态环境下社会主义核心价值观话语体系建构［J］. 社会科学战线，2017（7）：271-275.

传播”，通过运用可计算的方式来实现传播过程，如计算广告、数据新闻、个性化推荐系统等。算法传播可以有效解决信息超载问题，使用户有针对性地获取信息，但同时由于其过于注重“技术逻辑”而忽视“价值逻辑”，隐含了诸多风险。[①]

（一）“算法偏见”造成中立缺失

算法偏见，指的是算法开发者或所有者可以调控程序参数，从而得到想要看到的结果。[②]算法偏见的立场有失中立客观，阻碍了公众对信息获得客观全面的理解。通过复杂难解的计算流程，算法披上了一层看似客观中立的技术伪装，构建起个体对数据算法的信赖，并重新定义了人类社会的运作规范。实际上，算法程序的设计、数据收集、数据挖掘、数据处理等环节都会被植入偏见的基因。

业务理解是偏见进入算法系统的首要环节，设计者需在此环节中要明确算法用于达成什么目标，决定收集哪些数据，由谁收集，收集后如何处理这些数据，并且选用哪种算法模型等内容。[③]也就是说，算法在目标设定、数据选取标准、数据模型设定、语义分析等方面都不可避免地受到人为因素的影响，在一定程度上混合了技术背后主体对世界的认知。当算法设计者对问题规范和目标变量的理解与预期目标不匹配时，理解偏见就此产生。例如，在某些情况下，设计者未充分考虑文化、经济、地理、性别等因素，从最初的设计阶段就将某些特定群体排除在目标范围之外，最终导致不公平的结果。

原始数据是算法程序训练、学习的核心要素，客观性与中立程度对决

① 王天民，郑丽丽. 算法技术赋能意识形态的风险透视及治理之策［J］. 云南社会科学，2023（6）：70-79.

② 仇筠茜，陈昌凤. 基于人工智能与算法新闻透明度的“黑箱”打开方式选择［J］. 郑州大学学报（哲学社会科学版），2018，51（5）：84-88，159.

③ 贾诗威，闫慧. 算法偏见概念、哲理基础与后果的系统回顾［J］. 中国图书馆学报，2022，48（6）：57-76.

策结果发挥着举足轻重的影响。在算法程序中，数据样本边缘化某些群体或者隐含社会偏见，导致样本不全或数据库污染，将会无限循环与强化社会的结构性偏见。[①]其一，数据样本来自人类社会，因此数据偏见的形成不可避免受到社会制度、历史文化和采集者态度的影响，这也导致收集的样本本身存在历史偏见或预存性偏见。其二，并非所有文化空间都能被量化分析。算法的核心在于对大数据的挖掘与处理，它采用实证主义的范式，通过量化手段来洞察人类行为和社会现象，并利用数学模型来刻画不同事物间的关联性。然而，在很多情况下，数字逻辑无法完全解答个体的行为逻辑。此外，样本数据是有限的，甚至是可以伪造的，这也影响了算法的准确性，导致不公平与内容的不匹配现象。

算法的运作方式、决策过程、权衡因素对用户来说是不透明的，或者是难以理解或解释的，因此，算法就像是一个封闭的盒子，用户无法直接洞察其内部的工作机制。而算法的不透明性让用户难以发现偏见来源，无法准确识别是否存在数据偏见、特征选择偏见，也就导致用户无法主动进行自我纠偏。除此之外，用户可能对不透明的算法产生不信任感，对某些内容产生抵触信息。

用户的个体行为偏见是算法形成的最后环节，体现为交互偏见。用户的行为本身也会进一步导致算法偏见，算法基于对用户行为的收集，分析其喜好，进行用户画像。因此，用户点击、购买或浏览的内容受到自身主观偏好、社会因素、文化因素等的影响，以短视频为例，若用户倾向于浏览、点赞、收藏、转发、分享、互动某一主题的内容，算法会认为这是用户偏好的重要体现，从而导致算法进一步推荐此类内容。这使得算法与用户之间形成一个双向反馈循环，使用户接触到的内容更加偏向于其过去的兴趣，最终导致反馈循环偏见的产生（见图7-2）。

① 郭小平，秦艺轩. 解构智能传播的数据神话：算法偏见的成因与风险治理路径［J］. 现代传播（中国传媒大学学报），2019，41（9）：19-24.

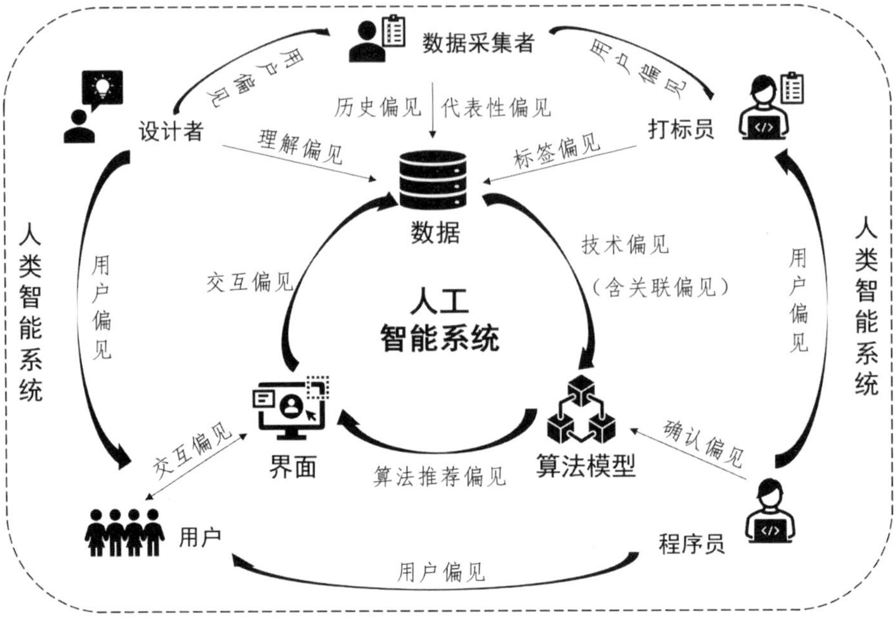

图7-2　算法“偏见”来源图

与传统媒体时代相比，媒介环境的升级、信息传播渠道与路径的拓展以及传播效能的提升更加依赖技术的支持。毋庸置疑，在这一进程中，算法技术设计者逐渐取代传统的“把关人”，从而具备更多的自主权，在构建受众拟态环境方面的影响力持续增强。无论其是否带有主观意图，他们都可以利用算法推荐机制来影响受众的媒介接触，最终对受众产生深远的影响。

随着信息传播权力下沉、社交媒体不断壮大，主流媒体的话语权受到极大挑战，主流舆论的议程设置权逐渐向操控社交平台的算法程序转移，可以说，“在一个媒体和代码无处不在的社会，权力越来越存在于算法之中”[①]。算法作为隐形的“把关人”，算法“偏见”与算法“歧视”作为预设的态度，将错误或偏颇的判断融入内容传播中，导致用户在这个虚拟的信

① 喻国明，杨莹莹，闫巧妹. 算法即权力：算法范式在新闻传播中的权力革命［J］. 编辑之友，2018（5）：5-12.

息环境中接收到的信息与真实世界存在一定程度的偏差和失真，最终影响用户对事实的正确理解。虽然拟态环境不可能完全反映真实的世界，但它至少要努力体现现实环境的多样性。①

在传统媒体时代，信息由媒体进行编码，而受众则负责解码。媒体通过议程设置过滤信息、筛选信息，选择呈现的内容、顺序，优中选优、精中选精。然而，在社交媒体与智能媒体时代，媒体的筛选权力下降，地位降低，与此同时，受众的地位不断上升。受众自身拥有更多的选择权，能够对自己的信息世界进行议程设置，从而形成个性化的媒介拟态环境。

在其自身建构的拟态环境中，权威、身份消失，传受者都成为传播中的一个符号，用虚拟的身份在交流，承担更少的责任却拥有更大的自由，用去中心、自主性、个性化、追求新奇和刺激等因素，让信息内容向野蛮化、消极化方向发展，非理性言论和情绪弥漫，虚假信息充斥，从而带来新的问题和风险。

（二）算法歧视导致数字不平等

算法即“权力”，对用户来说，智能算法通过个性化推荐，能够有效应对信息过载的问题，满足用户潜在、实际的需求。但与此同时，基于数据分析的智能算法，不断淡化用户在其中的影响，在信息呈现过程中也隐含着算法偏见、算法歧视等问题。

在传统数字不平等研究中，通常使用“数字鸿沟”这一概念来描述数字时代的技术两极分化现象。同类技术在面对不同用户时有差异的自我呈现、话语权和诉求表达效果，并直接作用于用户的线下资源获取、生产与生活水平。这不仅加深了传统数字不平等，还催生了新型的数字不平等。②

① 彭兰. 增强与克制：智媒时代的新生产力［J］. 湖南师范大学社会科学学报，2019，48（4）：132-142.

② 贾诗威，闫慧. 算法偏见概念、哲理基础与后果的系统回顾［J］. 中国图书馆学报，2022，48（6）：57-76.

数字不平等是不同社会经济背景的个体之间在接触数字媒体、使用数字媒体的技能、使用方式以及参与数字媒体所产生的结果方面存在的系统性差异。当前，社交媒体的使用反映了现有社会权力的不平衡，并嵌入更大的结构性不平等体系中，包括与数字素养相关的互联网接入、互联网使用、技能学习有关的社会阶级差异，数字素养与数字发展差异都是引发数字不平等的重要原因。[①]

媒介是大众获取科技信息的关键途径，而不同受众在接收媒介信息方面的能力存在显著差异，知识鸿沟也随即凸显。换言之，社会地位与经济等方面有优势的人群能比其他人群更快获取信息。因此，随着大众媒体传递的信息量增加，这两者间的知识鸿沟就有逐渐扩大的趋势。在当下这个“万物皆媒”的时代，知识鸿沟正逐步转变为数字鸿沟。无论是个人还是国家，在掌握和运用信息网络技术方面均存在差异，各类技术成为传统知识鸿沟的帮凶，进一步弱化了数字贫困者的社会地位、物质生活水平。

数字鸿沟在经济上扩大了贫富差距，引发了社会的两极分化。

首先，信息不对称是导致这一差距扩大的关键因素。信息富裕阶层通过先进的数字技术可以获取更多、更及时、更精准的信息，从而更灵活地把握市场动向，做出更明智的经济决策，进而积累财富。而信息贫穷阶层受制于有限的技术和网络接入，难以获得同样的信息资源，使其在经济竞争中陷入相对劣势。

其次，数字技术的应用差异也深化了经济上的不平等。信息富裕阶层通过灵活应用先进技术，提高工作效率、降低生产成本，从而实现更高的经济回报。相反，由于技术水平的滞后，信息贫穷阶层无法充分享受数字技术带来的便利，使其在经济中逐渐边缘化。

最后，数字鸿沟加剧了经济资源的不均衡分配。数字技术的迅猛发

① 赵万里，谢榕. 数字不平等与社会分层：信息沟通技术的社会不平等效应探析［J］. 科学与社会，2020，10（1）：32-45.

展使得信息富裕阶层更容易进行信息和技术投资，从而更轻松地获取经济资源，实现财富的积累。而信息贫穷阶层由于数字技术的局限和经济机会的匮乏，很难融入数字经济体系，导致财富的积累变得更加困难，最终成为“信息穷人、知识穷人和被网络区隔者”[①]，这些群体共同拥有一个新的身份——数字底层阶级。数字鸿沟造成的“马太效应”愈演愈烈，信息资源的不平等最终加剧了社会经济层面的两极分化。

数字鸿沟恶化了教育的不平等问题，教育信息化也在其间推波助澜。小到个体，大到地区间的教育水平差距一直在拉大。无论是教育的机会、信息资源，还是教育的信息素养，不平等现象都随处可见。不同代际的人接触和使用数字技术也存在显著差异，年长的一代可能对新兴技术了解、应用相对较少，而年轻一代更容易适应和利用新技术，这可能导致在沟通、信息传递和文化参与方面存在差异，加深代际之间的鸿沟。也就是现实世界中不同年龄阶层的代际鸿沟，又进一步因为技术的应用而加深。

算法的运用在信息呈现中带来了不平等的话语权。算法通常会优先或主要呈现社会特权阶层或优势阶层的声音，展现了社会分层结构在信息不平等呈现中的映射过程。一方面，越来越多的网络应用与平台将算法作为信息“把关人”，通过限制信息呈现与访问来抑制不相关信息的呈现机会，以此来解决信息过载问题。尽管这种方法能够有效减少用户的信息接触量，但不能保障其在信息过滤、信息呈现的过程中是否遵循公平原则。另一方面，不论是否公平，用户接收到的内容都是经算法筛选后的，在一定程度上替用户进行了信息选择。算法的推荐与排序过滤掉了与用户偏好无关的信息，强调了用户的“欲知”需求，而忽视了“应知”需求，损害了用户的知情权，削弱了用户在信息接收方面的多样性。

从流程上看，这种信息不平等的产生可以追溯到数据集的形成，其中

① CASTELLS M. The rise of the network society [M]. Oxford: Blackwell, Publishers Ltd., 1996: 46.

特权较高者的观点相较于特权较低者的观点更容易被捕捉到。因此，通过对这样的数据进行训练，算法的结果更倾向于体现特权阶层的话语权，从而放大了特权阶层的存在和影响。从本质上看，信息呈现不平等源自社会偏见，是权力阶层抢夺统治权的结果。具体来看，信息不平等常常在性别多样性、职业多样性、种族多样性等方面显现。在竞争话语权的过程中，信息的构成更倾向于积极描述特权群体，或者消极表述特权较低群体，甚至直接剥夺特权较低群体的话语权。这种信息呈现不平等的结果进一步加剧了某一社会群体的优势，导致话语权的不均等分配。

互联网与新媒体的兴起塑造了一个全新的社会环境，这一环境也孕育了人们新的行为模式和生活方式。数字鸿沟实际触达和影响了人类的交往、表达乃至思维，产生了获益匪浅的“数字土著”与畏惧变革的“数字移民”。随着时间的推移，这两类人群在生活方式、思考方式及情感表达方式上可能会产生显著的差异。

（三）“信息茧房”导致认知偏颇

算法传播有可能强化“信息茧房”效应：你越是对某种事物感兴趣、倾向于某种观念，算法就越是给你推荐关于这种事物、支持这种观念的材料，让你不断强化自己的兴趣和倾向。而且，算法推荐还可能被用于有目的性地引导人群，从而影响公众观念，甚至影响政治决策。此外，算法传播可能隐含社会偏见与歧视的问题，这些偏见源自算法设计者与使用者的价值取向。个体若长时间置身于信息过载且身心满足的传播环境中，便容易引发情感共鸣与情绪释放，导致视野受限，将接收到的片面信息视为真实，将特定圈层的“共识”当作普遍真理，进而形成固化的认知偏见与刻板印象，最终可能削弱对主流意识形态的认同感。进一步地，算法传播还可能导致文化趋于低俗化。算法作为新的把关者，取代了传统把关人的内容审查与舆论引导角色，依赖“无情感的代码”对内容进行筛选，依据用户偏好来评判内容的“价值”。当算法受人性内在的利己与享乐需求驱动时，娱乐化、虚假及庸俗内容便成为推荐的首选，使得流动、碎片化、跳跃性的信息充斥用户的视听世界，而将科学、客观、严肃的话语形态排除在外。算法传播的另一个潜在风险在于其对传播公共性的偏离。在算法时代，议题构建趋于个体化，新闻信息的生产缺乏公共性，仅在一定程度上反映了用户的部分共同兴趣。算法传播所潜藏的隐忧还在于对传播公共性的背离。在算法主导的时代，议题的构建趋向于个人化，新闻信息的产出并不具备广泛的公共性质，它更多的只是反映了用户群体内部的某些共通性特征，而非真正的公共性。

“过滤气泡”概念最早由互联网活动家帕里泽（Pariser）2011年在其著作《过滤气泡：互联网没有告诉你的事》（*The Filter Bubble: What the Internet Is Hiding from You*）中提出，他将新一代网络过滤器通过算法推荐生成用户画像，并将通过算法技术为每个人打造的独特信息世界定义为过滤气泡。[①]“信息茧房”这一概念由桑斯坦提出，它描述的是个体倾向于依据个人偏好选择性地接收信息，长此以往，便如同被包裹在蚕茧般的茧房之中，自我限制了信息的广度与多样性。“回音室效应”这一概念源自桑斯坦的《网络共和国》一书，它描述的是在一个高度选择性的网络环境中，个体更容易接触到与自己观点相近的言论，这导致他们更加孤立，难以听到与自己相左的意见。“信息茧房”强调用户的主动选择，“过滤气泡”强调用户的被动接收，而“回音室效应”则强调同质化信息如何强化用户的观点，并导致群体观点的极化。

个性化算法分发的机制是通过个性化推荐算法实现信息与用户的精准匹配和推送，优先呈现用户感兴趣的信息，同时过滤掉价值较低的内容。为了争夺用户的注意力资源，新媒体平台借助“投其所好”的算法推荐成为流量竞争的关键利器。大多数平台运营利用“过滤气泡”，并以“精准化

① 郭小安，甘馨月.“戳掉你的泡泡”：算法推荐时代“过滤气泡”的形成及消解［J］. 全球传媒学刊，2018，5（2）：76-90.

推送”和“个性化推荐”为其卖点。例如，今日头条以内容为特色，推荐用户感兴趣的新闻、文章和媒体内容。网易云主打音频推送，为用户推荐符合其音乐口味的歌曲、专辑和音频节目。抖音则以短视频为代表，呈现用户可能喜欢的有趣、创意和娱乐性强的短视频内容。这些平台的个性化推送服务在迎合受众喜好、满足受众需求的同时，也引导人们选择或靠近与其观点一致的信息。

算法推荐基于深度学习，在去中心化、复合推荐、实时分析的算法模型基础上，推荐触达的有效性显著提升。然而，这种高度个性化的算法通过精准匹配用户偏好，使用户倾向于仅搜索和接收自己感兴趣的信息，最终可能导致用户陷入“信息茧房”的困境。在信息茧房中，用户的认知平衡会被打破，出现“信息偏食”的现象，长此以往，也会导致用户的认知结构出现问题，加剧了用户个人的认知偏颇。

“信息茧房”一旦形成，个体在信息获取过程中，会主动忽视甚至排斥与自己观点不同的现象。在“信息茧房”中，群体内成员与外部世界交流就会大幅减少，从而弱化交往理性，导致社交分裂。用户常常会固守在符合自身偏好和认知的圈子中，各个圈子之间很难进行有效沟通，久而久之加强了群体的分化，各群体间相互隔绝甚至对立，禁锢了不同思想和观念之间的创新、突破和交流。在茧房化的社会情境下，当群体内部的同质思想、价值判断被不恰当地放大和肯定时，一旦遭遇不同的声音，群体极化现象极有可能在这种环境的催化下加剧，进而演变为极端行为。

算法推荐加速信息茧房的出现，碎片化的信息充斥网络空间，大量同质化的信息消耗着个人有效的注意力，大众在碎片化的体验中也逐渐消解了深层思考能力。技术是一把双刃剑，技术的进步让人可以根据自己的喜好选择信息，却同时也让人沉迷在自己的舒适圈，久而久之，用户的判断能力逐渐丧失、系统深层次的思考越来越少，变成没有创造性和批判性的麻木不仁的单面人，最终成为技术的奴隶。美国哲学家马尔库塞提出“单向度的人”这一概念，体现了对现代社会中的人的一种批判性。[①]

第二节 内容融合的弊端与潜在挑战

随着“传受复合”的全新身份的出现，伦理风险的产生概率、发生机制、影响边界都被进一步扩大。一方面，这种身份的转变使得个体在内容生产和传播中的角色更加重要，但也可能导致内容质量下降或信息冗余；另一方面，这种身份的转变也可能引发个体在舆论生态中的冲突和矛盾，从而对公共利益和社会稳定造成潜在风险。“公私交叠”的舆论生态也模糊了公共领域与私人领域的边界，使舆论环境变得更加复杂和难以控制。在这种环境下，公共意见和个体意见的交织可能会引发网络暴力、人肉搜索等不良现象，从而对个体和社会造成伤害，同时也使得网络监管和风险治理的难度进一步加大。

一、数字化、网络化、多平台

在智媒时代，视听内容生产已经发生数字化、网络化、多平台的全新变革。这些变化不仅是媒体平台的创新和发展，更是媒体以及广大消费者对传媒内容要求变化的反映。媒体内容供给的丰富多样、更加便利的获取方式和人性化的定制服务，让媒体内容更加多元化和普惠化。

不同于传统单一媒体时代边界清晰的内容，智媒时代的内容生产正转向数字化、网络化、多平台的开放融合新型内容。视听内容的生产应当被置于互联网语境中进行动态审视，并融入网络化、社会化和融合式的思维

① MARCUSE H. One-dimensional man：studies in the ideology of advanced industrial society［M］. Boston：Beacon Press，1966.

基因。在此基础上，构建开放融合的内容矩阵，是为视听生产价值新系统搭建起资源库。

在媒体数字化时代，随着数字技术的快速发展和应用，媒体的内容生产正在经历着巨大的变革。在传统媒体时代，内容生产是由少数精英组织策划并通过门槛较高的媒体平台进行发布，具有强烈的中心化和集中化特征。然而，随着数字技术的发展，社交媒体、博客、短视频等新媒体平台崛起，媒体的内容生成方式正在经历着一种与传统媒体完全不同的变革。这种变革不仅是媒体数量和类型的爆炸式增长，更是带来了从少数向多数、从中心向边缘、从集中向分散的全新生产模式。

数字资源建设是在数字技术的基础上，于网络空间中存储、展示和传播特定的对象信息。构建开放融合的内容矩阵，以数字空间中的知识服务推动视听内容的创作与传播。此外，运用大数据、云计算、人工智能等技术，抓住信息化发展的历史机遇，充分运用现代科技手段，不断打造数字视听资源建设矩阵。融合式内容矩阵需涵盖运营、适配、对接、开发等功能，宗旨是提供数据化的多种融媒体应用服务。实现了云端的采集、存储、制作与发布。该矩阵以内容中心为枢纽，促进了资源的共享与整合，构建了一个集内容汇聚、创作与分发于一体的综合性内容池（见图7-3）。

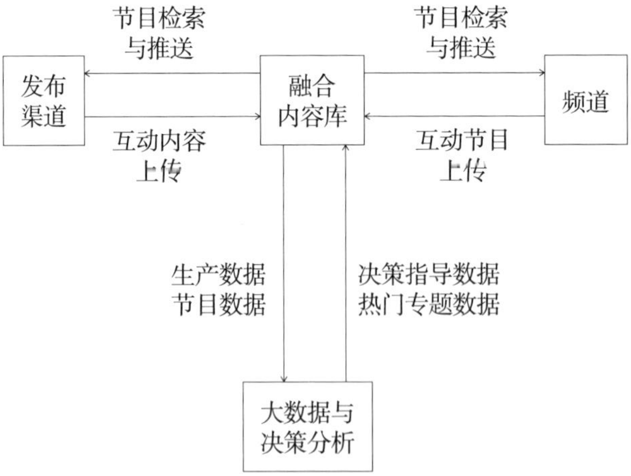

图7-3　融合式内容矩阵与其他业务模块关系图

在智媒技术发展的背景下，传媒内容过度追求商业化、娱乐化及低俗化的倾向，给国家意识形态的传播带来了巨大的挑战。当前国家主流意识形态处于支配性地位，在视听内容生产与传播的价值系统中，主流价值观应当始终作为保护墙。内容生产者与传播者，尤其是新型主流媒体，应当促进主流意识形态与其他良性意识形态兼容共生、不同而和，以新平台、新机制更好地促进全社会在意识形态领域最大限度地达成思想共识。然而，值得注意的是，当前我国主流意识形态的建设步伐在供给端尚未能充分适应社会的快速变化，其在生产与传播环节中面临着内容繁复、主体多样化以及话语冲突等诸多难题。

技术的飞速革新极大地促进了国内主流价值观生态的演变，同时也引发了视听内容在意识形态表达方式与形式上的深刻重塑与创新。以往，意识形态的传播依赖于纸媒、电视等传统媒体，这些媒介塑造了一种以一元化为主导的意识形态话语体系。意识形态的主导性与传统媒体的一元化结构在本质上是同构的。相较于传统媒体，网络空间在舆论表达方面展现出更高的开放性和自由度。任何舆情事件在网络空间的多层次传播与扩散，都给政府的舆情管理工作带来了巨大的挑战。

在当今这个全民皆可发声的时代，社会话语环境正经历着微妙的转变，曾经占据核心位置的公共话语空间正在逐渐缩小。受到现代主义观念的深刻影响，各类数字化传播媒介和平台，如微博、B站、抖音等，被赋予社会属性和功能。平台依据兴趣、身份等要素，将个体汇聚为社群，从而在一定程度上造成了这些社群与外部信息（包括主流意识形态）之间的隔阂。

从外界视角观察，圈内与圈外的信息流存在明显的断裂，唯有那些贴合圈层特性的信息方能渗透进圈内并为成员所接收。这些信息往往带有强烈的主观色彩，结果是许多信息，尤其主流意识形态的内容被圈层壁垒阻挡，形成了信息鸿沟，阻碍了国家意识形态的渗透。从内部视角而言，圈层内的成员易被局限于某种特定框架内，不少有效、有价值的信息都被排除在外，造成圈层内部的内卷，且没有信息流通的圈层仿佛孤岛，其成员无法与国家意识形态产生共鸣。

在互联网去中心化的浪潮下，新的信息生产传播中心如雨后春笋般涌现，为意见领袖的多元存在提供了条件。面对信息海洋，大多数民众因自身判断力与分析能力的局限，更倾向于依赖具有权威性的“委托人”来甄别信息的真伪及舆论事件背后的真相。这一传播生态下，民间意见领袖逐渐演变成为新型的传播权力机构，削弱了主流意识形态的主导地位。

技术发展拓宽了民众参与社会事件的渠道，意识形态表达与传播权力被泛化，主流媒体的舆论场话语地位面临挑战。目前，传统媒体在公共议题议程设置上还具有权威性，但在智媒时代，它们只有寻求转型升级才能引领社会舆论。技术为主流与民间的沟通提供了基础，但要真正解决当前面临的一系列难题，还需在内容生产、话语方式、形态机制等多个维度上实现突破。

二、数字劳动造成的伦理困境

新技术的普及让用户拥有了参与内容生产的机会，但当用户的“集体智慧”越来越为互联网产业所吸收并不断商品化，与此相关的伦理问题也随之出现。一方面，快手或抖音等平台的用户以短视频方式分享的生活日常，虎牙等平台的用户以直播形式进行的自我展演……大量用户不知不觉地参与到这些视听新媒体的生产环节，无形中为媒体创造了价值，被技术逐渐“异化”为“数字劳工”。另一方面，视听新媒体所提供的使用体验、情感补偿、打赏激励等难以支付所有参与生产用户所付出的成本。随着5G技术的应用和物联网技术的发展，未来在万物互联的语境之下，用户利用视听新媒体所做出的一举一动、一言一行都有可能被转化为“数字劳动”，成为互联网上具有价值的“商品”，其中的伦理问题也将更为突出。[①]

① 李叶欣. 圈地与突围：数字经济时代平台媒体受众异化研究［J］. 新闻研究导刊，2023，14（19）：4-6.

当前“时空畸形”的视听媒介生产环境，进一步引发劳动主体异化、劳动产品异化、劳动行为异化与劳动思维异化。[①]劳动主体的异化源于平台资本对数字用户的“规训”，当劳动主体的时间资本与空间资本进入信息资本的生成逻辑中，劳动主体也将成为信息资本的生产要素。劳动产品的异化源于劳动主体的“无权”，随着数字产品加工的规模化、模式化与自动化，数字劳动者的成果往往被平台资本占有。因此，劳动产品的异化在于生产价值与使用价值的脱轨。劳动行为的异化源于数据时代的信息焦虑，劳动主体只能不断调整自身的劳动行为以适应变化的平台标准，促使个人行为沦为资本行为的附庸。劳动关系的讨论集中在数字劳动者、雇用平台与数字劳动服务对象的生产分配问题。由于劳资关系的话语权掌握在平台手中，数字劳动者将同时受到平台与服务对象的双重剥削。[②]

用户必须转让版权和隐私才得以进入平台，但平台本身却没有对版权进行有效保护，用户创作的内容极易被他人所盗用。此外，和过去的工作方式不同，数字劳动的剥削更难被发现，它不需要强迫劳动者，而是让他们自我规训。比如在短视频平台，系统用点赞数和播放量刺激用户发视频。最开始用户只是空闲时分享生活，后来为了冲榜单、争流量不停更新内容，休息和工作的界限消失了。劳动者没有摆脱资本的压力，平台算法只是把这种压力藏得更深。

大数据算法作为一种技术革新，使得资本能够借助更为隐秘的方式与更精确的数据，对“创意劳工”实施规训。这一变化导致内容生产从业者不得不屈从于工具理性和商业逻辑的支配，失去了对自己创作内容的控制权，进而引发了创意劳工与其作品之间的异化对立。同时，社会上盛行的金钱至上、利益优先的心理倾向，进一步推动了平台追求利润最大化、恶

① 汪金刚. 数字劳动异化：表征、归因与伦理重构［J］. 青年记者，2022（12）：25-27.

② 汪金刚. 数字劳动异化：表征、归因与伦理重构［J］. 青年记者，2022（12）：25-27.

性竞争的态势。为了吸引用户注意力、获取流量红利，各大短视频平台放宽了内容审核的门槛，放任各类短视频内容泛滥，质量参差不齐，严重破坏了平台的文化生态环境。

在智能传播时代，媒介技术在批判与认可中发展。我们不能陷入盲目的技术乐观主义，也不应过分渲染其潜在的威胁与控制力。因此，在智能传播时代，通过推动内容创新、加强行业自律以及实施技术纠偏措施，以实现相关行业的健康、可持续发展，成为至关重要的任务与追求。

三、创作惰性、版权与负面认知

虚拟现实技术正在引领视听领域的新一轮发展潮流，借助人工智能、云计算和虚拟现实等技术重塑内容生产、分发和消费的全流程。这些技术的深度融合，使得视听内容制作更加便捷，降低了创作门槛，让更多的人可以参与到媒体内容的创作和发布中。然而，这种变革也带来了一些潜在的问题。

（一）创作惰性：内容的同质化与平庸化

首先，智能媒体技术有可能滋生内容生产者的创作惰性，导致他们过于依赖技术，致使创作出的内容缺乏创新性和独特性，并导致内容的速食化、捷径化、平庸化。[①]随着技术的不断发展，人工智能已经成为智能媒体内容生产的重要参与者甚至主导者，并且在新闻、广告、电影、短视频、文学以及其他艺术创作等各个领域都有所应用。人工智能在定制化内容生产、虚构性内容创作和整合式内容加工等方面具备独特的优势。然而，智能生成的内容以及这些内容生成的机制和模式对人们的认知、思维方式和行为产生了深远影响，甚至可能使人们更加被动。过度依赖人工智能的生

① 彭兰. 智能生成内容如何影响人的认知与创造？［J］. 编辑之友，2023（11）：21-28.

成模型和大数据算法，以简单的一键生成机制取代个体的思考过程，不仅扰乱了认知机制和发展性思维，还导致了视听内容生产面临内容同质化、生产快捷化和内容浅层化的危机。[①]这也使得创作者过于依赖人工智能的生成机制，失去了思维创新的活力，产生了创作惰性。艺术和文化创作是以创新精神为核心的创造性活动，而人工智能引发的思考和创作危机不仅限制了人类思维的发展进程，还限制了产业的发展速度。当投资者意识到人工智能的便利性，缺乏创新竞争力的人类将失去就业机会，视听内容与文化发展中的人类劳动将进一步缩减，AI将替代人类成为优化产业效率的重要中介。

（二）版权争议与版权保护难题

在版权保护方面，新技术的发展也带来了新的挑战。人工智能生成内容矛盾在于人类劳动与技术劳动之间的要素划分的执行难度，其关键在于鉴定作品到底是以人为主体、机器为辅助制造的创造性产品，还是由计算机而非人类进行独立生产。破解人工智能生成物版权，应该从人工智能在作品创作中的角色转变进行阐发。人工智能系统大致可以分为两大类：一类是符号系统，它依赖于预设的规则来指导计算机程序理解和解决特定问题，当某个特定事件发生时，计算机会执行相应的动作；另一类是互联系统，例如人工神经网络，这类系统并不依赖于开发者预先编写的处理规则，而是让人工智能根据训练的数据自主发现和应用处理规则。从著作权法的角度出发，人工智能在“作品”创作过程中的角色可划分为三类系统：一是扮演工具角色的符号系统；二是扮演控制者角色的高级互联系统，即生成式人工智能；三是扮演中间角色的一般互联系统。[②]从立法层面来说，虽

---

① 王浩伟，汪璠，王秉琰. 主题视角下生成式人工智能生成内容与用户生成内容的比较［J］. 情报理论与实践，2023，46（10）：200-207，199.

② 张金平. 论人工智能生成物可版权性及侵权责任承担［J］. 南京社会科学，2023（10）：77-89.

然人工智能生成物可以在条文中明确规定不受版权法保护，但接受层面上，将引发对于参与主体或版权法人诚信问题的争论，并导致观众对于人工智能生成作品的混淆。由于人工智能生成作品在形式上与人类生成物难以辨别，在审查、解读、登记时将造成著作权法案的定性困难，也存在他人虚假申报生成式人工智能生成物作者身份的问题。①例如，人工智能通过模型学习当世艺术家的创作风格、手法从而伪造作品，或他人借人工智能程序窃取创意并投入使用，这都带来了版权保护与作品维权的风险。

（三）对人类认知的负面影响

由于人工智能技术能够模拟人类认知过程，其多层次的信息供给具备动态化、场景化、无边界、低门槛和即时交互等特点，极易在运行过程中对用户的信息获取和社会认知形成产生影响。②电脑、手机等移动端成为人类身体的感知延伸，进一步延展为人类认知领域中的重要组成。速食化的短视频内容能够在短时间内传递出关于世界的普适性内容，但由于技术与人为生成内容的复杂性，人类对世界的认知将受到数字信息的约束，导致人类对社会道德、文化、技术等多维度信息的认知异化。克拉克和查尔莫斯指出，人类认知域受到依赖性、可通达性、可信赖性、历史关联性等影响，并以此区分技术因素对人类认知域影响的外延与内涵。③

针对技术作为工具时对人类认知的影响，视听内容及数字信息在传输过程中可能遭到篡改及损毁，借助设备获取信息的可靠性、真实性与创新性受到损害。而“深度伪造”及合成媒体技术，对音视频内容中个体、内容、价值进行重塑，依赖技术开展的低成本造假手段，将损害客观事物的

① 司晓. 奇点来临：ChatGPT 时代的著作权法走向何处——兼回应相关论点［J］. 探索与争鸣，2023（5）：79-86，178-179.

② 朱毅诚，刘玉涵，蒋雪妍. ChatGPT：生成式人工智能形塑社会认知的能力与风险［J］. 中国传媒科技，2023（8）：7-13.

③ 刘晓力. 延展认知与延展心灵论辨析［J］. 中国社会科学，2010（1）：48-57，222.

真实性，而认知主体无法辨认事物的真实性，也将导致认知过程、认知习惯及信念集合的紊乱。[①]针对元宇宙技术引发的硬件改革，脑机接口等元宇宙硬件直接连通公网与身体，这类神经技术将开放人类意志的操控权，个体可能会在无意识的情况下遭到人工智能或技术公司的认知操纵，从而威胁主体的创造力与认知能力。

第三节 智媒的风险治理与防控策略

数字化时代的到来给我们带来了前所未有的便捷和发展机遇，然而，随之而来的是日益复杂的伦理挑战和无处不在的安全风险。数据作为数字经济和未来的核心资源，其安全性直接影响国家安全和数字化改革的顺利进行。技术迭代带来跨国与跨区域的平台与数据内容互通，但由于网络接口指令与数据协议的差异，真正的去中心化体验难以实现。为了优化并促进国际、区域与城乡之间的智媒内容传播，跨域困境与统一的数字安全协议将是未来探讨的关键问题之一。[②]

当前智媒时代平台共建具有互操作性的要求，但由于当前国家、企业、媒体平台，均依靠不同的资金渠道与局域网络，区块链之间的共同协议尚未达成，企业与国家间存在的技术与权力的跨域竞争，让交互体验远无法达到物理世界与虚拟世界无缝连接的理想状态。在硬件与软件研发方面，由于网络及设备限制，跨平台的实时交互难以实现。而跨平台用户间的行为与偏好差异，以及围绕数据、知识产权与管辖权引发的竞争，极易造成媒体平台的混乱，从而影响社会稳定。

---

① 周程. 认知域延展中的安全问题及其应对策略［J］. 人民论坛·学术前沿，2023（11）：65-72.

② 赵阿琼. 数据跨域流动安全保护的比较研究［J］. 宁夏大学学报（人文社会科学版），2023，45（2）：154-160.

在这一背景下，政府、企业、社会以及个体需要共同努力，构建全面的数字安全体系，以应对潜在的风险和威胁。技术迭代引发的各种问题，主要围绕技术与平台、技术与消费以及技术与人类认知三个方面展开。由于技术迭代重塑了视听内容生产的全产业链，在推动技术发展贴合时代前沿步伐的同时，也需要政府、社会、企业、个体等多方共同开展治理路径探讨。

一、智媒评估体系的建设

当前，诸如元宇宙、NFT、ChatGPT等智能媒体技术不断涌现，并逐步融入人们的日常生活。随着这些技术的兴起，信息场域中涌现出了一系列前所未有的挑战与风险。在技术威胁论广泛流传的背景下，参考纳西姆·尼古拉斯·塔勒布（Nassim Nicholas Taleb）提出的“反脆弱性”概念，我们可以来审视智能媒体传播的风险问题。这意味着，我们不应仅仅聚焦对技术脆弱性、灾难性等负面的认知，而应同样重视技术冲击后可能为人类带来的益处和机遇。

在智媒时代，传播环境的形成离不开技术的作用。相应地，“把握住信息与通信技术带来的新伦理挑战，一种富有成果的方式就是从环境入手”[①]，即明确当前智能媒体所处传播环境中的稳定因素与变动因素，从而为深入理解智能媒体传播的伦理风险提供系统化的佐证。以智媒为主体制定其评估体系模型，量化、具体化评估参数，能够有效地归纳智媒的既有特点，把握智媒的发展趋势，规避智媒发展过程中的潜在风险，并在持续的监测与评估中为智媒的未来指明科学合理的改进方向。

（一）智媒生产主体的评估体系

在主体建构方面，智媒生产主体的评估体系主要是智媒的硬件设施与

① 弗洛里迪. 信息伦理学［M］. 薛平，译. 上海：上海译文出版社，2018：11.

从业人员。传播主体建设是指智媒在传播过程中，在平台性能、人才队伍等方面的建设，可分为硬件设施和从业人员两类（见图7-4）。[①]

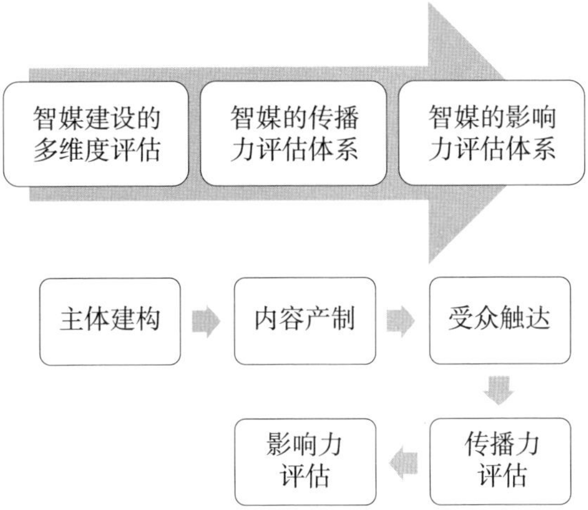

图7-4 智媒的评估体系构建逻辑示意图

社会秩序无处不在，它构建了社会的运行法则以及人类个体生存的内在逻辑。人工智能、物联网、社交媒体和虚拟现实等智媒技术所打造的传播平台，为人类在社会中的定位提供了新的衡量标准。"已深层次地介入人类共同体之构型，推动其走向数字化——'数字城市性'（Digital Urbanity）、'算法化社会性'（Algorithmized Sociality）、'大数据主义'（Dataism）"[②]，它们不仅让人们的线上乃至线下生活体验变得更加丰富多彩，激发了广泛的想象力，而且在引导公众的传播行为方面发挥了积极作用，共同促进一个积极平台氛围的形成。对于平台硬件设施的评估，应当从平台建设能力和技术能力等多个维度进行综合考量。平台建设力涵盖多个方面，如设立的海内外站点数量、自建网站的数量、媒介类型的数量，以及信息传播的范围和影响力，具体体现在信息传播所覆盖的地区数量、覆盖

① 刘燕南，刘双. 国际传播效果评估指标体系建构：框架、方法与问题［J］. 现代传播（中国传媒大学学报），2018，40（8）：9-14.

② 韩炳哲. 透明社会［M］. 吴琼，译. 北京：中信出版社，2019：9.

率以及入户率等指标上。这些数据指标反映出平台建设的基本能力。技术为平台的建设提供不可或缺的支撑，也驱动着平台的自我升级与转型提高。智媒时代，平台技术能力包括平台的系统稳定性、升级迭代周期、资源利用率、自我学习能力、数据推送精度等，可以细分为平台的吞吐量，即其在单位时间内能够处理的请求数、点击率与转化率等具体数值指标。在利用智媒技术强化数字基础设施和优化社会秩序的过程中，传播平台也引发了一系列出乎意料的伦理挑战。这些问题包括：社交媒体平台上用户隐私数据被泄露的问题；出行及地图服务应用中涉及的人身安全风险和基于数据差异的不公平待遇（数据杀熟）问题；平台内部因信息差异化传播所导致的明显社群分化现象[①]；新出现的信息阶层分化所隐含的数字鸿沟与信息贫困问题。因此，平台的安全性也将纳入智能媒体的考量指标。平台的安全性能主要从平台的定期更新与维护频次、测试灾备系统的周期、数据备份技术的完备、数据透明的比例、对敏感数据的加密设置、平台协议的法律保障，以及平台自身的风险治理能力等维度进行评估。结合以上指标，可以建立一个全面的智媒平台性能评估体系，确保平台能够在不同情况下保持高度的可靠性和稳定性。

表 7-1　平台风险治理评估指标

一级指标	二级指标
社会连接能力	平台覆盖面（日活用户数、粉丝数等）
	公众参与度（转发、点赞、评论等）
	实际影响力（被公众认可的程度）
参与风险治理的效能	参与风险治理的主动性
	转载和解读主流媒体信息的准确性
	对不实信息、谣言等的审查、识别和抵制的机制
	舆情大数据的挖掘与共享

① 汤天甜，周经伦，温曼露. 反脆弱视角下智媒传播的伦理风险及其治理研究［J］. 传媒，2023（19）：94-96.

媒体业正经历的颠覆性变革不仅仅是技术工具和业务模式的更新，更深刻地影响了媒体从业人员的角色和素质要求。在这个过程中，新型人才逐渐成为媒体业的重要储备，引领着行业的创新和发展。

首先，智媒的迭代推动了媒体业务的数字化和智能化。新型人才需要具备丰富的数字技能，能够熟练运用各种数字工具和技术，包括但不限于数据分析、人工智能、大数据处理等。传统媒体业务与新型媒体技术的深度融合，使得从业人员不仅需要具备传统媒体业务的专业素养，还需要具备跨学科的知识和技能，能够理解并运用新兴技术来推动媒体业务的创新。

其次，新型人才的崛起与智媒时代强调的用户体验和个性化需求密切相关。在过去，媒体是广泛而泛型的，内容被大众化制作和传播。而在智媒时代，用户追求更个性化、定制化的信息和娱乐体验，这要求从业人员能够更加深入地理解用户需求，并通过智能技术提供更加精准、个性化的内容推荐和服务。新型人才需要具备用户研究、社交媒体分析等能力，从而更好地满足用户的多样化需求。此外，随着智媒技术的发展，新型人才的培养也变得更加注重跨学科的综合素养。媒体行业不再局限于传统的新闻学、传播学等专业，而是需要具备更广泛的知识背景，包括但不限于计算机科学、数据科学、人工智能等领域的知识。新型人才需要具备良好的学科交叉能力，能够跨足多个领域，为智媒时代的媒体创新提供更多可能性。

总而言之，对从业人员进行评估，围绕从事智媒领域相关工作的人员的数量与质量两个维度进行。数量包括不同部门的人员构成、技术人员在媒体从业人员中的占比情况；质量包括平均学历、专业背景、交叉情况和从事技术、传播类工作的平均工作年限等。①

（二）智媒生产力的评估体系

智媒传播力的实现也离不开内容的生产。在新的传媒生态环境下，技

① 刘燕南，刘双. 国际传播效果评估指标体系建构：框架、方法与问题［J］. 现代传播（中国传媒大学学报），2018，40（8）：9-14.

术的介入使得内容生产的方方面面都发生了转变。因此，形成互联网思维，转变“姿态”与“语态”，内容的生产、内容的品质的保证与竞争力的达成等方面，也是衡量智媒的属性的重要维度，是影响智媒可持续发展的重要因子。

智媒生产力的评估体系可以从产量和多样性两个关键角度出发。首先，产量可通过定量指标如内容发布频率、更新速度，以及阅读/观看/点击量等来衡量。其次，多样性涉及内容形式、主题涵盖和受众定位等方面，可通过分析媒体的内容种类、独特性，以及各种表现形式的使用频率来进行评估。通过综合考量产量和多样性，可以形成一个全面的智媒生产力评估体系，确保媒体机构既能满足受众的信息需求，又能提供富有创意和多样性的内容体验。

智慧媒体内容品质的评估主要围绕创新性和专业性展开。创新性评估聚焦于内容创意度、新颖形式和实验性项目，以确保内容具备引人入胜的创新元素。同时，专业性评估注重信息准确性、深度报道和行业专家参与，以保障内容在传递信息的同时维持高水准的专业可信度。这两个关键角度的综合评估体系旨在确保智慧媒体既能提供创新且富有创意的内容，又能保持高质量和专业水准，以满足受众对多样性和可信度的双重期待。

智媒的内容竞争力评估着眼于多个关键要素。首先，关注内容的独特性和个性化，通过独特的视角、深度分析或创新的表达形式，确保内容在竞争激烈的市场中脱颖而出。其次，关注用户参与度，衡量受众互动和分享频率，以评估内容的社交影响力和传播效果。最后，注意及时性和敏锐度，及时跟踪并深入解读新闻和趋势，以保持对话的活跃性。通过这些方面的全面评估，可以形成一个有效的智媒内容竞争力评估体系，为媒体机构制定更具竞争力的内容战略提供指导。

（三）智媒传播渠道效能的评估体系

在信息爆炸的时代，受众触达成为智媒发挥影响力的关键一环。随着渠道生成和算法推送的不断演进，我们进入数字化的传播时代。如何精准地构建传播渠道，借助智能算法实现个性化推送，已经成为媒体机构日益关注的重要议题。

智慧媒体传播渠道的生成评估主要聚焦于渠道本身的效能。首先，要考察渠道的多样性，确保内容能够涵盖不同平台，包括社交媒体、网站和移动应用等，以最大化受众覆盖。其次，要关注社交媒体的影响力，通过评估社交分享率和互动指标，确保信息在社交网络中的广泛传播。再次，对搜索引擎优化进行评估，以提高内容在搜索结果中的可见性。然后，要关注移动端体验，评估移动应用下载量和用户体验评价，以确保在移动设备上的顺畅传播。通过实时性和更新频率的考量，保障传播渠道能够及时更新信息。最后，通过用户参与、互动数据和受众反馈等指标，全面评估渠道本身的传播效果和用户满意度，从而不断优化渠道策略。

在智媒发展的背景下，推送的精确性是关键影响用户体验和内容传播效果的因素。评估推送精确性需要考虑多个方面。首先，个性化算法的准确性是关键。通过分析用户历史行为、兴趣和偏好，推送系统能更好地理解用户需求。评估算法的准确性包括推送的内容与用户兴趣的匹配度，以及算法对用户新兴兴趣点的及时捕捉。其次，时效性是推送内容精确性的重要方面。内容的时效性直接关系到用户对信息的实际需求。推送系统需要及时更新并推送最新、最相关的信息，特别是在新闻和实时事件领域。最后，用户反馈和行为数据的监测是评估推送精确性的有效手段。通过分析用户的点击、互动和满意度等数据，可以了解推送是否满足用户期望，从而调整和优化推送算法。

此外，多维度的推送指标也应该被考虑，包括推送频率、推送内容类型的多样性，以及用户对推送的响应率。这有助于确保推送不仅准确而且符合用户多样化的兴趣。最后，推送精确性的评估还需要考虑隐私和伦理因素。推送算法在提供个性化服务的同时，需要保障用户隐私，并避免过度个性化导致“信息茧房”效应。综合这些因素，建立一个全面的评估体系，不仅可以提高推送的精确性，还可以更好地满足用户需求，提升智慧媒体的用户体验和内容传播效果。

评估智媒的传播效力需要将定量分析与定性分析相结合。为了将抽象的传播效力概念转化为客观、可量化的具体指标，在定量研究中，我们需要构建一系列的量化指标。作为评估传统媒体传播效力时常用的指标，媒体传播效果同样适合于智媒传播效力的考察。广度、深度和精度是其中重要的三重维度，分别对应智能媒体传播的覆盖率、到达率和吸附度。除此之外，互动度是受众传播效果考察的关键。为了更精确地计算智媒的传播效力，我们还需要进一步细分这些量化指标，设计二级指标，细分为覆盖面、到达率、吸附度、交互性等，并为每个指标赋予相应的权重值。

媒体的覆盖面是指其辐射的范围和触及的人数总和。智媒的市场份额和媒体平台的点击率常被用作评估的关键指标。值得注意的是，媒体的覆盖面与其传播效力之间存在正向关联。覆盖范围越广泛，传播效果通常越突出。随着智媒技术的持续演进与升级，媒体传播网络所触及的用户层面也在不断拓宽，尤其是新型媒介平台的搭建，使得智媒不断在用户之中开疆拓土，不断增强其传播力与影响力。到达率的高低反映传播的精准导向情况。具体表现为以下几个方面的数据：日均到达率（平均日活跃用户数/推送总量）、用户月活规模、用户日活规模、订阅量、点击量等。吸附度是评估智慧媒体传播效果的关键衡量标准之 ，它反映了信息传播的深度以及用户对内容的黏附性。具体来说，用户的观看和听取时长、互动频率，以及粉丝数量等都可作为评估吸附度的具体指标。信息传播具有双向性。用户的认知、态度与行为构成考量传播效能的重要一环。交互性着重关注智媒在信息传播过程中促使用户在其认知、态度、行为三个方面上实现的转变，均为传播效能评估的重要指标。具体可量化为评论数、点赞数、转发量、分享量、搜索数等指标（见图7-5）。

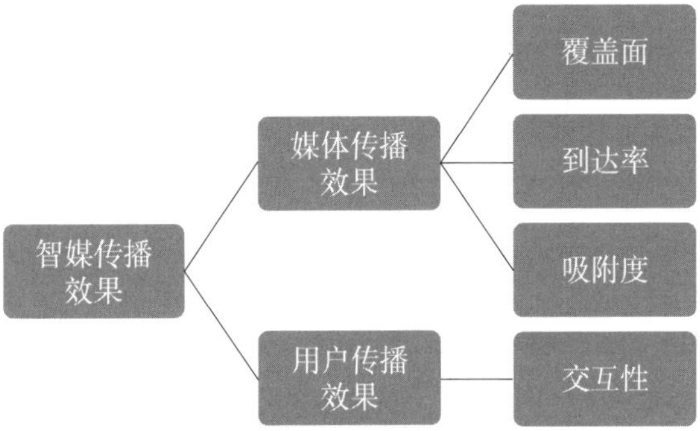

图 7-5 智媒传播力评估指标示意图

（四）智媒影响力的评估指标

影响是对别人的思想或行动所起的作用；力是指力量、能力，力有三个要素，即力的大小、方向和作用点。组合成“影响力”（见表 7-2），其含义是对别人思想或行为所起作用的力量，展开说就是“对别人的思想或行动所起的作用的大小、方向和作用点”。

表 7-2 智媒影响力评估指标

一级指标	二级指标
市场竞争力	市场层面
	受众层面
社会辐射力	受众接触
	受众认知
	受众态度
	受众行为
价值引导力	标准和议程设置
	受众行为变化

首先，在市场竞争力方面包括市场的经营规模和目标完成率。智媒产品、服务在国内外市场上的占有率、智媒的市场占有份额、智媒行业的投资效果，侧重于覆盖率、到达率和市场占有率等指标。①

其次，在社会影响力方面，包括受众的认知、行为、态度以及专家的评价，即智媒所传播的内容在市场上的占有度和受欢迎度，包括需求偏好、用户黏性等指标所体现的受众的态度效果。智媒的受众认知关注于人们对特定智能媒体平台的了解和看法。这一认知受到平台内容质量、个性化推荐、用户体验等方面的影响。通过算法优化和用户定制，智媒平台能够更准确地满足用户需求，提高用户黏性。社交互动和内容创新也是影响受众认知的关键因素。积极的品牌建设、透明的数据处理以及及时的用户反馈有助于形塑积极的受众印象。智媒通过创新技术和用户导向的服务，不仅满足受众期望，还能够在竞争激烈的市场中取得优势。

最后，在价值引导力方面，包括评估智媒的价值引导力可通过多方面考量。这包括关注标准和议程设置，如显著奖项评选标准和重要论坛议程设定的指导作用。在潜在层面，需要衡量消费者行为模式的转变。传播效果的最终评估依据是内容接收者在价值观、文化认同及日常行为（涵盖社交、消费习惯及生活方式等）方面的变化情况。这种综合评估有助于揭示智媒在塑造和引导受众价值观念上的实际影响，从而更全面地了解其对社会和文化的价值引导作用。

二、数据安全的协同治理

（一）建立多模态智媒安全大数据体系

在数字时代，技术创新是规避伦理风险的重要途径之一。政府和企业

① 李怀亮. 浅析中国文化走出去效果评估体系的构建［J］. 社会科学文摘，2018（7）：43-45.

应当共同推动技术创新，加大投入研发，利用先进的技术手段保护数据安全与用户隐私。技术创新并非一劳永逸，需要不断进行反思与评估。政府和企业应建立起与技术发展同步的监测机制，及时了解新兴技术可能带来的伦理风险，通过技术创新来弥补原有技术的短板，纠正伦理风险。

当前，多模态智媒安全大数据以文本、图片、音频及视频等不同形式呈现，构成了国家智媒内容风险态势感知的重要组成部分。美国国防部联合指挥实验室将数据融合定义将多信源数据进行关联，进而对事件形势、风险及重要程度等进行评估的过程。[①]然而，在此过程中，常会遇到数据缺失、不一致、相互冲突以及动态融合困难等挑战。

针对多模态智媒安全大数据，建议参考划分阶段数据融合的方式，将融合阶段分为：数据层、特征层、知识层、决策层。这样的划分有助于将多模态国家智媒安全大数据应用于从视听层面到国家社会层面的数据安全风险态势感知流程。

政府应当加大对平台的监管力度，特别是在数据隐私方面。完善信息伦理规范，确保平台遵守相关法律法规。建立更为细化的数据隐私安全保护机制，对违规行为进行严肃处罚。通过法律手段来约束治理数据隐私泄露或滥用的问题是非常有效的手段。在个体层面，提高用户的媒介素养是至关重要的。个体用户需要具备足够的技术认知和防范意识，使其能够更好地驾驭技术并掌握信息传播的主动权。通过教育学习，培养用户对新技术的正确认知，确保其在信息获取与处理中具备高效而全面的能力。平台在信息传播中承担着关键的责任，应该加强规制传播主体，审核传播内容，规范用户行为。通过建立完善的用户举报制度，对不良内容进行严格管控，以保护用户的信息安全和隐私。政府应当强化社会监管力度，加强信息伦理规范，出台并落实相关行业条例、法律法规。社会组织和媒体也应积极

① 王明程，李勇男. 基于多模态大数据的国家安全风险态势感知模型构建［J］. 情报杂志，2024，43（2）：103-109.

参与，形成完善的监管体系，监督平台的运作，确保其履行主体责任。社会监管不仅只是对平台进行监督，更是对整个数字社会的道德风气监督。

（二）加强数据安全管理与教育培训

首要对策是在企业层面设立专门的数据安全管理机构。这不仅包括指定数据安全负责人，更需要建立明确的管理责任体系。这样的机构应当负责监管全流程的数据安全，从数据的采集、传输、存储、处理、交换到销毁的整个周期，确保数据的安全性。[①]政府可以通过法规的形式明确这些责任，并进行定期的审核和评估。企业则需要主动配合，建立健全全流程数据安全管理制度，确保管理责任能够贯穿到企业的生产经营各个环节。

此外，政府和企业应当共同努力开展数据安全教育培训活动。这些活动应当面向政企员工以及广大用户，通过多种形式，如研讨会、培训课程等，传递数据安全的理念和方法。特别是针对重要数据所在的政企单位，应当设立专门的培训计划，增强员工的数据安全意识。通过将数据安全与企业的培训考核制度有机结合，确保员工能够在实际操作中正确应对数据安全挑战。在完善数据安全管理的前提下，政府和企业应构建风险核查、数据梳理、数据保护以及数据威胁监控预警四位一体的数据安全技术体系。这一技术体系能够实现对数据全生命周期的安全管理和防护。这一体系包括以下内容。第一，风险核查（Check）：通过对数据潜在风险的检查，可以在数据进入系统之前发现可能的问题，包括对数据源的审核、数据传输通道的加密等。第二，数据梳理（Assort）：对不同类型的数据进行分类和整理，有助于更精细地管理和保护数据。第三，数据保护（Protect）：在数据传输、存储和处理过程中采取各种措施，确保数据不被非法获取或篡改。第四，数据威胁监控预警（Examine）：通过实时监控和预警系统，能够在

① 杨大力，孙鹏科. 终端数据治理与安全防护产业和技术发展研究［J］. 中国信息化，2020（12）：109-110.

出现潜在威胁时及时采取措施，减少损失。政企应建立健全数据安全风险监测和应急处置机制，包括建立数据安全监管监测平台，实现对数据安全风险的常态监测。同时，要配合应急处置流程，形成常态化的数据安全运营工作机制。

数字安全事务不仅仅是政府和企业的事务，更需要广泛的公众参与。政府可以通过开展数字安全宣传活动，提高公众对数字安全的关注度。这包括定期发布数字安全意识提升手册、开展数字安全主题宣讲等活动，让更多的人了解数字安全的重要性。为了实现数字安全的全面治理，需要建立社会共治机制。政府可以通过设立数字安全委员会或专门的社会组织，集合各方力量，共同参与数字安全事务的决策和监督。这有助于形成多元治理格局，促进数字安全治理体系的健康发展。

此外，在数字安全领域，国际合作至关重要。政府应积极参与国际数字安全合作机制的建立，加强与其他国家的信息共享和合作。这包括建立跨国数字安全联盟、签署数字安全协定，共同应对全球性的数字威胁。只有通过国际协同行动，才能更有效地打击跨国数字犯罪和信息泄露。在构建全面数字安全体系的过程中，需要倡导并推动国际数字安全标准的建立。政府可以通过积极参与国际标准制定组织，推动数字安全的国际规范和标准，以确保各国在数字安全方面有着相似的基准。这有助于形成全球一体化的数字安全网络，降低数字安全风险的跨国传播。

（三）创新法律与伦理框架

随着技术的不断发展，法律和法规需要具备一定的预测性。政府可以通过设立专门的法律研究机构，对新兴技术的发展趋势进行深入研究，及时调整法律框架，确保其能够有效覆盖新技术带来的伦理挑战。这种预测性的法律制定能够更好地应对数字时代的伦理风险。构建全面数字安全体系的过程中，强化法律责任和相应的惩罚机制至关重要。政府应当通过修改和完善法律法规，明确数字安全领域的法律责任，并设立相应的刑事和行政处罚。这有助于形成有力的法律威慑，防范潜在的数字犯罪行为。

在数字安全体系中，技术治理的透明度和公正性是至关重要的。政府和企业在技术的开发和应用中应当注重信息的公开透明，确保技术决策不受非理性因素的干扰。建立独立的技术伦理委员会，监督和评估技术的合规性和公正性，有助于维护社会的公信力。为了确保技术治理的多元性，政府可以鼓励多方参与的技术治理机制的建立。这包括行业协会、学术界、企业和社会组织等各方的广泛参与，形成合力，避免技术治理陷入独断专行的状态。通过多方参与，能够更全面地考虑各方利益，制定出更具普适性和公正性的技术治理规范。在面对算法传播潜在的伦理风险时，需要从社会公众层面入手，培育广大人民群众的算法素养，包括对算法的基本理解，以及对算法对社会产生的影响的认识。政府可以通过开展算法素养的普及教育，让公众了解到算法并非神秘的黑盒子，而是一种通过数据进行模式识别和决策的工具。为了治理算法的传播风险，平台企业需要担负更多的社会责任，包括对传播主体的审核，对传播内容的规范，以及对用户行为的管理。平台企业应该通过建立完善的用户举报制度，对不良内容进行严格管控，确保其平台的信息流动是有秩序、有规范的。政府在治理算法传播风险方面，应加强监管力度，包括制定和完善相关法律法规，规范算法的使用，确保算法不会对社会造成不良影响。此外，政府可以通过建立专门机构，负责对算法的设计和运用进行监管，确保其合法、公正、透明。

数字安全是数字时代发展的基石，构建全面数字安全体系是社会各界的共同责任。通过加强数据安全管理与教育培训、建设多模态智媒安全大数据体系、治理算法传播的风险、加强数据隐私监管与个体媒介素养、规范平台责任担当与社会监管力度，以及推动技术创新与短板弥补，加强跨国合作与信息共享、民众参与社会共治、创新法律与伦理框架、公正可信的技术治理等方面的举措，我们可以更好地规避数字时代的伦理风险，构建更安全、更可持续的数字社会。这需要政策的支持、技术的创新、社会的共识以及每个个体的努力，形成全球性的数字安全合作共识，共同应对数字时代的各种挑战。

三、风险防控的精准策略

（一）法律层面：强化算法治理、保护用户隐私

技术及其决策程序是由它们的研发者塑造的，在很多维度渗透着研发者的主观特质。以智能算法为例，若算法在设计与开发过程中潜藏偏见或歧视，那么相比数据中的歧视，其造成的负面影响将更为严重。此外，即便算法本身秉持“价值中立”原则，若数据收集人员获取的信息不准确、数据样本分布存在偏差，或在采集过程中掺杂了主观偏见，同样可能致使算法产生偏见或得出错误结论。因此，构建并规范算法研发及数据采集领域从业人员的伦理培训体系，强化其道德自我约束，无疑是预防算法风险的首要且关键的举措。

在尊重算法运行逻辑的基础上，明确规范算法设计者与使用者的行为是有效预防算法偏见产生的关键。算法设计者需对其设计的算法负有直接责任，对因算法设计问题所引发的歧视、偏见等对用户造成的有害后果承担相应的责任与义务。同样，算法使用者，特别是那些将算法应用于商业运营的企业，也应对因算法问题给服务对象造成的损害负责。一旦算法使用者因算法偏见等问题侵害了服务对象或个体的权益，相关部门可依据现行法律法规，对其采取相应的处罚措施。①

为了保障公民的网络隐私信息安全，应制定相关法律，要求在采集个人私密信息前，必须明确告知用户并征得其同意。2015年，美国加州通过的《加州电子通信隐私法案》，法案规定向法官申请并获得搜查令后才能获

① 许向东，王怡溪. 智能传播中算法偏见的成因、影响与对策［J］. 国际新闻界，2020，42（10）：69-85.

取公民身份、亲属关系等电子信息。在当今时代，积极通过立法保障用户的隐私安全，确保算法的公平性、问责性和透明度变得尤为重要。

2017年7月8日，我国印发了《新一代人工智能发展规划》，既指出了我国在人工智能领域与发达国家之间存在的差距，又强调了构建人工智能相关法律法规、伦理规范及政策体系的重要性。2022年，上海、深圳两地先后通过了地方性的人工智能法规与条例。当然，我国在人工智能领域的法律法规还处在发展起步阶段，目前的关注点是相关产业，尚不够全面和完善。考虑到人工智能的社会影响与发展速度，传媒行业所对相应的人工智能法律法规也亟须提上日程。[①]

智媒传播通过欲望合理化的方式，将技术逻辑融入更广阔的社会语境中，不仅激发和拓展了人类的需求与想象力，还在一个融合了数字资产、阶级划分、人际关系及身份认同的多元空间里，共同绘制了一幅人机互动、融合共生的认知图景，这引发了人们对当前数字化生存现状的深切忧虑。如今，正如有些学者所言，“科学建立在流沙之上；它根本没有稳固的基础。然而，如今这个比喻不仅适用于科学探索，也多少适用于整个日常生活”[②]。因此，人类需培养敏锐的洞察力与批判性精神，在复杂抽象的系统中提升自我专业素养，同时增进彼此间的信任，从而打破固有社会结构的束缚，并对这些结构的内在逻辑与规则产生积极的影响。

（二）技术层面：以“技术之力”消除“技术风险”

技术的发展遵循着一种循环逻辑：为解决问题采用了新技术，新技术引发了新问题，然后采用更新的技术去解决问题[③]，优化算法设计并促进技

① 何霞. 媒体传播中人工智能大量运用的风险、成因及未来路径［J］. 新闻世界，2023（11）：23-26.

② 汤天甜，周经伦，温曼露. 反脆弱视角下智媒传播的伦理风险及其治理研究［J］. 传媒，2023（19）：94-96.

③ 许向东，王怡溪. 智能传播中算法偏见的成因、影响与对策［J］. 国际新闻界，2020，42（10）：69-85.

术进步是预防和减少算法偏见及错误风险的重要措施。

首先，在算法设计、数据处理阶段，要确保训练数据集具有多样性，能够覆盖不同人群，减少数据中的偏见。在数据预处理阶段采取措施，也要减少或纠正数据中的偏见，例如，消除样本偏见、处理缺失值、纠正标签不平衡等。其次，将公正公平原则嵌入机器学习中，在模型评估中引入公平性指标，使用对抗性训练、生成对抗网络等反偏见技术来对抗算法中的潜在偏见。与此同时，需要加快推动人工智能算法中因果推断的研究尤为重要。当前，算法较为简单的关联性也造成了一定程度的决策问题。因此，"因果推理在构建公平决策算法上是必不可少的"。再次，提高算法透明度，并引入用户反馈机制，提高算法的透明度和可解释性，使决策过程对用户和相关利益相关者更加可理解，能够帮助用户发现和解决潜在的偏见问题，而引入用户反馈机制，让用户能够纠正算法的决策，并提供关于算法可能引入的偏见的反馈。最后，要对技术系统进行定期审查和更新，以反映社会的变化和新的认知，确保算法持续地适应多样性和公平性的要求。总之，技术只有透明才能获益。

在人工智能技术介入传播信息时，媒体有必要向公众解释算法基本的运作原理，以保障公众的知情权。这意味着媒体应采用通俗易懂的语言，清晰地说明数据的收集、处理及运作的流程，这不仅能帮助公众理解推荐内容的依据，还能增强他们在消费中的选择权。每当算法有所更新，媒体应及时披露给公众，确保公众了解这些变化可能带来的影响。为了进一步确保算法的透明度与公正性，媒体可考虑邀请第三方机构的专家及学者对算法进行评估。[①]算法推广透明且易懂，不仅能增加公众对算法的了解和信任，还能优化用户体验，推动媒体传播的可持续发展。

---

① 何霞. 媒体传播中人工智能大量运用的风险、成因及未来路径［J］. 新闻世界，2023（11）：23-26.

（三）平台层面：提供多元化分析信息平台

多元化的信息平台能够整合来自多方面、多领域、多角度的信息资源。这样的交流平台促进了不同领域的人与人之间的信息共享、思想碰撞和经验交流；由于信息用户来自不同领域，拥有各异的知识背景，他们能够贡献出多样化的视角和见解。此外，该平台还致力于向用户传授相关知识与技能，使他们能够接触到其他领域的技术及知识，拓宽自身视野与思维。

社会层级结构在持续变迁之中，这一进程深受科技、政治及社会环境的共同影响。从宏观视角来看，政府主导的治理着重于强化数字基础设施的建设，涵盖了传感终端、5G网络、大数据中心及工业互联网等。通过运用物联网、边缘计算及人工智能等新一代技术，政府主导的治理旨在推动传统基础设施向数字化、网络化及智能化方向转型升级，这一转型涉及交通、能源、生态及工业等多个领域。然而，宏观层面的社会治理策略往往倾向于事后应对，难以充分预见并有效应对新兴技术所带来的风险。因此，为了应对如信息鸿沟等层级风险，我们需要微观层面的补充。在此背景下，数据收集透明化技术的运用变得至关重要，它确保了公众能够清晰了解个人数据的收集范围、处理归档方式、使用方式以及使用者的具体身份。技术赋权可提高透明度，为公众决定是否使用媒介功能提供技术支持。①

总之，一个多元化的信息平台能够为用户提供更为全面、客观且精确的信息内容，让他们接触到多样化的观点和声音，进而拓宽视野，提升认知水平。这一平台不仅传播主流价值、弘扬社会主义核心价值观及中华优秀传统文化，使之渗透到用户生活的各个层面，还激发用户进行多元化的思考。通过构建智能媒体应用与社会发展的深度融合，多元化的信息平台促进了社会资源的广泛共享，实现了社会各方面的合理联结。通过跨界交

① 汤天甜，周经伦，温曼露. 反脆弱视角下智媒传播的伦理风险及其治理研究［J］. 传媒，2023（19）：94-96.

流与合作，有效减少了信息孤岛现象，激发创新活力，推动了社会的持续进步与发展。

（四）机构层面：建立第三方审核机构

由于算法有着较强的专业性和复杂性，一般用户很难对算法设计者和使用者实现有效监督，较为可行的方式是建立由科研单位、非营利组织等多主体构成的第三方审核机构。[①]第三方审核机构是独立于算法设计者和使用者的独立实体，确保其评估不受到利益冲突的影响。此类机构需要具备深厚的专业知识，包括数据科学、伦理学、社会科学等领域。

确保第三方审核机构团队具有多样性，能够代表不同的群体和利益相关者，并确保对算法的审核是全面的。审核机构应当对潜在的偏见和歧视性问题保持高度敏感，定期对技术进行审查，以适应不断变化的社会和技术环境。审核机构应当建立一套完整的运行机制，旨在审查与评估那些涉及面广、影响深远且具有争议性的算法，同时利用互联网行业内部的自律机制，以保障算法的客观公正性。[②]

（五）用户层面：提升网民的自身媒介素养

随着媒介技术的持续进步，信息呈现出片面化与肤浅化的趋势，这就要求网民必须增强个人的媒介素养，以便更有效地分析和辨识信息。培养“用户自律”的媒介素养至关重要，特别是促使每个个体在更广阔的公共话语平台上对其发布的内容负责，这对内容生态的稳定发展来说是不可或缺的。每当新的信息生产与传播方式涌现，公众的媒介素养也应随之拓展。这种拓展不仅体现在公众对自身创作内容的严格把关，以防止其对社会或

① 许向东，王怡溪. 智能传播中算法偏见的成因、影响与对策［J］. 国际新闻界，2020，42（10）：69-85.

② 许向东，王怡溪. 智能传播中算法偏见的成因、影响与对策［J］. 国际新闻界，2020，42（10）：69-85.

他人权益造成侵害，还体现在个体对信息流的筛选、评估及有效利用上，这也是人在技术营造的媒介幻象中保持主体性的基础。

具体来看，首先，要对用户进行教育和培训，教授用户如何辨别真实和虚假的信息，识别潜在的偏见、谣言和误导。这包括对内容来源的评估、事实检查的技能以及辨别信息操纵的能力等。其次，要强化用户使用媒体时的伦理和价值观，引导教育用户如何在数字空间中尊重他人、对话和共享信息，避免参与网络欺凌、仇恨言论等不良行为。最后，用户要主动学习、接受媒介素养教育，提升自身的辨别能力。例如，用户应当积极锻炼自己的批判性思维能力，并加深对自己作为网络主体的认知。他们必须认识到自身可能已经不自觉地受到算法的影响，被困于“信息茧房”的牢笼之中。

智媒传播所带来的伦理风险，并非直接危害个体的身体，而是表现为对个体的长期且不易察觉的价值禁锢。公众常常为了享受传播平台提供的便捷的智能化服务，不得不牺牲个人隐私。这一行为的结果是，个体的私密空间逐渐公共化，甚至受到社会道德标准的审视。因此，在对新技术伦理进行评估和决策时，必须以公众意愿为依据。如今，公众自组织的信息活动范围日益扩大，影响力日益增强，其在制定社会规则、调节信息秩序等方面的话语权也随之提升，一定程度上弥补了大众传媒等权威机构可能存在的不足或疏漏。同时，基于智能媒体技术的自组织信息自净行动，已成为公众表达观点、讨论公共事务、参与社会生活及发挥监督作用的关键平台，是新社会场域中的民主象征，有助于激发公众的参与合作意愿。[①]

在现实社会和各类圈层中，信息气候的构建加剧了传播主体间的信息不对称与激烈竞争，同时也放大了身份差异。面对传播伦理所带来的挑战，人们应当凭借自身的主体性力量来引导技术发展，并从宏观规划层面强化

---

① 汤天甜，周经伦，温曼露. 反脆弱视角下智媒传播的伦理风险及其治理研究［J］. 传媒，2023（19）：94-96.

自身的价值定位。首要的是，差异化信息被视为缓解圈层内部风险的有效手段。传播主体间的观点交锋促进了信息熵的急剧增加，并在不同圈层间激发了相互的碰撞与监督。

当某个特定圈层产生的标志性话语跨越其边界，它们将被诠释并赋予新的意义，随后逐渐被主流话语吸纳，在社会和虚拟网络空间内释放出强大的影响力，不断突破圈层壁垒，实现广泛的社会渗透。此外，圈层融合的首要条件是明确界定不同群体的行动目的与价值内涵，并提炼出共性元素，以构建跨群体的通用传播准则，为有效协调提供行动空间。与治理显性的圈层风险不同，解决潜在学习算法所带来的刻板风险，需要综合考虑权威意见、公众需求等多方面因素，以优化算法逻辑。起初，算法推荐主要聚焦效率和功能的最大化；而当前，算法推荐则更多地关注技术背后的价值关怀。特别是基于“良知反感”的算法优化策略，它着重关注社会底层风险群体，衡量隐性的信息压迫因子，在价值性主线的引导下，实现信息治理效果的最优化，以一种普遍认可的方式超越了国界、代际、文化和利益等圈层界限。①

第四节 人机关系与价值问题再探析

媒介迭代伴随着价值再生。当今的传媒领域已远远不是传统媒体价值链天平上的简单延伸与补充，也并非一种发展到介质融合为止的形式或平台，而是对所有社会要素、市场要素内在关联的全面整合。

视听业价值生态的重塑，首先体现在价值主体关系的重构上——从以人为中心的价值逻辑走向人类与机器协同共生的价值共创。智能技术的应用为视听内容的生产与传播带来了多环节的智能化升级与流程创新，为视

① 汤天甜，周经伦，温曼露. 反脆弱视角下智媒传播的伦理风险及其治理研究［J］. 传媒，2023（19）：94-96.

听行业价值体系的重构与升维发展提供了崭新的机遇。

一、共生：人机互动的主客一体

“共生”来自希腊文中的συμβίωσις，意为“生活在一起，伙伴，伴侣”，美国计算机科学家利克莱德率先把这一概念拓展至计算机及机器领域。他提出计算机与人类之间实际是共生关系。“人机共生（Man-computer symbiosis）的主要目的是使人和计算机能够通过合作来做出决策和控制复杂的情况，而不是死板地依赖预定的程序……在预期的共生伙伴关系中，人类将设定目标、制定假设、确定标准，并进行评估。计算机将完成必须完成的常规工作，为技术和科学思维的洞察力和决策铺平道路。”①

“人类智能”与“机器智能”是智能媒体的两大内核。智媒时代下，作为价值创作主体的“人类”与“机器”的地位关系首先发生了变化。作为视听内容生产和传播的重要主体，人的生产和传播功能得到了机器的支持，而机器又反过来改造了人的生产和传播功能。在传统观念中，传播者与传播技术之间的关系，即人与机器之间的关系是对立的。在智能媒体时代，机器辅助人，甚至代替人的趋势日益增强，传统人机关系思想呈现出一定的局限性。这就意味着，机器不再被视为人类的对立面，而是人类的协同者，人与机器必须从分离的关系转变为高度合作、融合共生的关系，从而构建人机传播的价值共同体。

生态学中的共生理论为理解新型人机关系提供了有益视角：人与智能机器既相互依存又相互竞争，从主客工具的寄生关系转向合作竞争的共生关系。②在5G时代，人与人、人与物、物与物之间原有的互联互通界限将

① LICKLIDER J C R. Man-computer symbiosis［J］. IRE transactions on human factors in electronics，1960（1）：4-11.

② 韩晓宁，耿晓梦，周恩泽. 人机共生与价值共创：智媒时代新闻从业者与人工智能的关系重塑［J］. 中国编辑，2023（3）：9-14.

被重新整合，所有的“人”和“物”都将共在于一个技术所建构的有机数字生态系统之中，内容与信息将通过最优化的方式进行传播。[①]技术在视听内容制作和传播中的应用给人与机器之间的关系带来了革命性的变化，进一步加深了人、机器和世界之间的互联互通。具体而言，人机关系的重构主要有协同和共生两个方面。

一方面，人与机器的相互联系日益紧密，人机协同成为智能媒体时代内容创作的重要机制。“物”的意义超过了“关系”的意义，技术系统所定义的人与物之间的关系超过了人与人之间的关系，人对技术的依赖就会超过对他人的依赖。“人对于人将成为冗余物，人不再是人的生活意义的分享者，这样一来，人对于人失去了意义，也就失去了兴趣，造成了人的深度异化”[②]，即以一种技术化的方式生存。

在智媒时代，机器介入视听内容生产已成为常态，在信息采集、内容创作、内容分发等环节都展现出独特的优势。在内容创作方面，机器文本处理已进入实际应用领域，并已展现出其在“批量”特定内容制作方面的实用性。针对特定行业（例如金融、体育等）的内容创作，机器性能足以支持全天候、大规模的自动化内容生产，同时确保既能满足广大普通受众的需求，也能兼顾小众群体的特定偏好。在复杂作品的制作中，机器将发挥越来越重要的作用，如自动整合主题信息和智能组合多媒体信息等。

在内容审查方面，仅依靠人力已无法完成对今天海量信息的审查。机器的强大算法，在信息审查的工作中展现出独特的优势，成为信息审查的重要辅助力量，也带来了新的审查机制。例如，依靠机器强大的数据处理能力，对信息的来源进行大规模高效核查，进而判断信息的可靠性与质量；通过识别特定的关键词、表达模式和语言模式来判断虚假信息和不良内容。

① 彭建，周钰哲，孙美玉.5G 十大细分应用场景研究［N］. 中国计算机报，2019-07-15.

② 赵汀阳. 人工智能“革命”的“近忧”和“远虑”：一种伦理学和存在论的分析［J］. 哲学动态，2018（4）：5-12.

在内容分发方面，算法更是“独当一面”——采集大量用户数据，并在此基础上不断优化内容分发机制，既为创作者解决推送问题，直达目标人群，精确推送效果，也为用户解决海量内容的过滤与选择。

人机关系重构的另一方面是技术对人的渗透，主要表现为“人机共生”。智媒时代，媒介组织突破了原有的封闭运作，组织边界被开放，人与机器不同层次的互动形成共生关系。以决策行为为例，得益于技术的助力，人们获取并筛选信息的速度实现了质的飞跃，从而显著缩短了决策所需的时间与流程。这一变化促使决策权在某种程度上或完全地从人类手中转移到了机器手中。

媒介作为信息传播的关键载体，其发展历程是技术与社会因素相互交织、共同塑造的结果。每当技术迎来新的突破，传播的质量和效率便会迎来提升。传统的视听内容制作从选题、策划到拍摄、交付和传播，在很大程度上依赖于创作者的专业决策。随着算法和机器被引入视听行业，数据驱动的精准思维应运而生，并开始指导着人的行动。精确的数据分析和算法在某些方面可以克服人类经验理解的局限性，纠正人的经验判断的偏差，帮助个体经验沉淀为一般性规律。视听内容创作需要体现创作者与受众两方的审美需求，机器通过对信息的广泛采集，对事物联系的分析，既能够为人提供创作选题的依据或方向启发，也可以帮助提高作品的“技术含量”及深度精度。

另外，5G技术让万物互联、时刻在线成为可能，进一步扩展了内容创作传播的边界，搭建了传播新场景，建构起一个具有实效性的虚拟生活空间——赛博空间，一种搭建在媒介技术之上的数位化次元。技术成为传播语境和社交关联的生产者，更新了人们对界面与场景的认知：创作与传播从单纯诉诸视觉、听觉到结合视听触等多种感官，从经历感知失衡到感知平衡。[①]

以纪录片创作为例，当以“真实”为生命的纪录片遇见VR（以及XR、

① 张佰明. 界面视域下的媒介权力与传受关系［J］. 现代传播（中国传媒大学学报），2011（8）：141-142.

MR等）的“虚拟”重建，其创作、形态、语言与接受方式等都将发生颠覆性变化。在“真实感”维度，VR纪录片超维“碾压”传统纪录片。VR技术最重要的特征是“沉浸感”，驱动纪录片由二维屏幕界面晋升至三维场域。无论是3DOF技术下转动头部带来的视野变化，还是6DOF创建的互动场景，观众都可以获得身在其中的临场感，这一特性更契合纪录影像的真实感属性。在“交互性”维度，VR纪录片以互动叙事填补传统纪录片的空白。动画类VR纪录片往往运用游戏技术制作，头显设备除了感知环境，还能检测到微动作及身体移动带来的变化，借助手势、手柄触发的交互行为，观者得以模拟实地参与互动，对影片叙事产生一定程度的影响。在情感性维度，VR纪录片能促发观者触觉、嗅觉等多重感官。VR技术将用户由现实世界带入虚拟世界，采用主体视角叙事或具身交互等方式，其“去中介化”的特性带给观者感同身受的情感共鸣，甚至更进一步地产生同情、怜悯等反应性情绪，这便是移情体验。

不仅是纪录片，视听内容生产模式与传播方式正在被全面重构。人类设计出愈发亲密的人机交互界面，使得技术深深融入人们的日常生活、社交关系及各类场景中。人们日益依赖技术来辅助思考及做出决策，借助机器界面，人与人之间得以实现全天候的即时通信与连接，从而孕育出人与机器的共生关系。

二、共创：人机协同的价值生产

价值创造一直是企业战略与营销管理领域的核心议题之一。在传统观念里，生产者被视为价值的唯一创造者，而消费者则被视为纯粹的价值消耗者。然而，随着市场竞争格局的演变，价值的创造不再局限于生产者一方，而是生产者与消费者通过互动共同创造。随着网络经济的蓬勃发展，价值共创的视角已经从企业与顾客之间的二元互动，扩展到包含多个社会经济参与者的动态网络互动。不断演进的价值共创研究将社会经济的参与者都纳入价值共创的主体，以制度和广泛互动作为实现价值共创的核心，强调通过社会经济资源整合和服务交换实现价值共创。[①]在这一趋势下，我们需要采用动态、系统且复杂耦合的网络视角，重新审视视听业价值逻辑的重构。

当下以ChatGPT、Deepseek等为代表的人工智能正引领着视听行业的深刻变革。这一变革意味着从以生产者为核心的价值逻辑中解脱出来，迈向人机协作共创的融合内容价值体系；同时，也标志着从单一价值构建，朝向数据驱动、广泛连接和跨行共创的范式转变。智媒时代，视听内容生产价值系统包括三个组成部分（见图7-6）：第一部分内容资源库，体现技术加持下的内容创造力与特色化；第二部分关系资源网，体现技术赋能下视听产品生产与传播的深度融合；第三部分价值保护墙，体现视听内容创作生产的政治底线和安全底线。

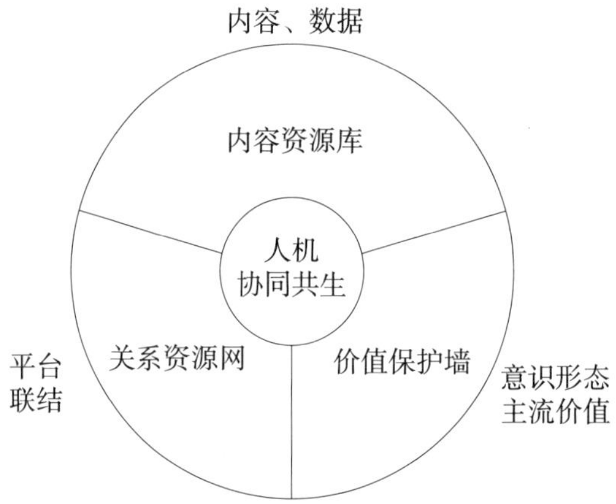

图7-6　智媒时代视听内容生产价值系统

人机协同已成为智媒时代内容生产创作的常态，人工智能技术模拟、延伸和扩展了人的智能，人与机器互补可以提升内容生产效率。然而，在此过程中，关于人工智能是否拥有主体性，以及人类智能与机器智能之间的主导权如何界定等问题，已经在伦理、法律及哲学等多个领域内引发了

① 简兆权，令狐克睿，李雷.价值共创研究的演进与展望：从“顾客体验”到“服务生态系统”视角［J］.外国经济与管理，2016，38（9）：3-20.

广泛的讨论与研究。有学者认为，人工智能应该包括有伦理影响的智能体、隐含的伦理智能体、明确的伦理智能体、完全的伦理智能体，人工智能在与人的交互中会呈现出某种拟主体性。[①]但也有学者认为，人工智能和机器人无法处理开放性情境中的实践伦理问题。至少在今天，人工智能还无法成为与人类对等的伦理主体。[②]

关于人工智能在内容生产过程中是否具备主体性的问题，首先要对人工智能的著作权问题进行讨论。根据现行著作权法的规定，由于人工智能既非自然人，也不具备法律所承认的法人或其他组织的主体资格，因此，其创作的作品不被赋予著作权。[③]不过，也有学者主张，应针对不同类型的人工智能系统在创作过程中所扮演的角色，单独分析其著作权归属问题。依赖符号系统生成的内容，本质上反映了系统设计者的意图，人工智能在此仅作为工具使用，这类内容可纳入现有著作权法体系加以保护。而对于像ChatGPT这类基于互联系统的生成式人工智能，在创作过程的“构思—执行—定稿”三个环节中对素材的选择与安排展现出创作意义上全面性和实质性的控制，由于其独创性要求相对较低，这类人工智能生成成果往往不受著作权法保护。然而，这类人工智能自主生成的创作完成后进入公有领域，如何区分人类作品与人工智能作品，以及如何便于后续对人工智能作品进行自由利用，仍是立法者需要深思的问题。

人机关系中主体性的第二个维度是与价值判断相关的问题，这一问题涉及人与机这两者不同价值判断之间的关系。有研究者认为：“人类最好把价值判断留给自己，这也是保持一种人类对机器人的独立性乃至支配性。”[④]

---

① 段伟文. 控制的危机与人工智能的未来情境［J］. 探索与争鸣，2017（10）：7-10.

② 蓝江. 人工智能与伦理挑战［J］. 社会科学战线，2018（1）：41-46，281.

③ 许春明，袁玉玲. 论人工智能的法律主体性：以人工智能生成物的著作权保护为视角［J］. 科技与法律，2019（2）：1-6，18.

④ 何怀宏. 人物、人际与人机关系：从伦理角度看人工智能［J］. 探索与争鸣，2018（7）：27-34，142.

技术哲学家芒福德指出："效率不再是由机器体系的某一部分的绝对速度来体现；重要的是为了达到维护和发展人类生活的最终目标，重要的是整个机器体系各个部分的相对速度是否合适。"① 在视听内容创作领域，尽管机器带来了高效的生产力，在评估机器效率的价值时，我们更应重视其在人文关怀和社会价值方面的贡献与意义。

得益于人工智能技术的赋能，机器能够依据算法精准地根据用户的个人偏好来定制并分发信息。在此过程中，内容的价值评估越来越侧重于用户的关注度和流量，这有可能催生内容生产的恶性循环。一方面，算法通过不断推送用户感兴趣的内容，潜移默化地影响着受众的自主意识；另一方面，对内容创作者来说，用户点击量成为主要评判标准，"唯流量论"很容易带来内容质量的低下。此外，基于用户个体数据进行内容分发，导致了议程设置的参与者更加多元、方式与机制也更加多样，这在一定程度上削弱了用户对公众领域的关注程度。在视听内容的创作与传播过程中，尽管机器提供的数据能作为一定的参考，但关于如何根据目标受众定制内容、以何种形式展现这些内容，最终仍依赖于人类对内容价值、市场环境及社会发展趋势的综合判断。机器无法取代人在价值判断与伦理审视上的角色。对于受众而言，如果机器生产并传播的大量碎片化内容，事实上却没有提供有价值的信息，那么机器的效率反而会成为一种压迫和禁锢，建造起每个人的信息孤岛。

进一步来看，在人机融合智能中，事实和价值分别扮演着不同的角色。事实是客观存在的真实描述，可以通过数据、观测和验证等方式获取。在人机融合智能中，人工智能通过处理和分析大量的数据来提供客观事实的支持。例如，在搜索引擎中，人机融合智能可以根据用户提出的问题，从海量数据中检索和呈现相关的客观事实，帮助人类获取准确的信息。价值则是主观意识中对事实的评价和赋予的意义。它是建立在个体或群体的主

① 孙会. 评芒福德人文主义技术观［J］. 科学·经济·社会，2019，37（1）：6-11.

观意识、信仰、经验以及文化背景等因素之上的。在人机融合智能中，人工智能可以通过学习人类的语言、情感和价值观，理解人们的主观价值需求，并根据个体的偏好和需求提供个性化的服务和反馈。例如，在个性化推荐系统中，人机融合智能可以根据用户的喜好和兴趣，从海量数据中筛选并推荐与用户主观价值相符的内容。

事实和价值在人机融合智能中相互关联、交织在一起。人工智能通过处理大量的客观事实数据，提供准确、全面的信息支持，帮助人类更好地认知和理解世界。同时，人工智能也可以通过学习和理解人类的主观价值观念，为人类个体或团体提供符合其主观需求的个性化服务。人机融合通过将客观事实与主观价值结合起来，促进了事实与价值之间的辩证统一关系。人工智能技术的发展使得人类可以更全面地获取和理解客观事实，同时也需要人类的主观价值观念来引导和决策。通过人机融合，事实与价值在人工智能应用中得到有效的结合与应用。①

三、深融：人机关系结构性重塑

在智媒时代的全新语境下，智能技术赋能传统媒体，催生新兴媒体业态，呈现由“数字化”向“数智化”转变的时代新特征。“数”指大数据重建联系，以算法技术为核心的大数据技术在智能媒体平台的广泛使用，精准建立用户与媒体产品之间的强联系。“智”指以人工智能为代表的新兴智能技术对媒体革新浪潮的引领，伴随智能化进入现代传媒内容生产、信息分发与互动反馈的各个环节，在OGC、UGC、PGC、MGC等不同主体生成的形态各异的视听文本（如网络综艺、短视频、直播秀等）中，价值体系也在潜移默化中重建。

智能技术对视听效能的重塑，具体体现在视听内容在政治、文化、商

① 刘伟. 人机融合：超越人工智能［M］. 北京：清华大学出版社，2021：10.

业及知识价值上的深度拓展。在我国，视听媒介的政治价值在价值结构的排序中占据主导地位，其核心目标是政治宣传和舆论引导的效果最大化。进入智媒时代，国家意识形态的传播变革显得尤为重要。面对媒介融合的深化趋势，为了在新媒体环境下维持其影响力，主流媒体必须持续加强其内容的核心竞争力，利用互联网思维不断探索和革新报道方式，并适时调整其传播的语言风格和语态，采用灵活的叙事方式以吸引并保持受众的关注，进而提升主流媒体的传播力、引导力、影响力和公信力。只有积极拥抱新型主流媒体，使传播话语更加通俗易懂且富有力量，才能在舆论中保持优势地位，赢得用户的青睐。

若将互联网的发展历程划分为“上半场”与“下半场”，前者标志着社会与市场逐步网络化的进程，而后者则预示着数据已成为内容服务与产品的标配，发展方向由线上渗透至线下，并从“大而全”的模式转向“专而精”的精细化运营。面对新媒体的蓬勃兴起，主流媒体在传播国家意识形态的过程中，必须紧跟时代步伐，打破行业界限，以用户需求为核心，以提升效能为追求，促使新型主流媒体向综合化、多元化的方向转型。

“在由图像符号所堆砌的文化景观中，视觉修辞的核心策略是对一个时代普遍共享的各种文化意象的激活、提炼、招募与征用。”[①]视听作品作为时间与空间交织的艺术形式，为创作者提供了融入多元文化意象、展开丰富文化叙事的坚实基础。通过运用巧妙的视听叙事手法，这些作品能够营造出情节张力和强烈的情感冲击力，为观众带来深刻的审美享受和情感共鸣。如今，众多视听内容创作者正积极从中华文化宝库中汲取灵感，借助生动鲜明的文化符号视觉表现、文化展演的视听美感以及深刻的文化内涵传播，构建并提升着视听作品的文化价值。

党的二十大报告强调了“增强中华文明传播力影响力”的战略目标，

① 刘涛. 文化意象的构造与生产：视觉修辞的心理学运作机制探析［J］. 现代传播（中国传媒大学学报），2011（9）：20-25.

这不仅彰显了从文明视角推进国际传播的重要性，也预示着文化传播将在未来的国际传播格局中占据关键位置。在数字化、智媒化背景下，视听内容作为载体，可以更高效地实现中华文明的当代表达和全球传播。以视听生产传播力促中华文明传播力影响力，对内可以增强全国人民的道路自信，更好地构筑中国精神、中国价值、中国力量；对外可以向世界阐明中国道路，吸引、团结更多知华派、友华派，展示历史深厚的文明大国形象。这对于建设社会主义文化强国、推进与拓展新时代中国特色社会主义道路至关重要。

尼尔·波兹曼认为："人类会话的形式影响表达的思想，就像烟雾不能用来表现哲学，它的形式已经排除了它的内容。"[①]无论是传统媒体时代还是当下的智媒时代，视听内容的知识价值都是价值维度中重要的一方面。内容若过于侧重娱乐性而忽视其价值性，用户会依赖感性体验而懈于理性思考。长此以往，公众理性和公共精神无疑会被阻碍和破坏。

以当下流行的短视频为例，在实现个性化、多样化、大规模传播效果的同时，短视频也牺牲了一定的知识价值。短视频，以其时长简短、内容碎片化的特点，大多为用户提供的是倾向于娱乐性质且信息容量相对较低的视听内容。在短视频构建的影像信息流中，观众沉浸于绚烂多彩的视觉元素之中，自我放逐在浅层次的欲望满足中，而短视频迅速直接的信息获取方式，为观众带来了强烈的视听双重震撼体验，也迎合了受众愈发浮躁的心境。然而，短视频的流行在一定程度上也导致了视听传播趋于表面化，缺乏足够的信息深度和思想深度。

在价值共创的视角下，智能机器、视听内容创作者、传播者以及受众应当构建一张有机整合、良性互动的价值网络。具体而言，一方面是善待技术、拥抱技术并妥善运用技术。马克斯·韦伯区分了"工具理性"与

---

① 吴文怡. 碎片化时代下短视频热潮的奇观呈现和文化解码［J］. 新闻传播，2019（5）：27-30.

“价值理性”两个概念，其中工具理性侧重于以明确的目的、手段及结果为导向的行动。智能媒体应用显著体现了工具理性的特质，它们通过精准的数据分析与算法逻辑，能够在传播活动中迅速识别并实施最优策略。[①]

另一方面，我们必须清醒认识到人类在智能媒体时代中的核心主体地位。无论智能媒体技术未来如何发展，即便它成为构建视听内容生态的主体之一，其应用都应坚守服务于人类的根本宗旨。要实现这一点，仅仅依靠被动设定技术应用的界限是远远不够的，更需要积极发挥人类的主观能动性，在智媒场域中构建多维度、持久有效的人机协作机制。从宏观社会角度来看，加速构建智能媒体的治理体系与制度框架显得尤为重要；在中观组织层面，促进媒体与技术平台企业间的资源共享与合作；在微观个人层面，则需提升内容创作者与传播者的技术能力和素养。

智媒发展的过程必将是人与智能机器深度融合的过程。从价值共创的视角看，直面智能技术带来的挑战，关键在于搭建人与人工智能间良性互动的价值网络，在秉持以人为本原则、不影响人的主观能动性发挥的前提下，对人工智能的应用范围提供更多规定性、可控性。为此，我们需要从治理体系的完善、组织资源的优化配置、个人技能的提升等多个维度出发，构建长期有效的人机协作机制，以实现人机和谐共存的美好愿景。

① 冯雯璐，白紫冉，乔羽. 智能传播趋势下的人机关系及其伦理审视［J］. 湖南大学学报（社会科学版），2022，36（3）：154-160.

结　语

毋庸置疑，我们称之为“媒介社会”的当下，每个人时刻身处信息的汪洋大海。无“网”不在，人们对信息的需求和依赖与日俱增，移动终端成为了解世界、获取资讯、交流互动、娱乐消遣的“身体的延伸”。技术深刻影响着媒体变革和发展，除了专业传媒机构，每个人也成为“媒体”，既是信息的接收者也是传播者。移动互联网、大数据、云计算等为媒体智能化提供了技术铺垫，VR/AR、AI等新技术为媒体发展注入新的动能。2020年媒体深度融合、“新基建”等重要政策发布，国家从战略层面为媒体智能化的发展指明了方向。以技术为导向的智能媒体应时而生，人类进入智能传播时代。

一、媒体迭代加速演进，媒体深度融合步入智能化“快车道”

媒介正经历一场由技术推动的大转型，既有媒体形态不断自我革新进化，新的媒介形态在技术、经济、文化等共同作用下，疾速融入人类的生存时空，不断突破传统媒介的含义和领域，媒介的融合迭代与媒介环境的巨变越发引人注目。从传统的纸质媒介到数字媒介，再到指向未来的智能媒介，媒介的迭代进程仿佛一部波澜壮阔的史诗，记录着人类对信息传播的不懈追求。过去，媒介发展的底层逻辑是社会需求，即在技术的基础上解决社会需求，产生商业价值。随着智能媒体的出现，一个全新的媒介传播时代已经到来，技术不再滞后于社会需求，而是直接与媒体结合，反向激发社会需求，持续推动媒介形态变革。

智能化技术广泛应用于媒体运作的各个环节，现实世界与虚拟空间的联系日益紧密，产品形态、用户分发、产业模式等经历了全面革新，媒体生态正处于重构的关键阶段。智媒技术对于视听内容的介入越来越深，“融媒”“全媒”“智媒”快速迭代升级，传媒领域的生产与传播不断迈向新的台阶。因此，未来视听领域的竞争博弈将不再是媒介的简单叠加，而是以创新为抓手在供给侧、分发端、消费端同时发力，且与其他行业深度关联。智媒时代的特征深刻反映在人们的存在方式与社会环境中，以人为主导的媒介形态开始被打破，一个“人机共生、万物皆媒、传播无界”的智能化时代已经到来。

二、发展新质生产力，数智化推动传媒视听产业全方位变革

新质生产力聚焦科技创新这一核心驱动力，依托技术领域的革命性突破、生产要素的创新性整合以及产业的深度转型与升级，引发生产力发展的质变，其核心标志在于全要素生产率的大幅跃升，而关键在于实现生产质量的卓越提升。科技进步与技术创新是传媒影视行业蓬勃发展深厚势能，数字视听到数智视听的转变进一步扩展着人们与世界的关系，全面延伸人类的感官中枢系统。其中，“数”指大数据重建联系，以算法技术为核心的大数据技术在传媒领域广泛使用，精准建立用户与媒体产品之间的强联系；“智”指以人工智能为代表的新兴技术对媒体革新浪潮的引领，伴随智能化进入现代传媒内容生产、信息分发与互动反馈的各个环节。

在智媒时代，AGI（通用人工智能）正全面渗透到生产与传播的全流程和各环节，引发全局性的传播生态变革。传者与受者、真实与虚拟、公域与私域、生产与消费，甚至人与机器之间的各类边界渐次消融。[①]有学者指

① 苏涛，彭兰.“智媒”时代的消融与重塑：2017 年新媒体研究综述［J］. 国际新闻界，2018，40（1）：38-58.

出，边界消融对传媒领域的影响与变革是颠覆性的，将推动视听行业与其他行业的整合进程。对媒介特有的敏锐性，将成为未来视听内容生产与消费的主导性力量。视听产品的跨媒介生产、消费场域的虚实互嵌以及跨平台IP的打造，将大大消弭内容生产与产品消费之间的区隔，多维度地改写视听行业的整体面貌。

三、重新定位“内容为王”，融合发展成为大势所趋

媒介技术的发展带来了整个社会的视觉转向。人们的视觉偏好、图像的海量增殖和整个社会的奇观化，成为现代社会的特点，屏幕成为人们获取包括文本、静态图像、动态影像在内的各类媒介信息的核心场域。屏幕以其多样形式，几乎融合了所有媒体并重构了当代人的生活经验。

智媒时代的视听艺术生产与传播仍以内容建设为根本，OGC、UGC、PGC、MGC以及AIGE等不同主体生成的形态各异的视听文本（如网络综艺、短视频、直播秀等）加速融合，传媒的拟态环境在潜移默化中重建。视听文本形态不断转变，既涵盖专业媒体生产的综艺节目、纪录片、影视剧，也包括移动端及机器智能生成的数字文本。虚拟现实艺术、人工智能艺术等视听新形态大大拓展了原有的内容题材范畴与视听呈现方式，“去中介化”营造在场感、“交互性”搭建互动叙事、“想象性”催生“具身感”，新技术带给受众颠覆性的视听新体验。

不管采用何种技术手段，提升高品质内容的有效供给，视听行业正重新回归内容这一核心，原创性将成为传媒业内容竞争的关键。从海外版权引进改造，到自制节目蓬勃发展，再到原创节目反向“出海”，中国视听内容生产原创力不断提升。更为重要的是，在移动化、社交化、智能化的新传播时代，线上线下、虚实一体的联动融合，让用户成为内容与价值再生产、再创造的中坚力量。主流价值在视听场域的再生产，既要聚焦传统文化的现代转译、中国故事的国际表达等重大议题，也要关注不同圈

层、不同主体、不同场域之间的对话与互动，才能开辟跨界合作与融合传播的新路径。尤其是，未来的传媒领域不再是传统媒体价值的简单延伸，更不是一种发展到介质融合为止的平台，而是对一切社会要素、市场要素的整合。因此，智能媒体发展的过程必将是人类与智能机器深度融合的过程。

四、积极应对视听领域技术、版权、伦理等诸多风险挑战

智能化媒体在技术驱动和内容产业发展法则的双重影响下不断演变，机遇与挑战并存。智能技术的迅猛发展极大提高了视听内容行业的生产效率，带来了新的发展路径，但其背后的风险和隐患也不容忽视。例如，云计算技术引发的数据安全问题，可能导致用户数据泄露或被篡改；人工智能技术在内容审核方面的误判或滥用对个人或社会造成负面影响等。应当认识到，技术发展本身存在不确定性，技术可控，传媒才能健康发展。

与此同时，随着“传受复合”全新身份的出现，伦理风险的产生的概率、影响、边界进一步扩大。智能媒体建构的视听传播新环境具有两面性，它既可能成为凝聚社会共识的场域，也可能带来伦理失范等问题。一方面，个体在内容生产和传播中的角色日益凸显，可能导致内容质量下降或信息冗余；另一方面，碎片化、孤岛化容易引发个体在舆论生态中的冲突和矛盾，对公共利益和社会稳定造成潜在风险。“公私交叠”的舆论环境模糊了公领域与私领域的边界，公共意见和个体意见的交织可能引发网络暴力等不良现象，网络监管和风险治理难度进一步加大。传播平台实现“工具理性”与“价值理性”的平衡发展，才能为主流价值链的构建奠定坚实基础。因此，构建全面的网络安全体系，实现风险研判、预警与治理并举，亟待政府部门、传媒企业、社会个体多方协同，共建智媒的生态格局。

五、人类与人工智能共生共创，重塑视听传媒价值体系

传播技术的每一次重大革新都为意识形态与社会价值的塑造创造了便利条件，科技与艺术的结合为新意识形态的形成提供了强大推动力量。智能技术使视听艺术生产与传播的各环节发生智能升级和流程再造，为视听业价值体系重塑和升维发展提供新机遇。无论是从物质性空间到非物质性空间的边界延伸，还是人作为数字技术运用者的自我重塑，以及由此引发的通过具身认知实现主体投射的共情效应，均凸显出智媒时代“科技赋能与人本逻辑”融合互通的重要命题。

视听传媒业价值生态的重塑，首先体现在价值主体关系的重构上：从以人为中心的价值逻辑走向人类与机器协同共生的价值共创。在智媒时代，人的智力不断灌入机器上，机器也会更大程度上延展人的智力，人与机器的协同合作成为常态。智能机器、视听内容创作者、传播者以及用户共同构建一张有机整合、良性互动的价值网络。其次，媒介融合生态下主体间的互动伴随着价值流动，价值共创终于在流通中实现，不同主体形成了可靠的共生关系。人工智能重塑视听价值逻辑——从生产者中心走向人机共创，从媒体、平台的单一价值构建，走向广泛、跨行的产业价值共创。

智媒时代的视听内容生产与价值生态重塑应并驾齐驱，一方面需要善待技术、拥抱技术并妥善运用技术，另一方面也要正确、清晰地认识人类的主体地位。在不断迭代的智媒语境中，坚持技术为人所用，实现算法工具理性、科技伦理与价值规范的动态均衡，才能促进中国视听传媒业的健康发展。归根结底，视听传媒是文化传播和文明交流互鉴的载体，正向的价值取向与精神内涵才能营建文化新景观。在智媒不断重构的跨国性、流动性文化语境中，坚持“好的内容就是价值”，方能增强中华文明传播力和影响力，更高效地实现中华文明的当代表达和全球传播。

主要参考文献

一、中文文献

（一）著作

［1］毛泽东.毛泽东选集：第3卷［M］.北京：人民出版社，1991.

［2］布尔迪厄.文化资本与社会炼金术：布尔迪厄访谈录［M］.包亚明，译.上海：上海人民出版社，1997.

［3］海姆.从界面到网络空间：虚拟实在的形而上学［M］.金吾伦，刘钢，译.上海：上海科技教育出版社，2000.

［4］王宁.消费社会学：一个分析的视角［M］.北京：社会科学文献出版社，2001.

［5］庞蒂.知觉现象学［M］.姜志辉，译.北京：商务印书馆，2001.

［6］卡斯特.网络社会的崛起［M］.夏铸九，王志宏，等译.北京：社会科学文献出版社，2001.

［7］格拉德威尔.引爆流行［M］.钱清，覃爱冬，译.北京：中信出版社，2002.

［8］鲍宗豪.数字化与人文精神［M］.上海：上海三联书店，2003.

［9］黄鸣奋.数码艺术学［M］.上海：学林出版社，2004.

［10］怀特.形式的内容：叙事话语与历史再现［M］.董立河，译.天津：文津出版社，2005.

［11］廖祥忠.数字艺术论（上、下）［M］.北京：中国广播电视出版

社，2006.

［12］瑞安.故事的变身［M］.张新军，译.南京：译林出版社，2014.

［13］习近平.在文艺工作座谈会上的讲话［M］.北京：人民出版社，2015.

［14］邵鹏.媒介记忆理论：人类一切记忆研究的核心与纽带［M］.杭州：浙江大学出版社，2017.

［15］莱文森.人类历程回放：媒介进化论［M］.邬建中，译.重庆：西南师范大学出版社，2017.

［16］多明戈斯.终极算法：机器学习和人工智能如何重塑世界［M］.黄芳萍，译.北京：中信出版社，2017.

［17］海勒斯.我们何以成为后人类：文学、信息科学和控制论中的虚拟身体［M］.刘宇清，译.北京：北京大学出版社，2017.

［18］张立文.中国传统文化与人类命运共同体［M］.北京：中国人民大学出版社，2018.

［19］胡塔莫，帕里卡.媒介考古学：方法、路径与意涵［M］.唐海江，主译.上海：复旦大学出版社，2018.

［20］孟建，于嵩昕.国家形象：历史、构建与比较［M］.南京：江苏人民出版社，2019.

［21］胡智锋，马池珠.新中国新时代：影视的历程与图景［M］.北京：中国国际广播出版社，2020.

［22］彭兰.新媒体用户研究：节点化、媒介化、赛博格化的人［M］.北京：中国人民大学出版社，2020.

［23］马诺维奇.新媒体的语言［M］.车琳，译.贵阳：贵州人民出版社，2020.

［24］彼得斯.奇云：媒介即存有［M］.邓建国，译.上海：复旦大学出版社，2020.

［25］陈旭光.电影工业美学研究［M］.北京：中国电影出版社，2021.

［26］刘伟.人机融合：超越人工智能［M］.北京：清华大学出版社，2021.

［27］尹鸿，凌燕.新中国电影史：1949—2000［M］.长沙：湖南美术出版社，2022.

［28］利波维茨基，塞鲁瓦.总体屏幕：从电影到智能手机［M］.李宁玥，译.南京：南京大学出版社，2022.

［29］习近平.高举中国特色社会主义伟大旗帜 为全面建设社会主义现代化国家而团结奋斗：在中国共产党第二十次全国代表大会上的报告［M］.北京：人民出版社，2022.

［30］朱光潜.西方美学史［M］.北京：人民文学出版社，2022.

［31］李道新.数字人文与中国电影知识体系［M］.北京：中国国际广播出版社，2023.

［32］中共中央宣传部.习近平文化思想学习纲要［M］.北京：学习出版社，人民出版社，2024.

（二）论文

［1］王志敏，陈捷.关于艺术真实、电影真实和现实主义的漫谈［J］.社会科学，2007（11）：174-181.

［2］向云驹.论“文化空间”［J］.中央民族大学学报（哲学社会科学版），2008（3）.

［3］王一川.国家硬形象、软形象及其交融态：兼谈中国电影的影像政治修辞［J］.当代电影，2009（2）：14-17.

［4］邵培仁，范红霞.传播仪式与中国文化认同的重塑［J］.当代传播，2010（3）：15-18.

［5］张阿利，赵立诺.中国主流大片中民族文化形象的建构与传播［J］.现代传播（中国传媒大学学报），2011（4）：52-57.

［6］陈力丹，霍仟.互联网传播中的长尾理论与小众传播［J］.西南民族大学学报（人文社会科学版），2013，34（4）：148-152，246.

［7］习近平.青年要自觉践行社会主义核心价值观：在北京大学师生座谈会上的讲话［J］.中国高等教育，2014（10）：4-7.

［8］邓若倓.屏媒时代影像互动叙事的概念范畴与潜力环节［J］.电影艺术，2014（6）：57-66.

［9］李沁.泛在时代的“传播的偏向”及其文明特征［J］.国际新闻界，2015，37（5）：6-22.

［10］丁亚平，储双月.重大革命和重大历史题材电影创作的历史、现状及问题［J］.上海大学学报（社会科学版），2015，32（1）：45-76.

［11］焦道利.媒介融合背景下微纪录片的生存与发展［J］.现代传播（中国传媒大学学报），2015，37（7）：107-111.

［12］欧阳宏生，朱婧雯.意义·范式与建构：认知传播学研究的几个关键问题［J］.现代传播（中国传媒大学学报），2016，38（9）：14-20.

［13］何苏六，程潇爽.映像中国：纪实影像对外传播的国家形象研究［J］.现代传播（中国传媒大学学报），2016，38（12）：103-107.

［14］陈涛.“幻影之旅”镜头的美学特征［J］.文艺研究，2016（2）：97-105.

［15］高子文.书写与差异：“先锋戏剧”概念在当代中国的接受［J］.文艺研究，2016（6）：92-101.

［16］胡正荣.智能化：未来媒体的发展方向［J］.现代传播（中国传媒大学学报），2017，39（6）：1-4.

［17］梁君健，尹鸿.怀旧的青春．中国特色青春片类型分析［J］.电影艺术，2017（3）：61-67.

［18］陈世华，刘晶.政治传播中的视觉修辞流变［J］.国际新闻界，2017，39（9）：71-87.

［19］段伟文.控制的危机与人工智能的未来情境［J］.探索与争鸣，2017（10）：7-10.

［20］喻国明，杨莹莹，闫巧妹.算法即权力：算法范式在新闻传播中

的权力革命［J］.编辑之友，2018(5)：5-12.

［21］沈浩，袁璐.人工智能：重塑媒体融合新生态［J］.现代传播（中国传媒大学学报），2018，40(7)：8-11.

［22］晏青.论“后情感社会”真人秀节目的情感规则、偏误与调适［J］.现代传播（中国传媒大学学报），2018，40(11)：108-114.

［23］何怀宏.人物、人际与人机关系：从伦理角度看人工智能［J］.探索与争鸣，2018(7)：27-34，142.

［24］杨光影.“精致劣质图像”的生产与“虚拟社区意识”的形成：论抖音短视频社区青年亚文化的生成机制［J］.中国青年研究，2019(6)：79-86.

［25］姜宇辉.互动，界面与时间性：电影与游戏何以“融合”？［J］.电影艺术，2019(6)：85-91.

［26］郭小平，秦艺轩.解构智能传播的数据神话：算法偏见的成因与风险治理路径［J］.现代传播（中国传媒大学学报），2019，41(9)：19-24.

［27］廖祥忠，吴亚楠.虚拟现实影像创作中的视听语言创新性研究［J］.中国电视，2019(9)：65-69.

［28］张梦雨，黄心渊.用户视角下的交互电影创作研究［J］.北京电影学院学报，2019(11)：35-40.

［29］沈钰扉.作为符码的影像：艾柯影像三重分节理论评析［J］.中国图书评论，2019(8)：72-83.

［30］周计武.艺术的跨媒介性与艺术学理论的跨媒介建构［J］.江海学刊，2020(2)：210-218.

［31］彭锋.艺术媒介的历史：从隐匿到突显，而走向终结？［J］.南京社会科学，2020(3)：97-103.

［32］唐宏峰.通向跨媒介间性艺术史［J］.当代文坛，2020(5)：148-153.

［33］黄雨水，赵小波.论AI时代电影的情感营销［J］.当代电影，2020(12)：146-150.

［34］曾国华.重复性、创造力与数字时代的情感结构：对短视频展

演的“神经影像学”分析［J］.新闻与传播研究，2020，27（5）：41-59，126-127.

［35］范以锦，李丽贤.智媒时代内容生产对媒体商业模式构建研究［J］.中国编辑，2020（11）：35-38，62.

［36］杨帆.从《舞蹈风暴》看融媒体时代电视舞蹈的发展策略［J］.北京舞蹈学院学报，2020（6）：80-86.

［37］刘祎祎.电影工业美学视野下华语歌舞片类型建构的困境与策略［J］.民族艺术研究，2020，33（5）：38-46.

［38］芮必峰，孙爽.从离身到具身：媒介技术的生存论转向［J］.国际新闻界，2020，42（5）：7-17.

［39］陈奇佳，郭佳.AI时代的AI艺术问题［J］.中外文化与文论，2020（3）：249-261.

［40］吴丹，孙国烨.迈向可解释的交互式人工智能：动因、途径及研究趋势［J］.武汉大学学报（哲学社会科学版），2021，74（5）：16-28.

［41］周星，史力竹.五个“新”阶段：中国共产党成立百年历史中的中国电影发展［J］.民族艺术研究，2021，34（3）：22-29.

［42］赵奎英.当代跨媒介艺术的复杂共感知与具身空时性［J］.文艺研究，2021（8）：17-28.

［43］钟芝红.VR影像：物质媒介、生成—身体与观念［J］.北京电影学院学报，2021（11）：51-62.

［44］赵京文.新形势下中国网络视听国际传播的特点与路径［J］.中国广播电视学刊，2021（6）：14-18.

［45］王海燕，范吉琛.数字新闻的时间可供性：一个研究框架的提出［J］.国际新闻界，2021，43（9）：116-135.

［46］陈旭光.绘制近年中国电影版图：新格局、新拓展、新态势［J］.中国文艺评论，2021（12）：4-14.

［47］敖永春，周晓萍，马鑫.基于TikTok平台的中华文化国际传播创

新路径［J］.传媒，2022（22）：72-75.

［48］陈昌凤，师文.人脸分析算法审美观的规训与偏向：基于计算机视觉技术的智能价值观实证研究［J］.国际新闻界，2022，44（3）：6-33.

［49］周宪.艺术史的范式转换：从门类史到跨媒介史［J］.探索与争鸣，2022（8）：146-155，180.

［50］周雯，徐小棠.电影化虚拟现实叙事形式及其叙事要素探析［J］.当代电影，2022（1）：96-103.

［51］张耀铭.数字时代印刷媒介的危机与变革：基于传媒历史的视角［J］.理论与改革，2022（4）：12-29.

［52］戴海波，杨惠.媒介化、再媒介化和去媒介化："泛媒化"视域下媒体融合的内在逻辑［J］.中国编辑，2022（1）：67-72.

［53］饶曙光，贾学妮.民族题材电影与"中华性"话语的建构［J］.民族艺术研究，2022，35（5）：5-12.

［54］周安华."跨民族主义"：当代中国电影的"地方"建构［J］.民族艺术研究，2022，35（5）：13-18.

［55］曾一果，凡婷婷.数字时代的媒介记忆：视听装置系统与新记忆之场［J］.现代传播（中国传媒大学学报），2023，45（1）：93-101.

［56］史安斌，朱泓宇.国际传播叙事的"南方转向"：基于"一带一路"沿线国家媒体的扎根研究［J］.传媒观察，2023（9）：18-27.

［57］臧峰宇.中国式现代化的文化形态与中华民族现代文明［J］.教学与研究，2023（10）：13-20.

二、外文文献

（一）著作

［1］PORTEOUS J D. Landscapes of the mind: worlds of sense and metaphor［M］. Toronto：University of Toronto Press，1990.

［2］CHEN G，STAROSTA W J. Foundations of intercultural communication［M］. 2nd ed. Mass：Allyn & Bacon，1998.

［3］MIRZOEFF N. An introduction to visual culture［M］. London：Routledge，1999.

［4］BURDEA G，COIFFET P. Virtual reality technology［M］. New York：John Wiley & Sons，2003.

［5］VILLAREJO A. Film studies：the basics［M］. 2nd ed. New York：Routledge，2013.

（二）论文

［1］BORDEN S L. Aristotelian casuistry：getting into the thick of global media ethics［J］. Communication theory，2015，26（3）：329-347.

［2］OOSTERLINCK K. Art as a wartime investment：conspicuous consumption and discretion［J］. The Economic journal，2016，127（607）：2665-2701.

［3］HATTA T. Competition policy vs. industrial policy as a growth strategy［J］. China economic journal，2017，10（2）：162-174.

［4］RODRÍGUEZ-GULÍAS M J，SFERNÁNDEZ-LÓPEZ S，RODEIRO-PAZOS D. Innovation in cultural and creative industries firms with an academic origin（CCI-USOs）：the role of regional context［J］. Technovation，2020：92-93.

［5］GONG L. Humanitarian diplomacy as an instrument for China's image-building［J］. Asian journal of comparative politics，2021，6（3）：238-252.

［6］FELL E. Digital citizenship and artificial intelligence：information and disinformation［J］. European journal of communication，2022（5）：563-568.

[7] YIMING L. Development of paper media in the age of media convergence[J]. Academic journal of humanities & social sciences, 2022 (14): 102-105.

【注】所列主要文献或挂一漏万，本书还参考了其他相关著作、文章的思路和观点，未能一一列出，在此一并致谢。

后　记

后 记

一切的一切，实在变化快。技术迭代深刻影响传媒变革和发展，人类在全球联结中迈向数字文明时代。尼尔·波兹曼早有判断，媒介具有“重新定义现实的强大力量”，我们对世界的认知，很大程度上源自“媒介”塑造。智媒时代的到来让问题变得更为复杂，而且这场前所未有的变革正处于加速发展中。海量视听文本令人眼花缭乱，人人浸染“之间”，“之外”的观察与批评无疑需要一个锚点，这个锚点就是视听“景观”的内核：意识形态或者价值观念。颠覆性变革要求重建研究范式，洞察智媒语境下的视听实践亟须理论研究“新转向”。

一是研究重心转向，从聚焦内容到关注技术。一方面，技术看似无形，在视听形态、风格上施加的影响却最为显著。技术不断改写或创造新形态视听文本，“人机共创”是智媒时代内容建设的重要命题。对虚拟现实艺术、人工智能艺术等艺术新形态的剖析和探讨，唯有从技术视角才能获得题材拓展与表达创新的答案。另一方面，基于大数据算法技术的广泛使用，增强了传播的精准度，也为意识形态与价值观念的塑造创设了便利条件。应当认识到，智能媒体建构的视听传播新环境既可能成为凝聚社会共识的场域，也可能带来价值冲突、伦理失范等问题。当然，“关注技术”并不意味着不重视内容生产，而是要更多地研究智能技术如何创造“新内容”，最终营造数字文明时代的视听文化新景观。

二是研究对象转向，从专业生产到用户共创。社交媒体兴起打破了固有传播秩序，短视频平台日均数亿条的用户原创内容，打破了专业机构的垄断性创作，全民参与的裂变式生产无疑是一场“静默的革命”。生产权力的结构性转移带来的不仅是量的突破，更是质的重构，“用户”重新定义媒体的传播力影响力。视听文本形态不断演化，全民创作呈现出多中心、去层级的特征，快手上的农民主播、小红书里的素人博主、知乎上的专业答主，构成了立体化的创作图谱。用户已非“受众”，他们是接受者，更是生产者。在动态交互的传播语境下，研究对象不再指向单一的媒体或平台，也不能局限于只关注“如何生产”“如何传播”，而应从传媒生态的系统性维度研究“如何共创”。

三是研究路径转向，从文本分析到文化解码。智媒时代每个用户都是文化生产的节点，这种颠覆性力量正重塑人类文化生态。文本分析有助于揭示优质内容的创作规律，但无法完整释读由视听符号、交互界面、算法架构共同编织的复合文本系统。举例来说，近年来中华传统优秀文化通过现代转译与呈现，被青年群体接受与认同，进而掀起“国潮”“国风”。解码这一涉及经济、科技、文化、社会、产业等多向度的复杂现象，要求研究者建立“技术—资本—文化”多重视域，具备文化考古学的时间纵深，洞悉线上线下如何联动，从而把握Z世代的审美偏好，推动不同圈层、不同场域的对话。当文化生产成为人机协同、虚实交融的复杂过程，转换研究路径才能在文化符号的快速流变中发现结构性演变。

四是研究目标转向，从价值建设到系统治理。智媒发展的过程必将是人类与智能机器深度融合的过程。新主流视听内容的价值生产既涉及中华民族共同体意识下的文化认同，又延展到对外向度的文明交流互鉴。无论是从物质性空间到非物质性空间的边界延伸，还是人作为数字技术运用者的自我重塑，人机协同与伦理规范的双向调适，技术创新与治理工具的深度融合，亟须通过协同治理重构内容生态与价值体系。倡导“智能向善”原则，多元主体协同、伦理与技术并重、本土实践与全球视野结合，才能构建兼具活力与秩序的智媒生态，实现从价值倡导到系统性治理的跨越。这一转型不仅是理论研究的必然方向，更是为了发挥人文研究的批判力量，厘定数字文明时代文化认知的新坐标。

关于智媒时代视听研究的体会，贯穿于集辑而成的本书之中。从“批评之维”对近年来中国视听传媒实践的观察思考，源自教学过程中与学生互动探讨之余的学术发表，也得益于与学界同行诸多讲座论坛上的交流碰撞，在此深表谢意。同时，感谢中国国际广播出版社编校团队为本书付出的努力，他们的敬业精神与专业水准令我由衷钦佩。是为记。

顾亚奇

2025年5月7日凌晨于北京

图书在版编目（CIP）数据

智媒时代视听艺术新图景 / 顾亚奇著. --北京：中国国际广播出版社，2025.5. --（中国视听传媒研究系列论丛）. -- ISBN 978-7-5078-5793-1

Ⅰ. G219.2-39

中国国家版本馆CIP数据核字第2025PQ9014号

智媒时代视听艺术新图景

著　　者	顾亚奇
责任编辑	筴学婧
校　　对	张　娜
版式设计	邢秀娟
封面设计	吴文越
出版发行	中国国际广播出版社有限公司［010-89508207（传真）］
社　　址	北京市丰台区榴乡路88号石榴中心1号楼2001 邮编：100079
印　　刷	北京启航东方印刷有限公司
开　　本	710×1000　1/16
字　　数	380千字
印　　张	26.5
版　　次	2025 年 5 月　北京第一版
印　　次	2025 年 5 月　第一次印刷
定　　价	98.00 元